Sydney H. Aufrère et Pascal Charvet

Mémoires secrets de Cléopâtre

PLON
www.plon.fr

92, avenue de France 75013 Paris
Tél. : 01 44 16 09 00
Fax : 01 44 16 09 01
www.plon.fr
www.lisez.com

Mise en pages : Nord Compo
Dépôt légal : novembre 2024
ISBN : 978-2-259-32048-1

Pour Isabel et Nathalie

En mémoire de Paul Veyne et de Jean Yoyotte

Prologue

Le destin de ces *Mémoires secrets* est digne d'un roman. Commencée il y a plus de neuf ans, une longue enquête nous a permis de découvrir progressivement dans quelles conditions étonnantes et par qui les manuscrits anciens qui les composent avaient été exhumés il y a plus de trois siècles, dans les environs de Rome, et compris la raison de leur disparition ultérieure. Les dépouillant, les analysant, les organisant, nous sommes allés de surprise en surprise, et leur mystère a accentué l'impression de vertige qui, dès le début, était la nôtre et ne nous a toujours pas quittés. Quelle vérité nous a été léguée par les siècles ? Les originaux des textes antiques que nous avons restitués et donnons ici en traduction n'ont pu être retrouvés et reposent sur une transcription moderne faite en Italie.

Au printemps 2015, nous avons rencontré un collectionneur italien qui nous a parlé d'un lot de documents qui venaient d'être découverts. Nous nous sommes rendus à Rome où nous avons été informés des circonstances dans lesquelles ces documents sont apparus : ils dormaient dans un placard muré d'une demeure. L'existence de ce placard avait été décelée quelques mois plus tôt par des ouvriers à la suite de travaux de réfection. Enveloppés dans une chemise de chanvre, plusieurs manuscrits reliés en veau, revêtus d'une inscription et du sceau censorial d'un ordre religieux y étaient rangés. Il s'agissait, d'une part, des copies de manuscrits antiques, avec commentaires et traduction en latin – les originaux étaient absents ; d'autre part, des procès-verbaux d'entretiens qui eurent lieu en comité restreint, en italien[1].

Contenu et découverte des *Mémoires secrets* à la fin du XVIIe siècle

L'histoire semble avoir commencé lors d'un voyage littéraire en Italie organisé entre mai 1698 et juin 1701 à la demande de l'ordre des moines mauristes de l'abbaye de Saint-Germain-des-Prés. Deux maîtres dans les études grecque et latine, les bénédictins dom Bernard de Montfaucon et dom Paul Briois, pendant qu'ils séjournent à Rome, ont été invités par le prieur général de l'ordre des Augustins, Antonio Pacini de Ravenne, à lui rendre visite le 15 février 1700. Cette rencontre s'est faite par l'entremise de l'augustin Guillaume Bonjour, éminent spécialiste de la langue copte. Au cours de deux entretiens enregistrés par le secrétaire de l'Ordre, Giambattista Mengarelli, sont présentés, devant un cénacle, des documents récemment extraits des ruines d'un monument souterrain construit par la sœur d'Auguste, Octavie, à l'intention de ses serviteurs près de la Via Appia. Il s'agit de trois papyrus déposés, vers la fin du Ier siècle av. J.-C., sous les bras et la tête de la momie d'une femme égyptienne. D'après l'épitaphe gravée au-dessus de sa tombe, cette femme se nommait Thaèsis.

Pacini, craignant que ces documents, s'ils étaient publiés, ne sèment le trouble dans le monde chrétien, confie à des fins d'étude privée le soin d'éditer les deux premiers à Montfaucon et Briois : l'un le premier, l'autre le second. Ils avaient été découverts et sauvegardés par les augustins, Guillaume Bonjour et Carlo Ricci, préfet de la Bibliothèque Angélique.

Après avoir interprété l'épitaphe de la tombe de Thaèsis, les savants Briois et Montfaucon émettent l'hypothèse selon laquelle, désignée comme nourrice et préceptrice, Thaèsis

1. Pour le catalogue des documents utilisés, voir p. 339.

serait la femme égyptienne qui accompagna en – 30 les trois derniers enfants de Cléopâtre à Rome auprès d'Octavie, la sœur d'Octavien, futur Auguste, pour prendre soin d'eux. Elle aurait été plus tard inhumée, non loin de la Via Appia.

Le travail qui attend Montfaucon et Briois est immense. Après avoir établi la copie des deux papyrus au couvent de Saint-Augustin, les moines en commencent le déchiffrement. Ils identifient l'ensemble des personnages d'un texte qui se révèle peu à peu être rien moins que celui des *Mémoires* de la reine Cléopâtre. Montfaucon assortit l'édition d'une traduction latine, alors langue universelle des savants. Pendant ce temps-là, à Rome, les augustins Bonjour et Ricci lisent le troisième papyrus qui est le *Testament* de Thaèsis.

Lorsque, à Rome, le mardi 10 février 1700, au moment où la Ville célèbre le jubilé, dom Briois succombe brutalement à une pleurésie, Montfaucon est enfin prêt à dévoiler le contenu des deux premiers papyrus à Antonio Pacini de Ravenne. Après avoir procédé à l'inhumation de son compagnon, Montfaucon est accueilli le 15 février 1700 par le supérieur général récemment élu, le révérend père Niccolò Serani dall'Aquila.

Auprès de lui se tiennent Guillaume Bonjour et Carlo Ricci, Adiodato Nuzzi d'Altamura – qui succèdera à Carlo Ricci à la tête de la Bibliothèque Angélique – et Giambattista Mengarelli. Montfaucon est autorisé à leur lire ce qu'il ne désigne déjà plus que sous le nom « *Mémoires secrets* de Cléopâtre ». Il justifie le titre par une glose ajoutée de la main de la reine : « Si je me suis résolue à dicter ces *Mémoires secrets* à Diomède, mon secrétaire, c'est que les temps ont changé… » Dans cette phrase qui restitue la séquence *Hupomne[mata] [kr]uphaia*, « *Mémoi[res] [se]crets* » se dégage clairement un titre possible, même si ce n'était pas là l'intention première de Cléopâtre. On peut aussi remarquer avec quel souci de l'édition diplomatique[1], recourant à la large palette des signes conventionnels, Montfaucon et Briois ont restitué le texte grec et en ont rendu intelligible la plus grande partie.

Les *Mémoires secrets* de Cléopâtre

Reprenant, après plus de trois siècles, et non sans quelque émotion, le travail des moines mauristes découvreurs de ces Mémoires, nous avons choisi de privilégier le texte grec de l'édition Montfaucon-Briois, accompagné de quelques notes, car la traduction latine de Montfaucon comporte un certain nombre d'approximations susceptibles de fausser l'interprétation.

Ces *Mémoires* n'étaient sans doute pas destinés à demeurer longtemps secrets : ils avaient pour but premier de contrer ceux que Cléopâtre nomme les « amis du mensonge », c'est-à-dire Octavien (le futur Auguste) et son entourage qui la combattirent férocement. La reine prévoyait manifestement de les transmettre à la postérité, pour que l'histoire de sa vie ne fût pas trahie par ses vainqueurs. Octavien avait en effet commencé, avec l'appui de son ami Mécène et de son cercle littéraire, à la diffamer déjà de son vivant.

Les premiers mots de la reine s'adressent à un « Ami de la vérité », car elle sait déjà que sa vie fera l'objet d'une légende noire : Cléopâtre a été l'une des femmes les plus décriées de l'Histoire. Il est vrai que son charisme, son énergie, son intelligence, son vaste savoir ainsi que sa beauté avaient de quoi inquiéter l'Occident et les Romains tout particulièrement. Mais ce n'est pas d'elle seulement qu'il s'agit ici. Elle parle, certes, en son nom, mais aussi en celui des Grecs, des Égyptiens et des peuples de l'Orient : elle entendait les réunir tous, « pour leur bonheur », comme l'avait voulu trois siècles auparavant Alexandre le Grand. En effet,

1. Une édition diplomatique est une édition qui reproduit et restitue un texte avec la plus grand fidélité.

elle défend sa grande ambition de rassembler l'Orient et l'Occident, d'abord avec l'aide de César puis avec celle d'Antoine. On se prend à rêver à ce que serait devenu le monde méditerranéen si Octavien ne l'avait pas emporté sur Cléopâtre et Antoine.

C'est donc vers un « Lecteur attentif », un « Ami lecteur », qu'elle se tourne, pour plaider sa cause face à l'Histoire. Cléopâtre capte ainsi sa complicité et partage avec lui son amour de la littérature, du savoir et de la vie. Prenant à témoin cet ami au-delà du temps, la reine n'adopte ni le ton d'une mémorialiste ni celui, plus ample, des chancelleries hellénistiques, qui serait dans ce contexte déplacé. La reine choisit de s'exprimer dans un style libre et intime, fidèle à la vivacité d'une écriture épistolaire, sans hésiter à passer, s'il le faut, à un ton plus lyrique, caractéristique de la poésie alexandrine, où foisonnent les images. Elle a recours aussi au style périodique, sans oublier la citation littéraire, les dialogues, voire les digressions. Nous avons donc pris le parti de restituer le texte dans la langue d'aujourd'hui, par un style fluide, adapté à nos modes de lecture.

D'abondants commentaires de la main même de Cléopâtre

Le contexte dont elle fait état nous indique que ses *Mémoires* ont été dictés à son secrétaire Diomède à partir du printemps jusqu'en juillet 30 avant Jésus-Christ, lors de cette dernière année passée à Alexandrie, juste avant la prise de Péluse (à l'est du Delta) par les troupes d'Octavien. Le texte témoigne ainsi des moments que partagent la reine et Antoine, avant que ce dernier mette fin à ses jours le 1er août.

Dans la spire initiale du premier papyrus laissée habituellement vierge par les scribes pour en assurer la protection matérielle, avant la première colonne des *Mémoires*, figure un ajout d'une autre main. Il s'agit d'un texte chiffré serré et sobre, aux caractères plus petits que le reste, et dont l'écriture présente des traces de hâte et de reprises.

En marge, à de nombreux endroits, on trouve également d'importants commentaires de la même main, en clair, que nous avons distingués typographiquement dans notre édition par des italiques sans parenthèses, aux emplacements indiqués par les marques d'insertion sur les papyrus. Au fil de notre lecture, une évidence s'est imposée, aussi étonnante que la découverte des papyrus eux-mêmes : ces multiples ajouts ne peuvent être que de la main de la reine elle-même.

Ces adjonctions prouvent qu'elle avait encore, dans ses derniers jours, accès à ses *Mémoires* destinés à être confiés aux mains de Thaèsis, la nourrice et préceptrice de ses enfants. Elles rendent plus sensible le sentiment d'intimité éprouvé par le lecteur ; elles sont aussi la preuve de la grande lucidité et de la ferveur héroïque de la reine. Emportée par l'accélération tragique des événements, elle tente de résister au mouvement irrépressible qui la mène vers sa fin : jusqu'à l'ultime affrontement avec la mort, elle entend laisser la trace de son passage. Cléopâtre s'exprime plus librement que dans le texte dicté à Diomède plusieurs mois auparavant, texte qui se nourrit pour une part des archives du palais. Ces commentaires, d'une écriture souvent fragmentée, nous livrent les visions immédiates et intuitives de la reine cherchant à cerner le cœur de son destin. Par ses ajouts que nous donnons à voir ici, le lecteur est invité à entrer dans un double rapport temporel.

La reine a relu et repris ses *Mémoires* au cours du mois de juillet – 30, avant le suicide d'Antoine, et quelque temps après. Elle nous apprend, dans la dernière adjonction de sa main, qu'Antoine, qui s'était réfugié dans l'île de Pharos, vient d'être ramené, mourant, au tombeau qu'elle avait aménagé pour eux deux près du temple d'Isis Dame des Flots, sur l'île d'Antirhodos. Cléopâtre y exprime sa désillusion, son désarroi et sa douleur : elle va vivre dans l'attente de la mort qu'elle se donnera le 10 août, en 30 avant Jésus-Christ.

Le *Testament* de Thaèsis

Le dernier chapitre de ce livre se compose de la copie à l'identique, véritable fac-similé du texte, écrit sur le petit rouleau de papyrus placé sous la nuque de la momie de Thaèsis, enfermé dans une boîte cylindrique. Il a été arraché de haute lutte à l'oubli par les pères Bonjour et Ricci, sous la forme d'un petit codex relié en veau. Ricci décède en 1702. Adiodato Nuzzi d'Altamura lui succède jusqu'en 1705, année où il est élu prieur général de l'Ordre (1705-1711). Contrairement aux *Mémoires secrets* de Cléopâtre, décodé par les deux mauristes, le *Testament* de Thaèsis n'est ni chiffré ni crypté. Guillaume Bonjour parvient à lire, derrière des mots écrits en alphabet grec, de nombreux termes égyptiens passés dans l'usage courant chez les Grecs d'Égypte eux-mêmes. L'édition que Bonjour en fait dans un volume à part n'a rien à envier à celle des deux autres papyrus formant les *Mémoires*. Fidèle à une technique éprouvée, mise en œuvre dans ses propres travaux, la transcription grecque, séparant distinctement les mots, figure en page de gauche dans un cadre, la traduction latine dans un cadre à droite, tandis que les commentaires de l'apparat critique occupent respectivement les marges latérales, où se découvrent des mots grecs, latins, coptes, arabes et hébreux.

Ce rouleau de petit format témoigne de l'application de l'auteure. Car, bien que traditionnaliste et attachée à la langue de son pays, Thaèsis écrit dans une langue étrangère, le grec, que pratiquent les familles égyptiennes de haute lignée. Thaèsis intitule son texte *Testament* (*Diathèkè*). Toutefois, ce mot n'est pas employé avec le sens d'une transmission de biens d'un individu à ses successeurs, mais au sens d'un « témoignage » ajouté aux *Mémoires* de la reine que Thaèsis avait pour mission de protéger. Le secret de Thaèsis et celui de Cléopâtre seront inhumés avec elle.

Le mystère demeure

Les papyrus originaux des *Mémoires* et du *Testament* ont aujourd'hui disparu. Les derniers à les avoir vus et étudiés, s'il faut les en croire, sont les doms Montfaucon et Briois ainsi que les pères Bonjour et Ricci. Nous avons tâché de tirer tous les fils à notre disposition pour en retrouver la piste : l'étude minutieuse d'allusions possibles dans le carnet de Briois et de Montfaucon, le récit de voyage publié de Montfaucon, l'inspection des lieux où furent découvertes les copies. Malgré nos recherches et nos espoirs, ces papyrus inestimables n'ont toujours pas refait surface et il est possible qu'ils aient été détruits ou qu'ils aient été définitivement perdus. C'est encore un miracle de disposer, malgré tout, d'une copie lisible et probablement complète de ces textes anciens. Un miracle qui s'est produit, en vérité, pour de nombreux autres textes antiques, conservés seulement par des manuscrits médiévaux ou de la Renaissance, parfois dans un unique manuscrit.

Si la disparition des originaux est désespérante, elle est aussi particulièrement étrange, voire suspecte : comment ce texte exceptionnel et étudié par des érudits célèbres et bien introduits dans les cercles lettrés et religieux de leur époque, aurait-il pu s'évaporer en un siècle si avide d'antiquités et d'histoires romanesques ? Comment l'édition Montfaucon-Briois des *Mémoires* et l'édition Bonjour-Ricci du *Testament* auraient-elles pu avoir si peu d'écho qu'elles ne seraient commentées par aucun savant contemporain, et laisser si peu de traces que les monuments d'érudition historiques du XIXe siècle ne les mentionneraient jamais ? Le secret fut donc bien gardé. Nous en sommes aujourd'hui réduits à des conjectures qui nous permettent d'émettre deux hypothèses.

La première concerne la disparition et la réapparition du texte : les papyrus auraient été volontairement déplacés de leur lieu de conservation originel. Ainsi il nous faudrait penser qu'à une époque inconnue, vraisemblablement au début du XVIIIe siècle, un homme aurait sauvé pour la postérité ce qui pouvait l'être. Compte tenu des usages de cette époque, ce dernier devait être une autorité ecclésiastique éclairée. En suivant cette piste, nous pourrions nous demander si Adiodato Nuzzi d'Altamura, bibliothécaire de l'Angélique (1702-1705), grand érudit, n'aurait pas pris une telle liberté, dès qu'il succéda, en 1705, à Niccolò Serani dall'Aquila comme prieur général des Augustins.

Ce silence nous a émus et, avant de publier notre restitution et traduction de ce texte ainsi que le fruit de notre enquête, nous avons sollicité l'expertise de spécialistes sur l'authenticité ultime de ces manuscrits.

Une seconde hypothèse nous est alors venue à l'esprit. Nous nous sommes pris à penser qu'il pourrait s'agir d'une forgerie moderne, comme l'histoire de la philologie en compte tant depuis la Renaissance, y compris par d'illustres savants comme Érasme, Carlo Sigonio ou Annius de Viterbe. Comme on peut s'y attendre, et comme dans le cas du papyrus d'Artémidore d'Éphèse, superbe manuscrit géographique illustré de figures animales, sur l'authenticité duquel les experts les plus chevronnés débattent et se déchirent depuis trois décennies, les avis des savants sur ce texte sont nettement et équitablement partagés. Certains contestent absolument son authenticité pour des raisons philologiques ou historiques que d'autres retournent implacablement pour asseoir non seulement la vraisemblance, mais la réalité de cet écrit de la reine.

Parce que les premiers ne sont pas parvenus à nous convaincre totalement, nous avons décidé d'aller au bout de notre entreprise et de révéler au public ce texte en laissant le lecteur, ou la postérité, trancher, et sans renoncer au fond à l'espoir que resurgisse un jour l'original du texte qui nous a tant fait rêver.

Avertissement sur la présente édition

Le travail de restitution et de traduction du texte que nous proposons aujourd'hui a été conduit de la manière suivante : à l'intérieur des *Mémoires secrets*, nous avons procédé à un découpage éditorial (titres, intertitres, parties et chapitres). Nous avons également fourni, au fur et à mesure des *Mémoires*, les informations sur les dates et les lieux entre crochets, de même que pour les termes anciens complexes. En ce qui concerne les dates antérieures au calendrier Julien (– 46), nous avons choisi de rétablir l'équivalence avec ce calendrier. En raison des homonymies qui rendraient au lecteur les événements historiques difficiles à appréhender, nous avons préféré restituer les noms royaux en clair.

Le lecteur retrouve l'explication détaillée de tous les termes ou expressions remarquables dans un Glossaire p. 347, celle de tous les noms propres antiques (dieux égyptiens et grecs, personnages historiques, auteurs littéraires et noms de lieux) p. 363 et p. 385. Pour les dates, il dispose d'une Chronologie historique p. 341.

Pour des informations plus larges, il peut consulter directement la page numérique dédiée à ce livre en saisissant le lien https://www.lp.lisez.com/lp/la-fabrique-des-memoires-secrets-de-cleopatre ou en scannant le QR Code à la fin de cet Avertissement. Il y trouvera un récit complet de la découverte des *papyrus*, à savoir *L'Énigme de Thaèsis*, ainsi que l'ensemble des notes susceptibles d'éclairer les souvenirs de Cléopâtre et les repères bibliographiques nécessaires. Tous les textes des auteurs grecs et latins présents dans cet ouvrage ont été traduits par Pascal Charvet.

Notre souci premier a été de rendre ces *Mémoires secrets* accessibles au plus large public. Ils nous racontent ce moment unique, cette occasion manquée d'une autre évolution de l'Empire romain naissant : le rêve oriental.

Fig. 1 : Détail de la statue de Cléopâtre
sous les traits d'Aphrodite ou Vénus de l'Esquilin
© M. A.

Remerciements

Que soient ici vivement remerciés par les auteurs tous ceux qui ont aidé à la réalisation de ce travail : pour ses dessins, l'artiste illustratrice Morgane Aufrère, pour ses photos, Joël Boissin ; pour leurs suggestions et conseils judicieux : Annie Collognat, Jocelyne Berlandini-Keller, Franck Goddio, Anne-Sophie von Bomhard, Jean-Pierre Fayard ; pour leurs analyses et relectures éclairantes : Jean-Pierre Martin et Frédéric Magne, et particulièrement Françoise Gomez, Stéphane Gompertz et Arnaud Zucker.

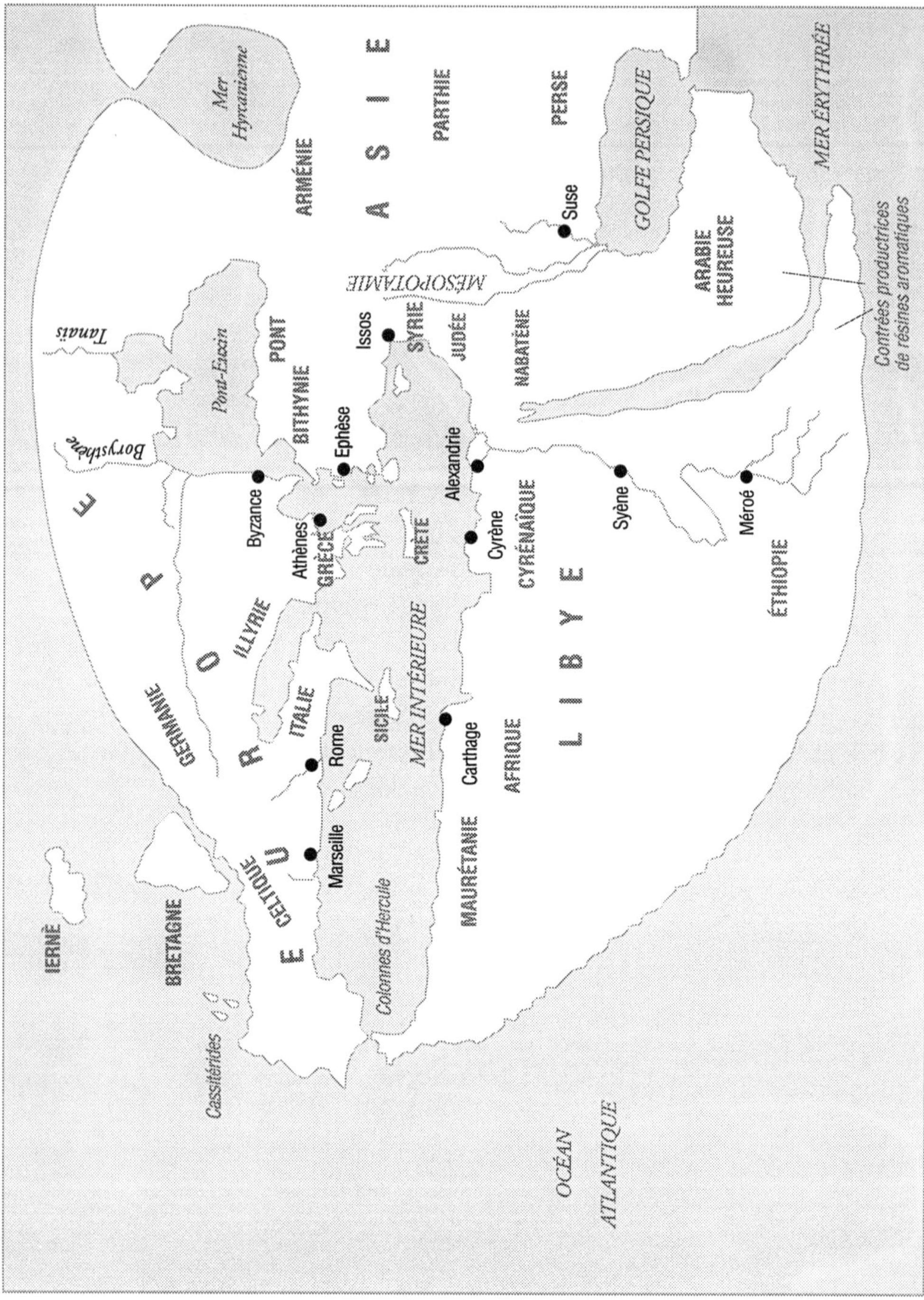

Fig. 2 : Carte du monde antique © M. A.

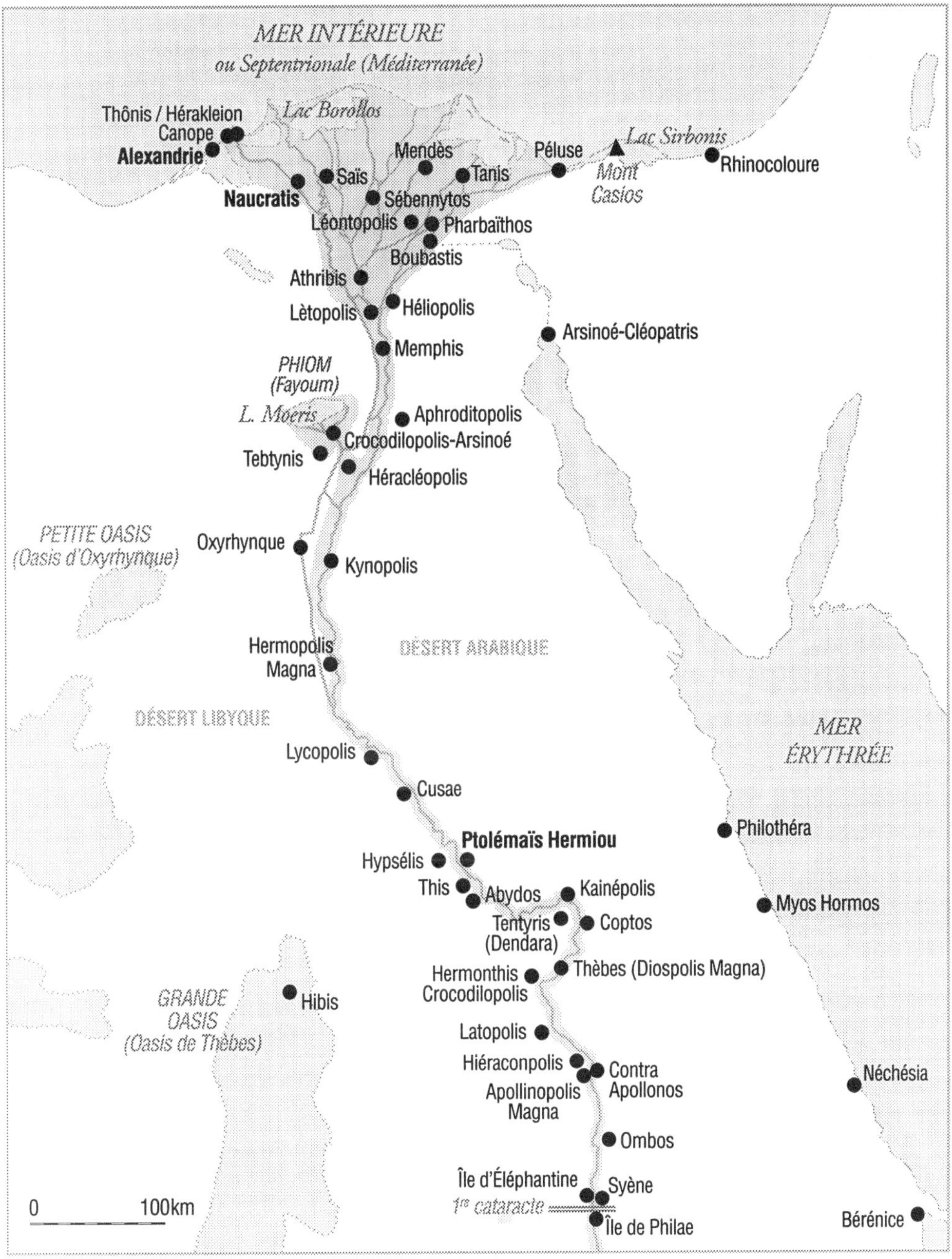

Fig. 3 : Carte de l'Égypte au Ier siècle av. J.-C. © M. A.

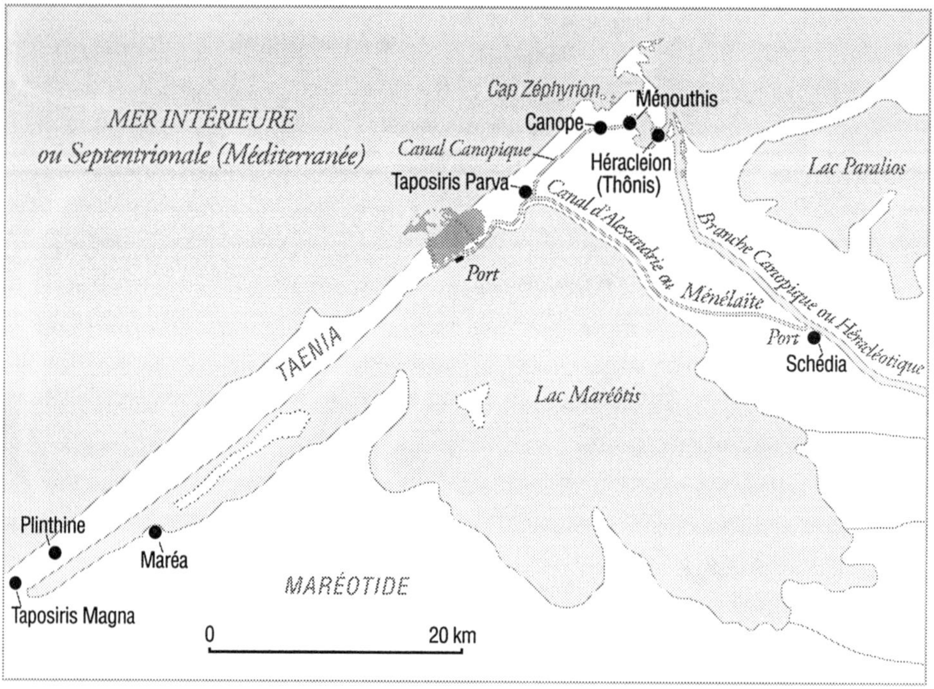

Fig. 4 : Carte de la région d'Alexandrie au Ier siècle av. J.-C. © M. A.

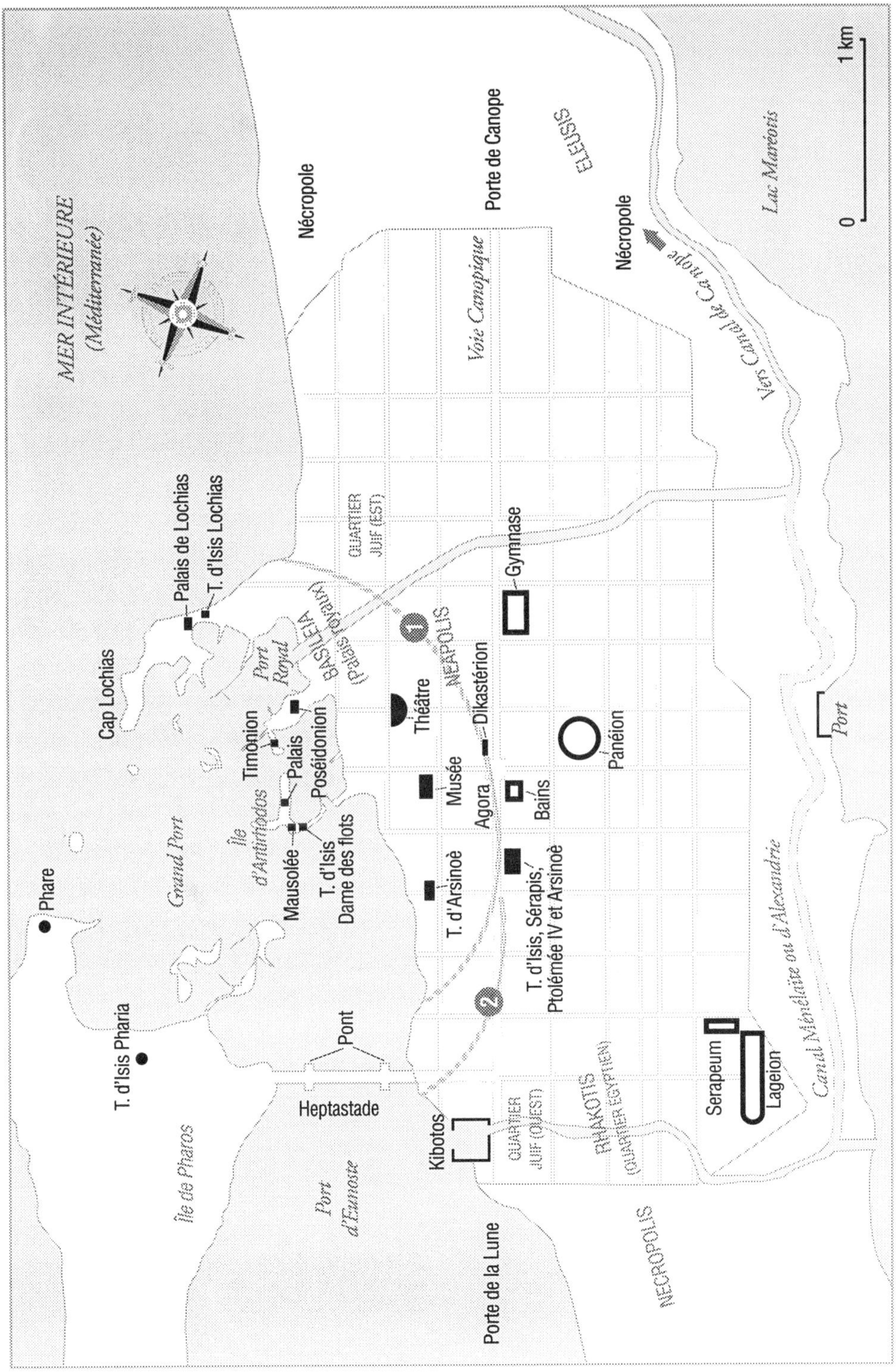

Fig. 5 : Carte d'Alexandrie, 2de moitié du Ier siècle av. J.-C. © M. A.

Ami de la vérité, qui que tu sois…

Ami de la vérité, qui que tu sois, dans un temps que j'espère lointain, laisse-moi te guider hors de cette caverne à la clarté pâle, loin des bruits et des rumeurs que colportent mes adversaires ! Que cette image te dise combien les livres grecs ont bercé le cours de mes jours pour ma plus grande joie : grâce à leur ombre protectrice rien de ce qui féconde la mémoire du passé ne m'est demeuré étranger. De mes mots vois jaillir la lumière !

Pour avoir, de l'aurore au crépuscule de ma vie, affronté la gravité et la cruauté des hommes, j'ai connu peu d'années légères, si bien que je ne distingue plus guère mes visages successifs : celui de ma jeunesse ou celui de ma vie en train de s'achever. Je te livre ici sans détour mes pensées les plus intimes, les plus audacieuses et parfois les plus folles ainsi que les événements qui ont jalonné mon existence. Peu ont eu l'audace de se décrire tels qu'ils ont été. À tort ou à raison – je ne le saurai jamais –, j'ai voulu avant de mourir m'interroger au fil de mes souvenirs sur ce qu'avait pu signifier ma vie.

À l'instant où je trempe mon calame dans l'encre, je lutte contre le sommeil et m'efforce de rassembler mes pensées. Et si l'éternité doit fermer bientôt mes paupières, je continuerai de te parler depuis les rives de l'Achéron. J'ai voilé le contenu de mes Mémoires. *J'ai souhaité les préserver de l'oubli et les protéger des mains sacrilèges. Si, malgré les arcanes que j'ai imaginés, tu parviens à déchiffrer ce document, c'est qu'il aura échappé au regard de mes ennemis : il aura réussi à s'affranchir du Temps.*

Les événements que je te rapporte ici méritent d'être connus tels que je les ai vécus : le jugement des hommes néglige toujours les vaincus. Tu pourras trouver détestable, voire haïssable ce que j'ai fait au gré des circonstances, pour ma survie et celle des miens. Mais personne, tu en conviendras – pas même moi reine d'Égypte, émanation d'Isis, fille d'Hermès-Thot –, ne saurait suivre les seuls chemins de la sagesse ; celui qui naît dans la société des dieux ne peut se soustraire aux lois du destin.

Par le passé, j'ai hésité à composer cet ouvrage que je confierai bientôt à ma dévouée Thaèsis, la préceptrice de mes enfants. Si je me suis résolue à dicter ces Mémoires *à Diomède, mon secrétaire, c'est que les temps ont changé : les dieux gardiens de l'Égypte ont déserté les rives du Nil, ainsi que les plages d'Alexandrie au sable fin qu'effleurent les vagues, et sur lesquelles j'aimais à voir souffler la brise du matin. Les sages dont les prêtres m'ont entretenue affirment que leur désertion est le châtiment des erreurs humaines. Aujourd'hui, malgré les honneurs quotidiens qui leur sont prodigués, les dieux détournent leur regard ; ils ne répondent plus à l'appel des prêtres, qui, croyant au pouvoir de leurs* Livres sacrés, *continuent pourtant de les invoquer jour après jour. Dans quelle terre inconnue se sont-ils réfugiés à présent, sourds à mes invocations ?*

Mes appels à la puissante Isis, mes invocations à son sistre brandi au-dessus des flots, ne sont pas parvenus à envoyer par le fond les navires de Rome. Nos formidables quinquérèmes, honneur des chantiers de Tyr et d'Éphèse, ont sombré à Actium dans les flammes, ou ont été capturées. Pourtant, n'avais-je pas promis à la déesse de régner sur le monde, de faire d'Alexandrie la capitale de l'univers, la nouvelle patrie des dieux du Nil, et de nous venger d'Octavien ? Pourquoi la miséricordieuse Isis n'a-t-elle pas voulu m'entendre, elle, dont la magie est capable d'anéantir les ennemis de l'Égypte ?

Le présent n'est plus qu'incertitude. Les légions qu'Antoine avait confiées au proconsul de Cyrénaïque, Pinarius Scarpus, se sont retournées contre nous. Leur nouveau chef, Cornelius Gallus, un fidèle d'Octavien, approche d'Alexandrie. Ainsi s'envole vers le couchant notre dernier espoir. J'ai alors sondé le levant, mais là, l'horizon s'est voilé puis refermé. Foulant la piste côtière de la Syrie, les légionnaires d'Octavien pressent l'allure : ils franchiront un jour prochain le promontoire de Péluse. Quant aux messagers d'Antoine, conduits par son fils aîné Antyllus auprès d'Octavien, ils reviennent découragés.

Voici bientôt venir, en rangs serrés, les Aigles[1] *de l'ennemi fondant sur leur proie si longtemps convoitée.*

Antoine, à Pharos, surveille l'entrée du port.

Antoine, général des temps victorieux, toi en qui j'ai voulu voir le vainqueur des Parthes, va et mène au combat les Aigles qui te restent de tes vingt-trois légions ! Antoine, mon Dionysos couronné de lierre, ma panthère rugissante, sème la confusion chez nos ennemis, force-les à s'entredéchirer !

Mais, ces derniers jours, le cœur alangui par les libations, nous somnolons dans un banquet sans fin, parmi les danses extatiques, les volutes de la myrrhe et la mélopée sinueuse des hautbois. Nous sommes sous l'emprise du Dieu.

La pièce que j'ai ardemment jouée touche maintenant à son dénouement : je contemple les lueurs d'un crépuscule immobile. L'instant dure infiniment. Fille chérie des divinités, je jouis de ces derniers fastes, mon élixir de vie, dans l'attente d'une fin éblouissante.

Sachons être des dieux ! Loin de moi les plaintes des ombres avides, qui s'enlacent et se divisent sans but dans le séjour d'Hadès ! Loin de moi la nuit peuplée des gémissements perpétuels qui montent des rives de l'Achéron et du Cocyte ! S'avancent les spectres des héros morts que visitèrent Héraclès, Orphée et Ulysse : ils tentent de m'approcher et m'observent d'un regard étonné…

1. L'aigle est l'enseigne de la légion romaine, son symbole puissant.

Chapitre 1

Naître et survivre chez les Lagides

Comme Alexandre le Grand,
j'ai voulu faire mienne la langue des dieux.

Ami lecteur, toi pour qui je rassemble mes souvenirs, je témoigne ici de ce qu'a été mon existence aux prises avec le destin. J'abandonne toute vanité : ces Mémoires ont pour but de faire entendre ma voix au tribunal de la postérité. Tu souriras peut-être en pensant qu'il n'y a guère de vérité dans notre monde et que révéler ainsi les moments que je saisis dans mon miroir intime relève du paradoxe, car celle dont je souhaite te parler est déjà peut-être une autre. Mais la vertu de l'exercice est salutaire. Juge comme tu le veux les événements dont a été tissée la trame de ma vie jusqu'à mon sacrifice final ; mais écoute à présent ma voix : elle sort pour toi du gouffre du temps !

Aussi loin que je puise dans le cours de ma mémoire, la violence et les conspirations ont accompagné l'histoire de ma famille. Dès mes premiers pas dans la vie, je n'ai respiré que l'air terrible du combat. Mon enfance fut une lutte sanglante, pleine de douleur et de larmes. Que j'aie pu être encore vivante à l'arrivée de César à Alexandrie tient tout autant du miracle que de ma force d'âme et si mes sœurs ont atteint l'âge adulte, aucun de mes frères n'a vécu au-delà de l'adolescence.

Dans notre famille, le désir de puissance était sans partage : le pouvoir revenait à celui qui avait le dessus. On aurait cru que chacun d'entre nous avait gardé, gravées dans son cœur, les paroles qu'Alexandre le Grand a prononcées à sa mort pour désigner son successeur : « Au plus fort ! »

Maintenir la cohésion d'un empire ou d'un royaume réclame des qualités surhumaines. Pour y réussir, il faut d'abord identifier son génie en soi, y reconnaître quelque dieu ou déesse capable de vous communiquer sa puissance. Et il faut aussi être vif car c'est dans l'espace d'un éclair que l'on peut saisir sa chance.

Vois-tu, dans la dynastie des Lagides[1]*, comme dans le monde des dieux, le cynisme, la colère et la violence participent de notre nature. Aucun d'entre nous n'a pu jouir de l'insouciance de l'enfance. Les ressorts de mon esprit ont toujours été tendus à l'excès et seule ma force de vie m'a sauvée*[2].

Les garçons étaient les plus exposés, car leurs parents voyaient naître en eux, dès leur majorité, une menace éventuelle. Bien qu'un sort identique n'ait pas été, en principe, réservé aux filles, aucune d'entre elles ne renonça jamais au pouvoir. J'étais de celles-là. Les sœurs-épouses des souverains, ardentes au combat, étaient les fervents soutiens de leurs frères-époux. Dos à dos, pour contrer l'adversité, ces couples redoutables étaient en permanence sur le qui-vive. Très vite j'ai compris, grâce à mon désir de survivre et à mes facultés d'adaptation, que je finirais par m'imposer comme la seule capable de porter les espoirs et les ambitions des Ptolémées.

Même si les yeux qui m'entouraient étaient peu bienveillants, j'étais une enfant volontaire et d'une gaieté solaire. C'est à Mardion, l'eunuque qui commença à m'éduquer, que je dois cette confiance en moi, cet élan joyeux qui me pousse en avant, en dépit des menaces qui planent.

Dès l'enfance, avancer sur le fil de l'existence a relevé de l'art du funambule. J'ai appris à percevoir le danger sous des

---

1. Lagos : nom du père de Ptolémée Ier fondateur de la dynastie lagide.
2. Les ajouts de la main de Cléopâtre à ses Mémoires dans les dernières semaines de sa vie sont donnés tout au long du texte en italiques.

traits anodins, à cerner la personnalité de ces eunuques qui évoluaient dans l'ombre du pouvoir et géraient les affaires de la cour, petites ou grandes ; à rester en toutes circonstances maîtresse de moi et vigilante ; et surtout demeurer à l'affût du meilleur moment pour agir. Depuis l'esplanade dallée du palais inondée de soleil, dont la vue donne sur le port royal et sa forêt de mâts, jusqu'aux recoins obscurs des palais, tout n'a été que lieux d'apprentissage où mes sens ont dû en permanence s'aiguiser. N'être jamais assurée d'être en vie le lendemain m'a conduite à dissimuler mes sentiments, mais aussi m'a rendue plus forte et plus lucide.

Pendant le jour, je réfrénais mon appétit et ma soif, par crainte du poison. À cette époque, aucun goûteur n'était à mon service durant les banquets pour reconnaître, derrière les aliments et les breuvages aux saveurs sucrées ou au goût acide, le mordant des toxiques. La nuit venue, je ne pouvais dormir que d'un œil dans une chambre à l'écart ; et redoubler d'attention, sous la protection de l'ombre fidèle de Mardion. Si l'on mesure l'homme ordinaire à ses vertus – courage et modération, justice, sagesse ou piété, dont Platon fait son miel, j'étais, moi, contrainte de survivre par l'intelligence ou la ruse, ou bien de mourir sans gloire.

Dès que j'eus l'âge de raison, mon père Ptolémée XII, surnommé par les Alexandrins *Aulète*, le « Joueur de hautbois », me fit lire les Mémoires de notre ancêtre Ptolémée fils de Lagos, le fidèle général qui participa aux campagnes d'Alexandre le Grand et fut le témoin de la construction d'Alexandrie. Je connaissais si bien les récits sur les héros de cette épopée que j'avais le sentiment d'assister, haletante, aux détails des batailles qui précipitèrent la chute de l'Empire perse.

Une salle d'un des palais me permet d'admirer une immense peinture évoquant les batailles de ces demi-dieux[1]. *On y voit Alexandre enfonçant les lignes ennemies, les sarisses brandies. Je*

1. L'une de ces peintures dite *La bataille d'Issos* est reproduite en mosaïque dans la Maison du Faune, à Pompéi.

n'ai pu qu'être impressionnée par la vaillance des Macédoniens face à la formidable puissance des Perses. La frontière entre la réalité et le mythe se brouille là pour mon plus grand bonheur.

Fig. 6 : Portrait d'Alexandre le Grand (détail) combattant au cours de la bataille d'Issos (1er nov. 333 av. J-C.). Extrait de la *Mosaïque d'Alexandre* à Pompéi (– 100) © M. A.

Devant cette peinture, je redessine chaque fois en moi l'image du Macédonien invincible qui voulut réunir du levant au couchant deux univers – de cet homme qui voulut aussi être dieu, de ce soldat philosophe qui écrivit sa vie comme une épopée, avec sa fulgurance et ses faiblesses aussi. Je ne peux entendre lire, sans un pincement au cœur, la description de ses ivresses et des larmes qu'il versa après avoir tué, dans un état second, son ami Clitus. Je comprends et condamne cette folie qui l'emportait par instants, et toujours je finis par replonger mes yeux dans son œil noir et mélancolique : j'y cherche les images qui se reflètent dans sa pupille ; j'ai voulu comprendre par quel miracle il a pu conserver intacte, jusqu'à sa mort, l'énergie de son regard.

À Alexandre qui savait voir et écouter, l'éphémère faisait signe. Comme lui, j'ai voulu faire mienne la langue des dieux.

Le corps d'Alexandre soustrait par mon ancêtre, Ptolémée fils de Lagos, à ses autres successeurs, occupe à présent l'édifice du *Sôma*, « le Corps », près duquel se trouve la nécropole de ma famille, le Ptolematon. C'est là, à l'intersection des deux grands axes de la ville, que gravite la vie alexandrine. Garde du corps d'Alexandre, durant ses campagnes, Ptolémée fils de Lagos avait voulu le demeurer après sa mort.

J'allais voir sous le cristal de son sarcophage Alexandre paisiblement endormi dans son cercueil en or, à la lueur vacillante des flambeaux de la crypte : il me semblait éternellement vivant, pareil à l'olivier d'Héraclès toujours vivace. J'ai aimé à penser que de l'arbre ancien pourrait naître une jeune pousse : l'envie d'être lui m'envahissait tout entière, mon sang bouillonnait et je rêvais qu'il me guidait sur le chemin de mon destin.

J'ai été animée comme lui d'un fanatique désir de découvrir, d'aller, chargée de contes et de mythes à la rencontre de nouveaux pays, autant pour les contempler que pour les soumettre à mon autorité. M'y invita la présence spirituelle qui habitait cette crypte voûtée, avec son architecture égyptienne décorée de deux sphinx et son épaisse porte de cèdre. L'accès était gardé jour et nuit par deux soldats en chlamyde, coiffés du béret macédonien. Souviens-toi que nous ne sommes pas des Grecs, comme ceux-ci se plaisent à le souligner avec ironie, mais des Macédoniens. Je le revendique aujourd'hui encore en dépit de notre défaite.

La présence à Alexandrie du corps de notre héros rendait, à elle seule, légitimes nos ambitions à régner sur un vaste empire : échu à mon ancêtre devenu Ptolémée Sôter, il s'étendait – depuis le partage de son héritage – de Cyrène à Alexandrie et de l'Égypte à la Syrie-Creuse ainsi qu'à l'île de Chypre. Maintenir l'Empire de Ptolémée Sôter dans son état initial était à mes yeux le premier devoir qui incombait à ses successeurs. Personne ne devait s'emparer d'un seul fragment de ce royaume dont les prêtres égyptiens consignaient l'existence au plus secret de leurs temples. Pour eux, ces possessions en terre étrangère constituaient les parties du fameux Œil d'Horus, qu'avait complétées Hermès-Thot.

Mon père souhaita que je reçoive la meilleure éducation possible. En effet, à la cour des Lagides nous suivions les principes de Platon qui, dans la cité parfaite de sa *République*, voulait que les femmes de la classe des gardiens et des dirigeants soient éduquées comme les hommes et reçoivent la même formation intellectuelle, musicale et physique que ceux-ci. Aussi me suis-je fait un devoir de commencer par connaître l'histoire de notre famille, grâce à mes précepteurs venus du Mouseion, la « Maison des Muses » tout proche du palais. Là se trouvaient des savants du monde entier. Avec la complicité de Timée de Naucratis, directeur de la Bibliothèque, j'avais accès aux récits de Polybe de Mégalopolis [IIe s. av. J.-C.], qui avait été le témoin oculaire d'une foule d'événements dans ses *Histoires*, ou à son *Traité sur la tactique* : j'y étudiais comment Rome avait vaincu les Grecs. J'y voyais aussi tout ce que les Romains leur devaient.

Cette passion pour les récits du passé m'est restée : j'ai fait archiver par mon secrétaire Diomède tous les faits importants que j'ai pu observer durant ma vie. Grâce à ma mémoire, que j'ai fait activement travailler selon le conseil de mes maîtres, je sens en dictant pour toi mes souvenirs que j'aurais aimé te les dire de ma propre voix, cette voix que certains tiennent pour agréable.

*Je me suis plongée également dans l'*Histoire d'Alexandrie *de Callixène de Rhodes, fascinée par la description des fêtes dynastiques organisées par notre ancêtre Ptolémée II Philadelphe (– 308-246) : celui-ci avait fait reproduire intégralement dans le cirque d'Alexandrie le cortège de Dionysos pour célébrer la paix avec Antiochos Ier Sôter et les Séleucides. Je n'ai jamais oublié la description de cette fête dont les échos avaient retenti tout autour de la mer Intérieure*[1].

C'est la politique erratique de mon père, due à sa personnalité déroutante et son tempérament colérique, qui a orienté

1. La mer Méditerranée.

mes premières réflexions. J'ai pu alors juger ses actions et approfondir ma connaissance du puissant « Ami » romain qui s'était emparé méthodiquement, tesselle après tesselle, de l'immense mosaïque qu'Alexandre avait composée et transmise à ses successeurs. Nous pressentions que viendrait un moment où surgirait un homme providentiel. Nous qui étions éloignés des aléas de la politique de Rome, observions, de l'autre rive de la mer Intérieure, les combats que se livraient leurs puissantes factions, celle des Réformateurs populistes, les *Populares*, et celle des Conservateurs, les *Optimates*.

L'aube d'une ère nouvelle s'annonçait, mais personne ne savait quand elle se lèverait. Les espions de notre palais disséminés en Italie et en Orient avaient pour mission d'observer au plus près ces hommes alternativement alliés ou ennemis en fonction de leurs intérêts. Notre chancellerie était à l'affût de ces nouveaux journaux nommés *Acta diurna populi romani* [« Faits du jour »] du peuple romain, et les *Faits du Sénat* où étaient enregistrés les décisions quotidiennes[1]. Nous disposions ainsi de renseignements précis afin de comprendre comment s'organisaient les forces rivales. Car en toute saison, la mer était sillonnée de voiles qui propageaient les nouvelles rédigées par les *diurnarii* romains[2].

Je n'avais alors que douze ans, mais j'observais, moi aussi, les événements. Quand ces informations complexes se brouillaient dans ma tête, je les sollicitais dans mes rêves : les choses devenaient plus simples et s'éclairaient d'elles-mêmes. Je crois encore aujourd'hui à l'évidence infaillible du songe et à ce don de vision qui me permet d'aller à l'essentiel de ce que je veux saisir.

Dès ma jeunesse, j'ai appris que l'Égypte était un long corridor entre deux mondes, menant de la mer Intérieure à l'Éthiopie. Elle constituait, au sud, un pays riche pour un regard

1. Mis en place lors du premier consulat de César et de Bibulus, en 59 av. J.-C.

2. Les premiers journalistes romains qui, sous l'autorité d'un magistrat, diffusaient par des copies les nouvelles du jour dans toute la République romaine.

romain, mais inconnu et inquiétant. Notre autorité y a été souvent sapée en raison des tensions qui existaient dans notre famille. Mais, à ce moment-là, toute autorité risquait de s'évanouir, car mon père entendait solliciter la résolution de nos conflits auprès de Rome, notre ennemie !

Il ne m'a pas été facile d'analyser la longue vague des événements qui se sont déroulés en si peu d'années. Par la suite, lors de mes venues à Rome, plusieurs entretiens avec Cicéron, à la mémoire vive et à la langue acérée, ont été pour moi l'occasion d'apprendre beaucoup sur la République romaine, dont il était un historien intarissable et compétent. Ses écrits ne m'étaient pas inconnus. Lui-même m'a interrogée sur l'Égypte, qu'il envisageait un jour de visiter, ainsi que sur le contenu de la Bibliothèque d'Alexandrie et des ouvrages qu'il désirait consulter.

Il m'arrive de relire, sans le dire à Antoine, des passages de l'œuvre de Cicéron qu'il avait proscrit et fait mettre à mort. Malgré nos différends, je suis émue à la lecture des mots qu'il écrivit à son ami Titus Pomponius Atticus : « Plutôt renoncer à la vie qu'à la patrie ! » Il a eu le courage de défendre cette République à laquelle il tenait. De la même manière, je défends encore, avant que la mort ne m'emporte, l'intégrité du pays de mes ancêtres, au prix de ma propre vie.

Chapitre 2

Rome à l'affût : l'annexion de Chypre

César apparaissait de loin comme l'homme politique le plus intéressé par les richesses de l'Égypte.

Laisse-moi te raconter l'étrange façon dont mon père est parvenu au pouvoir. Tu me pardonneras ces détails, car tu comprendras mieux comment Rome, alors acculée à un violent conflit intérieur, jeta son dévolu sur notre pays.

C'était au temps de Sylla. L'*imperator* romain venait de vaincre le roi du Pont Mithridate VI qui avait fait prisonnier Ptolémée XI dit Alexandre II, dernier descendant légitime de la lignée de Lagos. Cet Alexandre II préféra se placer sous la protection du Romain, et les deux hommes forgèrent des liens d'amitié. Comme le trône d'Égypte était vacant, Sylla, redevenu consul [en ~ 80 av. J.-C.], imposa Alexandre aux Alexandrins, en comptant sur la reconnaissance du jeune homme. Tout semblait parfaitement agencé dans le plan de Sylla, sinon que, pour régner légitimement aux yeux de la population, il fallait qu'Alexandre prenne pour femme la fille de Ptolémée IX Sôter II que les Alexandrins surnommaient Lathyre, « Pois chiche ». Or, plus âgée que lui, elle était à la fois sa cousine et sa belle-mère – ce qui ne présageait rien d'heureux. D'un tempérament pressé, vingt jours après la célébration de leurs noces, Alexandre la fit assassiner. L'armée furieuse l'accusa d'être un agent des Romains, de sorte qu'il finit, sur-le-champ, égorgé dans le Gymnase d'Alexandrie. Ainsi disparut, en quelques semaines, le dernier héritier légitime de notre famille.

Notre royaume traversa alors une situation périlleuse : on ne savait si Rome adopterait une attitude conciliante ou agressive à l'égard de l'Égypte. Sans roi et confrontés au risque d'une annexion, les Alexandrins se tournèrent vers mon père, fils naturel d'une concubine de Ptolémée IX. Il accepta de succéder à Alexandre. La chance voulut que, au même moment, Sylla, accaparé par d'autres conflits, ait négligé l'Égypte, puis se soit retiré des affaires publiques. Une fois sur le trône, mon père s'efforça de concilier les intérêts des Alexandrins qui haïssaient Rome et ceux des Romains dont il était étroitement dépendant.

Aux yeux des Alexandrins, mon père ne devint lui-même légitime qu'en épousant Cléopâtre Tryphène (« la Magnifique »), la dernière descendante de sang royal. De ce mariage naîtrait mon aînée Bérénice. Cette naissance aurait dû le réjouir, mais il finit par s'impatienter de ne pas avoir d'enfant mâle. Il écarta donc son épouse du pouvoir dix ans plus tard, et lui retira son titre de corégente dans la treizième année de son règne. Puis, quitte à provoquer l'irritation des Alexandrins, il légitima les enfants qu'il avait eus entre-temps avec la sœur cadette de son épouse officielle, nommée elle-aussi Cléopâtre Tryphène, mais dite « la Jeune ». Cette dernière m'avait donné le jour ; sont venus ensuite ma cadette Arsinoé [– 68] et enfin deux garçons [– 61 et – 59][1]. Mon père a protégé autant qu'il le pouvait son union avec ma mère pour éviter, croyait-il, les innombrables querelles de succession qu'affectionnaient les Lagides. Malgré sa vigilance, le destin allait lui jouer un tour à sa façon.

Je n'admettrais jamais ce postulat de la primauté masculine. Peut-être est-ce la raison pour laquelle je n'ai pas eu de pitié pour mes frères ? Mon ancêtre Arsinoé Philadelphe et la politique courageuse qu'elle a conduite plus de deux siècles

1. Respectivement, Ptolémée XIII Théos Philopator II, et Ptolémée XIV Philopator III.

auparavant ont été pour moi une source d'inspiration : elle fut reine de Macédoine et de Thrace au côté de Lysimaque, puis reine d'Égypte au côté de son frère [Ptolémée II], *l'une associée au culte d'Isis, l'autre à celui d'Osiris.*

Dans le climat de violence et d'exaltation que faisait régner mon père au palais, j'ai voulu, comme cette ancêtre, devenir la flamme qui s'élèverait en dépit des hommes, haute et grande dans le ciel.

Du côté de Rome, l'arbitrage n'avait guère avancé. Le Sénat demeurait prisonnier de ses atermoiements sur la question égyptienne : il mettait en avant soit des raisons légales telles que le testament d'Alexandre, soit des raisons morales. Certains sénateurs allèrent jusqu'à déclarer que mon père, cet amoureux des arts, s'adonnait à des activités indignes d'un souverain : il passerait son temps à jouer du double hautbois qui lui valait son surnom d'*Aulète*. Il était en effet passé maître dans le jeu de cet instrument et sa musique retentissait dans les cours et les allées du palais. Sa virtuosité stupéfiait les aulètes professionnels, pourtant nombreux à Alexandrie. Pour mon père, le hautbois était beaucoup plus qu'un simple instrument musical : il s'apparentait à un mode de vie qui traduisait son attachement à Dionysos.

Comment aurais-je pu imaginer la noire violence qui allait s'emparer de ce musicien passionné ? Les Romains voyaient en mon père un invétéré bacchant de Dionysos, ce dieu qui avait alarmé Rome et n'avait été accepté qu'après de fortes oppositions. Mais s'ils avaient soupçonné que ceux qui avaient l'audace de se moquer de ses talents musicaux disparaîtraient soudainement, ils l'auraient vraisemblablement traité plus durement.

Le Sénat, cependant, continuait de laisser planer le doute sur ses intentions à l'égard de l'Égypte, et envenimait ainsi la situation. Mon père fut alors contraint de payer à Rome des avocats dans le but de soudoyer des hommes politiques et, pour ce faire, d'accroître la pression fiscale, déjà forte dans le pays. Il comptait gagner les faveurs d'une assemblée sénatoriale corrompue, mais il risquait par là de se couper du clergé égyptien.

C'est à ce moment que le nom de Jules César, stratège renommé, au grand charisme, commença à circuler au palais ; je n'étais toujours qu'une enfant. Mon père semblait évoluer au gré des circonstances politiques et ne cessait d'échafauder des plans pour apurer ses dettes vis-à-vis de Rome. Pourtant, il était lucide. César, me révéla-t-il plus tard, avait fait agir en sous-main le censeur M. Licinius Crassus, et avait suscité la colère des sénateurs conservateurs favorables à mon père en proposant, au lieu d'un tribut annuel, l'annexion pure et simple de l'Égypte. César, dont l'ascension politique exigeait sans cesse de nouvelles ressources financières pour séduire la clientèle plébéienne des *Populares*, apparaissait de loin comme l'homme politique le plus intéressé par les richesses de l'Égypte. Pour cette raison, il soutint la loi agraire du tribun Servilius Rullus [– 63] qui, dans sa proposition de mise en vente des terres publiques au profit des citoyens romains pauvres, intégrait celles de Chypre et de l'Égypte, toujours en se fondant sur le fameux testament d'Alexandre II.

Cette loi ne fut cependant pas votée, grâce aux arguments et au talent oratoire de Cicéron [– 59]. Mais César, alors premier consul, avec l'accord de Pompée qui avait épousé sa fille Julia, imposa à mon père de lui verser en son nom propre et en celui de Pompée la somme exorbitante de six mille talents ! En échange de quoi, tous deux interviendraient pour faire reconnaître par le Sénat son titre de roi et lui accorder également celui d'Allié et ami du Peuple romain. Mon père endetta ainsi gravement le pays ; néanmoins il pensait s'en tirer à bon compte.

Demeurait en suspens le sort de l'île de Chypre. Le Sénat n'entendait pas se limiter à la somme que César en son nom propre avait cyniquement réussi à extorquer à mon père. Depuis l'époque où Ptolémée VIII avait reconquis l'île, Rome convoitait ce doigt de terre pointé vers la Cilicie [au sud-est de l'Anatolie].

L'île, dotée d'immenses richesses minières, offrait à celui qui en était maître un avantage maritime stratégique. Les Alexandrins comme certains des Égyptiens du pays intérieur, qui ignoraient jusqu'à l'idée même de « mer », y étaient si attachés qu'ils la considéraient comme un joyau inaliénable. Elle constituait à leurs yeux un royaume en soi, une terre d'apanage certes, mais indissociable du tout. Les Alexandrins ont cru prévenir ce risque en proclamant mon père souverain de l'Égypte, et son frère, qui portait aussi le nom de Ptolémée, roi de l'île.

L'annexion de l'île par Rome fut mise en œuvre grâce à la loi Clodienne sur Chypre, que le Sénat promulgua [mars – 58] à l'initiative du tribun Clodius Pulcher. Rome n'avait besoin que d'un prétexte aux yeux du monde. Clodius Pulcher le lui fournit. La loi lui offrit l'occasion d'une vengeance personnelle : Clodius avait été capturé par des pirates ciliciens dans les parages de Chypre, et il avait demandé à mon oncle, le souverain de l'île, d'acquitter la rançon que les pirates exigeaient. Mais ce dernier commit l'imprudence de proposer une somme si dérisoire que les pirates la refusèrent et préférèrent relâcher leur prisonnier. Les représailles qu'engagea Clodius lorsqu'il devint tribun de la plèbe furent à la hauteur de l'humiliation qu'il avait subie. Sitôt la loi votée, il délégua Caton le Jeune pour prendre possession de l'île et l'annexer à la Cilicie. Cette mesure provoqua la mort de mon oncle, qui préféra le suicide au déshonneur. L'annexion suscita un moment de désarroi chez mon père, puis une crise entre lui et la population d'Alexandrie.

Les deux frères étaient tenus pour responsables du sort dramatique de l'île : Caton vendait au plus offrant les domaines de mon oncle et confisquait le trésor royal de Chypre au profit de la République romaine. La nouvelle du suicide de mon oncle, qui s'était propagée à Alexandrie, exacerba la situation et mon père se mit à craindre pour sa vie et celle des siens.

Je me souviens d'une scène où mon père, qui avait beaucoup bu, réfléchissait à voix haute. Il y avait là ma sœur Bérénice, ma cadette Arsinoé, nos deux frères dans les bras de leurs nourrices et moi. D'un air absent, il tenait des propos aussi véhéments que velléitaires.

Devait-il emmener avec lui ses enfants à Rhodes ? Ou embarquer pour Athènes afin de quitter ce nœud de vipères qu'était devenue Alexandrie ? Puis il se rétractait et prétendait que ses soutiens romains n'étaient peut-être pas assez sûrs pour garantir notre sécurité durant le voyage car les pirates écumaient encore la mer. Puis, changeant de ton, d'un air dépité, il se mettait à pester contre la ville et l'époque. Ses talents de joueur de hautbois dionysiaque ne rencontraient pas l'écho qu'il escomptait à Alexandrie. Et, pourtant, il revendiquait l'importance de son art avec obstination.

Je me rappelle que Bérénice, en tenant des propos vaguement critiques, avait éveillé sa méfiance : son sourcil s'est soulevé fugacement comme pour traduire son étonnement, puis est retombé. Je me suis empressée, pour ma part, de prétendre avec enthousiasme que les sons du hautbois ouvraient le cœur au faste et à la beauté. Cette repartie enfantine en faveur de son art m'a valu un regard bienveillant de mon père. Il a laissé tomber : « Toi, si tu profites des leçons du vieil Antipater de Rhodes, tu deviendras un second Ératosthène. » Or, Ératosthène, dont le nom signifie « Force de l'amour », avait été, deux siècles plus tôt, l'un des plus grands savants du Musée. Sur ce mot, mon père nous a abandonnés, me laissant gonflée d'orgueil et d'ambition pour la première fois de ma vie.

Je me souviens encore aujourd'hui de sa boutade et je suis certaine qu'il m'avait percée à jour : je suis restée émerveillée par le savoir. Quand je suis devenue reine, j'ai eu à cœur de poursuivre le renouvellement du Musée qu'avait amorcé mon père et d'attirer à Alexandrie les penseurs de toutes les disciplines qui avaient fui sous le second Évergète. Je crois à la dignité des savoirs, à cette chaîne que nos poètes imaginent sortant de la bouche de Zeus, d'où pendent toutes les choses enchaînées les unes aux autres. Et puis, c'est vrai, je suis toujours « la Force de l'amour ».

Chapitre 3

Fuite à Rome, retour à Alexandrie du père de Cléopâtre

La rébellion de Bérénice avait réveillé la fureur dionysiaque, sombre et muette, qui sommeillait en lui

Mon père, dès le lendemain, céda à l'humeur dont nous avions été témoins la veille et, laissant femmes et enfants au palais, fit voile vers Rhodes où il crut trouver une solution. Le petit-fils de Caton l'Ancien lui suggéra lors d'un entretien de se réconcilier au plus tôt avec les Alexandrins : bien entendu, il ne tint aucun compte de ce conseil de bon sens. Il se considérait comme humilié par Caton qui l'avait reçu alors qu'il était en train de se purger, et fut détourné de toute idée de réconciliation par de mauvais conseillers. Mon père décida de mettre aussitôt le cap sur Rome et d'y séjourner.

Ne crois pas que Chypre soit devenue une province romaine par la faute de mon oncle. Le prétexte d'une rançon insuffisante n'a été qu'un motif parmi d'autres : rien n'aurait empêché Rome de s'emparer de l'île. Sache seulement qu'il aura fallu employer ensuite tous mes talents diplomatiques auprès de César puis d'Antoine pour que Chypre réintègre l'héritage familial.

Voyant que mon père avait pris le large, les Alexandrins lancèrent en vain des navires sur ses traces dans les ports de la mer Intérieure ; ils n'auraient pas imaginé de pouvoir le retrouver à Rome. Convaincus d'avoir perdu leur roi, les Alexandrins s'arrêtèrent à un arrangement boiteux et de mauvais augure. Ils proposèrent à notre aînée Bérénice de monter sur le trône, en corégence avec sa mère, Tryphène. Bérénice avait alors vingt-deux ans. Elle accepta l'offre. Quand les Alexandrins connurent enfin les plans que mon père tramait à Rome, ils y envoyèrent une ambassade d'une centaine de membres du Gymnase, conduite par le philosophe Dion d'Alexandrie de l'Académie. Mais le philosophe fut empoisonné avant que la délégation ait pu atteindre le Sénat. Le reste de celle-ci fut attaqué sauvagement par des tueurs à gages à la solde de mon père, qui ne fut jamais inquiété pour autant, car il bénéficiait de solides appuis romains.

Bérénice régna avec sa mère durant trois ans. Entre-temps, Arsinoé et moi, ainsi que mes deux frères, qui vivions au sein du gynécée, entourés d'eunuques bienveillants, avons été confinés aux limites d'un quartier du palais. Bérénice fut rapidement contrainte par les Alexandrins, qui souhaitaient qu'elle donne un héritier à la dynastie, de s'unir à un certain Séleucos VII Philométor[1]. Sa vulgarité lui avait valu le surnom de « Poissard ». Mais ma sœur, au sang vif et vaillant, se révolta. Elle refusa d'être sous la coupe d'un mari grossier et imposé par la rue : elle fit monter le Poissard à bord de la barque de Charon, le passeur des Enfers. J'examinais avec intérêt la situation d'un point de vue stratégique, quoique stupéfaite par l'audace de ma sœur, audace qu'elle me communiquait à son insu.

Pendant les trois années du règne de Bérénice [– 58-55], la demeure où résidait mon père à Rome, dans le quartier de l'Aventin, vit passer, outre une foule de musiciens, des personnalités susceptibles de jouer un rôle dans son retour aux affaires : il s'agissait de sénateurs et de chevaliers auxquels il versait de substantiels pots-de-vin. S'il obtint des prêts cautionnés par des banquiers romains, parmi lesquels le chevalier Rabirius Postumus, il ne réussit pas à décider Pompée, qui l'avait reçu dans sa somptueuse villa d'Albe, à intervenir en sa faveur.

Mon père fit ensuite voile vers l'Asie et débarqua à Éphèse pour se réfugier au temple d'Artémis [– 56]. Là, tandis que

1. Fils d'Antiochos X et de Cléopâtre V Séléné.

le Sénat débattait pour savoir s'il fallait intervenir ou non, il se démena tant et si bien qu'il réussit à convaincre le général Aulus Gabinius, proconsul romain de Syrie, de lui apporter son soutien. Pour le malheur de ma sœur Bérénice, ce dernier était un ami de Pompée. Il accepta de conduire ses troupes de Palestine en Égypte pour rétablir mon père dans ses droits, contre la promesse de dix mille talents. L'Égypte ainsi passait insidieusement sous la main de Rome pour devenir l'un de ses protectorats.

Dans l'intervalle, les Alexandrins, prompts à tenter d'imposer leur volonté aux rois, avaient persuadé Bérénice d'épouser en secondes noces Archélaos de Comana [– 55] qui s'était spontanément proposé, vraisemblablement avec l'accord tacite de Pompée et de Gabinius. Bérénice pensait avoir ainsi reconquis sa popularité auprès des Alexandrins en faisant un mariage à la hauteur de ses ambitions.

Mon père, quant à lui, suivait l'armée romaine en longeant le cordon littoral du lac Sirbonis [lac Bardawil] que les Égyptiens nommaient le « Soupirail de Typhon ». La garnison judéenne, postée au débouché de Péluse, laissa passer la cavalerie placée alors sous le commandement d'Antoine. Grâce à l'intervention de Jean Hyrcan, grand-prêtre de Jérusalem, et d'Antipater l'Iduméen, des auxiliaires juifs se joignirent également à leurs forces.

Archélaos de Comana fit honneur à la lignée de militaires à laquelle il appartenait : il combattit vaillamment à la tête de ses troupes et mourut les armes à la main, tué, dit-on, par Gabinius. Mais la résistance des Égyptiens se prolongea et il fallut près de six mois au corps expéditionnaire pour gagner Alexandrie. Faute de pouvoir traverser le Delta, Gabinius dut descendre vers le sud et passer par Memphis.

J'avais alors quatorze ans, Arsinoé douze et mes jeunes frères respectivement six et quatre ans. En dépit de ma jeunesse, j'ai analysé attentivement la manière dont Bérénice avait résisté aux Alexandrins, sans leur donner satisfaction. Je me suis identifiée à ces Macédoniennes qui ne lâchaient rien sur ce qui leur importait et étaient tout aussi tenaces que des princes.

C'est dans la suite du proconsul Gabinius – je ne devais pas l'oublier – qu'est apparu celui auquel je devais plus tard lier mon destin, Antoine.

J'étais jeune mais déjà presque une femme. Je pressentais ce qu'étaient l'amour et le désir, dont m'avait parlé mon eunuque Mardion. Mais je n'ai pas voulu mettre un nom sur le trouble qui m'envahissait, exposée ainsi au regard d'Antoine, à son charme puissant, voire sauvage. J'ai eu le sentiment que ce qui se produisait en cet instant fugace échappait à toute logique. J'ai été attirée par cet homme, et pourtant j'ai ressenti également de l'hostilité face à ce Romain triomphant.

Dès son arrivée à Alexandrie, mon père a fait arrêter et exécuter tous ceux qui avaient soutenu le parti de ma sœur, jusqu'à ses propres eunuques, qu'il soupçonnait de l'avoir influencée. Bérénice allait mourir, bientôt rejointe par sa mère dans les Enfers.

Notre père alla ensuite retrouver notre mère, sa cadette, confinée, comme nous, dans un quartier du palais. Gabinius, que Rome avait envoyé pour rétablir mon père, portait le surnom de « Délices de Catilina », cet aristocrate romain, fameux pour ses débauches et sa conjuration contre le Sénat : il arriva à Alexandrie, précédé de sa réputation d'amant passif et, dans cette capitale de la volupté, chacun savait qu'il ne quitterait pas la ville insatisfait.

À Alexandrie, et plus tard à Rome, j'ai vu de puissants Romains se livrer dans leurs banquets à tous les plaisirs, dont leurs contemporains se riaient allègrement. Leur libertinage, exacerbé par le danger enduré à tout instant sur le champ de bataille, ne connaissait aucune limite. Ces hommes qui ont un pouvoir de vie et de mort sur leurs semblables imposent leurs désirs comme la marque de leur fallacieuse supériorité. Je me suis alors promis de jouer de mes talents pour les prendre un jour à leur propre piège. On m'accuse aujourd'hui de m'être comportée en femme impudique, voire en courtisane, mais la beauté et le charme qu'on me prête, je les ai mis au service de l'Égypte : ils sont devenus une part de ses emblèmes. Dans le théâtre à ciel ouvert qu'est Alexandrie, je demeurerai jusqu'à la fin l'auteure de ma propre vie.

J'appris jusqu'où pouvait aller la fureur de mon père : pour que les derniers instants de ma sœur Bérénice restent figés dans ma mémoire et en guise d'avertissement, j'ai été contrainte d'assister à la scène de son exécution en tant qu'aînée désormais. La rébellion de Bérénice avait réveillé la fureur dionysiaque, sombre et muette, qui sommeillait en lui. Sa mort et le sang répandu sur le sable du Gymnase ont exaucé son désir sacrificiel.

La dérision sinistre que traîne avec elle la mort ne m'a pas empêchée d'être sensible au courage de ma sœur qui, après quelques vaines supplications, a fini par bouleverser le rituel du sacrifice. Dans un mouvement de défi, elle a déchiré son vêtement et, exposant ses seins, elle a tendu sa gorge au bourreau : elle n'a pas cessé de fixer mon père de toute la force de son regard, sous les yeux de la foule que contrôlait un détachement de légionnaires. Bouleversée par le sort de mon aînée, j'étais en même temps consciente d'être trop jeune pour choisir un parti.

Pas un des Alexandrins présents n'a osé protester, médusés par le spectacle d'un père qui décidait, à l'instar de la Parque, de trancher le fil de la vie de sa propre fille. Ils auraient dû se souvenir du sort qu'avait subi leur ambassade à Rome. Eux, qui l'avaient nommé Nouveau Dionysos, par ironie, en raison de son goût pour les vignes du dieu, ont découvert à cet instant qu'ils avaient un nouveau maître et qu'il faudrait compter avec sa cruauté. Le clergé, lui, a retrouvé son roi et en a été satisfait.

En dépit du spectacle atroce de l'exécution de ma sœur avec la complicité des Romains, combien de temps les Alexandrins garderaient-ils le souvenir de sa mort ?

Je suis demeurée impassible, mais le souvenir de cette scène sanglante est resté vif en moi. La mort et le soupçon rôdaient partout : l'aile de Thanatos planait au-dessus du palais. J'éprouvais une sensation de vertige : la violence et la douleur démesurées de notre histoire familiale s'imposaient brutalement à moi.

Jamais ce musicien inspiré ne s'était montré aussi féroce. Je me suis trompée sur mon père ; je n'ai voulu voir en lui que la part divine de Dionysos : la musique. Par la suite, je n'ai cessé de redouter que cette contagion de la mort ne m'atteigne.

Mon père n'a pas su qu'il venait de donner à l'adolescente que j'étais une leçon que je n'oublierais pas de sitôt : quand il le faut, ne jamais se laisser gagner par la pitié.

Devenue tragiquement l'aînée, une inexprimable amertume s'est emparée de moi : j'héritais de la vie meurtrie des miens et j'ai vu en cet instant hallucinant se dessiner le destin qui m'était promis par les Parques et que j'affronte aujourd'hui. La frontière de la jeunesse fermait ses barrières et le temps se fracturait. Ma sœur cadette et mes frères se sont métamorphosés sous mes yeux en farouches adversaires. Mais ils n'allaient pas ignorer longtemps qui j'étais en train de devenir, m'étais-je dit, avec une ferveur maîtrisée.

C'est à ce moment que j'ai décidé d'être indépendante, d'affirmer ma force et de rendre mon âme toute-puissante. Je ne m'unirais qu'à ceux qui m'aideraient à ranimer les rêves de mes ancêtres, depuis trop longtemps ensevelis dans leurs statues de pierre. J'ai cessé de croire que l'on ne pouvait vivre qu'à l'ombre des Romains et de mon père. Avec l'insouciance de l'enfant, cette illusion servile venait de mourir.

La situation du royaume empirait : un désastre financier sans précédent menaçait l'Égypte. Mon père avait nommé le romain Rabirius [– 55] aux fonctions de diocète [ministre des Finances]. Celui-ci ne fit que procéder au pillage systématique de nos ressources à son seul profit. Le caractère arbitraire des décisions de mon père prises à son retour entraîna ainsi de lourds déboires pour les banquiers de Rome. Et l'Égypte devrait, bon gré mal gré, rembourser les prêts consentis : la pression croissante de Rome allait déclencher une guerre qui ne s'arrêterait pas de sitôt.

La gravité des événements m'a rendu consciente de la décadence de notre royaume. La mort de ma sœur m'a appelée à dépasser ma sidération et à me tenir prête.

Mon esprit s'est mis à convoquer celui des reines des temps anciens dont la voix d'outre-tombe me dicte la conduite à tenir : me plier inlassablement aux exercices de l'esprit et du corps afin de pouvoir disposer des armes avec lesquelles je combattrais pour l'avenir de l'Égypte.

Peu de temps après l'exécution de Bérénice, je me suis promenée seule, méditant ces résolutions, quand un orage matinal a éclaté au-dessus de la mer. J'ai trouvé un abri sous la ramure d'un dattier du désert qu'on était parvenu à acclimater dans le jardin du palais. Le sang battait à mes tempes, tandis que je pressais sur l'écorce rugueuse mon visage ruisselant. J'ai enserré l'arbre, écrasée soudain de solitude. Peu à peu les éléments autour de moi se sont apaisés. Quand j'ai relevé la tête, j'ai vu se former l'orbe immense d'un arc-en-ciel qui ceignait le phare d'Alexandrie.

Chapitre 4

Maîtres grecs et égyptiens

J'ai été enthousiasmée par le savoir,
et ma mémoire s'est épanouie [...].
Le destin m'a fait naître
à la croisée de plusieurs mondes.

N'ayant que la « *virtus* » à la bouche et se référant sans cesse aux lois de leurs ancêtres, les Romains ne comprenaient pas plus la monarchie des Ptolémées et son goût pour le faste, que les singularités de l'Égypte traditionnelle et de ses coutumes. Un fait jugé insignifiant à Rome relevait du crime à Alexandrie comme dans le reste de l'Égypte. Ainsi, du temps de mon père, un citoyen romain tua un chat par mégarde : il fut massacré par une troupe d'Égyptiens déchaînés.

Il faut être natif d'Alexandrie pour comprendre comment les diverses populations qui y coexistent finissent par affirmer leurs traits distinctifs au contact les unes des autres : le destin m'a fait naître à la croisée de plusieurs mondes.

J'étais certaine que mon avenir se jouerait en rassemblant autour de moi Alexandrins, Égyptiens et Juifs d'Égypte. J'ai appris à apprivoiser ce peuple tumultueux, qui s'octroyait le droit de faire et défaire ses souverains.

J'ai laissé monter en moi les bruissements de notre antique épopée, la voix de mon Égypte intérieure, et je me disais qu'un jour la peur finirait par changer de camp, que les Romains paieraient leur arrogance de leur sang. Au fond de moi je conserve encore une forme d'hostilité à l'égard de ces Romains parvenus, fascinés par l'Égypte, mais remplis de préjugés.

Mon père avait compris que les anciennes royautés de la mer Intérieure perdaient progressivement de leur pouvoir face à Rome, et il m'enseigna alors une chose cruciale pour la sauvegarde de notre dynastie : entretenir des liens de confiance avec le haut clergé égyptien et ne jamais oublier d'honorer les principaux dieux d'Égypte.

Dès son retour à Alexandrie et jusqu'aux années qui précédèrent sa mort, mon père veilla à l'éducation de mon frère cadet, sur qui reposaient tous ses espoirs. Son testament [– 52], dont Pompée était le dépositaire et l'exécuteur – il en avait transmis une copie au Sénat –, faisait de mon frère et de moi ses héritiers, et précisait que nous régnerions conjointement sous les noms de Ptolémée Théos Philopator et de Cléopâtre Théa Philopator. Nous étions juridiquement placés sous la protection du Sénat et du Peuple romain. Dans l'éventualité où mon père mourrait avant que mon frère ait atteint l'âge de régner, il avait prévu un curieux gouvernement où des ministres tuteurs seraient chargés de conseiller mon frère. Il s'agissait d'une sorte de Cerbère à trois têtes : son tuteur, l'eunuque Pothin, qui l'avait élevé depuis sa plus tendre enfance et en qui le garçon avait toute confiance ; le rhéteur Théodote de Chios, qui devait veiller sur son éducation et particulièrement sur son apprentissage de la rhétorique ; enfin le général Achillas, chargé de l'endurcir et de lui enseigner les règles de la stratégie militaire.

Ce trio formait auprès de mon frère un triptyque qui associait l'esprit, la parole et la force. Pourtant, ceux qui avaient été soigneusement choisis pour apporter à mon frère les connaissances fondamentales destinées à le rendre clairvoyant et bon politique ont manqué l'objectif qu'ils s'étaient fixé.

Parce que j'étais plus âgée et que ma personnalité était déjà assez affirmée, ils ont employé une bonne part de leurs efforts à nous opposer. Oserais-je dire qu'ils n'ont pas eu tort d'être vigilants, car j'ai très vite appris que le pouvoir appartient au plus habile à s'en saisir, et qu'il faut pour cela déployer des trésors de ruse et de force.

Au cours des dernières années de sa vie, mon père se mit à se défier de ses filles : la présence de ma sœur Arsinoé et de moi-même, dans l'ordre de succession après Bérénice, lui faisait songer à quelque malédiction. Je tentais de détourner les soupçons des conseillers de mon frère en me plongeant dans l'étude des sciences et de la philosophie, mais je ne trompais pas ceux qui m'avaient vue grandir et avaient deviné mon tempérament et mes inclinations profondes. Aussi n'ont-ils eu aucun mal à entretenir la discorde entre mon cadet et moi. La guerre était déclarée sans qu'un mot ait été prononcé.

La vie du palais a toujours obéi à des rythmes et à des usages particuliers qui remontent au temps d'Alexandre, quand la cour adopta les usages des Perses. C'est ici qu'il me faut te parler des eunuques du palais. Comme le voulait la tradition, les enfants royaux étaient confiés à des pères nourriciers, choisis parmi les eunuques, car seuls ces hommes pouvaient circuler sans attirer de soupçon dans le gynécée. Souviens-toi de ce vers d'Euripide à leur sujet : « Car tu n'es pas né femme et tu ne saurais faire partie des hommes », mais sache aussi que les eunuques, qu'appréciaient certaines femmes délaissées du gynécée, étaient nos compagnons féminins, les gardiens de nos pudeurs intimes. Ces hommes aux sentiments étranges pouvaient se comporter comme des fauves, tout en instinct et sûrs de leur puissance avec le même courage que celui des lionnes défendant leurs petits. Il en était ainsi de Pothin qui, en dépit de sa fourberie viscérale, était attaché à mon frère cadet. L'eunuque Ganymède, d'un caractère plus ouvert, le confident de ma cadette Arsinoé, se révéla un adversaire farouche, en dépit de son nom qui l'associait plaisamment au jeune échanson aimé de Zeus. La cruauté de cet être maladivement jaloux le ferait apparaître sous un tout autre jour.

Nos eunuques nous étaient entièrement acquis, l'avenir nous le montra. Élevés depuis notre plus jeune âge dans leur giron, nous éprouvions pour eux un amour quasi filial : plus tard, ils deviendraient une partie de nous-mêmes. Nous savions d'emblée que ces hommes, parce qu'ils étaient sans famille, sans racines, nous seraient d'une fidélité exemplaire et nous défendraient jusqu'à leur dernier souffle. Mardion a été placé auprès de moi comme tuteur par mon père dès ma petite enfance, quand j'ai quitté le sein des nourrices. Son rôle était de me prodiguer les soins nécessaires pour que mon corps soit bien formé et sans défaut, tout en veillant constamment sur moi.

Plus tard, il y eut Kombabos. Ce dernier, né en Syrie-Creuse, est entré à mon service dans de curieuses circonstances. Surprenant destin que celui de cet être grand, aux épaules et au thorax étroits mais aux hanches larges : enlevé par des marchands d'esclaves, il avait subi l'éviration [ablation des organes génitaux] à Pergame vers l'âge de douze ans et y avait reçu une éducation qui le rendait apte à entrer au service des princes. Attaché, jeune encore, à la personne d'Archélaos de Comana du Pont, il accompagnait son maître à Alexandrie au moment du mariage de celui-ci avec ma sœur Bérénice.

« Du combat, seuls les lâches s'écartent » dit *L'Iliade*. Mais Archélaos n'était pas de ceux-là, lui qui tomba sur le champ de bataille dans la plaine marécageuse de Péluse face aux Romains. Antoine retint Kombabos qui voulait mettre fin à ses jours sur le corps sanglant de son maître. Ce même Antoine, qui avait été auparavant l'ami et l'hôte d'Archélaos, organisa pour lui des funérailles militaires dont les Alexandrins lui furent reconnaissants. Kombabos, dont je devinais qu'il avait été plus que le simple serviteur d'Archélaos, resta particulièrement attaché à Antoine pour ce geste noble. Sur ma demande, mon père accepta de le mettre à mon service. Kombabos était instruit : il avait appris à lire et à écrire à Pergame et raisonnait adroitement. Il parlait sans effort plusieurs langues des pays où il avait vécu, et notamment l'araméen, dont j'userais avec mes amis juifs. Apprendre des rudiments des langues mède et perse avec lui m'enchantait : nos conversations restaient ainsi incompréhensibles à un tiers.

Kombabos m'a incitée, lui-aussi, à poursuivre mon entraînement physique à l'abri de la palestre couverte, comme me l'aurait recommandée Mardion, avant que je le perde, car il était d'une nature fragile.

J'ai aimé longtemps courir à perdre haleine pour faire honneur à ma lignée, faite de combattants endurants. Quand je cours, mon corps s'affranchit de ses tensions : il éprouve une liberté sans limite.

Un de mes plus vifs plaisirs a été de nager dans la mer avant que les constellations s'effacent du ciel d'été. Pendant ces instants, le temps se dissipe sous la caresse de l'eau. Je suis ce matin allée nager à la première aube pour la dernière fois : j'ai longuement écouté la respiration de la mer, les yeux fermés.

Expert dans les combats rapprochés, Kombabos m'a secrètement appris l'art de manipuler les lames mortelles, depuis les plus résistantes jusqu'aux stylets et aux minces aiguilles cachées dans les cheveux. Je n'ai ainsi jamais été prise au dépourvu et pouvais défendre ma vie dans les situations les plus inattendues.

Sur son conseil, j'ai opté pour le maniement de l'arc de mes ancêtres, adapté à ma taille. Il m'a enseigné comment fléchir avec douceur les branches de l'arme afin d'assujettir l'œillet de la corde, en nerf de bœuf, à l'extrémité de l'une d'elles et j'ai senti aussitôt l'arme vibrer dans ma main. D'un geste sûr, j'encochais la flèche empennée sans même viser, fermement campée en arrière dans l'attitude de l'archer, et voilà qu'elle déchiquetait sa cible, aussi vive que le regard d'un faucon. Le brassard d'archer à mon poing gauche m'évitait le claquement douloureux de la corde sur la peau. Je pouvais décocher le contenu de mon carquois en un clin d'œil. Kombabos m'a montré comment concilier la concentration et la précision avec la rapidité du tir, mais bien des mois se sont écoulés avant que la cible ne fasse plus qu'une avec la flèche. Grâce à lui j'ai compris que la perfection du tir allait de pair avec celle de l'âme.

Si plus tard, accaparée par les affaires de l'Égypte, j'ai dû renoncer à la pratique de cet art, mon corps et mon esprit demeurent imprégnés de la flexibilité de l'arc et des vertus de l'archer macédonien. Je me voyais comme une émule d'Artémis.

C'est avec ce compagnon fidèle que j'ai traversé les années sombres liées au retour de mon père, quand une méfiance doublée de terreur commença à s'installer entre ses enfants.

Kombabos est devenu peu à peu mon confident, l'ombre de mon sommeil, et le gardien de mes nuits. Son étonnante mémoire lui permettait d'être mes yeux et mes oreilles dans le palais : il a été le tombeau de mes secrets.

Il vérifiait que les interprètes traduisaient correctement mes propos. C'est également lui qui portait mes messages et signifiait la grâce ou la disgrâce à ceux que j'avais désignés, et il a été capable, avec un esprit de diplomatie aigu, de mener à bien les négociations secrètes que je lui confiais. Grâce à lui le paysage de mes jours s'est éclairci.

Retiens qu'il est crucial pour des enfants royaux de bénéficier de la meilleure éducation possible. J'ai assimilé auprès de l'instituteur du palais les principes de la lecture sur papyrus et de l'écriture sur les tablettes de cire avec un stylet, puis sur le papyrus avec de l'encre et un calame. Par la suite, la lecture d'Homère et d'Hésiode me les a rendus si familiers que j'en ai appris des passages entiers pour développer ma mémoire. Puis on m'a assigné, ainsi qu'à mon frère, des précepteurs dans plusieurs disciplines – ce qui était toujours un choix délicat, car le Musée était certes un lieu d'échanges entre savants de toutes origines, mais avec son lot inévitable de rivalités et de jalousies amères. Sous le règne de Ptolémée Évergète II, de grands savants avaient dû fuir Alexandrie ; mon père avait, au contraire, choisi d'accroître les effectifs du Musée.

Je t'ai déjà parlé de Timée de Naucratis, directeur de la Bibliothèque, gardien des quelque quatre cent mille rouleaux de papyrus que je contemplais, glissés dans leurs boîtes cylindriques en osier et rangés dans des alvéoles en forme de losange, et classés par sections dans des pièces couvertes de marbre. Je me souviens encore de l'odeur amère des branches d'absinthe destinées à prévenir les dégâts des insectes qui rendaient certains ouvrages inutilisables. J'ai pu grâce à Timée bénéficier des leçons du rhéteur Harpocration de Panopolis qui m'ont permis d'affiner mon apprentissage de la grammaire, de la poésie et de la rhétorique.

C'est alors que j'ai lu avec plaisir les idylles de Théocrite de Cos, et avec passion les vers émouvants de Sapphô de Lesbos, qui, il y a plus de six siècles, a été la première à faire entendre la voix d'une femme dans ses poésies : elle chante des émotions qui, entre le jour et la nuit, merveille des merveilles, agitent mon âme. À Alexandrie, tous connaissent ses poèmes et, dans le port, les marins les chantent ou les gravent sur des pierres.

Me reviennent, ce soir, à l'esprit ces vers qui, par leur symbolisme limpide, ont ravi mon jeune âge :

Comme la pomme douce rougit sur la haute branche,
haute sur la plus haute, les cueilleurs de pomme l'ont oubliée :
ils ne l'ont pas oubliée, ils n'ont pas pu l'atteindre…

Théodote de Chios, le rhéteur placé auprès de mon frère Philopator, jugeait, lui, suspect qu'une fille comme moi s'intéresse spontanément aux œuvres de l'esprit, alors que son élève, mon frère Philopator, intelligent et rusé, multipliait de son côté les caprices. Quant au vieil Antipater de Rhodes, disciple du grand Posidonius de Rhodes[1], stoïcien, astronome et géographe, il m'a inculqué ce qu'il me fallait de logique et de philosophie pour tenir mon rang : il m'a initiée aussi à l'étude du ciel et de ses constellations et comme Socrate savait enseigner avant tout par l'exemple. Il me communiqua sa passion de l'astronomie.

Je n'ai jamais par la suite cessé de contempler le ciel pour en comprendre l'ordonnancement selon les principes de l'astronomie : j'observais la périodicité et la régularité des phénomènes, telles que Thalès les formula et qu'Eudoxe de Cnide les

1. 135-51 av. J.-C. Ou bien Posidonius d'Apamée. Athénodore de Tarse (~ – 74-+7) est son élève et le maître d'Octavien à Apollonie d'Illyrie puis à Rome. Il lui enseigne la pensée stoïcienne, l'histoire et la grammaire de la langue.

développa, lui qui, le premier, fabriqua un globe céleste, assez semblable à celui que je tiens encore près de moi.

Un de mes plus grands souhaits a été, dès mon enfance, de connaître les mythes attachés aux constellations du Zodiaque, toutes en lien avec leur place au ciel qu'Hermès-Thot, le grand ordonnateur, leur a assignée. Ainsi Orion, suivi de son chien, fuit le Scorpion en plongeant à l'horizon ouest quand ce dernier montre le bout de ses pinces. J'ai admiré chaque nuit le miracle de cette vision qui, par le pouvoir des poètes et des savants, transforme la nuit obscure et les étoiles dispersées en une architecture vivante.

Je regarde ce soir d'été la voûte céleste jouer sur ses tréteaux la légende de Callisto, la Grande Ourse, gardienne du pôle, que les Égyptiens représentent dans leurs temples comme la Cuisse – celle du taureau sacré – formée de ses sept étoiles. Je m'émerveille devant Héraclès, l'Agenouillé, placé au-dessus du Dragon pour signifier que le monstre est maîtrisé par celui dont la force est tout entière concentrée dans son bras armé de la massue.

Je continue de tirer du ciel des images puissantes, car la vie des héros illuminés parmi les constellations m'inspire : avant ma mort prochaine, j'embrasse encore avec eux le Temps éternel.

Pour les récits du passé et la géographie, Ménandre d'Alexandrie, qui achevait son *Histoire des Égyptiens*, fut pour la jeune fille que j'étais un maître exigeant. Mais cet homme de savoir a été malheureusement emporté par un crocodile, tandis qu'il marchait le long d'un canal du côté d'Ombos, où l'espèce est nombreuse et vénérée par la population. Quant à Apollodore de Sicile, fort de son expérience de stratège, il m'a enseigné tout ce qui devait m'être utile dans ce domaine et a été plus tard auprès de moi un compagnon fidèle ainsi qu'un conseiller militaire avisé et expérimenté. Aristandre de Panopolis, mon maître de musique, me fit découvrir l'art du chant et de la lyre dont les sons, disent les Orphistes, peuvent émouvoir les fauves et les rochers. Il me fit aussi travailler subtilement ma voix et mes mots pour que leur cadence harmonieuse et leur douce sonorité fassent percevoir à mon interlocuteur mes sentiments intimes.

Au cours de ses venues au palais, je pressais de questions sur la langue et les usages du pays Psenptaïs, le grand-prêtre d'Héphaïstos (Ptah) à Memphis auquel mon père et moi-même étions liés. Il finit par accepter de me faire instruire par un habile hiérogrammate memphite répondant au nom d'Haryotès dans la langue du pays, que beaucoup d'Alexandrins ne faisaient qu'estropier. À la différence de mes prédécesseurs, je comprenais la langue égyptienne. Haryotès, qui connaissait les légendes de l'Égypte, m'a familiarisée avec les principes de la religion et ceux des sciences que suivaient les prêtres et les pastophores [prêtres pouvant entrer en contact avec le public des temples]. Certains d'entre eux étaient de vrais savants. Ce fut un complément essentiel à l'enseignement de mes maîtres grecs. Cette initiation à des langues aussi différentes que le grec et la langue du pays m'a permis de comprendre pourquoi il était si difficile de gagner les Égyptiens aux idées des Grecs : même passer par la traduction d'une langue à l'autre devenait vite un parcours semé d'embûches, avec ses risques d'erreurs et d'incompréhensions. Et que dire de ces dieux égyptiens si étranges et pourtant assimilés aux dieux grecs ?

J'appris beaucoup en écoutant et en observant l'un d'entre eux, Harchébis fils de Téos, attaché au palais, conjurateur de Selkis, mais aussi mage et astrologue. Sa fonction était de traquer les serpents et les scorpions dans les moindres recoins du palais et sur les bateaux à bord desquels les membres de la famille royale devaient embarquer. Originaire d'Athribis dans le Delta, il appartenait à une famille qui pratiquait le même métier de père en fils. Cet homme n'avait pas son pareil pour enchanter les serpents et les extirper de leurs trous et se révélait très efficace pour soigner ceux qui, dans les jardins du palais des quartiers royaux, étaient mordus ou piqués. J'ai pu constater, moi-même, que certaines morsures de serpents étaient mortelles et que d'autres ne provoquaient qu'une simple fièvre. Je n'ai rien oublié de ses explications.

Par temps clair, il m'enseignait les rudiments de l'astronomie égyptienne : à observer au-dessus de l'horizon méridional la ronde des trente-six décans en forme de serpents conduits par Isis-Sôthis – la constellation du Chien où brille l'étoile de Sirius – allant saluer Osiris-Orion.

J'ai été enthousiasmée par le savoir, et ma mémoire s'est épanouie.

J'ai découvert aussi le pays intérieur et circulé dans le dédale des différents clergés qui, malgré leurs convergences, s'ancraient chacun dans des traditions particulières.

Témoigner du respect aux divinités du Nil m'assurait la protection de tous ceux qui les vénéraient et inscrivait ma gloire dans l'éternité. Mais, diras-tu, ne faut-il pas être insensé pour se fier à des dieux aux masques de crocodile, de lion, de taureau, de serpent et de bien d'autres animaux ? Oui, pour l'étranger, le Romain, qui passe à côté du sens des mythes ancrés dans la profondeur du temps égyptien ; non pour ceux qui croient que les dieux peuvent prendre mille et une apparences : ils voient dans ces animaux des gardiens constamment aux aguets, qui donnent une forme à l'invisible.

L'Égypte, la Grèce et plus tard Rome m'ont placée au centre de trois mondes. J'ai voulu les réunir pour assurer à ma famille sa pérennité. J'ai toujours l'étrange sentiment d'être à la fois une Macédonienne et celle que la terre d'Égypte a modelée. Ce terroir m'a instinctivement affranchie des entraves du pouvoir romain.

Mais, depuis notre défaite à Actium, le chemin sera long, qui permettra de conférer à l'Égypte la puissance qui lui revient en vertu de son ancienneté. Seul un futur roi, mon fils le jeune César, en qui se fondront trois identités politiques et culturelles, celle des pharaons, celle des Ptolémées et celle du grand César son père, sera en mesure de tenir d'une main ferme les rênes d'un nouvel Empire. Dans les veines de mon fils coule un sang revivifié, l'espoir d'une Égypte triomphante, grâce à la force des dieux millénaires et à l'aide du destin.

Mais aujourd'hui, il n'est qu'un adolescent chez qui le sang bouillonnant des Ptolémées ne s'est pas encore éveillé. Et Octavien est à Alexandrie, qui guette sa proie.

Chapitre 5

Mort du père et revanche de l'enfant roi contre Cléopâtre

La guerre était maintenant ouverte entre mon frère et moi. J'ai suivi l'exemple de mon père et choisi l'exil.

De fait, mon père ne tarda pas à rendre l'âme [– 51]. La même année, est mort le taureau Bouchis à Hermonthis : sa disparition causa une intense émotion dans la région de Thèbes et dans toute l'Égypte. Pour témoigner de notre sollicitude envers les prêtres de Monthès, mon frère [Ptolémée Philopator XIII] et moi avons veillé à l'intronisation de son successeur, sous la conduite de Pamonthès fils de Menkerès, dit Plénis. Nommé par la Couronne, ce dernier était administrateur [*lésônis*] et stratège dans le district thébain. Une fois l'animal élu identifié par les prêtres au nord du district, ceux-ci le transportèrent à Hermonthis sur la barque d'Amon-Zeus et la flotte royale l'escorta dans la joie générale. Ce lieu au sud de Thèbes me sembla familier ; j'ignorais, alors, que j'y reviendrais ensuite avec César, et plus tard avec mon fils.

J'avais dix-huit ans quand j'inaugurai [22 mars – 51] mon règne et celui de mon frère par une visite à la tombe d'Apis à Memphis en compagnie de ce dernier.

Les deux années qui suivirent notre intronisation furent difficiles. Les conseillers tuteurs de mon frère, alors âgé de dix ans et encore immature, ne cessaient de m'opposer ses droits. Pothin l'eunuque avait organisé dans l'ombre un réseau redoutable au service de leur élève. J'avais en mémoire le pouvoir et l'influence des eunuques qui avaient entraîné ma sœur Bérénice à sa perte, et je fus prise de colère : pour écarter un moment ce corégent et ses tuteurs, je m'appuyai sur mes propres partisans. Afin de donner le change aux Alexandrins, je lui substituai brièvement son frère cadet [Ptolémée XIV Philopator], encore un tout jeune enfant. Le clergé égyptien, que je soutenais, se rangea de mon côté.

Dès cet instant, il m'a fallu, dans la pièce dangereuse que j'avais décidé de jouer, une protectrice divine qui fût à la fois une autre moi-même et une force supérieure qui accroîtrait ma gloire et me conduirait aux portes de l'immortalité. Le choix d'Isis, aux mille noms, guide des habitants du ciel, s'est imposé à moi, car elle n'était plus la cruelle déesse magicienne des origines ; devenue bienveillante et compatissante, elle unissait les peuples et civilisait l'humanité.

Fig. 7 : Stèle dédiée à Isis Snonaïs, sous le règne de Cléopâtre (2 juil. – 51). Fayoum-Soknopéonèse. « Pour la reine Cléopâtre, déesse qui aime son père (Philopator), le siège de l'Association de Snonaïs (snonaïtiaque) (c'est-à-dire Isis Snonaïs), dont le président est l'administrateur (*lésônis*) Onnophris (a élevé cette stèle) » © M. A.

J'ai incarné jusqu'à maintenant cette force qui depuis des millénaires animait l'Égypte ; plus qu'une reine, je suis cette Nouvelle Isis, le reflet terrestre de la sœur et épouse d'Osiris, la régente et la gardienne du trône, occupé par son frère et époux, Osiris : l'Égyptienne en laquelle les habitants du Pays-du-septième-jour [L'Égypte] *voient leur souveraine. Mes apparitions en public sont autant d'épiphanies de la déesse.*

Mais les finances du pays étaient au plus bas : la monnaie d'argent dut être dévaluée. Il me fallut prendre des mesures en mon nom propre, car je jugeais que le peuple égyptien n'accorderait guère d'importance à un enfant incapable de gouverner.

Une révolte éclata à Alexandrie, après les humiliations infligées par Rome, puis attisée par les ministres de mon frère, Philopator. Ils osaient soutenir qu'en vertu des volontés expresses de mon père, une femme ne saurait régner seule. Le sinistre trio des conseillers de mon frère, Pothin, Ganymède et Achillas, reprit la main en son nom : un accord fut trouvé et nous avons dû gouverner de nouveau ensemble. Lorsque la pénurie de vivres menaça Alexandrie à cause des crues du Nil trop basses depuis trois ans, nous nous sommes ainsi entendus pour faciliter la circulation des grains et des légumineuses depuis la Haute-Égypte jusqu'en Basse-Égypte.

Toutefois, les temps changèrent : nous étions tous dans l'expectative, car le conflit entre Pompée et César, les alliés d'hier, éclata soudain lorsque César franchit le Rubicon [11 janvier – 49] et marcha sur Rome. Leurs armées se mirent alors en branle en Italie et en Grèce. Des forces puissantes et incontrôlables allaient s'affronter. La situation devenait si incertaine que je ne pouvais guère compter que sur moi. Depuis cette année mémorable où débuta cette guerre civile romaine, je mis du temps à reprendre le pouvoir. Une décision du Sénat romain [en octobre – 49], à la suite vraisemblablement d'une demande de l'infernal trio des conseillers de Philopator, n'accorda le titre d'Ami et Allié du Peuple romain qu'à mon seul frère, encore très jeune. Je n'étais pas même mentionnée. Je réservai ma vengeance et compris que ni Pompée ni son parti ne prendraient fait et cause pour moi. Pour ne pas me perdre dans une course aveugle, je choisis de gagner du temps, en attendant le moment favorable à mes projets. Je décidai de rester pour l'instant à Alexandrie pour continuer d'y régner, même à la seconde place.

Lorsque le fils de Pompée, Cnaeus Pompeius, vint solliciter notre aide militaire contre César, nous avons décidé d'envoyer cinq cents soldats de Gabinius, dont j'étais heureuse de me débarrasser, ainsi que soixante navires avec une cargaison de blé. Son père, Pompée le Grand, dans son message, avait mis en avant l'aide qu'il avait apportée à notre père pour qu'il puisse reconquérir son trône en Égypte : en réalité, il n'avait fait que donner un accord de principe à Gabinius, son ancien lieutenant, pour qu'il intervienne. J'ai fait mine d'apporter mon appui à Pompée le Jeune, sur l'aide duquel j'espérais compter par la suite, car il n'était insensible ni à mes talents de diplomate ni à mon charme : j'avais perçu le trouble et la confusion dans son regard quand j'étais apparue devant lui à la Porte des Affaires [*Chrematistikos Pylon*], un lieu étroitement gardé.

Contrairement à ce que certains ont prétendu, le jeune Pompée n'a pas été mon amant et je n'ai jamais cédé à ses avances. Même si presque tous ici pariaient sur la victoire de son père, mon instinct m'a poussée à ne pas m'engager davantage. J'ai préféré ménager ma dignité de reine et de femme, et conserver ma liberté d'action.

La pression exercée par le trio des tuteurs de mon frère s'accroissait au fil du temps [– 48] : ils souhaitaient être seuls à gérer le pays, sans se soucier même de l'avis de Philopator, encore inexpérimenté. Entre de telles mains, le royaume était en grand danger. Ils commencèrent à lancer des rumeurs : je complotais contre mon frère et contre l'Égypte ; j'entendais, disaient-ils, remettre le pays entre les mains des Romains. Ils me reprochaient aussi d'avoir donné mon accord pour cet envoi de blé à Pompée alors que la population n'avait pas de quoi se nourrir – les crues du Nil demeuraient basses et les récoltes mauvaises. Ils déchaînèrent ainsi les Alexandrins contre moi, et je fus contrainte de me réfugier d'abord en Haute-Égypte.

La guerre était maintenant ouverte entre mon frère et moi. J'ai suivi l'exemple de mon père et choisi l'exil : avec mes amis du palais et Kombabos, nous avons mis le cap [juin-juil. – 48] vers la Judée où nous savions pouvoir recruter des troupes loyales avec des mercenaires grecs, juifs et arabes afin d'affronter l'armée de Philopator. Notre flotte a jeté l'ancre à l'abri des falaises d'Ascalon [au nord de la bande de Gaza]. La ville, défendue par une forteresse, disposait d'un port naturel.

Ascalon la Judéenne reste la fille chérie de mes souvenirs. L'épaisseur de ses remparts me rassurait, et j'aimais y sentir le vent de la mer assaillir mon visage. Cet exil volontaire, pour échapper à mes ennemis – mon frère et l'élite alexandrine –, a été l'une des périodes les plus éprouvantes de ma vie. J'étais tiraillée entre ma volonté d'agir et mon désir de paix et de solitude. J'allais souvent chevaucher avec Kombabos dans le désert dont j'aimais la beauté aride. Je n'ai pas ignoré combien la tâche que j'avais à entreprendre était immense ; j'ai échafaudé des plans, attendu l'occasion favorable pour reprendre le pouvoir dont on m'avait écartée. J'ai écouté la voix de mes ancêtres : ils me disaient que je devais combattre sur tous les fronts et par tous les moyens, ainsi j'accomplirais mes ambitions et ma destinée. Dès mes premières années, j'ai vécu dans l'atmosphère cruelle et farouche du combat. J'ai recherché le danger, j'étais une guerrière dans l'âme : j'ai voulu vaincre.

C'est à Ascalon que des messagers m'apprirent la défaite de Pharsale en Thessalie [9 août – 48] puis la déroute de Pompée que les Juifs détestaient pour avoir autrefois mis à sac Jérusalem. Pompée avait cru que les troupes de César, après une longue marche, arriveraient épuisées au contact de ses lignes et qu'elles s'effondreraient d'elles-mêmes : ce fut là sa première erreur. Il commit aussi une faute de stratégie : il tenta d'envelopper l'aile droite de César en faisant faire à sa cavalerie un mouvement de débordement, mais il se brisa sur la ligne placée en retrait que son adversaire avait déjà disposée. Pompée commit enfin une dernière faute capitale, me confia plus tard César : il ne coordonna pas l'action de ses troupes terrestres avec sa flotte et accepta un lieu de bataille défavorable, Pharsale. Au soir de la défaite, les chefs du pays où je me trouvais, Jean Hyrcan le Juif et Antipater l'Iduméen[1], se rallièrent à César. Capricieuse, la victoire avait changé de camp et chacun voulait se placer sous son aile.

Grâce à l'enquête en coulisse qu'il mena par la suite auprès de témoins des deux parties, Kombabos retissa pour moi la trame des événements qui se déroulèrent à Alexandrie. Je m'amusais du ton languissant qu'il affectait pour raconter la mort de cet opportuniste de Pompée.

Je médite encore sur l'enchaînement des étapes par lesquelles les dieux conduisent la destinée d'un homme de la faute à la mort. Plus tard, César lui-même, sujet parfois aux larmes, a entendu volontiers le récit de Kombabos qui, par son talent de conteur, en aurait ému plus d'un. En l'écoutant, j'ai éprouvé le sentiment d'être délicieusement partagée entre la vengeance satisfaite et la pitié.

Voici ce que m'apprit Kombabos.

1. 113-43. Gouverneur puis procurateur de Judée.

Chapitre 6

« Un mort ne mord pas » : le meurtre de Pompée. Entrée en scène de César

J'ai compris que mon destin reposait désormais
entre les mains d'un guerrier surprenant et fougueux.

Après avoir été battu par César à Pharsale en Thessalie [7 juin – 48], Pompée réussit à fuir, désemparé, et à s'embarquer avec ses amis sur quatre trirèmes envoyées par les Rhodiens et les Tyriens qui lui étaient restés fidèles.

Son armée avait été anéantie : il avait perdu plus de quinze mille hommes, tandis que César ne déplorait la mort que de deux cents légionnaires. Pourtant, ce terrible revers n'entraînait pas nécessairement la fin du conflit : les alliés et la flotte importante dont disposait encore Pompée lui auraient permis de prendre sa revanche sur son ennemi, s'il avait conduit la lutte en personne. Les soixante sénateurs partisans de Pompée, dont Cicéron, étaient auprès de lui : c'était eux qui avaient soutenu les prétentions de mon frère contre mes droits naturels.

Pompée aborda à Mytilène, la capitale de l'île de Lesbos, où sa femme Cornelia Metella l'avait rejoint. César le talonnait, et n'entendait pas donner à son adversaire le temps de se ressaisir. Tandis que son escadre relâchait à Chypre, Pompée suivit l'avis de son ami et conseiller, l'historien Théophane de Lesbos, qui jugeait dangereux de se fier au roi Juba de Numidie ou aux Parthes. Pompée envisagea alors de se rendre en Égypte avec son épouse et son fils Sextus : il comptait sur l'amitié de mon frère Philopator, dont il se disait le tuteur parce qu'il avait soutenu son père.

Pompée, qui avait, à l'origine, été choisi comme arbitre dans notre querelle, fut averti de la guerre qui nous opposait désormais mon frère et moi. Il apprit aussi, par des messagers venus d'Égypte, que l'armée de mon frère, qui avait quitté Alexandrie pour attaquer mes troupes en Judée, campait du côté de Péluse. Il jugea donc prudent de faire annoncer son arrivée à mon frère plutôt qu'à moi et de demander asile à Alexandrie pour lui, sa famille et ses amis, dans la situation malheureuse où il se trouvait : les ports de Cilicie et d'Asie se fermaient les uns après les autres devant lui, comme à Antioche et à Rhodes. L'arrivée imminente de César, qui s'était lancé à sa poursuite, était déjà sur toutes les lèvres et personne ne souhaitait provoquer la colère du vainqueur, dont l'ombre ne cessait de s'étendre.

En relisant ce que j'ai dicté à Diomède, il y a quelques mois, je songe que le passé ne cesse de se répéter. Nos amis et alliés de la mer Intérieure nous ont depuis Actium abandonnés les uns après les autres comme ils avaient abandonné Pompée. Oui, malheur aux vaincus, comme l'a clamé jadis le chef gaulois Brennus aux Romains et comme le Sénat et le peuple de Rome le crient aujourd'hui contre Antoine et moi.

Rassuré sur la nature de l'accueil qui l'attendait en Égypte, Pompée ordonna au pilote tyrien de son navire de longer la côte en direction de Péluse, en évitant les parages de Rhinocoloure [aujourd'hui El-Arich, à l'est du lac Bardawil], à quelques heures de navigation, car il savait que mes troupes et celles de mes alliés y avaient dressé leurs tentes. Lorsque l'équipage parvint à distinguer, à la tombée de la nuit, la lueur des feux de camp allumés sur le rivage, il en déduisit la présence de mon frère dont l'armée était stationnée là pour me barrer la route : elle entendait empêcher mon retour par Péluse, où je pouvais compter sur le soutien des garnisons juives. Ne crois pas que Zeus Casios, le dieu des vents, l'ait attiré là, comme la rumeur s'en est propagée par la suite. Les marins qui sillonnent la région ont l'habitude de relâcher sur ce point de la côte, qui offre un mouillage médiocre, mais présente l'intérêt de disposer d'un puits où l'on peut se ravitailler en eau douce. Et, malgré les dunes, c'est le seul endroit du cordon littoral où des troupes peuvent se déployer de front sur plusieurs stades. Le soir venu les trirèmes de Pompée jetèrent l'ancre, par prudence, à deux stades égyptiens de la côte [315 m] et attendirent le matin que la brume de terre se dissipe.

Les envoyés de Pompée, après avoir délivré leur message, commirent l'imprudence de s'adresser trop librement à l'entourage du roi, dans lequel se trouvaient quelques soldats de Pompée qui avaient autrefois combattu avec Gabinius. Les émissaires s'efforcèrent maladroitement de réactiver leur camaraderie militaire pour les convaincre de s'unir avec eux derrière Pompée. La peur s'empara aussitôt des conseillers de Philopator qui virent là, non sans raison, un risque de troubles pour l'armée égyptienne. Avant de renvoyer les messagers chargés de touchants témoignages d'amitié, les conseillers de mon frère, Pothin, Achillas et Théodote de Chios, délibérèrent longuement sur ce qu'il convenait de faire. Les débats furent vifs et les avis tranchés.

Pothin, qui exerçait son autorité sur mon frère depuis son enfance, vit l'avantage qu'il y aurait à laisser s'exprimer Théodote de Chios. Celui-ci, avec son incomparable talent de rhéteur, montra longuement qu'ils en étaient réduits à naviguer, tel Ulysse, entre Charybde et Sylla, d'un danger à l'autre. Renvoyer Pompée, à supposer qu'il fût ensuite vainqueur, provoquerait des mesures de rétorsion contre l'Égypte car il aurait eu le sentiment d'avoir été trahi, lui qui jadis avait accordé son aide à notre père. César de son côté pourrait leur en vouloir d'avoir laissé échapper son adversaire et d'avoir ainsi prolongé inutilement la guerre. L'accueillir, en revanche, c'était prendre le risque de livrer l'Égypte au parti de Pompée, tout en commettant un affront irréparable envers César, si ce dernier triomphait de son rival. Prisonniers de ce dilemme, ils ont fini par souscrire à la maxime de Théodote, à savoir qu'un mort ne mordait plus. Ils s'étaient convaincus qu'en tendant un guet-apens au général romain pour l'assassiner, ils gagneraient les bonnes grâces de César. Ils élaborèrent longuement un stratagème destiné à déjouer les soupçons de Pompée : à tout prix il fallait l'isoler de son entourage, en jouant sur le prétexte, d'ailleurs justifié, que ses navires ne pouvaient approcher du rivage sans s'engraver sur le sable. Fortes de ce motif, les deux parties convinrent qu'on viendrait le chercher à bord, lui et sa suite.

Risqué, ce plan fut mis en œuvre avec succès au matin, dans le plus grand secret [28 sept. – 48]. Une tente de réception, auprès de laquelle s'activaient des serviteurs, avait été dressée de façon à donner l'illusion que l'hôte romain était attendu pour une audience privée. L'armée égyptienne formait une haie d'honneur autour de mon frère, le front ceint d'un diadème et couvert d'une cuirasse adaptée à sa petite taille. Il était revêtu, pour la circonstance, d'une chlamyde pourpre visible de loin. L'armée entourait aussi ses conseillers, pour donner le sentiment d'un accueil amical. En réalité, il s'agissait de couper toute possibilité de retraite à Pompée au cas où il aurait tenté de s'échapper. La majeure partie de la flotte royale était ancrée à Péluse : on mit donc à l'eau une embarcation simple mais vaste et décorée pour l'occasion, afin d'embarquer le préfet du palais, Achillas, des rameurs et deux gardes du corps royaux dont l'un avait jadis combattu sous les ordres de Pompée. Il s'agissait d'anciens légionnaires aguerris, capables d'exécuter discrètement et sans hésiter les missions les plus délicates : le premier était un ancien officier du corps d'armée de Gabinius, l'autre un simple soldat.

L'aspect modeste de l'embarcation – une grande barque, que l'on voyait s'approcher à la rame en raison de l'absence de vent – conjugué à la joie feinte de l'équipage éveillèrent tout d'abord les soupçons de Pompée. Son entourage, dont les yeux étaient braqués sur les visages et l'attitude des passagers de la barque, lui a conseillé de se retirer, d'autant que leurs navires étaient hors de portée de flèches depuis le rivage. Sans doute ont-ils obscurément compris que ces simulacres de joie débordante trahissaient quelque chose d'inhabituel. Mais l'ambiguïté était entretenue sciemment par le commandement égyptien. La barque avait été arrimée à tribord : Achillas, qui fut présenté comme le chef de l'armée des vétérans, monta à bord de la trirème par l'échelle de coupée. Comme mon frère avait délégué l'un de ses conseillers les plus importants et qu'Achillas s'adressait en grec à Pompée, l'assurant, dans des termes habituels entre généraux, qu'il pouvait compter sur un ami en la personne du roi, la vigilance de Pompée s'endormit. L'officier, resté dans la barque, l'invita à son tour à venir et le salua en latin du titre *imperator*. Entendre ainsi parler latin un homme équipé en soldat alexandrin de haut rang, et au fait des usages militaires romains, dissipa en Pompée tout reste de méfiance.

Le message de mon frère et de ses conseillers était lourd de menaces voilées. Pompée en effet avait accepté, en devenant, par le passé, complice de César, que notre père achète au prix exorbitant de six mille talents sa qualité d'« Allié et ami du Peuple romain ». Mais, depuis, il n'avait toujours pas compris que les enfants pardonnent rarement les humiliations infligées à leurs parents.

Dans la bouche de l'officier romain, le terme imperator, *employé d'ordinaire pour un général victorieux, sonnait en fait comme une moquerie, car Pompée venait d'être battu. Mais la morgue et la prétention du Romain étaient telles qu'il ne vit aucune malice dans cet éloge trompeur. Cet aveuglement l'a rapproché de l'abîme. Les conseillers de la cour et moi-même connaissions les défauts de Pompée, et sa capacité à prendre des résolutions contraires à ses intérêts.*

Tandis que Cornelia, aux genoux d'un mari qu'elle estimait déjà perdu, versait des larmes silencieuses, Pompée brusquement prit congé d'elle, de son fils et de ses amis, et se fit accompagner de Lucius Cornelius Lentulus Crus, qui dirigeait son aile gauche à Pharsale. Pour assurer sa sécurité, il embarqua avec deux centurions, ainsi qu'un affranchi nommé Philippe, et un esclave. Certains affirment que ses dernières paroles ont été ce vers emprunté à Sophocle : « Qui entre dans la cour d'un roi en devient l'esclave, même s'il est entré libre. »

Ces éléments, que Théophane de Lesbos s'est plu par la suite à ajouter au récit, ne sont que des fioritures destinées à laisser croire que le vaincu de Pharsale savait déjà que son destin était scellé. En réalité, Pompée pensait aisément convaincre un enfant de treize ans grâce à ses exploits d'autrefois.

Quand les cinq hommes furent à bord, un courant qui les entraînait au large obligea les marins à ramer en redoublant de force vers le rivage. Pompée, absorbé par le discours qu'il avait rédigé, ne se doutait pas de la menace qui pesait sur lui et sa maigre escorte. Un silence glacé s'était installé dans la barque ; on n'entendait plus que le clapotement des vagues et l'ahanement des rameurs tandis que Pompée relisait sur ses tablettes les mots qu'il se promettait d'adresser en grec à mon frère.

Le moment du débarquement devait être le point culminant de cette mise en scène macabre. L'opération, menée loin du rivage et sans le soutien de l'armée, risquait d'échouer si Pompée ou l'un de ses accompagnateurs soupçonnait le piège. Sur la plage se profilait la petite silhouette de mon frère, escorté par ses deux autres conseillers. Au moment où l'étrave de la barque s'est enfoncée dans le sable, l'officier resta debout, comme le voulait l'usage militaire, auprès d'un général assis. L'*imperator* le dévisagea et soudain reconnut en lui un des compagnons qui avaient combattu jadis à ses côtés contre les pirates ciliciens. Celui-ci acquiesça de la tête et profita d'un bref moment d'inattention de sa victime : quand Philippe, son affranchi, tendit la main à son maître pour qu'il puisse se lever, l'officier romain passa son épée en travers du corps de Pompée, tandis qu'Achillas et le soldat qui les assistait l'achevaient en lui portant des coups de poignard à la gorge. Pompée se voila le visage dans un pli de sa tunique et s'affaissa sur le banc, ne poussant qu'un seul soupir. Les accompagnateurs de Pompée furent pris de vitesse et Lucius Cornelius Lentulus Crus ainsi que les deux centurions, le poignard sous la gorge, ont été faits prisonniers.

Une grande clameur s'éleva alors des rangs des vétérans de l'armée égyptienne, surpris par ce qu'ils découvraient. Mais le meurtre commis sous leurs yeux avait laissé de marbre l'enfant roi et ses deux conseillers. Cornelia et les amis de Pompée, chez qui l'angoisse montait, observaient depuis la proue de la trirème la progression de la barque vers la plage. Spectateurs impuissants, de là où ils étaient, ils ont deviné plus qu'ils n'ont vu l'assassinat. Quand ils ont entendu le tumulte à bord de la barque, et pressenti que l'épée et les poignards des meurtriers allaient frapper, puis quand les cris de l'armée ont retenti, ils demeurèrent interdits, comme pétrifiés. Ils retinrent leurs plaintes dans un silence douloureux. Ils prièrent les dieux vengeurs de châtier les criminels, puis levèrent l'ancre dès que leur vigie leur annonça un mouvement de la flotte égyptienne dans leur direction. Désespérés, ils furent contraints de fuir sans pouvoir rendre leurs derniers hommages au défunt.

Confiée à l'embaumeur qui accompagnait la troupe égyptienne, la tête tranchée de Pompée fut recueillie dans une jarre et couverte de natron sec. Pothin, le commanditaire du meurtre, emporta le macabre trophée.

On a raconté qu'ils lui ont arraché aussi son anneau, tandis que le reste du corps, dépouillé de ses vêtements, avait été abandonné sur la plage. On a laissé cependant le temps à son affranchi de laver le corps puis de le brûler sur un bûcher improvisé. Il a fait un tas avec des pièces de bordage prélevées sur une barque échouée tout près, auxquelles il a mis le feu. Puis il a pris les cendres de Pompée et les a enfouies près du temple de Zeus Casios.

Ainsi est mort celui qui assurait à ses amis que « naviguer de par le monde était bien plus indispensable que de vivre ». Le destin lui a souri : il a trouvé la mort à bord d'un bateau.

Quant à Lentulus, il partagea le même destin que Pompée : Pothin jugea que l'exécution en prison de cet homme, un champion de la duplicité tout comme lui, réjouirait César. Sans l'avoir prévu, mon frère, Pothin et ses complices venaient de servir les intérêts de l'Égypte en faisant disparaître Pompée et Lentulus, mais ils avaient par là décrété leur propre mort. S'ils avaient cru mettre fin à la guerre civile romaine qui, sans leur intervention, aurait pu durer longtemps encore, leur acte insensé faisait de César le maître absolu de la situation. Ils avaient tout misé sur la ruse de Théodote, sans avoir pris la mesure de la personnalité de César, le beau-père de Pompée, dont je détestais alors le seul nom, mais que j'apprendrais à connaître.

À mes yeux, le roi et ses conseillers ont négligé la solution qui les aurait sauvés du désastre : laisser une chance à la paix en recevant Pompée à Alexandrie et jouer un rôle de conciliateurs entre lui et son vainqueur.

Pompée avait perdu de sa fougue passée et César, fort de sa victoire, pouvait le convaincre ou lui imposer un accord dans lequel Pompée reconnaîtrait la suprématie de son ancien allié et ordonnerait à ses lieutenants de déposer leurs armes, mettant ainsi un terme à la guerre civile.

De l'assassinat de Pompée près de Péluse, j'ai retenu que je devrais tôt ou tard entrer dans l'arène et combattre un danger plus grand encore, en réclamant le respect de mes droits face à un frère hostile qui, à l'évidence, était le jouet de ses conseillers. Mais j'avais appris à me défier aussi des ruses infantiles et perverses d'un garçon de treize ans qui n'avait pas son pareil pour tromper son entourage, voire César lui-même. Je plaçais alors peu d'espoir en ce dernier, dont j'étais persuadée qu'il choisirait le parti du droit, sous le contrôle du Sénat, et chercherait à faire respecter le testament de notre père.

Après s'être assuré d'être nommé à nouveau dictateur, ce magistrat aux pouvoirs exceptionnels chez les Romains, César publia rapidement le récit de sa lutte contre les Alexandrins. Mais, dans cet ouvrage, il ne s'adressait qu'au peuple de Rome qui ne connaissait guère les affaires de l'Égypte. Aussi, Ami lecteur, laisse-moi te rappeler les faits tels que je les ai vécus lors des terribles événements d'Alexandrie.

En arrivant dans la ville, César ne s'est pas douté qu'il se jetait tête baissée dans un formidable traquenard et au milieu d'un conflit dynastique d'une violence extrême : d'emblée il a été en butte à l'hostilité d'une population trop heureuse d'en découdre avec des Romains qu'elle jugeait dominateurs et suffisants. Il a en fait préparé sa venue à la hâte et s'est mis en péril. Ses forces étaient nettement inférieures à celles des Alexandrins, lors d'une saison difficile, l'hiver. L'affaire qu'il a crue limitée à un conflit local s'est révélée l'un des plus dangereux affrontements auquel il dut faire face au cours de sa vie, comme il l'a admis lui-même bien plus tard.

Que s'était-il passé ? Après la bataille, une fois fini de transborder ses hommes sur les navires de Cassius Longinus – un lieutenant de Pompée –, dont il s'était emparé, César avait gagné la côte de Sigée en Troade, puis fait escale à Chios et à Éphèse pour atteindre finalement Rhodes, le point de ralliement qu'il avait donné à ses troupes. Il devina que Pompée n'irait pas se réfugier en Syrie mais en Égypte. Aussitôt, pour gagner de vitesse son adversaire, il embarqua huit cents chevaux et deux légions – originaires de Thessalie et d'Achaïe – à bord de trirèmes dont dix rhodiennes et d'autres construites dans les arsenaux d'Asie. Il mit le cap sur Alexandrie et, vif comme l'éclair, il devança les hommes de mon frère pour créer un effet de sidération.

Pendant que le roi et ses conseillers se préparaient à l'affrontement avec mon armée, le vainqueur de Pharsale avait, lui, saisi l'occasion de la mort de Pompée pour débarquer à Alexandrie en tant que consul, précédé de ses licteurs portant les haches dans leurs faisceaux de verges [2 oct. – 48]. César n'avait-il pas trop présumé de l'effet qu'il produirait sur les Alexandrins par ce débarquement audacieux ? Ceux-ci, qui s'enflammaient au moindre prétexte, s'emportèrent à la vue des haches et des faisceaux, symbole de l'*imperium* romain, posés sur l'épaule de ceux qui précédaient le consul : ils se ruèrent sur eux. C'était pour les Alexandrins une atteinte intolérable au prestige royal. César ne l'ignorait pas et voulait ainsi leur signifier que l'Égypte était sous protectorat romain. Cette affirmation forte du pouvoir consulaire provoqua de violentes échauffourées, entraînant la mort de quelques soldats de César. Mon frère et ses conseillers revinrent alors à Alexandrie, tandis que leur armée demeurait sur le littoral entre Péluse et le mont Casios, pour empêcher l'armée que j'avais formée en Judée de pénétrer en Égypte.

J'ai été tiraillée entre mon aversion à l'égard des Romains et l'analyse lucide que je pouvais faire de la situation : d'un côté l'hostilité farouche de mon frère envers moi comme envers César, et de l'autre le pragmatisme qui s'imposait : j'étais seule et il me fallait un appui dans ce monde qui se désagrégeait. Allais-je, en m'alliant à César, perdre le sens de tout ce qui m'exaltait ? Allais-je renoncer à mes rêves et à l'amour de mon royaume ?

Certains m'accusent maintenant de m'être reniée en m'unissant aux deux Romains les plus puissants de leur temps, César, puis Antoine. Mais, dans ce monde en proie à la guerre civile, pour rester fidèle à moi-même j'ai dû tout réanalyser à l'intérieur de ce nouveau cadre : ma survie dépendait de la sagesse de mes choix. Longtemps je suis parvenue à tenir ensemble l'inconciliable et à conserver intacte ma force au service de mon royaume. Jusqu'à aujourd'hui où je dois m'arracher à la vie et à ma terre !

Si l'Égypte est gardée par la forteresse de Péluse à l'est avec ses avant-postes littoraux, elle est tout autant protégée à l'ouest par l'île de Pharos, qui veille sur l'entrée des deux ports d'Alexandrie que sépare la digue de l'Heptastade. Or franchir la barre des bouches du Nil n'est possible qu'à des bateaux de faible tirant d'eau, et non à des trirèmes, sinon à l'aide de passeurs. Les Perses en ont fait, dit-on, l'amère expérience, eux que dévorèrent par centaines les crocodiles du Nil dans les marécages du Delta. Conquérir l'Égypte exige de faire sauter le verrou de Péluse pour rejoindre, au sud, Memphis puis remonter vers Alexandrie, afin de s'emparer du pays par l'intérieur. De fait, qui tient Péluse et son chapelet de forteresses tient l'Égypte. C'est pourquoi mes alliés juifs m'étaient si précieux, car postés juste au-delà de Péluse, ils étaient les plus à même d'intervenir sur ce point de passage stratégique.

César m'avait dépêché en secret un messager à Rhinocoloure ; il voulait tenter de nous réconcilier moi et mon frère pour éviter un affrontement militaire. Les conseillers de Philopator avaient cru qu'une fois Pompée devenu, grâce à eux, un mort qui ne mordrait plus, César ne s'attarderait pas à Alexandrie.

En fait, César, comme il me l'a dit plus tard, était prêt à saisir l'occasion qui s'offrait à lui. Il était devant une des villes les plus belles et les plus riches qu'il ait jamais vues, avec ses palais, ses monuments, ses histoires et ses légendes : la rade du port s'illumine, la nuit, du grand feu qui flambe au sommet de notre Phare ; et, le jour, scintillent sous le soleil les pierres de calcaire blanc apportées des carrières de Troia, qui constituent ses flancs. Au coucher de Phébus, quand celui-ci s'abîme dans la mer, même l'écume des vagues devient rose.

César n'a pas, non plus, voulu rester sur le seuil d'un pays qu'il convoitait dans l'intérêt de Rome. En outre, il aimait à balayer, sans attendre, les obstacles qui se formaient devant lui.

C'est ce que comprirent alors l'infernal Pothin et ses amis qui abreuvèrent la ville de bruits dont celui-ci : César projetait de faire de l'Égypte une province romaine. On devait donc le combattre, lui et le peu d'hommes qui étaient avec lui, pour profiter de la situation qui leur était provisoirement favorable. Il n'en fallut pas plus pour cimenter l'union des Alexandrins. César, de son côté, accepta, en tant que consul, de se substituer légitimement à Pompée et de régler, dans l'intérêt de Rome, le différend entre mon frère et moi.

Plutôt que de demeurer en retrait, César avait, en surmontant sa répugnance, rencontré Pothin : celui-ci avait osé lui présenter, au cours d'une mise en scène étudiée, la tête de Pompée qu'il conservait avec lui. L'eunuque lui avait aussi remis les insignes de son adversaire ainsi que son sceau, car posséder le sceau d'un vaincu était le signe tangible de la victoire. Pompée avait choisi à dessein une intaille reproduisant un lion brandissant une épée, surmonté d'un soleil levant ; une figure qu'autrefois Darius Codoman puis Alexandre avaient adoptée. Pour les uns, ce lion saisissant l'épée évoquait Alexandre avec qui il partageait l'épithète « Grand » ;

pour les autres, il s'agissait de la figuration inconsciente de sa propre mort. Même s'il n'appréciait plus guère Pompée et si, du temps de Sylla, il était de coutume à Rome de trancher la tête des proscrits et de l'apporter ensuite aux autorités, César ne put réprimer son dégoût : il détourna ostensiblement le regard du visage sans vie de l'homme qui avait été jadis son allié et son gendre.

Certains ont ajouté que César est difficilement parvenu à maîtriser son émotion et a versé quelques larmes en hommage au vaincu, pour qui il aurait sans doute préféré une mort honorable au combat. L'assassinat de Pompée l'avait privé d'une victoire éclatante.

Il a fait enterrer le triste trophée dans une enceinte proche de la ville, que certains nommèrent « Enceinte de Némésis ». Les uns et les autres ont cru que Pompée était mort à la suite d'un décret de Némésis, la messagère du châtiment céleste.

Une question est restée pour moi sans réponse sur le rôle de César dans la mort de Pompée. En abrégeant la vie du vaincu, mon frère et Pothin avaient souhaité sceller un pacte de sang avec César : ils lui laissaient mettre la main sur l'Égypte, à la condition que mon frère conserve son trône. S'étaient-ils entendus ? Avaient-ils correspondu ? Le tout demeurait enveloppé de mystère.

Un peu plus tard, César n'évoqua qu'une fois sa réaction à la vue de la tête de Pompée ; je me suis demandé quelle avait été la part de l'émotion effective et celle du calcul, voire de la préméditation, dans un esprit dont le génie résidait dans la faculté d'anticipation et la rapidité à frapper. J'ai été rassurée : l'esquisse d'un sourire sur ses lèvres m'en a dit plus long que toute déclaration. Le traitement ignoble infligé à Pompée par ses assassins avait suffi à mettre en branle la roue du destin : mon frère allait en payer le prix.

César rallia sous ses aigles les soldats de Pompée vaincus au cours des combats comme ceux qui, après avoir cherché à rejoindre leur général, avaient débarqué sur les côtes égyptiennes puis avaient été faits prisonniers par les troupes royales de mon frère cantonnées à Péluse. En les libérant,

César se les attacha. Il tenait à se concilier ceux dont il avait triomphé. Il entendait ainsi manifester son respect à son adversaire assassiné traîtreusement, pour qu'on ne le soupçonne pas, comme certains l'ont fait, de complicité avec ses meurtriers. D'ailleurs le sort de ces derniers était désormais en suspens.

Devant la réprobation muette de César, Pothin et ses amis comprirent que le piège qu'ils avaient conçu se refermait sur eux. Feignant la sérénité, César entendit examiner la succession pour faire appliquer les volontés du testament de mon père. Le testament précisait que mon père désignait comme ses héritiers l'aîné de ses deux fils et la plus âgée de ses deux filles, c'est-à-dire moi, en demandant au peuple romain de faire respecter cette disposition. Pothin déploya alors toute son énergie pour rendre la situation intenable. Profitant de la longueur des négociations, l'eunuque fit revenir l'armée qui campait à Péluse et en confia le commandement à Achillas, qui gagna avec elle Alexandrie. Ce retour inattendu des troupes égyptiennes mit César et les siens dans une situation d'autant plus critique que le rapport numérique entre les combattants était nettement en défaveur des forces du consul.

Aussi préféra-t-il la position qu'il occupait derrière les portes de la résidence royale, inattaquable depuis la mer et facile à défendre du côté terrestre, plutôt que de courir le risque d'un affrontement dans la ville. Il engagea mon frère, alors dans le palais, à envoyer à Achillas deux émissaires, autrefois ambassadeurs alexandrins à Rome – aux noms de Dioscoridès et Sérapion –, pour le sommer de faire connaître ses intentions. Le premier fut tué sauvagement sur place et le second grièvement blessé. César s'assura alors de la personne de mon frère et le retint au palais, puis fit proclamer que cette guerre était entreprise sans l'aval du roi. Mais la situation demeurait d'autant plus inégale que les cohortes de vétérans d'Achillas, formées d'anciens légionnaires de Gabinius, des Gabiniani, qui avaient fait souche en Égypte, étaient soutenues par les Alexandrins les plus riches. Ceux-ci levaient aussi des troupes d'esclaves dont ils payaient la solde et finançaient des ateliers où l'on fabriquait des armes. Alexandrie n'était plus que quartiers triplement retranchés, tours de défense, fixes ou mobiles sur roues, dans les lieux en contrebas, et dispositifs ingénieux, machines de jets, sur les toits.

Parvenue au palais en compagnie de Kombabos, j'ai compris que mon destin reposait désormais entre les mains d'un guerrier surprenant et fougueux, à qui je devais m'en remettre pour le bien de l'Égypte. Dès lors, sans retenue, j'ai choisi de m'unir à cet allié en qui je pouvais placer mes espoirs.

Je devinais aussi, en lui, les signes d'un tempérament paradoxal : un amour de notre faste royal combiné à un rigorisme républicain revendiqué haut et fort. En somme, le désir d'être un roi démocrate.

Chapitre 7

Dans le piège alexandrin, rencontre autour d'une peinture

Aussi déterminés qu'aient été mon frère et ma sœur, ils se sont laissés gagner par cette ivresse que communiquent la présence de la mort et du sang versé.

Au cours des événements qui défrayèrent l'histoire de notre ville, je dus me faire une raison : je savais que, sans l'appui de César, le climat politique irait en s'exacerbant entre moi et mes frères et sœur. Nourris de rêves guerriers à la lecture de *L'Iliade*, deux d'entre eux étaient prêts à se jeter résolument dans des combats d'une autre époque, celle où les dieux se mêlaient aux hommes.

Sois sûr, Ami lecteur, que j'ai eu soin de mettre le temps de mon côté, et j'ai été, dans ma famille, celle qui avait le sens politique le plus aiguisé : l'histoire de Rome et de ses généraux m'est familière et, à la lumière des actions de César, j'ai perçu désormais plus clairement la logique des événements. Si j'avais pris une initiative malheureuse en contrevenant au testament de mon père, entériné par le Sénat, j'aurais irrémédiablement causé ma perte.

Depuis la mort de Pompée, mon sort reposait entre les mains de César, mais le sien était toutefois entre les miennes. Sans mon aide, pouvait-il échapper bien longtemps aux ombres qui erraient dans les allées du palais ? César savait par principe qu'il ne pouvait faire confiance à personne, sauf à quelques compagnons d'armes longuement éprouvés. Être épaulé par une alliée dans la place lui a été indispensable.

Il me fallait, me disais-je alors, dévoiler à César les usages du palais et lui apprendre comment déceler la traîtrise sous un visage ingénu pour réussir à sortir vivant de la nasse dans laquelle il était entré. Même un chef d'armée aussi courageux, capable de se battre les armes à la main à la tête de ses hommes, devait constamment se tenir sur ses gardes quand il se déplaçait dans les dédales du palais où la mort guettait. Il a instinctivement, ai-je su plus tard, détesté l'eunuque Pothin et senti que ce dernier et mon frère ne formaient qu'une même Chimère monstrueuse, dont il fallait trancher l'une des têtes, sinon les deux.

Quant à Arsinoé, telle une hyène, elle attendait son heure avec impatience. Mon retour soudain et notre faible différence d'âge l'ont décidé à se lancer dans la lutte pour faire modifier la disposition du testament de notre père qui l'écartait du pouvoir. Mon père avait eu raison de se défier de ses filles aussi belliqueuses que leurs ancêtres. L'une de nous deux était à présent de trop.

Le danger nous aiguillonnait tous, mais aussi déterminés qu'aient été mon frère et ma sœur, ils se sont laissés gagner par cette ivresse que communiquent la présence de la mort et du sang versé : ils s'aveuglèrent. Au cœur de la tourmente, j'ai réussi à conserver ma lucidité. Du moins je l'ai cru.

Voici comment les faits s'enchaînèrent.

Je suis revenue à Alexandrie en laissant mes troupes entre des mains sûres. Je voulais saisir l'occasion de tenir un rôle inespéré auprès de César. Ce dernier m'avait assurée par un émissaire de sa protection et m'avait recommandé la plus grande prudence lors de mon retour. Son message m'a touchée : je savais en effet que mes adversaires emploieraient tous les moyens pour empêcher mon retour à Alexandrie. Mais j'étais déjà informée que Pothin avait placé des espions aux portes de la ville et Achillas des barrages sur toutes les routes : la seule voie possible demeurait celle de la mer. Aborder en secret au promontoire de Lochias puis rejoindre les Quartiers royaux [*Basileia*] réclamait une connaissance intime des lieux.

Les Quartiers royaux couvrent près d'un tiers de la ville : une foule de constructions enchevêtrées plus splendides les unes que les autres dans un réseau de péristyles, de bassins, d'allées, de jardins et de chapelles égyptiennes. Ces édifices grecs, que portent des colonnes en forme de palmiers ou de papyrus, sont jalonnés de statues royales et divines venues de temples abandonnés. Enfants, lors de nos promenades, nous retissions le lien avec ce passé qui flottait pour nous dans un temps sans dates. Nous y entendions les échos des voix se répondre entre les statues : nous étions plongés dans une Égypte fantasmatique et sublime.

Le tout était séparé de la ville par une enceinte épaisse. Sur les eaux du port, dérivaient des bordages calcinés de bateaux naufragés et personne n'aurait navigué là sans connaître l'emplacement des fameux trois récifs capables d'éventrer les coques les plus audacieuses.

César avait fait des Quartiers royaux un véritable camp retranché et avait intégré le théâtre ainsi que l'agora dans l'enceinte. Tout en gardant la maîtrise de ce « camp » coupé du reste de la ville, il multipliait les bastions. Il s'efforçait de maintenir, depuis la mer, l'accès au Port Royal, au sud du Grand Port, de façon à conserver à tout prix une ouverture vers le large. Il s'était assuré, en fermant la chaussée de l'Heptastade, du contrôle de l'île de Pharos, dont les habitants – les Pharites – avaient une détestable réputation de naufrageurs. Devant l'entrée du Phare se dressaient les colosses de Philadelphe et d'Arsinoé Philadelphe, Dame de la mer, ainsi que de leurs enfants. César fit du Phare une forteresse dotée d'une garnison et, perchés au sommet sous la statue de Zeus, les guetteurs l'avertissaient, lui et ses aides de camp, par signaux, des mouvements de l'ennemi.

Pour traverser la mer d'Égypte, qui baigne les côtes du Delta, j'avais embarqué [7 oct. – 48] à bord d'un navire de commerce tyrien qui transportait de l'huile et des aromates vers Gadès [Cadix], en Bétique [Andalousie]. Afin de prendre un chargement, il avait dû relâcher à Rhinocoloure, où ma flotte était à l'ancre à quelques centaines de pas du rivage, prête à mettre à la voile en cas d'annonce de l'arrivée des Alexandrins. J'ordonnai au pilote de faire cap sur Alexandrie en évitant les rares galères affectées à la garde des côtes qui pouvaient surgir des bouches du Nil. Ma trirème naviguait à vue, de manière à pouvoir échapper à un danger soudain. Heureusement, la brume de terre nous dissimula. Comme il était impossible d'entrer dans le port d'Alexandrie sans attirer l'attention, une barque nous déposa à l'est du cap Lochias.

La lune était alors au début de son dernier quartier. Par un escalier creusé dans le rocher battu par les vagues, nous avons atteint une entrée dérobée, grâce à la complicité de mes partisans, qui avaient pour mission de distraire l'attention des gardes des Quartiers royaux. Grâce à des travaux récents, j'avais découvert des aqueducs souterrains taillés dans une roche tendre, qui conduisaient l'eau depuis le canal d'Alexandrie jusqu'aux citernes du palais, et que seuls nos ingénieurs hydrauliciens connaissaient. Accessibles par des conduits d'aération dissimulés aux regards, ils étaient suffisamment larges et hauts pour progresser debout dans le sous-sol. Kombabos, qui m'avait accompagnée avec Apollodore de Sicile, ouvrait la marche. Cheminant sur le trottoir latéral en surplomb de l'eau, mes compagnons et moi avons bientôt émergé dans les jardins.

Averti de mon arrivée aux Quartiers royaux, César m'y envoya chercher en secret, car l'île d'Antirhodos était fortifiée et, en principe, inaccessible. Il me fit escorter jusqu'à mes appartements situés dans l'aile construite autrefois par mon père. Dès le lendemain, je l'accueillais en reine dans mon palais retrouvé. Étonné par mon audace, le consul, grand amateur d'art grec, put admirer parmi les peintures de ma demeure une œuvre qui faisait partie des trésors des Ptolémées. C'était l'œuvre du peintre Héraclite de Rhodes, un élève, dit-on, d'Antiphile de Naucratis[1] : cette vue cavalière

1. Contemporain du peintre Apelle (IVe siècle av. J.-C.).

de l'Égypte, peinte à l'aide de pigments et de cire d'abeille chauffés, évoquait les différents aspects du pays au moment de la fête des *Ptolemaia* [– 279/278] que Ptolémée II Philadelphe avait organisée à la mort de sa sœur Arsinoé, afin de promouvoir le traité de paix qu'il avait conclu avec Antiochos Ier Sôter. Cette œuvre illustrait la vie dans la vallée du Nil, au moment béni de l'inondation, depuis les montagnes d'Éthiopie jusqu'aux lagunes du Delta.

Fig. 8 : Mosaïque de Palestrina

, temple de Fortuna © S. H. A.

Au premier plan, sur la mer, l'impressionnante flotte royale aux nombreuses trirèmes et quinquérèmes ; puis le triomphe alexandrin de Dionysos brandissant son thyrse pareil à une flamme ivre guidant les pas de ses initiés. Debout sur un char que tiraient des panthères conduites par un dompteur agitant un bâton noueux, il était précédé par des éléphants cornaqués, chargés de vases et de défenses d'ivoire ; venaient des lions, des lionnes et des girafes ; puis des musiciennes et des musiciens jouant en cadence, les uns du tambourin et les autres du double hautbois pour annoncer, sur le rythme cher aux Alexandrins, une gigantesque fête orgiaque. Une bouffée d'allégresse et une joie sacrée mêlées à l'ivresse illuminaient ce cortège parcourant le cirque d'Alexandrie. À sa suite, on distinguait le roi au parasol royal pointu, au-dessus de sa tête. Non loin, sur la gauche, des scènes de banquets destinés aux invités que Philadelphe avait conviés de tout l'Orient. César y reconnaissait des scènes jadis décrites par Callixène de Rhodes au livre IV de son *Histoire d'Alexandrie* : les pavillons de toile richement décorés disséminés comme des îles, avec des colonnes pareilles à des palmiers et, sous ces derniers, les lits de banquets environnés de guéridons chargés de vaisselles précieuses.

Plus haut, je fis observer à César les scènes de la vie du Nil. Ici, les pêcheurs au filet ou à la ligne des marais du Delta, munis d'épuisettes s'emparant d'énormes mulets, des nacelles en papyrus ou des embarcations massives sillonnant le Nil en tous sens avec son peuple de marins et de bateliers. J'expliquais à César comment s'effectuait la traque à l'hippopotame avec des hommes montés sur de lourdes barques, de même que la chasse aux crocodiles à la gueule féroce, grâce à des appâts. Soudain, sur un côté du tableau, il reconnut une mangouste et un cobra qui se livraient un combat sans merci.

Il s'étonna de l'architecture des temples égyptiens à hauts pylônes vers lesquels s'avançaient en procession des prêtres vêtus de lin blanc. Là, fusait une nuée d'ibis aux ailes noires et blanches : certains nichaient au sommet des tours des temples, tandis que d'autres enfouissaient leurs nids dans les buissons de papyrus. Ailleurs, dans des villas opulentes le long du Nil, des convives faisaient la fête, protégés des crocodiles par de solides palissades. D'autres, sous des tonnelles, se divertissaient sur les rives des canaux au moment des fêtes de Canope.

Vers le sommet du tableau, des eaux tumultueuses dévalaient de rocher en rocher du haut de profonds défilés. L'artiste avait imaginé restituer ainsi les chutes assourdissantes de la cataracte du Nil : il n'avait jamais dû se rendre dans le sud de l'Égypte. Elles tombaient en cascade non loin de déserts montagneux parcourus par des chasseurs, où se mouvaient des silhouettes étranges de quadrupèdes, d'oiseaux et de serpents exotiques dont l'Égypte fournit les cours princières. Ptolémée II Philadelphe [– 308-246] en avait réuni de nombreuses espèces dans son parc zoologique du palais pour surprendre ses visiteurs. Et sur les rives du Nil comme dans la partie montagneuse, le peintre avait soigneusement écrit les noms des silhouettes animales remarquables ainsi que ceux des espèces végétales exotiques : on les reconnaissait facilement, même si certaines semblaient naître de l'interprétation fantasque des lectures qu'il avait faites. Enfin, tout au sommet, jaillissaient, triomphantes, les sources du Nil. Près d'elles des Pygmées se défendaient contre un assaut de grues criardes.

La conversation s'est attardée sur cette Égypte peinte. César n'avait connu qu'Alexandrie et encore à peine. Dans ce tableau, il a pu embrasser le pays d'un seul regard, en imaginer toute la richesse et en saisir la complexité. Comme ses prédécesseurs, depuis Rome, il souhaitait en assurer l'administration.

Face à lui, j'ai défendu le principe d'une alliance politique entre Rome et l'Égypte capable d'éloigner la pénurie de vivres pour les uns et le risque d'une annexion pure et simple pour les autres. Mais j'ai obtenu davantage de César et nous savions déjà l'un et l'autre que l'enjeu de notre rencontre dépassait ces seules considérations.

Quelques années plus tard, des auteurs ont voulu accorder du crédit à la fable selon laquelle j'aurais été déposée, nue, à la tombée de la nuit devant César, à l'intérieur d'un ballot de hardes. J'en souris encore, car cette mise en scène d'un genre particulier était extraite d'une saynète burlesque jouée par des acteurs de rue d'Alexandrie et bien loin de notre rencontre effective.

Tout cependant n'était pas faux. J'étais, ce soir-là, décidée à plaider ma cause devant César. Je me suis fiée, comme me l'avait appris Kombabos, à la musique de ma voix et à mes yeux qu'il disait pareils à deux printemps. Si j'ai fait mon apparition au palais dans ces circonstances dramatiques, cela a été pour ainsi dire au grand jour. L'annonce de ma présence dans les murs a provoqué la stupeur de Pothin et de Théodote, de même que celle de mon frère et de ma sœur : les tensions se sont accrues. La peur soudain a changé de camp.

Chapitre 8

César sous le regard de Cléopâtre

Le matin nous a surpris unis l'un à l'autre. Le courant des siècles nous avait emportés jusqu'à la porte des Songes.

Quelques jours après ma rentrée au palais, César me fit répondre qu'il acceptait l'invitation au banquet officiel que je lui avais adressée en ma qualité de reine. En vue de cet événement, l'organisateur des banquets du palais m'avait proposé plusieurs services avec leurs intermèdes musicaux et les desserts. Des crus de Maréotide étaient destinés à l'ardent défenseur des vins italiens qu'était César : certains n'avaient rien à envier aux vins de Falerne. Moins par vertu que par goût, le grand pontife qu'était aussi César – il concentrait ainsi les pouvoirs religieux, politique et militaire – prenait une boisson composée d'un tiers de vin et deux tiers d'eau. Quant à moi, je buvais un vin de raisins séchés macérés qui ne provoquait qu'une légère griserie. J'avais encore en mémoire l'ivresse sauvage de mon père, amateur du vin pur de Dionysos : je m'en méfiais. En Romain de tradition, César évitait les excès. Je compris que ses victoires et le respect dont il jouissait auprès de ses hommes était à ce prix.

Quoique épris de gloire et de pouvoir, et sensible à l'attrait du luxe, il demeurait romain avant tout, et la diversité des mets alexandrins les plus raffinés lui était indifférente. D'ailleurs, pendant ces repas qui pouvaient durer jusqu'à l'aube – c'était aussi pour lui un moyen de tenir un œil sur ses ennemis –, il se contentait de prendre un peu de chaque plat, une fois qu'ils étaient testés. Les conversations allèrent bon train sur des sujets divers, selon les directives du symposiarque [le maître du banquet], mais, avec l'heure, la fatigue et l'inquiétude finirent par se lire sur les visages : ce n'était plus que sourires figés et regards soupçonneux autour de tables chargées de mets et de vins épicés et miellés. Après le dessert, les invités, les danseuses et les musiciennes, à demi endormis, se retirèrent – nous nous nous étions mis d'accord, César et moi, pour nous parler à l'abri des oreilles indiscrètes. J'admirais la façon dont le consul réussissait à donner le change aux fidèles de Pothin, pendant que je m'adressais avec courtoisie à chacun de mes hôtes.

En raison du passé, César et moi aurions dû nous haïr, mais le danger partagé nous a imposé une alliance qui, dans d'autres circonstances, aurait paru contre nature.

Qu'avais-je a priori *de commun avec celui qui piétinait les lois de Rome, guidé par son seul intérêt, avec celui qui défendait les réformistes, les* Populares, *et s'était attaqué impitoyablement aux conservateurs, les* Optimates *? Le danger que représentait cet homme n'était-il pas plus grand que celui de Pompée ? La situation m'a commandé d'être sur mes gardes.*

Un échange de billets nous a offert l'occasion de nous revoir dans mes appartements. César m'a rejointe après s'être détendu au bain et, au moment où je l'ai accueilli, nos regards se sont croisés pendant un court instant qui m'a paru interminable.

Je le revois comme s'il était devant moi. Il était robuste, de belle stature, de proportions agréables. Je me rappelle son visage buriné, son front large marqué de deux rides, son nez légèrement busqué, sa bouche mince. Dans son cou, le temps avait creusé deux sillons profonds. Ses traits laissaient deviner une beauté juvénile à présent lointaine. Quant à ses yeux noirs, impérieux et scrutateurs, ils illuminaient son teint hâlé.

Ses manières étaient affectées, ses gestes subtilement étudiés. Il ne supportait pas son front, que des marches harassantes en plein soleil avaient dégarni, me dit-il par la suite ; son barbier dissimulait cette calvitie en ramenant quelques mèches frisées à chaud vers l'avant de sa tête. J'ai vu rapidement qu'il se faisait raser et tondre régulièrement, de même qu'épiler intégralement le corps. Ainsi aucun sourcil broussailleux ne déparait son visage aux lignes parfaitement ordonnées, aucun poil sur ce corps d'athlète qu'un exercice régulier avait bâti.

Pour détourner ses doutes à mon sujet et dissiper ses dernières traces de mécontentement, je me lançais dans de savoureuses anecdotes historiques. Il s'est déridé et m'écoutait attentivement. Sa vivacité révélait un homme instruit, à l'esprit affûté comme une lame, un être à l'énergie indomptable, mais capable de bienveillance à l'égard de ses égaux comme de ses soldats. Ses idées étaient claires, incisives même : cherchant la concision, il s'exprimait dans un style bref, direct et élégant. J'ai compris que ses jugements contre ses ennemis étaient sans appel, une fois qu'il leur avait donné une ultime chance de se ressaisir. En outre, du timbre grave de sa voix, de son aspect singulier et de sa gestuelle affectée émanaient une grâce indéfinissable et redoutable. Me tenant sur mes gardes, moi qui étais habituée à me composer un visage en fonction des circonstances, je ne trahissais ni émotion ni inquiétude. Mais, peu à peu, nos esprits se rapprochaient. Ma voix, avait-on coutume de me dire, touchait l'âme de mes interlocuteurs par ses inflexions et par son rythme. Il y paraissait sensible. Le puissant César était séduit, à moins que ce n'eût été l'inverse.

Pendant que nous cherchions l'un et l'autre à percer nos défenses, nous avons déposé les armes. Nous avons sombré dans l'ivresse du moment et je partageais avec lui tout ce qu'il me disait de son amour passionné de la vie.

En regardant ce soir avec nostalgie son profil couronné de laurier sur une monnaie frappée par ses ateliers pour payer ses troupes[1]*, je me souviens de ces moments, voués à rester toujours vifs en moi. Comme les deux faces de Janus nous avons été lui le commencement et moi la fin. Le rêve, qui m'habitait, d'une union entre l'Égypte et Rome, a pris la forme de nos deux visages réunis. Ma vie a eu enfin un nom et un but.*

1. Le premier denier de ce type est daté après le 15 janvier 44 av. J.-C.

Il émanait de lui un parfum suave de *telinum*, composé essentiellement de fenugrec, de souchet odorant, d'acore, de mélilot, de miel et de marjolaine qu'il faisait fabriquer à son intention. Cet étrange parfum signalait sa présence ou son passage. Malgré les années, et des coquetteries que d'aucuns auraient jugées féminines, il se dégageait de lui une énergie et une majesté solaires. L'affectation de ses gestes et de sa démarche faisait la joie de Kombabos qui le contrefaisait à merveille lorsque nous étions en privé. Mon serviteur n'était pas le seul d'ailleurs à Alexandrie à l'imiter ou se moquer de ses mœurs qu'on disait légères. Personne n'aurait pu penser que, sous ces dehors étranges et trompeurs, se cachait une âme d'acier à laquelle le sang coûtait peu. Contrairement à d'autres Romains, il portait son laticlave d'une façon recherchée, tenu à la taille par une ceinture. Les franges en descendaient élégamment sur ses mains aux ongles soignés qu'il y enfouissait : ses ennemis, dont Sylla, y avaient perçu, m'a-t-on dit, un trait inquiétant de sa personnalité. Pour moi, cette habitude faisait songer à l'attitude publique de nos prophètes égyptiens dont les mains étaient couvertes par leur vêtement de lin lors des processions par souci de pureté. Un jour, je lui fis le rapprochement et lui montrai la statue de l'un d'eux dans le temple d'Isis au sud du palais.

Il s'exprimait dans le latin le plus soigné avec ses aides de camp – il le devait à l'éducation reçue de sa mère Aurélia –, mais il parlait grec avec les membres de sa suite. Je m'étonnais de son accent rhodien : il me dit que, contraint de se réfugier à Rhodes pour échapper aux tueurs de Sylla, il avait profité de l'enseignement d'Apollonius Molon, un stoïcien. Il m'a confié aussi qu'il avait cultivé ses dons grâce aux leçons de l'orateur et grammairien Marcus Antonius Gnipho, d'origine gauloise. César avait gardé de ce connaisseur incomparable des littératures grecque et latine un souvenir d'adolescent ébloui et, comme lui, il entretenait sa mémoire qu'il avait excellente. Si nos vues sur les affaires du monde divergeaient, nous partagions le même goût des lettres et de la poésie, qu'il appréciait particulièrement : il avouait pourtant n'avoir que peu de temps pour les cultiver comme il l'aurait souhaité. Sa tragédie *Œdipe* et sa *Louange d'Hercule*, dont il citait quelques vers avec nostalgie, remontaient à sa jeunesse.

Nous avons évoqué Sapphô de Lesbos et Corinne de Tanagra[1], ainsi que les formes changeantes du désir qu'elles avaient chantées : nous nous perdîmes à travers le temps et dans les ombres de la nuit. César avait compris que, malgré mon jeune âge, je détenais comme lui, en raison des épreuves que j'avais traversées, l'expérience de plusieurs vies.

Lorsque tu me liras, les statues à mon image ne te diront plus qui j'étais en vérité. Les monnaies te dévoileront un profil austère. Sans doute elles te révèleront que j'étais belle, mais elles tairont pourquoi j'ai pu être irrésistible.

Mes portraits sont mon reflet : sur les uns, je suis une jeune femme coiffée de deux tresses réunies en diadème à l'arrière de la tête ; sur les autres, inspirés de mes bustes officiels, je porte un chignon de fines tresses sur la nuque, ceintes d'un diadème à fanons et mes oreilles sont ornées de perles. Mon nez est busqué, juste assez pour me donner de la noblesse, et mes yeux s'illuminent sur ma peau mate.

Fig. 9 : Portrait de Cléopâtre jeune vue de profil (droit), dit de Berlin (Rome, vers – 44) © M. A.

1. Poétesse grecque du VIe siècle av. J.-C., native de Tanagra.

Aujourd'hui, mes traits se sont légèrement alourdis, les cernes de mes yeux trahissent l'attente anxieuse de la mort mais, dans ce corps dont les maternités ont épaissi la poitrine et les hanches, brûle toujours la même force de vie. Nous avons été possédés, César et moi, par un désir inassouvi de puissance et par un élan irrépressible vers l'avenir et ses promesses.

Vois-tu, l'attrait que je suscite n'émane pas seulement de mon corps que les doigts experts de l'eunuque de mes jeunes années, Mardion, ont modelé comme l'artisan pétrit la glaise de ses figurines. Il a fait de moi une arme sensuelle au service d'Éros, mais aussi de mon royaume. Chez moi, l'art de la conversation ou la grâce ont servi autant les secrets de l'intimité que les arcanes de la politique. Le gynécée royal, avec ses concubines et ses eunuques experts dans l'art des caresses, a été depuis mon enfance une magistrale école, où j'ai appris la géographie intime des corps masculins ou féminins.

Dès mon plus jeune âge, j'ai connu l'usage, par les confidences de mes esclaves et par Mardion lui-même, des objets destinés au plaisir ; l'art des ruses érotiques et toutes les ressources de la nature propres à ranimer les désirs éteints sous le voile d'une moustiquaire n'avaient pas de secret pour moi. Une telle éducation a fait naître en mon âme le goût des jouissances secrètes. Je sentais que mon corps aux sens aiguisés me rendait capable de porter le trouble ou le délire, le feu ou la joie dans le cœur de celui que je choisirais.

Mais je n'en étais encore qu'aux apprentissages. Et bien que ma chair se soit éveillée, puissante et vive, j'ai réprimé mes premiers troubles, car je devais avant tout me montrer reine. J'ai voulu résolument que celui auquel je m'unirais soit digne de moi et moi digne de lui. Aussi m'en suis-je tenue longtemps à une impure chasteté, qui ne manquait pas d'échauffer mes sens. Avec César la moindre fausse note aurait rompu le charme et anéanti ma diplomatie amoureuse.

Le coude reposant sur un moelleux coussin à la tête du lit de banquet, il se tenait le buste tourné vers moi : seuls le rhyton et la coupe d'or posés sur un guéridon nous séparaient. On entendait vaguement les accents plaintifs d'un hautbois et d'une cithare. La chaleur était inhabituelle pour la saison ; l'air venu de la mer agitait les tentures de la terrasse. De temps à autre, je considérais cet homme à l'allure plus recherchée qu'une femme, auquel on supposait des mœurs de libertin. Sans m'effaroucher, cette réputation m'intriguait. Oserais-je avouer qu'elle éveillait même mon désir ? Si ses vétérans, lors des défilés publics, célébraient les bonnes fortunes du « chauve adultère », ils faisaient aussi des gorges chaudes de ses amours masculins de jeunesse. Quand il était ambassadeur à la cour du roi Nicomède IV Philopator [94-74], une rumeur disait qu'il avait cédé aux avances du souverain. Qui aurait pu deviner en César le bel amant du roi, alors qu'il avait quitté depuis longtemps la toge prétexte ?

À Rome ou à l'étranger, on évoquait ses multiples conquêtes. Car séduire une princesse ou une reine était plus glorieux que conquérir une aristocrate romaine, même puissante. La situation critique dans laquelle je me trouvais aurait pu inciter une autre à se jeter dans les bras de son sauveur. Mais, comme tu l'as compris, j'étais trop fière pour céder ainsi : c'était sans compter sur le sang des Ptolémées. Il ne pouvait être question de reddition.

Dès nos premiers échanges, lorsque nous en vînmes à évoquer la singularité de ce face-à-face entre Alexandrie et Rome, j'avais surpris dans ses regards les marques d'un intérêt croissant : il n'était pas habitué à la vivacité et à la subtilité alexandrines et, face à moi, il lui fallait convoquer toutes ses ressources. La façon dont je menais le jeu lui plaisait et l'on sentait poindre un désir hésitant dans ses réponses, mais il attendait que je fasse les premiers pas, en lui offrant une série d'indices. Le *lirinon*, l'effluve rafraîchissant à l'essence de lis dont j'étais parfumée, semblait lui plaire, même si mes cheveux étaient couverts d'une mousseline de lin. Il la regarda glisser de mes épaules, révélant ma coiffure et une partie de mon visage. Je voyais à la dérobée son profil ciselé par la lueur des lampes.

Le consul, près de trois fois plus âgé que moi et sûr de son pouvoir, incitait à l'obéissance. Ses affranchis devinaient ses instructions par un code : un geste imperceptible faisait surgir plans, calames ou papyrus. Il me fallut réprimer un sourire quand, d'un geste détaché, il ramena une mèche de cheveux sur son front pour recouvrir ses tempes dénudées. J'avais deviné à ce mouvement qu'il laissait vagabonder ses pensées.

Les gardes étaient là, postés derrière les portes ; Kombabos était prêt à surgir. En d'autres circonstances, César et moi aurions peut-être éprouvé de la répulsion l'un pour l'autre, car un monde nous séparait. Mais le spectre de la mort rôdait, et nos vies risquaient d'être emportées par le vent de violence qui déferlait sur Alexandrie. Des affinités inimaginables devenaient possibles : nous avons donné libre cours à nos pensées et à nos actes. Directs et vifs, les mots étaient autant d'arches invisibles lancées vers l'autre. Me sont venus alors à l'esprit ces vers de Sapphô :

Rien n'est plus beau, dit l'un, qu'une troupe de cavaliers ;
l'autre : rien n'est plus beau sur la terre noire et bleue
que des fantassins, ou une escadre. Mais moi je dis
que rien n'est plus beau que celle que l'on aime.

Aussitôt, comme en écho, César me répondit par ces vers tirés du même poème :

La douce grâce de tes pas
l'éclat lumineux de ton visage,
j'aimerais mieux les voir que les chars des Lydiens
Et leurs fantassins en armes (fr. 16)

Nous avons franchi alors une barrière invisible. Après avoir congédié les serviteurs d'un battement de cils, nous ne sommes devenus que souffle et murmure, tandis que le son du hautbois mourait plaintivement. Le jour ne s'était pas encore levé sur le port. César a saisi ma main pour prendre congé. Il a senti mes doigts tressaillir, et m'a dit avec un sourire complice : « Trembles-tu, Calypso, nymphe aux belles boucles ? »

J'ai reconnu l'épithète de L'Odyssée. *Ces mots d'une littérature partagée ont dissipé la tension qu'il y avait entre nous.*

Mue par un mouvement imperceptible, j'ai pris sa main en hésitant. Il cueillit un baiser sur mes lèvres : je lui donnais toute ma bouche. Mes yeux étaient de feu, et nos lèvres se sont rejointes. Mon corps vierge, parfumé, impudique dans sa pudeur, s'est coulé contre le sien, puis je l'ai accueilli en moi, nous nous sommes étreints jusqu'à oublier toute vigilance. Je me suis laissé submerger par cette marée du désir, au goût de sang d'hyménée.

Le matin nous a surpris unis l'un à l'autre. Le courant des siècles nous avait emportés jusqu'à la porte des Songes.

Avant de rejoindre ses quartiers, a-t-il senti la saveur virginale de l'amante que j'étais devenue ? Je lui ai lancé, émue, ce vers de Théocrite de la fête des Thalysies : « Viens, le chemin nous est commun, et commune la lumière du matin. » En me serrant dans ses bras, il m'a considérée avec la tendresse d'un amant des premiers jours. J'ai su que ma destinée venait de basculer.

Sur la terrasse, l'air de la mer se jouait de mes cheveux ; mon voile ne couvrait plus mes seins, et j'ai senti sur mon visage l'éclat du plaisir. César m'a fait tous les serments que lui inspirait l'intensité du moment. Mais la Nymphe d'Alexandrie – je le savais bien, et il le savait aussi – ne pourrait retenir le héros captif dans sa caverne qu'autant que le Destin le permettrait.

Chapitre 9

Un consul romain en guerre à Alexandrie

J'ai connu ce jour-là une frayeur extrême ; j'ai pensé : « Il va mourir ! » quand j'appris qu'il nageait sous les projectiles…

Dès cet instant, plus rien ne fut comme avant. En feignant de nous ignorer, tout en nous retrouvant secrètement quand nous le pouvions, César et moi nous découvrions soudain avec d'autres yeux. Le destin nous avait rapprochés, même si notre relation n'était pas dépourvue d'arrière-pensées. J'étais son alliée, j'étais aussi son otage : mon sort dépendait de son bon vouloir. Le temps passé auprès de lui et l'expérience m'avaient heureusement fourni de nouvelles armes. En nous rencontrant, nous savions que le jeu politique nous destinait à nous entendre. Notre survie dépendait d'une convergence momentanée d'intérêts, sans que l'un ou l'autre eût à trahir les siens. César n'ignorait pas qui j'étais et que, malgré nos étreintes au cours desquelles nous oubliions la menace suspendue au-dessus de nos têtes, la reine, en bonne politique, reprendrait chez moi le dessus s'il n'était pas vigilant. Tout en m'affirmant qu'il me pardonnait le passé, il n'oubliait rien. Il pouvait se montrer aussi magnanime que cruel.

Il avait été informé au sujet de la flotte et des vivres envoyées par mon frère Philopator et moi-même à Pompée : nos navires n'étaient heureusement pas intervenus contre ceux de César au cours de l'engagement de Pharsale. Cependant, il ne baisserait jamais la garde et ne ferait rien pour aller contre les garanties que le Sénat avait accordées à mon père. Je n'avais qu'une solution : accepter temporairement de lui obéir pour maintenir nos chances de rester tous les deux en vie et unir nos forces contre nos ennemis communs.

À son comportement, j'ai compris que j'étais plus pour lui qu'une conquête passagère. À ses yeux, je représentais l'Égypte. En lui ouvrant les bras, je lui ai donné accès à cette terre à blé dont Rome voulait s'emparer, mais aussi à un monde méconnu et fascinant. De surcroît, je suis devenue l'alliée précieuse sur laquelle il pouvait s'appuyer.

Au début, j'ai adopté une attitude discrète ; mais, pour venir à bout des menées d'un frère et d'une sœur qui nourrissaient les mêmes ambitions que moi, j'ai rapidement choisi de faire de ma liaison une arme contre eux. César s'est rendu assez vite à mes arguments en laissant nos adversaires en proie à leur rage de s'entre-détruire.

Il me surnommait par euphémisme Chrysostome « Bouche d'or ». Je lui avais dépeint, en effet, les défauts de ceux avec lesquels il aurait à traiter pendant son séjour dans notre ville. Il m'écoutait avec attention, et ne pouvait s'empêcher de rire en entendant certains détails, ce qui nous rapprochait davantage. Oui, Ami lecteur, tu peines à l'imaginer, mais César pouvait rire à gorge déployée !

Après avoir comparé mes portraits à l'expérience qu'il avait pu faire de mon entourage, il a reconnu que j'étais douée pour déceler les manques et les failles. Je lui ai indiqué quels ressorts les poussaient à agir les uns contre les autres. Mon frère cadet, entièrement sous la coupe de son eunuque Pothin, réglait son attitude sur la sienne, et ma jeune sœur Arsinoé sur celle de Ganymède, son propre eunuque conseiller. Frères et sœurs se haïssaient donc par eunuques interposés, car ceux-ci épousaient les intérêts de leurs maîtres.

Ils allaient être emportés par la même tempête : une passion tumultueuse s'était emparée de leurs esprits, à un moment où ils auraient dû agir rationnellement. Quant à moi, je me suis sereinement consacrée à Isis, la déesse préférée des milieux populaires égyptiens : j'incarnais ainsi de plus en plus la légitimité du pouvoir.

Mais retournons aux affaires qui nous préoccupaient alors : César entendait qu'on lui versât l'arriéré des dettes de mon père. Or la situation financière de l'Égypte était dramatique. Il accepta donc que la somme soit réduite, en nous enjoignant de renoncer aux combats. Il fit aussi respecter le testament de mon père, en nous confiant le pouvoir de manière égale à mon frère et à moi ; pourtant, à ma stupéfaction, pour calmer les esprits, il fit de l'île de Chypre l'apanage d'Arsinoé et de mon second frère, le tout jeune enfant Ptolémée Philadelphe. Cette restitution, qui aurait dû me réjouir – le consul rendait ainsi à notre famille une partie de son royaume historique –, aviva nos discordes, car ma sœur se sentit dépouillée de ce que je conservais et qu'elle entendait revendiquer. Ne venait-elle pas directement après moi dans l'ordre de succession ? J'étais un obstacle sur sa route. J'avais pour ma part compris qu'il était crucial de savoir attendre avec vigilance dans mes quartiers au palais, mais chez Arsinoé ce fut la haine qui l'emporta.

Elle se rangea d'abord au côté de Philopator contre moi : ayant cru voir se dessiner dans le ciel alexandrin un présage en sa faveur, elle voulut aussitôt combattre les Romains. Et elle tomba à son tour dans le piège qui lui était tendu. César avait dans un premier temps contré sa tentative de rejoindre les rangs d'Achillas, stratège et maître d'armes de mon frère Philopator, en l'emprisonnant au palais. Puis, estimant qu'Arsinoé serait incapable de refouler son tempérament belliqueux – dont je l'avais informé –, il trouva plus judicieux d'abandonner à sa rage meurtrière ma cadette, sujette à de fréquentes colères. À la demande de César, la garde se relâcha dans la tour où elle était séquestrée, ce qui lui permit de s'échapper par les souterrains, grâce à Ganymède et quelques esclaves du palais qu'elle avait soudoyés. L'eunuque et ma sœur retrouvèrent finalement Achillas. Après qu'ils eurent un temps combattu avec lui, la mésentente s'installa, envenimée par la jalousie de Ganymède qui, dévoré d'ambition, rongeait son frein depuis longtemps. Arsinoé, lassée d'une offensive qui n'était pas à la hauteur de ses attentes, se débarrassa d'Achillas, en le faisant assassiner sans l'ombre d'un remords. L'épée de Ganymède trancha la tête du stratège, alors que celui-ci somnolait après une beuverie. D'un naturel brutal, Achillas fut à peine regretté par ses hommes.

Fin manœuvrier, Ganymède, qui avait le commandement de l'armée, reprit la lutte avec une sauvagerie incroyable. La guerre alexandrine entra alors dans une phase de violence extrême. Afin d'atteindre l'objectif fixé par Arsinoé, il déploya au service de sa maîtresse une ingéniosité qui mit en danger le parti de César. Pour assoiffer les cohortes romaines, il imagina un stratagème : il fit circuler de l'eau saumâtre dans les canalisations souterraines qui alimentaient les citernes d'Alexandrie. Fort heureusement, César parvint à rendre inopérantes ses manœuvres : pour subvenir aux besoins en eau de ses soldats, il fit creuser une série de puits sur la côte, auxquels on pouvait se ravitailler par bateau, car les vents n'étaient pas contraires à la navigation. César, qui voulait se rendre maître du quartier de Pharos pour renforcer ses positions, attaqua les Pharites. Après les avoir vaincus, il ferma l'accès à l'île par la chaussée de l'Heptastade, pour se retrancher ainsi du reste de la ville.

À l'intérieur du port, la bataille faisait rage autant sur terre que sur mer. À la suite d'une contre-offensive des Alexandrins qui avaient profité d'une avancée imprudente des rameurs et des matelots romains, les hommes de César durent refluer pêle-mêle. César, lui-même, fut obligé de rembarquer à la hâte dans son navire. Dans un ciel assombri par des nuées de flèches et de projectiles, son navire surchargé menaçait de couler dans le port d'Alexandrie, lorsqu'il réussit pourtant à s'échapper en rejoignant à la nage un autre navire, d'où il reprit le contrôle de ses troupes.

Cette décision audacieuse lui a sauvé la vie. César n'était jamais aussi bon stratège que lorsque la situation semblait désespérée : son esprit imperturbable avait la faculté de prendre, dans l'instant, la meilleure décision.

Depuis les terrasses du palais d'Antirhodos, j'en ai été réduite à deviner plutôt qu'à voir les manœuvres des troupes du côté de Pharos et de l'Heptastade, car la fumée qui provenait des bateaux incendiés dissimulait une partie de la scène du combat. Au vu du mouvement indécis des navires de guerre, je ne pouvais savoir s'il s'agissait d'une victoire ou d'une défaite. Une brise légère a ramené vers moi l'odeur âcre des flammes.

J'ai connu ce jour-là une frayeur extrême ; j'ai pensé : « Il va mourir ! » quand j'appris qu'il nageait sous les projectiles en tenant d'une de ses mains ses notes de guerre hors de l'eau, car il se refusait à les perdre. L'ombre s'étendait autour de moi. J'ai tordu mes mains de douleur, mes larmes ont ruisselé jusqu'à ce que le monde se recompose à l'annonce de son sauvetage.

Les informations parvenaient régulièrement au palais par des messagers du consul, en barques. Après avoir repoussé l'attaque des Alexandrins puis renforcé ses positions sur l'Heptastade, César s'employa à empêcher les bateaux de nos ennemis de franchir les deux ouvertures qui permettaient de passer du port d'Eunoste au Grand Port. Il resta ainsi seul maître du terrain. Dès que le palais sut que César s'était échappé à la nage et avait finalement remporté la partie, la nouvelle, au lieu de calmer les esprits enfiévrés, les excita davantage. Car les Alexandrins, même vaincus sur le front de Pharos, ne désarmaient pas et entendaient manifester à César leur refus de toute domination romaine. Dès cet instant, la guerre, jusqu'alors limitée à Alexandrie, s'étendit sur d'autres champs de bataille.

Après Arsinoé et Ganymède, c'était au tour de Philopator et de Pothin d'être enfin démasqués : l'angoisse étouffante qui avait accompagné ma jeunesse allait-elle enfin se dissiper ? César allait-il faire tomber la dernière des trois têtes du Cerbère royal qui protégeait mon frère ? Achillas était mort, Théodote de Chios avait fui en Asie ; demeurait la tête cardinale : celle de Pothin. Mais la vigilance de Kombabos et d'Harpocras allait permettre d'en finir avec ses manœuvres insidieuses.

D'Harpocras le nain, je ne t'ai pas parlé encore, mais sache que son souvenir demeure toujours vif en moi, car le malheureux connut une fin tragique. Je l'avais pris sous ma protection à la mort de mon père. Il était égyptien et se nommait Harpocras, fils de Panoubis.

J'ai eu pour lui une profonde affection. Si pour l'élite alexandrine, les nains font trop souvent figure de repoussoirs destinés à mettre en valeur leurs maîtres, pour moi ce sont d'abord des alliés et des espions courageux, dans une cour où fermentent la peur, la trahison et la lâcheté. Aux yeux des gens du Nil, les nains sont sacrés. Ils exercent parfois la fonction de danseurs funéraires ou ceux de danseurs ou de musiciens privés.

Harpocras était un danseur apprécié de la cour et ses qualités étaient multiples : je l'employais comme échanson et habilleur car il montrait dans ces tâches un talent et un raffinement merveilleux. Cet expert des aromates connaissait la composition des recettes employées dans les temples pour protéger les dieux. C'était lui qui choisissait mes parfums ou les résines odorantes que je brûlais selon les heures et les circonstances.

Il était l'un des rares à pouvoir plonger dans mes pensées les plus intimes et à savoir m'indiquer les parures que je devais porter pour chaque moment de la journée. Car, de même que chacun de mes gestes était étudié, mes vêtements, mes bijoux et mes parfums étaient choisis avec discernement. Ils devaient signifier mon état d'esprit aux invités de marque et aux membres de la cour que je recevais en audience à la Porte des Affaires. Pour ceux de mes proches qui parvenaient à décrypter mes codes et à les interpréter, j'étais un hiéroglyphe vivant, comme jadis les pharaons l'étaient dans leurs temples. Chaque détail traduisait mes volontés et Harpocras anticipait mes désirs.

D'une fidélité inébranlable, d'un esprit vif et espiègle, il ne se séparait que rarement d'un perroquet indien vert au bec rouge nommé Socrate. Il m'a fallu hausser le ton comme si Harpocras était un enfant ou le menacer de terribles punitions quand, en faisant des mimiques irrésistibles, il se moquait de César en compagnie de Kombabos. Ils ont été de plus en plus complices. C'était, entre eux, des dialogues interminables auxquels Socrate joignait quelques mots savoureux. L'oiseau parlait admirablement en même temps qu'il assurait la garde de son maître. Il aimait aussi à se jeter sur les capsules de pavot qui servaient aux potions qu'Harpocras préparait pour m'aider à trouver le sommeil.

Ces compagnons, grands observateurs de la vie, ont été les prolongements de mes sens. J'ai eu beau le plus souvent garder mon sang-froid, je suis au fond de moi demeurée animée par cette énergie dionysiaque, ce désir de liberté irrépressible qui m'ont nui face à un Octavien toujours si froid et calculateur.

Je n'ai trouvé la sincérité qu'en ces deux amis : avec eux à mes côtés, je pouvais croire aux miracles, retrouver l'innocence, et transformer les ténèbres de ma vie en lumière.

Que d'éclats de rire nous avons partagés ! Beaucoup de membres de la cour ne remarquaient pas la présence d'Harpocras, qui, à l'affût des conversations qu'il jugeait suspectes, savait s'éloigner rapidement dès qu'il sentait une menace. Grand connaisseur de l'âme humaine, il était capable de déceler ce que les uns et les autres croyaient pouvoir cacher au fond de leur cœur. Ce don inné, développé par la nécessité d'anticiper tout geste hostile à son égard, lui avait appris à deviner les pensées de chacun.

Pothin, pressé d'arriver à ses fins, ne parvenait plus à dissimuler ses sentiments sous ses traits cireux ; la teinture au henné donnait aux cheveux du vieil eunuque une couleur rougeâtre qui ruisselait sur ses tempes sous l'effet de la transpiration – ce qui était inhabituel chez lui. À ces signes auxquels d'autres n'auraient guère prêté attention, Harpocras discerna le symptôme de la trahison : il se mit à le suivre. Habitué à se fondre dans l'ombre des couloirs et à disparaître derrière les tentures du palais, il ne tarda pas à être convaincu que Pothin faisait tout le contraire de ce qu'il disait.

En fait, pour servir les intérêts de mon frère, toujours retenu auprès de César, il poussait les Alexandrins à combattre le Consul. Il faisait courir le bruit que César, fermement décidé à réclamer le paiement de la dette de l'Égypte due à Rome, avait l'intention d'en exiger une partie pour l'entretien de ses troupes. Par d'autres indiscrétions, César apprit que Pothin faisait distribuer aux soldats romains du pain avarié et des boissons frelatées qui provoquèrent de violentes dysenteries. César était aussi persuadé que l'eunuque avait tenté d'empoisonner un pichet de vin avec la complicité d'un échanson du palais – un goûteur avait en effet été gravement intoxiqué. On captura les messagers de Pothin et on les exécuta. Quant à cet « ennemi de l'intérieur » du palais, il fut un jour retrouvé sans vie dans ses appartements. En dépit de l'amnistie que César avait accordée à ses ennemis, Pothin avait préféré servir les intérêts de mon frère jusqu'à la mort ; il assuma le destin qu'il s'était fixé. Et, comme tu le sais, César ne pardonnait jamais deux fois. Mon frère maîtrisa son émotion, mais il était bouleversé par le sort de son eunuque nourricier, et il en conçut une haine sourde à l'égard de César qu'il savait être à l'origine de la mort de Pothin.

Ce fut le moment où la guerre prit une autre tournure. Au cours de la période où il avait succédé à Achillas, Ganymède était devenu insupportable au peuple d'Alexandrie en voulant l'enrôler malgré lui dans ses troupes. Aussi l'armée et le peuple alexandrins abandonnèrent-ils le parti de Ganymède et d'Arsinoé. Ils pensèrent préférable de réclamer à César qu'il leur rende leur roi que celui-ci retenait encore auprès de lui dans l'espoir de poursuivre ainsi plus efficacement la guerre. Le Consul était instruit de leurs intentions. Une fois Arsinoé faite prisonnière et Ganymède mort à la bataille du Nil, César accepta de leur remettre l'adolescent – que César pressentait aussi retors que Pothin et dont l'aptitude à la dissimulation tenait lieu d'intelligence.

Mon frère est parvenu à masquer sa haine à l'égard de César. Il fit mine de ne pas vouloir être renvoyé chez les Alexandrins, hostiles à César, et versa de fausses larmes au moment même où le Consul le prit par la main en public afin de manifester leur alliance. Mais il connaissait la nature de l'adolescent depuis l'assassinat de Pompée : il savait que la trahison ne tarderait pas à venir. César allait le pousser jusqu'au bord du gouffre, après avoir fait tuer son père nourricier. Il préférait tout de même triompher d'un roi, même adolescent, que d'un eunuque belliqueux sous les ordres d'Arsinoé.

Mon frère n'a pas compris qu'en dénonçant le pacte amical que César lui avait présenté, il a scellé lui-même son destin : il a offert au Consul une seconde occasion de l'emporter.

Tandis que j'observais attentivement Philopator au moment de son départ du palais, j'ai cru, avec un peu de tristesse, voir le griffon de Némésis poser sa patte sur l'épaule de mon frère. Les Alexandrins, qui avaient réclamé d'avoir auprès d'eux leur souverain légitime, ont au départ pensé avoir conclu un marché de dupes, tant mon frère, du haut de ses treize ans et sans l'aide de Pothin, ne semblait guère capable de s'imposer comme un stratège compétent. Ce en quoi ils ont eu tort. Les semences des leçons d'Achillas avaient germé dans une terre fraîche et fertile.

Le combat reprit avec une intensité accrue à l'aide d'ingénieux stratagèmes, comme si Pothin ou Ganymède avaient encore été en vie. Les Alexandrins menèrent ainsi deux ultimes actions militaires d'éclat. Lors de la première attaque, ils tendirent au large de Canope un piège aux navires qui transportaient le ravitaillement provenant de Syrie et de Cilicie, destiné au camp de César. Celui-ci, averti du traquenard maritime que l'on préparait contre le convoi, rassembla la flotte placée sous le commandement de Tiberius Nero et l'envoya sur les lieux avant que le piège ne se referme. Malheureusement, Euphranor, à la tête des navires rhodiens de César, succomba sous les coups des assaillants pendant l'engagement. César en fut très attristé, qui perdait là un allié précieux. Il organisa en son honneur des banquets funéraires neuf jours durant.

La seconde attaque se produisit après le retour de Mithridate de Pergame, avec des renforts juifs menés par Antipater. Il s'était assuré de la place de Péluse en une seule journée, puis avait rejoint en une quinzaine de jours la région d'Alexandrie en passant par le Delta. Mithridate avait pu avancer rapidement car il avait reçu, à la demande de Jean Hyrcan, l'aide des garnisons juives du territoire d'Onias, à l'est du Delta, qui connaissaient parfaitement le pays. Ce soutien des Juifs, mes alliés aussi, a été déterminant dans la victoire de César. À l'annonce des progrès rapides de Mithridate, Philopator fit franchir le fleuve à ses troupes en les transbordant à l'aide de bateaux. Quand elles attaquèrent, Mithridate, qui s'était efficacement retranché, les tailla en pièces lors de plusieurs sorties et les repoussa vers leurs embarcations. Beaucoup trouvèrent la mort en se noyant.

Malgré cet échec, mon frère ne renonça pas. Il transporta de nouveau ses troupes sur ses bateaux vers le nord-ouest de Naucratis pour fondre une seconde fois sur Mithridate. César, informé à son tour de la situation, jugea incertaine l'issue d'un affrontement naval, en raison des courants marins, dans la bouche canopique au large d'Héracleion que les Égyptiens nommaient aussi Thônis. En effet, les pilotes égyptiens manœuvraient mieux que les pilotes romains dans les bouches du Nil où, à certaines périodes de l'année, la barre était forte et les vents contraires. Le risque était grand pour les bateaux d'être drossés contre la côte et engravés sur des hauts-fonds. César choisit alors un autre parti : il fit caboter sa flotte le long des côtes de la Libye et débarquer ses légions à Taposiris Magna, à l'extrémité du lac Maréotis. Elles progressèrent sur une piste qui permettait de contourner le lac aux bords couverts de papyrus, ces papyrus dont les riverains se servent pour fabriquer du papier d'emballage. Ils avançaient dans une région couverte de vergers, de vignes, de marécages menaçants où, dans les canaux d'eau douce, des crocodiles se prélassaient la gueule grande ouverte. Quant aux troupes de Mithridate – et celles des Juifs d'Antipater –, elles traversèrent le fleuve au pont de Schédia [« la Barrière »], puis firent leur jonction avec les hommes de César. Ensemble, les deux armées furent en mesure d'affronter Philopator qui, venant du sud, avait choisi une position stratégique fortifiée en contrehaut d'un bras navigable du Nil alimentant le lac Maréotis.

Les combats se sont poursuivis deux jours encore, après une percée des troupes de César. Ayant réussi à franchir à gué le bras navigable, des cavaliers originaires de Germanie permirent de jeter un pont, ouvrant ainsi la voie aux armées de César et de Mithridate. Grâce à l'effet de surprise lors de l'assaut final, la cavalerie et les fantassins d'élite de mon frère qui tenaient les troupes de César en respect furent anéantis.

Piqués par la curiosité, des Alexandrins désœuvrés, qui avaient suivi les troupes royales, voulurent assister du haut des murailles à ce qu'ils croyaient être la victoire prochaine des leurs plutôt que d'aller combattre les armes à la main les troupes de César. Ils furent soudain assaillis ; en se bousculant pour échapper aux attaquants, ils tombèrent et s'écrasèrent au bas des remparts. La mêlée des survivants se rua alors vers les embarcations. Les unes sombrèrent sous la masse des hommes qui s'y agglutinaient ; les autres, plus petites, chavirèrent. Mon frère, pris dans la cohue des fuyards, avait réussi à se hisser dans une barque, mais il n'eut pas la même présence d'esprit que César dans le port d'Alexandrie. Son embarcation se retourna et il mourut noyé, perdu au milieu de cette foule anonyme. Son corps fut entraîné, avec des milliers d'autres, par les eaux de la branche canopique du Nil [27 mars – 47]. Ce même jour s'acheva par la reddition d'Alexandrie.

J'avais averti César que, selon les croyances des Égyptiens, les morts par noyade dans le Nil faisaient l'objet d'une divinisation, car ils partageaient ainsi le sort d'Osiris. Philopator ne risquait-il pas de devenir un hésiès, *un « glorifié », comme le disent les populations riveraines ? Il a donc fait activement rechercher son cadavre parmi ceux qui jonchaient les étendues de roseaux et de papyrus sur les berges, attirant les charognards et les crocodiles – les riverains suivaient des yeux les vautours qui décrivaient des cercles de plus en plus resserrés dans le ciel pour pouvoir arracher à temps leurs proies à leurs becs acérés.*

Pendant plusieurs semaines d'affilée, le Nil a charrié tant de noyés vers la mer que les crocodiles, repus, n'en voulaient plus. On a fini par découvrir le corps du roi à moitié englouti par le limon du fleuve. Il était identifiable à la solide cuirasse de lin revêtue de fils d'or qu'il portait. Cette cuirasse protectrice était le symbole même de notre royauté.

D'aucuns croyaient qu'elle s'adaptait miraculeusement à la taille de celui qui la revêtait. La légende de la cuirasse du pharaon Inaros, que l'on racontait dans les villages, disait : malheur à qui se serait emparé de cette cuirasse avec une intention mauvaise ; inversement, celui qui la revêtait avec des pensées nobles se voyait certain de remporter la victoire contre l'envahisseur.

Mon frère était mort, non sans courage, les armes à la main : il avait ainsi fait honneur aux Ptolémées, mais aussi à César. Celui-ci, quand il contempla son corps, fut surpris d'avoir face à lui un enfant endormi, dont les traits, me dit-il, lui rappelaient fortement les miens. Une fois le corps rapporté à Alexandrie et embaumé, sa momie couverte d'or fut exposée au public, pour que les Alexandrins puissent constater que les honneurs funèbres lui avaient été rendus. Soixante-dix jours après sa mort, il fut inhumé au Ptolématon avec les honneurs dus au roi qu'il avait été. Ces gestes apaisèrent les esprits du peuple qui s'inclina devant un César magnanime en qui il reconnaissait désormais un maître prêt à conduire son avenir. Avec l'exécution du traître Pothin, puis la mort de mon frère, les jours, jusqu'alors sombres, s'éclaircissaient. César, sans jamais s'engager par des promesses qui auraient nui aux intérêts de Rome, avait sur la scène alexandrine dirigé les acteurs de cette pièce tragique de façon que chacun aille à la rencontre de son destin. La vie pouvait reprendre son cours. Mais quelle serait l'attitude du Consul vis-à-vis du pays et de moi-même ?

Les soubresauts de la ville s'étaient apaisés et César avait décidé de se rendre, escorté de sa garde de licteurs, au mausolée d'Alexandre : il souhaitait rendre hommage au héros et à ses successeurs, en compagnie de la dernière représentante des Lagides. Précédés d'une escorte macédonienne, nous nous y rendîmes.

À mi-chemin de la voie canopique, entre la porte du Soleil et la porte de la Lune, se dresse le tombeau d'Alexandre qui n'est guère éloigné des Quartiers royaux. Dans la pièce d'albâtre repose sa momie soigneusement gardée jour et nuit depuis Ptolémée Sôter. La majesté du lieu tient à ses superbes proportions et au silence qui y règne.

Je n'ai pas cru sans réserve ce que César aimait à raconter sur le trouble qui se serait emparé de lui à la vue d'une statue d'Alexandre le Grand. César brassait tant de rêves en lui qu'il aurait alors pris conscience du peu de choses qu'il avait accomplies au même âge que le héros.

Il a été plutôt hanté, comme lui, par un désir irrésistible qui le poussait à conquérir plus qu'à posséder. Tous deux ont rendu divins l'esprit de conquête et la démesure qui s'y attache. Son tombeau, pour nous les Lagides, est sacré par la présence de son corps, mais aussi par l'esprit du lieu où tous les éléments semblent unis par des liens mystérieux : les statues y ont une âme. Au culte jadis institué par Sôter pour honorer Alexandre s'est greffé celui de mes ancêtres : le sacré nous invitait à la piété.

À l'émotion qui se peignait sur le visage de César, j'ai compris que sa visite avait un sens plus profond qu'un simple hommage : nous finissons par devenir ceux que nous admirons.

Mes souvenirs où se croisent les figures de César et d'Alexandre m'affermissent dans ma volonté d'échapper par tous les moyens à Octavien et me donnent le courage d'affronter la mort.

Pour assurer son avenir politique, César souhaitait s'appuyer sur le fonds antique religieux : il honorait ainsi les créateurs de la dynastie qui avait pris en main l'Égypte pour ramener le calme chez les Alexandrins, très attachés à leur lignée royale – nous en étions, mon jeune frère Philopator, ma sœur Arsinoé et moi, les derniers représentants. La prêtrise du tombeau était autrefois exercée par les membres de la famille royale, et celui qui officiait, disait-on, se revêtait d'un manteau de pourpre et d'une couronne d'or. Dans la chapelle associée au mausolée, le prêtre d'Alexandre accomplissait les rites. Par cette visite, dont j'étais en quelque sorte la caution et le faire valoir, César entendait absorber en lui la sacralité liée au corps du héros. Lui-même, grand pontife à Rome, mettait en scène à merveille cette attention au sacré et savait qu'il arrachait ici quelque chose de puissant à la mort.

Il a fait immédiatement circuler dans les rangs de son armée la nouvelle de ce pèlerinage qui accroissait son prestige : il savait, comme Alexandre, marier le mythe et l'Histoire.

Alexandrie, dont la vie gravitait autour du tombeau du héros macédonien, devenait la cité à partir de laquelle il pourrait mener un grand projet fédérateur, réunissant du levant au couchant deux univers. C'était également mon désir le plus vif. Chacun avait en tête, selon Aristandre de Telmesse, le devin préféré d'Alexandre le Grand, que celui qui posséderait le corps du héros détiendrait la maîtrise de l'Univers.

César, qui avait invoqué la Vénus Victrix (« victorieuse ») à Pharsale contre l'Hercule Invictus (« invaincu ») de Pompée, ne se faisait pourtant guère d'illusion sur les dieux et n'a pas souhaité revêtir la peau du lion de Némée d'Héraclès, comme l'avait voulu Alexandre.

Peu importe que la prophétie d'Aristandre ait correspondu ou non à la vérité : Alexandre, son modèle héroïque, a ouvert à César les nouvelles routes du monde et lui a désigné l'Orient comme son prochain horizon. Près du corps du héros, et près de moi, il s'est senti prêt à partir combattre les Parthes, entreprise que malheureusement il devrait abandonner à ses successeurs.

Une ère nouvelle s'est ouverte avec notre double victoire. Oui, le rêve d'associer Rome et Alexandrie, l'Orient et l'Occident, nous a habités comme une pensée commune. Bien au-delà du pacte dicté par les circonstances, c'était cet idéal politique qui nous guidait. Si César n'avait pas été assassiné, rien n'aurait pu empêcher cette alliance de se concrétiser. Il travaillait, juste avant les Ides de mars, aux préparatifs de son départ pour le Levant : Octavien l'attendait déjà avec des troupes à Appolonia en Illyrie [Albanie actuelle]. *Seul César aurait été capable de mener à bien cette entreprise. Je ne l'ai compris que trop tard.*

Quand nous sommes sortis du tombeau, une rumeur s'était déjà propagée : César, dont on savait combien il admirait Alexandre, aurait souhaité jouir à la fois de la puissance dictatoriale que lui accordait la République et du pouvoir royal lagide. Ses ennemis prétendirent qu'il avait mis en circulation de petits camées à son effigie où il coiffait à la fois la couronne de laurier propre au dictateur romain, et le diadème royal lagide reconnaissable aux fanons qui pendent derrière la nuque de celui qui le porte. Cette représentation affichait l'ambition de César de régner aussi sur l'Égypte – une trahison au vu du testament de mon père, dont Rome veillait à l'application. Mais ses détracteurs en furent pour leur peine. Dès la reddition d'Alexandrie, César fit taire ces rumeurs qui le mettaient en froid avec le Sénat, et se concentra sur l'administration des affaires de l'Égypte.

Fig. 10 : Intaille reproduisant le portrait de César, la tête coiffée de la couronne de laurier et du diadème des Ptolémées (– 48/47) © M. A.

Très vite il m'était apparu que, dans la singulière relation que j'entretenais avec César, la question de l'approvisionnement en blé de Rome devenait cruciale pour lui. Nul n'ignorait qu'un de ses soucis majeurs était de garantir à sa clientèle des distributions gratuites de blé, pour répondre aux crises qui se répétaient dangereusement dans la ville. Les entrepôts d'Ostie et d'ailleurs devaient être suffisamment fournis.

Ils l'étaient depuis le port de Puteoli [Pouzzoles] où la flotte alexandrine débarquait les surplus céréaliers égyptiens. Des marchands de Pouzzoles transportaient ensuite ce blé à Ostie sur des bateaux plus petits ou, par voie terrestre, par la Via Popilia qui rejoignait la Via Appia. J'en étais certaine : sur ce plan aussi, l'Égypte était indispensable à ses projets.

Après avoir lancé une enquête fiscale, il avait constaté que le montant de la dette due par mon père, Aulète, à Rome était exorbitant et avait nui à l'équilibre économique du pays. Il l'avait ramenée à la moitié, c'est-à-dire à six mille talents, car cette dette avait affecté la valeur de la tétradrachme à la suite d'une baisse drastique du titre d'argent sous le règne de mon père[1]. À mon tour, j'avais été obligée de la dégrader encore d'un tiers, ce qui avait provoqué une inflation du bronze. Il s'ensuivit une multiplication d'impôts, taxes et surtaxes pour lutter contre cette dépréciation : les révoltes de paysans qui ne disposaient que de peu de numéraire étaient contagieuses. La situation une fois rétablie, je décidai de battre monnaie en réappréciant le titre, avec des marques de valeurs[2] pour peu à peu restaurer la confiance.

J'avais mis mes espoirs en César. Ma fidélité envers lui a été récompensée, car il s'est montré généreux. Il me confia le trône d'Égypte en corégence avec mon second frère cadet Ptolémée Philadelphe – un enfant de douze ans –, toujours en conformité avec les dispositions testamentaires de mon père. Jugeant que ma sœur Arsinoé mettait en péril la stabilité du pays, il lui fit quitter sa résidence au palais où il l'avait assignée pour la transférer à l'étranger.

César a judicieusement estimé qu'il valait mieux remettre l'Égypte à une famille alliée de Rome comme la nôtre et la placer sous le statut d'un royaume client plutôt que d'en faire une province et de la confier à un gouverneur trop entreprenant, susceptible de se rebeller. Moi qui connaissais bien Rome

1. De 90 % à 33 %.

2. Sur le revers, du côté de l'aigle des Lagides, on voit deux lettres : π pour 80 drachmes de bonze et μ pour 40.

par son histoire et par mes informateurs, et à présent par mon amant, j'entendais poursuivre la lutte par d'autres moyens.

Ainsi, le vainqueur de Pharsale a rétabli la paix sur les rives orientales de la mer Intérieure. Mais toi, que j'ai pris par la main et conduit sur les chemins secrets de mon passé, tu as deviné sans peine que, si César avait conquis l'Égypte, j'avais conquis César.

Chapitre 10

Rêves éveillés d'une reine divine et d'un bâtisseur d'empire

Je lui rétorquais sur le même ton que, si je n'étais pas encore divine, j'étais pourtant certaine d'attendre un enfant.

Ma présence à ses côtés était précieuse à César, car ma gaité était communicative et nous avions de nombreux traits communs me disait-il : nos pensées pouvaient se toucher. Je détestais comme lui le pédantisme et les faux-semblants et j'étais en mesure de parler avec lui de sciences, de littérature ou de philosophie de façon simple et directe. Il partageait avec moi la passion de l'étude et, pour nous, le savoir était une fête perpétuelle à laquelle nous invitait généreusement le Musée d'Alexandrie. César s'était même risqué à rédiger des ouvrages scientifiques et une grammaire latine ; il les faisait circuler à Rome sous son nom. Les flatteurs faisaient mine de les apprécier quand il s'y référait sur le ton de la modestie. Mais, en règle générale, il préférait qu'on l'invite à en parler lui-même. Il était, comme moi, féru d'astronomie ; nos discussions enthousiastes se poursuivaient parfois jusqu'à la venue de l'aube sur le port. Quant aux peintures, à l'orfèvrerie et aux pierres précieuses, ils n'avaient pas de secret pour lui ; ce collectionneur avait toujours mille anecdotes à raconter au sujet de ses acquisitions.

Il avait cédé à la mode du temps et avait réuni ses bons mots sous la forme d'un recueil, *Dicta collectanea*, distribué par les bibliopoles de Rome ; l'opuscule accroissait sa légende. Lors des banquets que je donnais pour lui, il captivait l'auditoire, moi la première, en brossant le récit des meilleurs moments de ses campagnes et de ses aventures. Il racontait aussi comment, dans sa jeunesse, il avait été rançonné par des pirates ciliciens, et avait lui-même fait augmenter sa rançon de vingt à cinquante talents, se jugeant une prise exceptionnelle. Il est demeuré prisonnier trente-huit jours, impassible, à composer des vers, à étudier la rhétorique et à tester ses effets oratoires sur ses gardiens, menaçant de les faire pendre pour plaisanter. Mais une fois relâché après le paiement de sa rançon, il réunit sur-le-champ une escadre, les surprit et leur fit trancher la gorge avant de les crucifier. Ces propos de table, dits sur un ton souriant, sans ornement oratoire et en choisissant ses mots, stupéfiaient l'assistance qui, devant l'audace du narrateur, était bien forcée d'en rire.

Ne crois pas que j'ai participé à ces discussions pour le seul plaisir d'être en sa compagnie. Macédonienne par le sang et égyptienne par ma terre d'adoption, je connaissais, comme César, la puissance de l'imaginaire et j'ai tenu auprès de lui à incarner cette promesse d'une alliance entre l'Occident et l'Orient.

Au fil de nos conversations, je lui ai ouvert les portes d'un monde différent, loin des préjugés avec lesquels les Romains de son rang considéraient les cultes alexandrins disséminés sur les rives et les îles de la mer Intérieure.

Je lui ai brossé un portrait d'Isis pareil à un nouveau matin du monde : ses hymnes chantaient la civilisation qu'elle apportait aux hommes et la compassion qu'elle leur témoignait. Les dieux romains, eux, me semblaient froids comme la pierre dans laquelle ils étaient sculptés. Je lui ai fait valoir que, sous des noms différents, Isis était la médiatrice politique, économique et religieuse entre Rome et Alexandrie, et que, telle la déesse Fortuna des Romains, elle était la garante d'un esprit nouveau qui favoriserait l'opulence et la douceur de vivre pour tous.

Je le laissais découvrir l'image que je dessinais sous ses yeux : celle de la reine d'Égypte, de la Nouvelle Isis médiatrice, universelle et philosophe.

Aujourd'hui, seules me restent mon ardeur combative et ma souffrance.

Son sens politique lui avait fait saisir le profit qu'il pouvait tirer d'une telle image, mais il en pesait les risques éventuels à Rome. Aussi s'exprimait-il là-dessus avec prudence. Il n'était guère facile de le convaincre d'officialiser une démarche semblable, qui était à ses yeux d'ordre privé. Avec lui, on avait affaire à forte partie en matière de religion. Les ennemis de César, grand pontife élu par des magistrats, prétendaient qu'il avait obtenu sa prestigieuse fonction à prix d'or : ils n'avaient peut-être pas tort. Lui qui jurait en public par les dieux immortels et admirait Héraclès pour ses exploits sur les rivages de la mer Intérieure s'avérait fort sceptique dans nos discussions sur toutes les formes de croyance. De plus, comme les autres membres de l'ordre sénatorial, il manifestait une méfiance à l'égard de tout ce qui n'était pas grec ou romain.

Ainsi, les croyances sophistiquées des riverains du Nil, faites de légendes et de mythes conservés par piété dans les bibliothèques des temples et que recopiaient et corrigeaient perpétuellement les philosophes égyptiens, lui étaient suspectes. Les textes avaient connu bien des modifications au fil du temps et remontaient à une haute antiquité sans qu'on puisse leur attacher le nom d'un auteur en particulier, sinon celui d'Hermès-Thot, qui passait pour le seul dieu capable d'écrire. À ses yeux, la littérature sacrée des Égyptiens ne pouvait rivaliser avec celle des Grecs. Dans les textes fondateurs des hiérogrammates, il ne voyait au mieux que d'aimables fables, tandis que les mythes grecs d'Hésiode et d'Homère conservaient dans son esprit une dynamique riche et profonde propre à alimenter la pensée des philosophes, des tragiques, voire des comiques de la Grèce. Tant qu'il ne connaîtrait pas mon pays, pensais-je, aucun mythe égyptien ne l'intéresserait : il me fallait lui ouvrir les yeux.

Persuader César de l'importance que ces textes revêtaient dans l'esprit du peuple égyptien n'a pas été une tâche facile. Son esprit affûté et mobile échappait à ses interlocuteurs : tel

Protée l'Égyptien chez Homère qui, sur l'île de Pharos, se métamorphosait à volonté pour se soustraire à l'emprise de Ménélas, il offrait des visages différents selon les situations. Le plus surprenant est qu'il disait avoir un jugement équilibré sur les choses, en tenant à égale distance la haine comme l'amitié, la colère ou la pitié, la passion ou l'intérêt.

J'avais coutume de lui répondre qu'il fallait être un homme sans cœur et sans âme pour être un juge totalement impartial. De fait, il était surtout ondoyant, allant jusqu'à faire semblant d'épouser, lui l'épicurien, les thèses des stoïciens épris de justice. Ainsi, quoiqu'il ait été l'élève d'un maître stoïcien, il bravait ouvertement les principes de la philosophie du Portique. Deux vers des Phéniciennes *d'Euripide revenaient souvent dans sa bouche : « Si une chose vaut la peine qu'on viole le droit c'est bien la royauté : une si belle injustice ! Pour tout le reste soyons pieux ! » J'aurais alors volontiers partagé son cynisme si je n'avais pas été envahie par le seul désir de donner corps à mes rêves.*

Pourtant, César n'a pas ignoré la puissance des signes qu'il s'efforçait de tourner à son avantage afin de maintenir l'adhésion populaire, en particulier celle des soldats. Il a tiré aussi parti, comme moi, de l'art de la prévision astrologique.

César me disait que l'avenir n'était jamais inéluctable tant qu'il était possible d'apaiser les dieux, comme le croient aussi les ritualistes égyptiens qui tempèrent la colère des divinités par leurs prières et leurs offrandes, décade après décade.

Je suis allée dans son sens : j'ai ajouté que, contrairement à ceux qui croient au caractère immuable et irréversible du futur, je pensais que notre avenir et nos destins demeuraient conditionnels et qu'il était possible d'atténuer la colère des dieux, car les forces antagonistes à l'œuvre dans nos vies étaient complexes et nombreuses. Aujourd'hui, en reprenant mes souvenirs dictés à Diomède et en analysant lucidement l'engrenage fatal des événements qui se sont succédé depuis ma naissance, je ne le pense plus.

César, quant à lui, a voulu croire obstinément à sa bonne fortune et se jugeait né sous une conjonction astrale favorable :

n'avait-il pas réussi à survivre aux édits de proscription du dictateur Sylla et à la foule innombrable de ses ennemis ? Cette confiance en sa bonne étoile le mettait souvent d'humeur joyeuse et le rendait d'agréable compagnie, même s'il allait devoir payer de sa vie cette insouciance.

Un homme tel que lui ne pouvait pas ignorer la religion des Égyptiens me disais-je. Je l'ai ainsi invité à découvrir la cosmogonie égyptienne avec son cortège de croyances et de superstitions. Il perçut alors la sagesse de l'action conduite par mon père, qui avait cherché, malgré son tempérament brutal, à se concilier le pays intérieur. Il s'était rapproché du clergé égyptien, cette puissance politique majeure. Chez un peuple infiniment religieux, tout retard de la saison *Achi*, celle de l'Inondation tant attendue, faisait aussitôt naître l'inquiétude : la famine et des impôts plus lourds en cas de « mauvais Nil » risquaient de provoquer des révoltes. Pour prévenir les troubles dans le Pays méridional [Ptorès] et ne pas être accusé de mauvaise gestion, mon père n'avait pas hésité à puiser dans les finances publiques, pourtant en mauvais état, afin de faire décorer plusieurs pylônes[1] : celui du temple d'Apollon-Horus à Apollinopolis Magna, celui d'Isis à Philae et celui d'Haroëris et de Souchos à Ombos. Ainsi les dieux seraient satisfaits.

Il avait aussi fait reconstruire d'une seule venue le temple de Tentyris [Dendérah]. En effet, les peuples du Sud considéraient Hathor, l'épouse d'Horus-Apollon, qui y était vénérée, comme un symbole de prospérité, d'amour et de fécondité. Aux yeux des Égyptiens, elle représentait la voûte céleste dont le faucon solaire Horus prenait possession chaque matin.

César parvint progressivement à saisir la complexité de la pensée égyptienne où tout était observé et considéré à la lumière du divin par les prêtres. Il comprit aussi que le clergé des temples étendait ainsi son influence sur l'administration,

1. Chez les Égyptiens, nom donné à la face du temple, formée de deux môles, situés de part et d'autre de l'entrée de l'édifice.

l'économie, voire la justice, car ses membres exerçaient des activités multiples.

Tu ne saurais trouver peuple plus superstitieux.

Les interdits alimentaires y sont nombreux. Certains Égyptiens refusent de manger de l'oignon au mont Casios, de l'ail du côté de la Libye ou des fèves, de la menthe, de l'ache en d'autres endroits. Chacun se doit de rester pur en fonction des traditions locales.

Moi-même, je suis censée me plier aux pratiques de pureté qui incombent à une souveraine d'Égypte. C'est avec ce peuple singulier, sous l'emprise du clergé, que j'ai composé tout au long de mon règne.

Si César à travers sa fonction de grand pontife représentait à Rome les cultes capitolins et connaissait déjà leur importance réelle et symbolique, c'est en Égypte qu'il a pris pleinement conscience du rôle primordial des prêtres dans l'équilibre politique d'un pays. Peu à peu, il a découvert le lien qui unissait depuis l'aube des temps les clergés égyptiens à leurs souverains. Surpris au départ par la nomenclature infinie des dieux, il a fini par sentir que cette immense toile tissée de croyances, de rites et d'usages reliait étroitement les Égyptiens entre eux et les rassurait en les protégeant de l'invisible.

Nos discussions nous ont menés jusqu'aux confins rêvés où habitent les dieux et les déesses : César se plaisait à souligner mes affinités avec la Déméter grecque, la déesse mère bienfaitrice, nimbée d'épis, chtonienne et féconde, qu'il affectionnait. Aussi me suis-je efforcée de réunir en moi Isis la protectrice, reine de la mer, et Déméter au sein généreux qui nourrit la foule de ses enfants : je recevrais ainsi un double hommage de la dévotion populaire.

Dans mes songes, je m'imagine, encore aujourd'hui, être ce terroir humide et fertile, qui enfante les fleurs sacrées et les moissons inépuisables ; j'embrasse l'air de cette terre heureuse, de mes membres impalpables ; je m'écoule entre les bras du Nil comme un limon bienfaiteur, pour que lève le grain semé.

Je me suis ouverte de ce désir à César lors d'une de ses visites, au moment où l'on allume les lampes. Il m'a répondu en souriant que, si je voulais me réincarner en une déesse Déméter, il me faudrait donner naissance à un héritier mâle. Je lui rétorquais sur le même ton que, si je n'étais pas encore divine, j'étais pourtant certaine d'attendre un enfant.

Le pouvoir d'une reine, comme tu le sais, est lié à la continuation de sa lignée. Dans ce monde réglé et dominé par les hommes et par César particulièrement, j'avais craint sa réaction et que ma maternité soit vue par lui comme une faiblesse féminine ou comme un événement inopportun.

Je l'ai aimé, oui, j'ai voulu unir sa force à la mienne ; qu'il soit à la fois mon amant et l'homme qui me permettrait de porter haut mes rêves. Était-ce parce que nous étions loin de Rome, parce que ni Calpurnia, sa quatrième épouse, ni aucune de ses maîtresses romaines ne lui avait donné d'enfant ? César m'a attirée soudain dans ses bras avec une passion chez lui inhabituelle, car il ne cédait guère aux joies d'Éros de manière irréfléchie.

J'ai savouré dans nos regards cette douce immobilité, tandis que tombait le crépuscule. Comme nous nous sommes aimés ce soir-là ! Que de baisers sous la clarté de la lune, que d'idées filant vers le ciel comme autant de comètes ! Quand le sommeil a eu raison de nous, j'ai rêvé que l'enfant qui vivait en moi créerait entre nous ce lien puissant que les mots ne parvenaient pas à épuiser.

Le lendemain, éveillée plus tôt que le matin lui-même, j'ai ouvert les paupières et me suis levée. Je me suis dirigée vers la terrasse. Traversée par un courant de vie aussi puissant que joyeux, j'observais Alexandrie sous la lumière de la première aube. Puis je me suis rendue dans une petite crique d'Antirhodos où j'ai lavé ma nuit d'amante dans l'écume de la mer, d'abord mes seins, puis mon ventre qui portait mon fils.

Étendant alors les bras jusqu'au ciel, j'ai embrassé le monde, avec César, mon nouvel Alexandre.

Chapitre 11

En remontant le Nil : vers le soleil du pays du Sud

S'il aimait, plus que tout, l'élégance corinthienne,
César s'est pourtant montré prêt à admirer
les proportions insolites de l'architecture égyptienne.

La nuit suivante, je me réveillai en sursaut, la tête pleine des images d'un nouveau songe : j'avais vu un milan aux ailes faites de turquoise et un phénix aux ailes d'or s'envoler d'Alexandrie à tire-d'aile en direction du sud. Ainsi Isis souhaitait que je remonte le Nil jusqu'à Philae en compagnie de César ; Isis m'ordonnait d'initier le grand pontife de Rome aux rites et aux splendeurs de l'Égypte. Lors de ce voyage, César pourrait admirer les monuments que les ancêtres avaient bâtis, disaient-ils, au cours des trois mille ans écoulés depuis le règne de l'illustre pharaon Ménis. D'une curiosité insatiable, avide de voyages au point de composer un poème *Chemin* [*Iter*] sur ce thème, César, à ma grande joie, accepta mon invitation, conscient aussi de l'hommage qui lui était ainsi rendu.

La perspective de visiter l'Égypte si longtemps convoitée, d'en découvrir les paysages, de percer le mystère des sources du Nil est vite venue à bout des réticences que César aurait pu éprouver à l'idée de quitter Alexandrie. César était passionné de géographie : il avait lu celle d'Ératosthène et désirait approcher les riverains du Nil, évaluer les ressources de cette terre féconde et celles de ses déserts.

Sans doute était-il animé par le désir de me plaire autant que par le souhait de soumettre le pays du Sud à son autorité. Si mon royaume a pu l'aimanter comme il l'a fait, c'est assurément par l'intérêt économique et militaire qu'il constituait. Mais César – j'ai aimé cela en lui – était sensible tout autant à la richesse imaginaire que représentait l'Égypte, radicalement autre, fascinante et magique.

De cette Égypte et de ses trésors inouïs, ma famille était fière et jalouse. Quant à ce long fleuve, semblable à un papyrus verdoyant, il fertilisait ses rives en les inondant au gré des crues, et, au-delà, il arrosait l'Éthiopie gouvernée depuis peu par le *qoré*, le roi de Méroé, Aqraqamani. J'aurais le privilège de faire connaître au Consul l'histoire de ces merveilles. J'avais prévu de naviguer vers Syène, à l'est de l'île d'Éléphantine, où les eaux du Nil serpentent entre deux bras, puis se lancent à l'assaut d'énormes rochers noirs. Le déplacement d'un nombre important de personnes pour ce voyage exceptionnel exigeait une mobilisation du pays tout entier, depuis les administrations locales jusqu'au haut clergé. Rédigé en démotique et en grec, un décret officiel fut envoyé par la chancellerie en mon nom et en celui de mon plus jeune frère, mon époux formel, aux épistratèges et stratèges régionaux.

Ce voyage a été comme une mission d'État [fév.-mars – 48] *qui entendait montrer aux yeux de César et des Romains de son escorte combien demeurait puissant auprès du clergé le prestige d'une royauté ancrée dans des traditions religieuses millénaires, dont mon frère et moi étions les garants.*

Mais quel moyen de transport choisir ? Les annales du palais rappelaient que Ptolémée Philadelphe avait autrefois fait construire un palais flottant, inspiré de l'architecture du palais royal : la fameuse thalamège. Cette dernière passait pour un mythe tant ses dimensions étaient grandes d'après l'*Histoire d'Alexandrie* de Callixène de Rhodes. Quoi qu'il en soit, cette barge luxueuse, destinée à naviguer sur la branche Héracléotique du Nil et sur une partie du fleuve, n'était plus qu'un souvenir. Ravagée par un incendie, elle avait été démontée et ses matériaux réemployés.

Les arsenaux royaux depuis ce temps construisaient des thalagèmes de taille plus modeste, dotées de confortables cabines. De faible tirant d'eau, naviguant de préférence sur des lacs et dans les fourrés de papyrus, ces bateaux étaient manœuvrés par des pilotes. Ceux-ci, les yeux mi-clos pour éviter le scintillement de la surface, guettaient les signes annonciateurs de bancs sablonneux. Ils remontaient plein sud grâce au vent du nord et redescendaient avec la force du courant, la voile carguée, laissant filer le lest à la poupe afin de maintenir l'embarcation au centre du lit du fleuve. Ils manœuvraient leur navire avec la même habileté qu'un cavalier son cheval. J'avais ordonné de réparer la coque et remettre à neuf l'une de ces embarcations qui avait échappé aux ravages de la guerre d'Alexandrie pour nous lancer dans ce voyage vers le Pays méridional. Sur la thalamège, les appartements étaient décorés de tableaux mythologiques et de lits équipés de voiles protégeant des moustiques et des mouches. La thalamège, qui avait été nettoyée de fond en comble, était escortée d'une flottille de bateaux plus légers destinés à transporter les officiers et la garde rapprochée de César. Le capitaine, comme le voulait l'usage, avait ordonné d'immerger plusieurs jours, l'une après l'autre, les embarcations qui nous accompagnaient, seul moyen d'éviter de voir pulluler à bord ces hôtes indésirables que sont les serpents ou les scorpions, les scolopendres ou les punaises.

Le confident égyptien de mon enfance, Harchébis fils de Téos, étant mort, c'est son fils, Téos fils d'Harchébis successeur de son père dans la fonction de conjurateur de Selkis, qui me protégerait. Comme son père avant lui, il employait des formules magiques pour empêcher les serpents et les scorpions de sortir de leurs trous. La flotte, qui formait une longue ligne de voiles, serpentait derrière la thalamège ; elle devait mouiller quotidiennement pour procéder à l'avitaillement des troupes regroupées par groupes ethniques différents, sans oublier celui du corps des interprètes. La bibliothèque de bord était largement fournie d'ouvrages de toutes sortes, et les salles de lecture, comme celles destinées aux festins et au repos, étaient nombreuses. Tandis que les échansons royaux avaient embarqué ce que l'Égypte comptait de meilleurs crus, les cuisiniers s'adaptaient aux ressources locales ainsi qu'au poisson ou au gibier que des pêcheurs et des chasseurs des régions traversées leur apportaient.

Après les épreuves de la guerre durant laquelle j'avais vécu isolée entre les murs du palais, j'ai voulu faire de ce voyage un événement. J'étais convaincue que seule l'expérience acquise et le choix de l'instant propice m'aideraient à ancrer dans l'esprit de César cette idée d'une monarchie gréco-orientale conçue jadis par Alexandre et qui pouvait, j'en étais sûr, être ressuscitée.

Si les dieux s'étaient montrés favorables à mon projet, ce royaume aurait pu s'étendre de l'Orient à l'Occident, d'Alexandrie à Rome et bien au-delà, grâce à César dont l'écho des victoires en Orient lui ralliait les peuples. Lui n'avait pas, comme moi, hérité d'un pouvoir plusieurs fois centenaire. Il s'était élevé par sa seule valeur au faîte des honneurs accordés par ses concitoyens : lui seul me paraissait être l'homme au génie et au courage nécessaires pour bâtir ce grand empire.

Et même… avais-je songé, pour rompre avec le modèle républicain afin de gouverner un jour à mes côtés. Malgré sa bonne fortune et ses succès croissants, il lui fallait agir vite et fort pour se débarrasser de ses adversaires.

J'ai admiré et aimé César comme on peut aimer à vingt et un ans. Chaque étape de ce voyage a été dans mon esprit un jalon posé sur le chemin d'une alliance qui devait faire trembler le monde. J'ai voulu que chaque jour, en contemplant ce temple fertile qu'était l'Égypte depuis la nuit des temps, il lise dans le cours du Nil le message secret qui donnerait un sens à son destin et au mien.

Nous approchions de la saison de la Moisson [*Chôm*]. Nous nous sommes embarqués à Schédia, puis notre flotte royale improvisée a remonté lentement la branche canopique du Nil. On devinait au loin la vieille Saïs : dans son ciel pointaient quelques obélisques encadrés de ruines. La région se prêtait à la culture du papyrus qu'Alexandrie exportait par milliers à Rome et ailleurs : des fermes en assuraient la production, comme dans tout le Delta et la Maréotide. Soumise à un impôt, la fabrication du papier, une de nos ressources principales, procurait d'importants revenus. Puis ce fut Létopolis[1], dont on disait que les habitants inhumaient des musaraignes consacrées à un Horus aveugle et à sa nourrice, la déesse serpent Outo[2]. Nous laissâmes la thalamège à l'entrée du canal qui menait à Héliopolis. Les officiers romains et grecs furent tenus à l'écart pour des raisons de pureté rituelle. Après les longues salutations d'usage, mon jeune frère, César et moi avons été invités par les hiérogrammates[3] sortis en procession, ainsi que par les pastophores, à franchir le propylône que prolongeaient de hautes murailles ondulées.

Parce qu'il était grand pontife et réputé pur, César, drapé pour la circonstance dans un manteau de lin à franges, a été admis comme un hôte de marque dans l'enceinte sacrée. Il n'imita pas, dans tous les détails, les prêtres qui devaient se soumettre à l'obligation de se raser, de se baigner à la fois le jour et la nuit, dans le lac sacré et de ne pas porter de vêtements de laine en public. Dans cette ville dédiée au Soleil se dressaient des monolithes vertigineux en pierre de Syène, que les prêtres disaient provenir de rayons de lumière pétrifiés dans les anfractuosités de la terre. Dans les sanctuaires à ciel ouvert, certains cheminaient à pas lents entre les autels. Les hiérogrammates souhaitaient nous montrer les lieux où Platon, Solon, Pythagore, Démocrite et Hérodote seraient venus s'instruire auprès de philosophes et d'astronomes locaux du temps du roi Amasis. César n'en a rien cru, ni moi non plus.

---

1. Aousîm, sur la rive gauche du Nil.
2. En égyptien Ouadjet.
3. Hiérogrammates : prêtres ritualistes ; pastophores : membres du clergé habilités à entrer en contact avec le public ; propylone : porte monumentale se dressant dans le mur d'enceinte d'un temple. Voir pour ces termes le Glossaire p. 347.

J'ai souvent repensé au moment où ont été présentées les offrandes traditionnelles au taureau Mnévis, médiateur du dieu Soleil, Hélios-Phrê. Je ne peux l'oublier : quand les prêtres ont approché de son mufle l'offrande de César, l'impassibilité de l'animal a provoqué leur étonnement. Sombre présage, auquel César est resté indifférent. Nous nous sommes éloignés, mais des craintes avaient alors effleuré mon esprit. Que n'ai-je été plus attentive à ce signe funeste !

Dans la nécropole, près de l'entrée de la tombe de Mnévis[1], s'élevaient des statues de prêtres, des stèles dédiées à l'animal. On voulut nous conduire dans un autre endroit : là, enfants et adultes, à pied ou allongés sur des brancards, se rassemblaient autour d'un monument en pierre noire, au socle creusé d'une vasque, pour solliciter Horus-Sauveur. Un pastophore faisait absorber à ces malheureux l'eau qui avait coulé sur la stèle couverte de formules magiques[2]. Si les humains victimes de scorpions guérissaient, il était rare que ceux dont les membres étaient déformés et couverts d'ulcères à la suite d'une morsure de vipère ne meurent pas en quelques heures. César comprit alors l'importance de la présence sur le bateau d'un conjurateur expert contre les serpents.

Les prêtres nous ont ensuite raccompagnés à l'embarcadère, puis la thalamège est retournée vers la pointe du Delta et a passé Kerkasôros, où se séparent deux branches du Nil. Nous avons fait étape pour la nuit afin d'atteindre, au sud, le port de Memphis, la capitale antique de l'Égypte. C'est alors que nous avons deviné les pyramides des pharaons Chéops, Chéphren et Mykérinos que l'on devinait au premier plan.

1. Elle se trouvait à Arab el-Tawil.
2. Aujourd'hui la stèle de Metternich, Metropolitan Museum of Arts, New York.

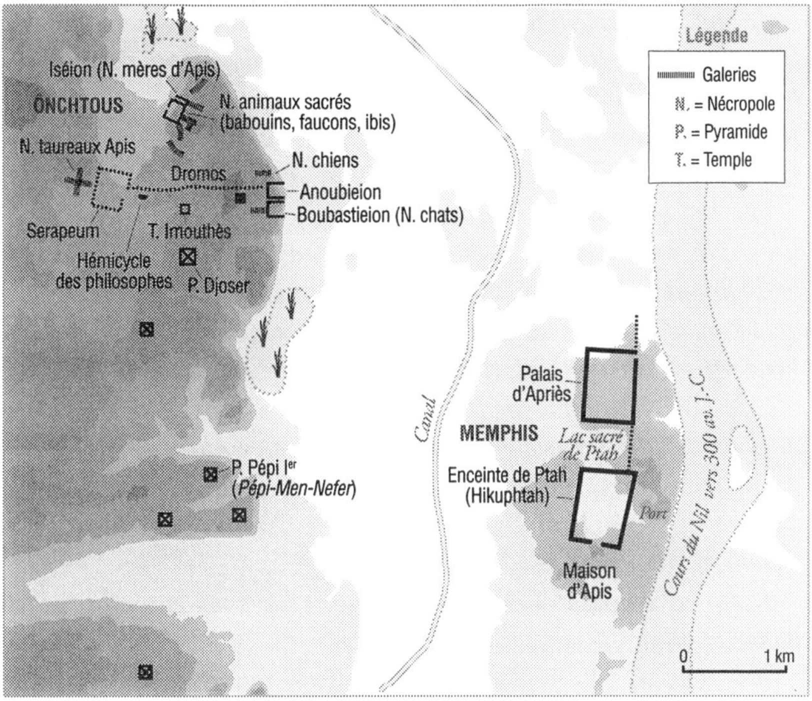

Fig. 11 : Carte des temples et édifices de la région de Memphis au Ier siècle av. J.-C. © J. B.

Peu à peu les lueurs de l'aube ont dévoilé les sommets des pyramides puis leurs côtés : soudain le passé a envahi le présent. Ces énormes masses de pierre placées en sentinelles sur les rives du temps se sont mises à flamboyer sous les rayons qui s'abîmaient sur elles. Adolescente, j'avais déjà accompagné à Memphis mon père en visite officielle pour rencontrer les autorités intellectuelles de la culture égyptienne qu'ignoraient les Alexandrins, cantonnés, eux, aux confins libyques de l'Égypte. Ces grandioses monuments, au manteau de granit arraché, émergeaient du désert envahi de ruines. Dialoguant avec le Sphinx ensablé jusqu'au cou, elles me semblaient promises à une éternité à laquelle n'aurait pu prétendre aucun temple grec ni romain. Elles ouvraient sur un monde mystérieux qu'on n'aurait su représenter : elles étaient sacrées.

Je me souviens d'avoir raconté un peu plus tard à César la légende selon laquelle la pyramide de Mykérinos aurait été baptisée du nom de « Tombeau de la Courtisane ». Certains nommaient cette femme Doricha, la bien aimée du frère de Sapphô, Charaxos, d'autres, Rhodôpis [« Visage de rose »].

On lui attribue cette aventure : un jour qu'elle se baignait, un aigle fondit sur une de ses sandales que tenait sa suivante et l'emporta dans les airs jusqu'à Memphis. Le pharaon était en train d'y rendre la justice en plein air quand l'aigle volant, juste au-dessus de lui, lâcha la sandale qui tomba dans un pli de son vêtement. Séduit par la forme gracieuse de l'objet et considérant l'aspect étrange de cette aventure, le souverain envoya des messagers dans tout le pays à la recherche de sa propriétaire. Ils trouvèrent Rhodôpis à Naucratis, puis l'amenèrent à Memphis où le roi l'épousa.

César a souri doucement, devinant le sous-entendu de ce conte exotique.

Au second plan s'élevaient d'autres pyramides, incarnant autant de rois qui n'échapperaient pas de sitôt à l'oubli. Étrange contraste : ensevelies sous les dunes, des tombes en pierre s'alignaient à perte de vue, donnant à contempler des fresques chatoyantes comme si elles venaient de sortir d'un atelier ; en deçà, des maisons en brique crue se blottissaient sur des tertres pour échapper au flot de l'inondation.

Notre bateau suivait le canal qui menait aux murailles saintes de la vieille Memphis : elles émergeaient d'un halo de brume quand nous avons touché la rive. Après avoir débarqué et franchi le mur d'enceinte d'Hikuphtah [Château-du-ka-de-Phtah], et accompli les formalités d'usage, nous vîmes des bâtiments de pierre aux couleurs pimpantes.

Fig. 12 : Le Grand Sphinx au premier plan de la pyramide de Chéops (Khoufou) © J. B.

Le caractère grandiose et massif de ces monuments séculaires, dont les terrasses échangeaient, la nuit, avec les constellations, a frappé vivement César. Il a eu du mal à les rattacher à cet art grec qui lui était si familier, ou aux formes architecturales qu'il avait observées à l'étranger.

Le collège des prêtres, sous la conduite du grand-prêtre Psenptaïs, fils de Petoubastis, était chargé de veiller au parfait entretien des lieux consacrés au culte et aux fêtes. Devant les oratoires situés au dos des temples, des policiers régulaient le flux des malades accueillis par les médecins, des pastophores habilités à entrer en contact avec la population.

Quant aux prêtres, ils restaient à l'écart de la foule, la tête rasée, vêtus de lin immaculé, pour préserver leur pureté et le mystère propre à leur fonction sacrée : ils ne pouvaient accomplir aucune tâche dégradante. L'enceinte à merlons décorée d'oreilles proclamait aux yeux de tous que Ptah, le démiurge de Memphis, le dieu des artisans, des architectes et des artistes, résidant à Hikuphtah écoutait les prières. C'était là, dans cette enceinte, que les rois lagides, depuis le règne de Ptolémée V Épiphane [– 210/180], encore enfant, se faisaient couronner selon les rites des anciens pharaons.

Psenptaïs répondait en grec aux questions de César sur les rites complexes liés au culte d'Héphaistos-Phtah. À son intention il a esquissé une traduction de la légende de la création du monde propre à la tradition memphite en le guidant vers une pierre gravée du temps de l'Éthiopien Sabako qui se dressait non loin de là. Le grand pontife fut intéressé de connaître la théogonie égyptienne. Il avait en tête quelques vers d'Hésiode et nota des convergences avec les termes ambigus employés par le prêtre : tous deux tâchaient de se comprendre, à demi-mot.

Un bourdonnement incessant de ferveur et de piété, mélange de chants et de prières, s'élevait autour de nous à mesure que nous approchions de la stalle du taureau sacré Apis, manifestation du dieu Phtah. Des soigneurs veillaient aux moindres besoins de l'animal, renouvelaient en permanence sa litière, brossaient son pelage et lustraient ses sabots. Les hôtes de marque venaient témoigner leur respect. Au moment où son torse a émergé de la fenêtre et où on lui a donné l'offrande, le taureau Apis m'a salué de la tête.

J'ai été heureuse de ce signe favorable. L'oracle d'Apis était réputé : il avait annoncé la mort de Cambyse qui avait eu le tort de blesser le taureau sacré d'un coup d'épée. L'animal a survécu, mais le Perse s'est enferré sur son arme en tombant de cheval.

Notre cortège monta vers la nécropole des précédents taureaux Apis par une allée bordée de sphinx. Au pied de la falaise, où se dressait l'Anubéion, le chien des enfers Cerbère-Anubis faisait la garde. Tout en gravissant la pente, Psenptaïs racontait à César les étranges aventures du grand prêtre d'Héphaïstos-Phtah, Chamoïs, le restaurateur des vieilles pyramides. À mi-chemin, dans l'hémicycle des philosophes grecs régulièrement balayé apparut la pléiade d'Homère, Pindare, Platon, Démétrios de Phalère, Orphée, Hésiode, Protagoras, Héraclite, Thalès et Aristote. César se retrouva un instant dans un monde familier. Puis l'allée longea un monument votif de style grec, une chapelle d'Apis, des boutiques d'interprètes de rêves dans lesquelles entraient les pèlerins. Enfin, un escalier s'enfonçait vers des souterrains éclairés de lampes où étaient emmurés les taureaux Apis. Là, Grecs et Égyptiens mêlaient leurs croyances : une statue de Dionysos enfant émergeait joyeusement de cette sombre caverne, chevauchant un Cerbère à trois têtes.

Nous observions l'entrée de vieux tombeaux aux parois décorées de bas-reliefs colorés. Au fond de puits récemment creusés, des cavités plus anciennes montraient des rangées de cercueils. Au-dessus de nos têtes se dressaient la pyramide du pharaon Tosorthros et, non loin, le temple d'Asclépios-Imouthès inventeur de l'architecture en pierre et de la médecine. Au nord, on entendait l'activité des ateliers où les embaumeurs momifiaient faucons, ibis, chats et cynocéphales sacrés [singes à tête de chien] qui s'entassaient dans des galeries à l'odeur insupportable, proches de celles des mères du taureau Apis, dont les prêtres disaient qu'elles étaient des formes bovines d'Isis. Les Égyptiens, très pieux, faisaient de ces corps sacrifiés les messagers de leurs souhaits adressés aux dieux. César écoutait et réfléchissait.

Après avoir fait bonne figure plusieurs jours devant le clergé, qui guettait ses moindres signes d'ennui, César s'est fatigué de ce monde tourné vers les dieux et les mystères de la mort. Malgré l'intérêt qu'il éprouvait, l'obsession de l'embaumement des corps, la célébration de la finitude des êtres, les chants psalmodiés sans répit dans la nécropole par les membres des processions funéraires qui cheminaient entre les dunes ont fini par lui peser ; mais il a réussi à n'en rien montrer au clergé.

Trouvait-il absurde que les Égyptiens aient pu instituer un culte des animaux morts ? Il en a surtout retenu que ces multiples croyances communes contribuaient à maintenir l'unité de l'Égypte face à l'étranger.

S'il aimait, plus que tout, l'élégance corinthienne, César s'est pourtant montré prêt à admirer les proportions insolites de l'architecture égyptienne si fortement inspirée de formes géométriques, et aux couleurs pareilles à celles de la nature.

La veille de notre départ de Memphis, après le banquet donné en son honneur, nous nous sommes retrouvés dans mes appartements et nous avons parlé jusqu'à l'aube de cette combinaison paradoxale formée par les relations qu'entretiennent depuis plusieurs siècles les Grecs et les Égyptiens.

La relation des Grecs à l'Égypte, lui ai-je dit alors, est une histoire nourrie de curiosité et d'admiration, teintée parfois d'ironie. L'Égypte a existé avant les Grecs et il nous faut aujourd'hui accepter et aimer cette antique culture avec ses irrégularités et ses défauts ; l'accepter comme l'a fait Alexandre qui voulait qu'on le tienne pour le fils de Zeus-Ammon : les Égyptiens l'ont cru, ainsi qu'une partie des Grecs et des Macédoniens.

Quand nous songeâmes à quitter la vieille capitale, Psenptaïs, le grand prêtre, se joignit à la flotte et embarqua avec sa suite, comme convenu, sur la barque du clergé de Phtah. À Aphroditopolis, on adorait une vache blanche consacrée à Isis dont la tête, en vertu d'une légende locale, avait été tranchée par son fils Horus : toutes les formes d'Isis m'intéressaient et j'y accordais une importance particulière au cours de ce voyage que j'avais placé sous son signe. Mais certaines de ses formes étaient pour moi plus importantes que d'autres : celles où la déesse témoignait de son humanité.

Nous avons doublé Meïtoumis, consacré au dieu Toumis[1], où l'on distinguait une pyramide à degrés tronquée[2]. Plus loin au sud, des barques nous transportèrent sur le canal de Lahonis qui permettait de rallier la ville de Crocodilopolis qu'on appelle aussi Arsinoépolis, située au cœur d'une vaste plaine. Au centre, un lac s'étendait à perte de vue, que les Égyptiens nommaient, pour cette raison, Moéris, le Grand Lac [lac Karoun]. Les voyageurs qui s'aventuraient jusque-là pouvaient voir près du temple les prêtres nourrir dans son bassin un crocodile sacré de Souchos que l'on nommait Petesouchos, *Don de Souchos* : certains prêtres lui ouvraient la gueule

1. Le démiurge Atoum.
2. La pyramide d'Houni, achevée par Snéfrou.

tandis que d'autres y jetaient les offrandes. Aucun sourire ne se devinait en public sur le visage de César quand il croisait ainsi les crocodiles sacrés, même si, j'en étais certaine, il les trouvait affreux et juste bons à être exhibés dans un cirque romain.

Nous apercevions, au nord-est du plateau, la pyramide du grand Lamarès[1] dont le célèbre Labyrinthe servait de nécropole aux animaux sacrés.

Après avoir visité à Tebtynis [Tell Oumm el-Baragat], un gros bourg, le temple concacré au dieu crocodile Soknebtynis, le cortège gagna par le réseau des canaux la ville d'Héracléopolis Magna, où les Égyptiens vénéraient un dieu bélier, Harsaphès, et un dieu-enfant, Harsomtous, que les Grecs identifiaient à Héraclès. César le considéra avec une attention particulière, car les Grecs pensaient que cet ingénieur divin avait maîtrisé les débordements du Nil et creusé le canal situé à l'ouest du fleuve, qui se jetait dans le lac Moéris.

Le stratège d'Hérakléopolis nous raccompagna à la thalamège qui avait poursuivi, de son côté, sa navigation. Nous marquâmes un arrêt à Akyronpolis pour saluer les autorités, puis nous longeâmes la région désertique d'Oxyrhynque, jadis consacrée à Typhon-Seth d'où l'on pouvait gagner la Petite Oasis. C'était un lieu [El-Bahnasa] où l'on adorait Isis et le fameux poisson Oxyrhynque[2] au nez busqué dédié à la déesse Hathor dont la statue était portée rituellement sur un traîneau. Les temples des divinités grecques ou égyptiennes étaient éclairés pendant la nuit par des lampes. Cette ville prospère, qui tirait sa richesse de l'exportation des produits transportés depuis la Petite Oasis, abritait une société cultivée, différente de celle des indigènes uniquement préoccupés par leurs dieux.

C'est là que le prêtre bibliothécaire du temple a évoqué Isis la reine absolue qui fait tout naître et m'a offert, au nom de

1. Nom d'Amenemhat III (1843-1797 av. J.-C.). Pharaon de la XIIe dynastie égyptienne.
2. Le mormyre du Nil.

son collège, la copie d'un hymne célébrant la déesse sous les mille appellations [myrionyme] *qu'elle recevait en Égypte et ailleurs : je l'ai conservé précieusement.*

J'y ai retrouvé ses noms familiers dans la région d'Alexandrie : « Invention » à Schédia, « Vérité » à Ménouthis, « Maîtresse de la mer » à Héracleion-Thonis, « Conductrice des Muses » à Canope, « Assise devant Iô » à Méniouis. À chaque nom une attribution, à chaque lieu un culte : Isis l'universelle n'est-elle-pas chez elle, sur la terre entière ?

Chapitre 12

Suite du voyage sur le Nil, naissance de Césarion

Aujourd'hui, j'aime à croire que si César avait atteint Philae, le terme prévu de ce voyage, il aurait pu en tirer la force d'une renaissance et s'avancer plus loin dans sa destinée.

Quand le vent faisait défaut, notre palais flottant progressait avec lenteur. Pour tromper l'ennui qui régnait à bord, j'ai songé à organiser sur le Nil de somptueuses fêtes nocturnes. Mais nous n'étions pas à Alexandrie et les rives vouées aux morts ne s'y prêtaient guère : à mesure que nous remontions le Nil, le plateau s'élevait et les falaises n'abritaient plus que des carrières et des nécropoles. Nous apercevions le lent cheminement des carriers et des processions funéraires. La flotte fit halte pour se ravitailler à Kynopolis [ancienne ville d'Hardaï] où étaient vénérés toutes sortes de chiens consacrés au dieu Anubis. La région retentissait de hurlements nocturnes, car ces animaux y vivaient protégés par la population.

Nous avons fait un détour par le Spéos Artémidos [la Grotte d'Artémis], où on vénérait Pachis, une déesse lionne locale, puis nous avons débarqué à Hermopolis, à mi-distance entre Alexandrie et Syène. Il s'agit de la patrie d'Hermès-Thot, dieu du savoir, inventeur de l'écriture et des hiéroglyphes, le père d'Isis. Après avoir visité l'immense temple du dieu et sa bibliothèque où étaient conservés des livres précieux et des encyclopédies, les hiérogrammates nous ouvrirent la tombe du grand et sage Pétosiris.

Au sommet d'une colline, la tombe dominait une nécropole ainsi qu'un vaste enclos où des nourrisseurs d'ibis noirs et blancs et de cynocéphales s'occupaient de ces animaux, proches des immenses galeries où ils étaient rituellement inhumés. Les actes d'évergétisme [*mécénat*] dont faisait état, sur les murs de sa tombe, Pétosiris en se présentant comme l'administrateur [*lésônis*] de Thot m'incitèrent à financer leur pieuse activité.

Ce fut ensuite Aphroditopolis méridionale, consacrée à Aphrodite-Hathor, puis Antaeopolis, où l'on vénérait, dit-on, le géant Antée qu'aurait affronté Héraclès au cœur intrépide. À l'idée de voir une représentation d'Héraclès, César sortit de la torpeur qui le gagnait. Et, partout, des temples annoncés par leurs pylônes, dans lesquels se profilaient des cours majestueuses, et des pronaos[1] que soutenaient des papyrus de pierre, rappelaient l'exubérance et la luxuriance du monde nilotique.

Les dieux égyptiens aux faciès d'animaux faisaient à nouveau entre nous l'objet de discussions animées. Les repas à bord étaient l'occasion de joyeux entretiens où chacun parlait, à mots plus ou moins couverts, de la puissance prêtée à ces dieux par les Égyptiens. Non sans ironie, quelques officiers romains cultivés relevaient leur diversité d'aspect, leur caractère monstrueux, leurs légendes émaillées de faits étranges ressassés par les hiérogrammates locaux qu'aurait offusqués l'expression du moindre doute. César faisait mine devant moi de condamner quiconque contrefaisait l'accent rocailleux de ces savants érudits, pétrifiés par la crainte, dont le parler grec était chargé de sonorités étranges, et qui fournissaient un effort inouï pour rendre intelligibles leurs textes complexes. Sous l'effet du vin, certains convives dissertaient, avec humour, mais parfois avec suffisance, sur les étymologies controuvées données par les Égyptiens.

1. Chez les Égyptiens, salle monumentale à colonnes, précédant le *naos* (salle où se trouve la statue du dieu).

J'ai fait valoir, à leurs yeux étonnés, le caractère spéculatif et passionnant de ces étranges croyances héritées d'un temps lointain.

Oui, ai-je tenu à leur dire, chaque constellation, chaque être – du plus grand au plus petit –, chaque plante, chaque minéral possède aux yeux des Égyptiens un sens précis que la raison échouerait à appréhender, si la Nature, le principe de vie, n'existait pas.

Avec leur langage de formes, de matières et de couleurs, les Égyptiens expriment des idées et des images que seuls leurs philosophes sont capables d'ordonner sur les parois des temples. Devant l'expression de mon respect pour ces croyances, l'ironie générale faisait bientôt place à la surprise. Cependant, la conversation finissait inéluctablement par dériver vers les ressources immenses de l'Égypte et son étonnante fertilité dues aux eaux du Nil. Sur ce point, tous tombaient d'accord et nous nous séparions amicalement.

Dès que le soleil s'élevait au-dessus de l'horizon, l'air se peuplait d'oies et de grues migratrices au vol majestueux et aux cris gutturaux. La lente progression de notre bateau permettait d'assister à des scènes de pêche et de chasse collective dans les marais de papyrus et de joncs. Les officiers romains observaient avec frayeur les énormes crocodiles allongés sur les bancs de sable, la gueule béante, afin de laisser les pluviers nettoyer leurs dents, ou bien pour défendre leurs œufs contre les varans du Nil.

À notre approche, certains plongeaient sous les herbes flottantes et personne ne se serait avisé de décocher imprudemment une flèche sur ces animaux sacrés : leur chasse était prohibée, à moins qu'elle ne fût réservée à quelques-uns, là où on les maudissait. Un homme qui voyageait avec nous s'est aventuré trop près de la rive et a été emporté par un crocodile sous les yeux des passagers de son bateau. Il a réussi, pourtant, à en réchapper, mais au prix de graves blessures que les médecins du bord soignèrent en recouvrant ses plaies de viande fraîche.

La thalamège passait à proximité des troupeaux d'hippopotames placides, l'œil mi-clos entre deux eaux. Il ne fallait pas se fier à leur apparence paisible. Les crocodiles qui s'approchaient trop des jeunes hippopotames finissaient broyés sous leurs puissantes mâchoires, à la stupéfaction des observateurs. Quant aux membres de l'équipage, ils éclataient de rire quand des mâles, avant de s'affronter près des berges, se défiaient par des flatulences aussi longues que sonores.

Après Thinis, la ville d'Abydos, sa nécropole et ses temples gigantesques, soumis à l'assaut des dunes que le clergé s'efforçait de contenir, retinrent l'attention de César et de ses accompagnateurs. Des pèlerins arrivaient de toute l'Égypte vers le lieu saint que les Égyptiens appelaient Oupoké, « le Lieu-de-l'arbre-Poké », à l'ombre duquel reposait Osiris. Vers ce lieu convergeaient les momies de ceux qui, de leur vivant, n'avaient pu effectuer ce pèlerinage avant d'être rendues à leur terre d'origine.

Après dix jours de voyage, même les Romains les plus perplexes finirent par s'habituer à ce monde si différent du leur. Les Égyptiens, eux, continuaient de se tenir à distance certes respectueuse de ces étrangers qu'ils considéraient comme des impurs. Nous avons fait halte à Ptolémaïs, une des trois cités grecques d'Égypte, fondée jadis par Ptolémée Sôter. Notre arrivée dans cette ville signifiait que nous étions enfin sur le territoire de la Thébaïde, placée sous la responsabilité de l'épistratège, gouverneur général de Thèbes. Callimaque fils de Callimaque est venu à notre rencontre ainsi que le commandait le protocole pour les déplacements officiels dans le Sud. Nous entrâmes alors dans les eaux de Tentyris [Dendérah], que l'on disait débarrassées de ses crocodiles : les habitants ici leur vouaient une haine féroce.

Fig. 13 : Le temple d'Hathor de Dendara : le pronaos à colonnes hathoriques
© J. B.

Fig. 14 : Plafond astronomique du pronaos du temple de Dendara
© J. B.

Le temple de Tentyris était en chantier depuis les dernières années du règne de mon père, au temps du gouverneur Korax, fils de Psenchoïs, appelé Ptolémée « prophète des rois, de leurs statues à Tentyris et Apollinopolis ». Cet homme, mort hélas, avait ses entrées au palais, du vivant de mon père. Il avait été chargé de la reconstruction du temple principal ainsi que des édifices secondaires. Plusieurs parties érigées à des époques différentes menaçaient de s'effondrer, notamment l'édifice consacré à la naissance d'Isis.

En dépit des périodes troublées qui se succédèrent, l'Égypte poursuivit ses chantiers dans les temples, sous le contrôle des Lagides. La construction de ces monuments gigantesques qui mobilisaient des architectes, des experts et des équipes de décorateurs intéressait César.

J'ai désiré me recueillir durant trois jours dans ce lieu d'élection de ma famille où était née Isis, souveraine des dieux et maîtresse des hommes. Sur les rives du canal l'animation battait son plein. À mesure que la barque avançait, la clameur de la foule grandissait ; les habitants chantaient des hymnes à Isis-Hathor et brandissaient des bouquets de fleurs ou de feuillages, puis s'inclinaient dans une attitude respectueuse au passage de mon jeune frère et de moi.

Fig. 15 : Barque d'Osiris-Onnophris soulevée par les quatre piliers du ciel et saluée par les génies de Pê et de Nekhen.
Plafond astronomique du pronaos du temple de Dendara
© J. B.

La police du temple a fait régner l'ordre en maintenant la foule à distance. Un léger vertige m'est venu quand j'ai compris qu'on me saluait comme l'incarnation de la déesse. Personne ne s'était mépris sur les signes que je portais et la couronne [le basileion] *dont j'étais coiffée. Avant même d'apercevoir le chantier, nous avons entendu les exclamations des équipes d'ouvriers et les coups de maillets des charpentiers et des tailleurs de pierre. Puis le silence s'est fait.*

Sur le quai du temple se trouvait Pamenchès fils de Hiérax, accompagné de son fils Pachom. L'autorité du stratège d'Apollinopolis Magna, favori de mon père, s'étendait de l'île de Philae à Tentyris, car la construction du temple nécessitait des compétences à la fois civiles, militaires et religieuses.

Lors de l'échange des discours et des salutations, le héraut royal parla en mon nom en égyptien et en grec, même si j'étais l'une des rares parmi les Ptolémées à comprendre et à m'exprimer dans la langue du pays. Dans le temple, des parois et des colonnes continuaient de s'élever, grâce à des rampes en brique crue renforcées de bardages de bateaux sur lesquelles des équipes tractaient sans difficulté d'énormes blocs prêts à la pose. Nous étions étourdis par l'odeur des brûle-parfums.

Rien de ce qui touche aux parfums et aux cosmétiques d'Arabie et d'Opôné ne m'est étranger. J'ai aimé les senteurs âcres et l'odeur des plantes médicinales : la question des parfums et des drogues m'a intéressée au point qu'on m'a prêté la rédaction de traités médicaux qui me valurent une certaine notoriété dans le monde savant.

Fig. 16 : Mur arrière du temple d'Hathor de Tentyris (Dendara) montrant les silhouettes de Ptolémée César (Césarion) et de Cléopâtre
© J. B.

Fig. 17 : Arrière du temple d'Hathor de Dendara, le lac sacré (premier plan) et la Butte-de-donner-naissance-à-Isis, ou Iat-di
© J. B.

À l'arrière de l'édifice, les tailleurs de pierre aplanissaient les surfaces et les sculpteurs décoraient les parois d'inscriptions et de scènes liturgiques d'après les indications données par les experts hiérogrammates du temple. Pamenkhès nous expliqua que les astronomes attachés à cette tâche avaient choisi comme date de visée permettant de déterminer l'emplacement de l'axe du temple le lever annuel de l'étoile Sôthis, notre Sirius qui, cette année-là, correspondait à peu près au début de l'année vague [le 16 juillet – 54].

C'est à cette période que les prêtres horoscopes chargés de cette fonction montent sur le toit du temple et repèrent au firmament l'astre splendide : il s'élève à l'horizon avant les premières lueurs du jour puis disparaît, soudain caché par les ailes du Soleil que les Égyptiens comparent à un faucon de lumière.

Le stratège Pachôm vient de m'annoncer l'achèvement du décor au dos du temple. Mon fils Ptolémée dit César y apparaît avec moi : nous y apaisons la déesse Isis ; mais je n'aurai jamais la joie d'admirer le nouveau temple d'Isis.

Mon père m'avait confié avant de disparaître combien la reconstruction de ce temple et le recalage du calendrier étaient cruciaux pour les Égyptiens. Ils traduisaient l'espoir des générations futures que se succèdent dorénavant des années heureuses après les temps de famine que nous avions subis au début de son règne. Mener à bien ce projet protégerait la royauté des soulèvements du Sud. Les Égyptiens, eux, le croyaient avec une ferveur qui ne tolérait aucune contradiction. César, à qui des prêtres expliquaient, selon leurs critères, le mécanisme de la crue du Nil et la manière dont les Égyptiens la mettaient à profit dans leurs terres agricoles, avait demandé à ses officiers du génie, les *grommaticiens* qui l'accompagnaient, de résoudre le problème des crues insuffisantes. Ils lui répondirent que, comme dans le Latium, il fallait profiler et entretenir les canaux, et les surcreuser pour que l'eau soit distribuée à pleins bords dans les champs.

Pamenchès se fit l'interprète auprès de César du caractère ingénieux du calendrier des Égyptiens qui reposait sur une année solaire vague de 365 jours – 360 jours plus cinq jours supplémentaires –, à laquelle il fallait ajouter un jour tous les quatre ans pour éviter la dérive du calendrier. D'après un décret affiché dans tous les temples majeurs, Ptolémée Évergète avait adopté ce calendrier sans réussir à convaincre les prêtres d'y adhérer totalement : ceux-ci préféraient imaginer un cycle où Hermès-Thot compensait le jour manquant.

César fut séduit par l'ingéniosité de Philadelphe. Le calendrier de Numa Pompilius, appliqué à Rome sous la responsabilité des grands pontifes, ne donnait guère satisfaction : il comptait dix mois de trente ou de trente et un jours, c'est-à-dire une année de trois cent quatre jours à laquelle on ajoutait cinquante jours et un mois intercalaire [*mercedonius*]. Ainsi l'année comptait trois cent soixante-dix-sept ou trois cent soixante-dix-huit jours. Une durée excessive. À plusieurs reprises, les Romains avaient tenté de réformer ce calendrier qui, me disait-il, ne cessa d'accroître au fil du temps le décalage entre les saisons et le calendrier officiel.

Durant mon premier séjour romain, j'ai observé que ce décalage était si grand que l'année officielle comprenait quatre cent quarante-cinq jours avec de nombreux mois intercalaires : en bref, dès le début de l'année, le calendrier romain avançait de quatre-vingt-dix jours sur le cycle du soleil ! César, en homme pragmatique et convaincu de la nécessité de disposer de repères temporels stables, a chargé alors une commission de réformer le calendrier [– 46], *et l'a placée sous la responsabilité de Sosigène d'Alexandrie, que je lui avais fait connaître et avec lequel nous nous étions longuement entretenus. Ainsi ont été conciliés les avantages communs aux calendriers égyptien et pompilien : à douze mois de trente ou trente et un jours, a été ajouté un jour en février tous les quatre ans. Ce calendrier, mis en place l'année suivante, a été aussitôt nommé « julien ».*

Nous avions l'habitude de parler ensemble des phénomènes célestes car nous partagions la passion de l'astronomie. Depuis le bord de la thalamège, nous observions comment tout obéissait dans le firmament à la loi du mouvement circulaire et pourquoi les vagabondages des planètes n'étaient qu'apparents, et nous scrutions les constellations. Nous avions l'un comme l'autre lu le bréviaire mythologique du ciel d'Ératosthène, ses Catastérismes. *Et surtout, nous nous étions fait expliquer par l'astronome Sosigène le fameux* Commentaire des phénomènes d'Aratos et des phénomènes d'Eudoxe *dû à Hipparque, traité ardu mais captivant pour qui aimait les sciences comme nous.*

César a souhaité aussi modifier la constellation du Scorpion que les Babyloniens décomposaient en deux constellations : le corps du Scorpion et ses Pinces ou Plateaux de la Balance. César avait en mémoire la longue tradition romaine qui voyait dans les larges pinces du Scorpion la forme d'une balance. Il a remplacé donc officiellement [– 46] *les Pinces par le signe de la Balance. Et comme, à cette époque, le soleil se trouvait dans ce signe à l'équinoxe, la Balance est devenue la marque du juste équilibre entre les jours et les nuits.*

César a été séduit par ce que symbolise la déesse Maât pour les Égyptiens : le principe d'une harmonie cosmique liée à l'équité. Il s'est fait ensuite représenter, non sans un brin d'humour, sur les pièces de monnaie, tenant lui-même le rôle de porteur des plateaux de la Justice.

Il a fait paraître à Rome, sous son nom, un ouvrage sur les astres [De astris], *où il traite du calendrier, mais aussi de chacun des signes du zodiaque. Je l'ai relu il y a peu, et nos conversations sur la symbolique des constellations me reviennent à l'esprit : nous nous aimions et nous étions animés par les mêmes désirs. Loin de s'exclure, l'amour et la connaissance s'unissaient en nous.*

Ce soir, sur ma terrasse, je scrute encore dans le ciel d'Alexandrie les étoiles qui nous étaient chères à lui et à moi, quand nous les regardions briller au-dessus de la plaine de Thèbes.

À la fin des trois jours prévus pour notre séjour nous levâmes l'ancre. Le surlendemain, nous mouillâmes à Coptos. La ville est située dans une boucle du Nil navigable contre le vent, sur la rive orientale que sillonnaient les allées et venues des caravanes venues des rivages de la mer Érythrée [mer Rouge]. Des caravaniers arabes cheminaient longuement par les haltes du désert, en transportant à dos de chameaux l'oliban et la myrrhe, ces larmes des dieux que l'on récoltait sur les rives de la lointaine Opônê, aux confins de l'Arabie. Des mineurs qui se plaçaient sous la protection d'Hathor et de Pan-Minis apportaient leur chargement de métaux et de minéraux précieux.

Derrière une vaste enceinte en brique crue, de hauts mâts avec leurs oriflammes signalaient plusieurs temples. Un pressentiment m'a avertie que je devais m'y recueillir seule : le hiérogrammate Haryotès m'avait dit que c'était à Coptos qu'Isis avait appris la mort d'Osiris et y avait pris le deuil.

Je me suis approchée d'un groupe de femmes qui arpentaient le parvis du temple de la déesse. Une jeune femme allaitait un enfant : il s'agissait – je n'ai pas tardé pas à l'apprendre – de la veuve d'un prêtre de Cronos-Geb qui appartenait à une famille influente du clergé coptite. À ma vue, celle-ci, devinant qui j'étais à mes vêtements, m'a invitée d'un geste : « Suis-moi, reine d'Égypte ! » Et elle m'a conduite vers l'entrée du temple de la déesse et de son fils. J'ai dû éviter de poser le pied sur l'un des dangereux scorpions sacrés qui couraient sur les dalles. Les blesser aurait suscité la colère des prêtres d'Isis. Dans la chaleur de l'après-midi, ces scorpions à l'aiguillon dressé s'appropriaient l'espace et montaient la garde des lieux sans agresser celles qui marchaient pieds nus sur le parvis. On dit que la nuit venue, ces femmes dormaient regroupées tant que durait leur deuil qu'elles dédiaient à la déesse.

La jeune mère s'était proposée à me guider, tout en donnant le sein à son nourrisson : elle écartait les scorpions doucement avec un balai en spathe de palmier. Pour moi c'était un signe envoyé par le Destin.

En entrant dans ce temple, je me suis sentie comme envahie par une force ; se tenait auprès de moi une mystérieuse présence : j'ai vu dans ma jeune guide une messagère d'Isis-Sentaïs, vénérée en ces lieux.

Elle portait de curieuses tresses noires maintenues sur sa nuque par une épingle en bronze dont l'extrémité s'achevait par un scorpion doré, signe de son attachement au culte de la déesse. Elle avait noté mon intérêt pour le bijou. Elle l'a détaché et m'a invitée, par un geste, à le mettre dans mon chignon.

Je me rappelle qu'elle m'a conduite vers l'oracle d'Isis et que j'ai eu une vision : une couronne était placée au-dessus de quatre autres couronnes plus petites, la mienne et celles de mes enfants. J'ai interprété ce message des dieux comme un signe favorable.

Saisie d'une inspiration, j'ai convaincu la famille de la jeune veuve de la laisser venir auprès de moi avec son enfant à Alexandrie : elle s'appelait Thaèsis. Revenue à bord, je l'ai aussitôt cherchée des yeux.

Pour commémorer cette visite, j'ai donné au stratège du district l'ordre de construire une chapelle à l'extérieur du temple de Cronos-Geb et d'Isis, où les pèlerins viennent consulter la barque oraculaire du dieu.

Après un dernier méandre du Nil, la région du district Pathyrite nous rapprocha de la montagne ; un vent d'ouest rabattit vers nous une odeur pesante et douçâtre. À partir de cet instant, nous devions sentir, selon la direction des vents, les odeurs des ateliers d'embaumement des *Memnonia*, où les défunts, livrés aux taricheutes [les embaumeurs], demeuraient plus ou moins soixante-dix jours. Ces ateliers en plein air, où l'on s'affairait autour des corps à l'abri de tentes, étaient implantés en lisière de la vallée, de façon que les vents dominants en dissipent les émanations. Des creuseurs de tombe convoyaient les corps embaumés vers leurs dernières demeures, creusées dans les premiers monticules du désert. Les puits, dans lesquels on précipitait quelques pauvres meubles, se refermaient silencieusement sur ces corps emmaillotés à la hâte.

Si la plupart des villes d'Égypte s'estimaient à l'abri derrière une, voire deux enceintes sacrées, Thèbes et son Périthèbes s'étaient, quant à eux, placés sous la protection des dieux impitoyables de la guerre, prêts à combattre tout ennemi de l'Égypte. Imagine les quatre dieux Monthès, ces taureaux furieux chargeant dans l'arène, ou montant la garde autour de la déesse Thèbes-Victorieuse armée d'un arc, de flèches et d'une massue. Pour les Égyptiens, Thèbes était la ville sainte d'où partaient les grands mouvements de révolte ou de reconquête contre les envahisseurs éventuels.

Au milieu du jour, je vis se refléter dans le miroir des eaux du Nil cette Thèbes guerrière aux cent portes. Mais César demeurait convaincu que de puissantes légions, d'excellents archers crétois, des frondeurs thraces, des cavaliers nabatéens ou des machines de guerre valaient mieux que des dieux retranchés derrière leurs murailles célestes.

Fig. 18 : Grand sanctuaire d'Amon-Rê à Karnak, vu en direction de l'est © J. B.

Le pilote évita le mouvement des barques entre les deux rives et accosta près de l'entrée du canal qui menait du Nil au port du temple, à l'ombre des sycomores et des acacias. Un pylône gigantesque, qui en masquait plusieurs autres, plus petits, dominait de sa masse le débarcadère. Des sphinx altiers à têtes de béliers, les animaux sacrés de Zeus-Amon, se dressaient de part et d'autre de la voie processionnelle. Nous étions sur le parvis du temple de Zeus-Amon, l'Inconnaissable, que les prêtres nommaient Amonrasonther, « Amon-roi-des-dieux ».

Comme à Hermonthis quelques années plus tôt au moment des funérailles du taureau Bouchis, je rencontrai là le stratège Pamonthès fils de Menkérès, dit Plenis. Cet Égyptien de haut rang, dont l'allure imposait le respect, s'approcha de nous comme le veut la coutume et s'inclina. Le collège des prêtres et des prêtresses d'Amon, revêtus de leurs vêtements d'apparat, se tenait derrière lui selon leur ordre hiérarchique.

Les pyramidions des obélisques se dressaient au-dessus des temples de Thèbes. Il se concentrait, là, le plus grand nombre de monolithes exceptionnels tirés des carrières de Syène. Ils proclamaient à la face du monde l'omniprésence solaire du dieu. Nous passions de cours inondées de soleil, et ombragées par les pylônes, à des salles géantes, véritables forêts de colonnes, dont chacune représentait une tige de papyrus à l'ombelle fermée ou ouverte. À mesure qu'il avançait dans la pénombre, le cortège des prêtres était éclairé par des lampes qui diffusaient un parfum entêtant dont les composants visaient à éloigner les forces maléfiques. Peu à peu ne demeurèrent plus que quelques prêtres. Après que les « ouvreurs des portes du ciel » eurent tiré les vantaux de cèdre de la chapelle située dans le sanctuaire, le grand prêtre célébra le rituel divin journalier.

La tradition cultivée par le clergé d'Amon donnait toute sa place à Osiris né à Thèbes, celui dont l'existence a existé avant l'existence, comme le désigne un des hymnes qui lui est dédié ; Isis, elle, était native de Tentyris. Ainsi existait, au sud, du côté du temple d'Héraclès-Chons, un temple de la naissance d'Osiris où le visiteur était accueilli dans un kiosque neuf construit au temps de mon père[1]. Dans un autre quartier du temple, au nord et à l'est du temple d'Amon, on vénérait différentes formes d'Osiris défunt, accompagné d'Isis. Sous une butte du même secteur se trouvait la nécropole où les prêtres disaient ensevelir symboliquement une figurine du dieu lors des fêtes d'Osiris au mois de Choïak, en vue de la renaissance des cultures. Un arbre sacré marquait le sommet de cette butte. Cet arbre avait des équivalents là où, selon la tradition,

1. Il s'agit du temple d'Opet.

Isis avait inhumé un des fragments qu'elle avait recueillis du corps de son époux, dispersés par son frère Typhon-Seth.

Dans ce lieu couvert de monuments, il était difficile au visiteur de porter loin le regard. Les abords du temple d'Amon offraient le spectacle d'un désordre hiérarchisé. Le présent et le passé se confondaient.

Nous avons vu surgir les stèles monumentales des rois et des reines de toutes les époques devant le premier pylône du temple. Elles occupent les lieux les plus en vue ; mon cœur a battu plus fort : j'étais l'héritière d'un passé prestigieux. Toute ma vie, j'ai maintenu ce lien avec le passé qui a déterminé et façonné ma jeunesse ainsi que mes souvenirs. J'ai tremblé d'émotion devant ces paysages et ces monuments qui avaient résisté à l'écoulement du temps : c'était là un visage de la beauté différent de celui d'Alexandrie. J'ai prié les dieux pour que s'élargisse à l'univers cette présence silencieuse et austère des stèles qui s'élevaient devant nous. Mon voyage m'a ramenée aux origines de l'Égypte, à son éveil miraculeux ; et, quel bonheur ! César m'aimait.

Fig. 19 : La salle hypostyle du grand temple d'Amon-Rê à Karnak, vue en direction de l'est © J. B.

Pour celui qui avait la chance de pénétrer dans l'enceinte, le temple d'Amon et ses abords faisaient figure de livres de pierre dont l'origine remontait au règne de Chéops. Sur les pylônes, les parois et les colonnes couraient de longues inscriptions. Elles racontaient les exploits héroïques des pharaons du passé : les Sésostris, les Aménothès, les Séthos, les Ramsès et les Sésac, que les prêtres distinguaient non sans peine grâce aux archives qu'ils recopiaient inlassablement dans leurs bibliothèques pour les sauver de la destruction. Nous avons pu lire des décrets oraculaires ou sacerdotaux affichés récemment, dont certains rédigés en plusieurs écritures, en particulier en grec[1]. J'y lisais aussi la vie de ma famille, qui n'avait pas su convaincre ces prêtres, si solennels et murés dans leurs convictions, que le monde, au-delà des frontières, avait changé.

Le lendemain, nous nous pliâmes courtoisement au protocole des visites, car, au moindre signe d'hésitation de notre part, nous voyions se peindre la déception sur les visages des prêtres. Une fois les lieux du temple d'Amon visités, nous nous rendîmes par la voie des processions vers le sud pour visiter le sanctuaire de la déesse Héra-Mouthis, l'épouse du dieu Zeus-Amon ; son temple était construit dans l'espace constitué par les cornes d'un lac en forme de lune, où se dressaient autant de statues de la lionne Sachmis que de jours de l'année. Celles-ci avaient pour rôle de protéger les habitants de Thèbes contre les génies coutiliers mortifères menés par la chienne d'Isis-Sôthis-Sirius, quand celle-ci « aboyait » la canicule dans le ciel méridional.

Les prêtres nous accueillirent au débouché de la majestueuse voie processionnelle qui conduisait vers le temple d'Aménophis, dirigé vers le sud. En parcourant l'axe de ce temple étonnant, nous pouvions suivre les moindres étapes de la grande fête d'Ôpê et nous avons vu qu'on remisait là les barques processionnelles de Zeus Amon, de Héra-Mouthis et d'Héraclès-Chons utilisées lors de la fête.

---

1. Le décret sacerdotal de Karnak (142 av. J.-C.).

Tandis que je me recueillais dans le sanctuaire où se dressait la statue de culte, habillée de lin, j'ai cru être possédée par l'esprit du dieu. La nuit suivante, j'ai rêvé que le dieu Aménophis me visitait et m'étreignait longuement au cours d'une noce sacrée, sous les traits de César. Les dieux, croient les Égyptiens, peuvent se substituer au père naturel, comme on le raconte à propos d'Alexandre, qui serait né de la Macédonienne Olympias et de l'Égyptien Nectanébo.

Les jours suivants furent consacrés à la visite solennelle des temples, d'abord au nord où étaient vénérés les quatre aspects du dieu guerrier Monthès, protecteur de Zeus-Amon. Au nord-est s'élevait le temple des Keramia que les Égyptiens nommaient Madou[1], où mon père avait fait œuvre d'évergétisme [mécénat]. Nous avons également fait halte au sud-est, à Touphion, et au sud-ouest, à Hermonthis, toujours accompagnés par Pamonthès fils de Menkérès jusqu'au Bucheum, où étaient inhumés les taureaux Bouchis, animaux sacrés de Montis. Là aussi un taureau sacré était entretenu comme à Memphis l'Apis et à Héliopolis le Mnévis.

Avant l'aube, j'ordonnai de passer sur l'autre rive pour voir les colosses de Memnon. Deux colosses isolés nous attendaient. Des Grecs pensaient que l'un d'eux représentait Memnon fils de l'Aurore qu'Achille avait tué devant Troie. Tout près du désert se dressaient des temples dont certains étaient devenus de simples carrières, tandis que d'autres demeuraient de grands livres ouverts. En compagnie du stratège Pamonthès fils de Menkérès, nous avons remonté l'allée menant au temple de Ramsès Hykoïs [Ramsès III]. En arrivant aux chapelles qui jalonnaient cet axe, je scrutai du regard leurs parois. Ces monuments qui surmontaient des tombeaux, disait Pamonthès, étaient dédiés aux divines adoratrices de jadis. Ces reines ou princesses rejoignaient, dans la mort, le dieu Zeus-Amon dont elles avaient été les épouses terrestres. Grâce à elles, le dieu était en communication avec la Thèbes primordiale, qui n'était autre que l'Égypte tout entière.

1. Il s'agit du temple de Médamoud.

Dans les temples où j'étais représentée en effigie, les artistes égyptiens m'avaient coiffée de la même couronne [le *basileion*], *formée des cornes d'une gazelle et de deux longues plumes de faucon, que portaient ces divines adoratrices d'antan. Ne doute pas de notre intime parenté !*

À cette vue, dans la durée d'un spasme, le temps s'est contracté en un foyer éblouissant. J'ai eu conscience de l'éternité et l'intuition de ce que les prêtres attendaient de moi : la reine que j'étais représentait pour eux la fulgurance léonine et méridionale, aérienne et solaire. En un mot, je personnifiais à leurs yeux la lointaine Tephnis, Satis, Isis et Sôthis-Sirius. Je figurais ce point de rayonnement cosmique qui, régulant le temps et l'inondation, détermine la richesse du pays. César n'avait pas tort de voir en moi l'Égypte fertile et féconde.

Fig. 20 : Petit temple de Thoutmôsis III, vu en direction du sud
© J. B.

Puis le stratège Pamonthès guida notre cortège vers un petit édifice situé dans l'enceinte du temple de Ramsès Hykoïs. C'était la Butte dite « de Témis » [*Djémè*] où étaient enterrés,

Fig. 21 : Cime thébaine, vue en direction du sud-ouest © J. B.

disait-il, les huit dieux de l'Ogdoade d'Hermopolis jadis rassemblés sur un tertre primordial pour façonner l'œuf originel d'où émergerait Amonoêr, Amon-l'Ancien ; après un long voyage, ces dieux étaient venus reposer à Thèbes. Auprès de ce temple, un arbre sacré, un dattier du désert, témoignait de l'enracinement de la royauté et des dynasties royales. Ma famille était l'une d'elles.

De là, nous entrâmes dans une vallée sèche dominée par une montagne appelée « la Cime » : des tombes royales dont les sarcophages avaient été jadis vidés de leurs occupants par des pillards demeuraient béantes. Certaines, obstruées par des matériaux, donnaient à imaginer des dimensions vertigineuses ; sur leurs entrées des voyageurs avaient gravé des noms en grec. D'autres, interrompues par des puits profonds, s'enfonçaient dans les flancs de la montagne : là aussi, des scènes peintes d'une fraîcheur inouïe laissaient croire que les artistes venaient à peine de les achever. À la lumière des torches, ces tombeaux éventrés, devenus le repaire des hyènes, des chiens ou des renards, n'en montraient pas moins d'étranges figures divines et colorées, des serpents gigantesques à têtes tranchées, des monstres terrassés. Ils nous parlaient des temps les plus lointains, figés comme un rêve terrifiant dans la pierre.

C'est alors que les nouvelles de la situation politique à Rome ainsi que celles des dangers que faisait courir l'offensive de Pharnace II, fils de Mithridate, en Syrie, vinrent interrompre notre voyage vers le sud ; le charme du songe que j'avais fait à Alexandrie se dissipait soudain. J'aurais voulu remonter le Nil au-delà de Syène, rencontrer Isis à Philae, l'Île-de-la-Fin, et visiter le fameux Abaton où l'on vénérait la jambe d'Osiris, protégée dans la butte sur laquelle se dressait l'arbre Méthidé. De cette jambe s'écoulaient les humeurs du dieu que l'on pensait être les eaux de l'inondation. Philae, source mythique du Nil, était pour moi le but de ce voyage initiatique.

Aujourd'hui, j'aime à croire que si César avait atteint Philae, le terme prévu de ce voyage, il aurait pu en tirer la force d'une renaissance et s'avancer plus loin dans sa destinée, telle qu'elle était inscrite au cœur du cosmos. Les dieux du Nil lui auraient alors accordé leur protection contre ses ennemis.

Cette remontée du Nil, même subitement interrompue, a été l'un des grands moments de bonheur de ma vie : deux mois d'une entente sans cesse renouvelée, lorsque, loin des regards et d'un protocole séculaire, César et moi nous rejoignions pour nous donner l'un à l'autre. César est devenu pour moi ce foyer incandescent dans lequel j'ai accepté de me jeter. Mais j'ai dû, comme lui, obéir à la raison d'État ; nous n'étions pas libres de nos choix : César, époux de Calpurnia, était soumis à la loi romaine ; moi j'étais légalement unie à mon frère.

La flotte cargua les voiles et redescendit le fleuve vers Schédia, où nous attendait la barque royale sur le canal d'Alexandrie. Les murs de la ville furent bientôt en vue : nous suivions le canal sous les acclamations des riverains qui, à la faveur des dernières lueurs du crépuscule, avaient allumé des lampes sur notre passage. Malgré les chants, les hautbois et les tambourins qui résonnaient dans ma tête, je devais lutter contre la tristesse.

César embarquerait bientôt. Notre remontée du Nil lui avait représenté, comme à moi, ce que pouvait signifier une ambition sacrée : seule la royauté égyptienne était porteuse d'un destin divin ; et l'idée de devenir un dieu n'était pas sans séduire César. Mais on ne devient pas dieu de son vivant et il le savait mieux que personne. Mon astrologue, Téos, fils d'Harchébis, voyait venir des jours sombres dans plusieurs configurations astrales. César, ce consul qui entendait être un dictateur républicain pérenne, risquait de s'attirer les foudres de la colère publique dès qu'on soupçonnerait son ambition. Était-il à cet égard d'un courage immense ou d'une indifférence inouïe ? Était-ce un orgueil démesuré comme d'aucuns l'ont dit trop vite, ou un souverain mépris de la peur ?

Avant qu'il n'embarque [début avril – 47], sachant que j'allais bientôt accoucher, César insista, au cas où il s'agirait d'un enfant mâle, pour que je ne le fasse pas élever par un eunuque comme le voulait la tradition des princes grecs, mais comme un jeune Romain, par une nourrice, puis par des pédagogues. J'étais réticente à cette idée ; pourtant, je finis par en voir l'intérêt et demandai à Thaèsis, que j'avais fait venir de Coptos, de veiller sur lui : je sentais qu'elle serait à la fois une nourrice et une excellente préceptrice.

César m'a entourée de toutes les attentions : était-ce parce que sa propre fille, Julia, était morte en couches ? Malgré la distance qu'il s'est efforcé d'instaurer encore, j'ai été convaincue qu'il tenait autant à moi qu'à l'enfant que je portais.

Juste avant son départ, il m'a dit ces paroles où, par la suite, j'ai vu un signe avant-coureur du destin : « En attendant de nous retrouver, laisse remonter dans ta mémoire les souvenirs qui nous ont unis et le passé ranimera le présent. Je serai toujours à tes côtés et toi aux miens. »

Il décida aussi que resteraient en Égypte – pour assurer ma protection disait-il, mais autant pour garantir les intérêts de Rome – trois légions qui devinrent rapidement quatre, sous le commandement d'un de ses hommes de confiance Caius Lulius Rufio.

Demeuré trop longtemps hors d'Italie, César se rendit en Syrie où il devait en urgence intervenir après la défaite de Domitius Calvinus à Nicopolis, pour contrer Pharnace II, fils de Mithridate, de plus en plus dangereux. César fondit sur lui. Il l'emporta près de la ville de Zéla, dans le Pont-Euxin, en sorte que chacun eut bientôt à la bouche le propos qu'on lui prêtait : « Je suis venu, j'ai vu, j'ai vaincu. » Je savais trop pour ma part ce que cachait la fière sobriété de la formule : le combat de César, sanglant et sans merci, avait pour adversaire une hydre aux têtes sans cesse renaissantes. Un jour ou l'autre, il risquait de succomber.

Quelques mois plus tard, le songe que m'avait inspiré le dieu Aménophis à Thèbes devint réalité : je donnai un fils à César.

En écho à mon rêve, le clergé a répandu l'idée que mon enfant était le fils d'Aménophis, qui se serait uni à moi sous les traits de César. J'ai souhaité cette aura surnaturelle autour de mon fils Ptolémée César, car une reine est d'autant plus puissante qu'elle assure la continuée de sa lignée. J'ai éprouvé aussi, comme pour mes autres grossesses, le sentiment d'un long dialogue avec l'enfant qui vivait en moi. Mon amour pour lui est sans borne.

Mon jeune frère ne pouvant être l'auteur de ses jours, les Alexandrins, avec leur ironie coutumière, l'ont surnommé Césarion, le « Petit César ». La chancellerie a envoyé un décret dans toute l'Égypte pour annoncer sa naissance officielle. L'Égypte aurait un roi, dont le père était aussi le Romain le plus fameux de son temps. Ne venait-il pas de rendre hommage aux dieux de l'Égypte ? N'était-il pas allé à Thèbes, la patrie de Zeus-Amon et d'Aménophis ? Les clergés ont pu clamer haut et fort les origines divines de mon fils.

Chapitre 13

Cléopâtre à Rome : les triomphes de César et un cadeau pour l'Éternité

Voici que, moi l'étrangère, je me dressais au cœur sacré de Rome, déesse reine face à la statue équestre de l'imperator.

Au rythme du trafic maritime et du courrier, nous recoupions à Alexandrie les informations arrivées de toutes parts qui nous permettaient de comprendre, cartes à l'appui, l'enchaînement des événements de la guerre civile romaine qui opposait César aux Pompéiens et d'en tirer les conséquences.

Nous fûmes stupéfaits d'apprendre qu'à la suite de l'absence de César, quatre de ses légions de vétérans en Italie s'étaient mutinées contre Antoine, leur commandant auquel la situation avait échappé. Revenu d'Égypte à Rome, César finit par réussir à convaincre les mutins de lui rester fidèles en leur promettant des terres : ils se rallièrent alors à lui ; mais il n'oublierait pas de sitôt la gestion incertaine de cette affaire par Antoine. Décidé à achever la guerre, il mit le cap sur l'Afrique [Tunisie] où, après la défaite de Pompée à Pharsale, s'étaient réfugiés Caton le Jeune, Lucius Afranius et Metellus Scipion, tous trois alliés au roi Juba de Numidie. Bien qu'en nette infériorité numérique, César et ses troupes prirent des risques inouïs et les écrasèrent. Sous son commandement se tenait en effet la fameuse X^{e} légion *Jumelle* qui, pourtant, quelques mois auparavant, s'était rebellée contre Antoine. Dans une charge mémorable, ces vétérans ont déferlé sur l'ennemi, sans même attendre les ordres, au cri de ralliement : « *Felicitas !* »

La victoire de César avait tenu pour une part à sa bonne fortune mais tout autant à son charisme ainsi qu'au rôle qu'il fit jouer aux éléphants dans cette bataille, en les retournant contre l'ennemi, au moment où ce dernier allait l'emporter sur les arcs et les frondes. Des deux lieutenants de Pompée, Scipion et Afranius, qui furent défaits, m'a-t-on dit, à Thapsus assiégée[1], le premier fut exécuté par César, le second mit fin à ses jours. Assiégé à Utique, où il s'était réfugié, Caton le Jeune se suicida, privant ainsi César de sa victoire suprême : s'emparer de lui vivant. L'exemple de Caton qui, en stoïcien, avait préféré la mort au pardon de l'*imperator* marqua profondément les esprits. Celui-ci devint vite le symbole de la résistance à César pour les aristocrates attachés à la République et hostiles au pouvoir du dictateur.

Quant à Brutus, César a eu tort de le combler d'honneurs, au point de le considérer comme son propre fils. Il avait beau avoir rejoint César après la bataille de Pharsale, il allait s'allier à ses ennemis et devenir un de ses assassins : celui qui lui a porté le coup final. Ainsi se refermerait le cercle infernal : la mère de Brutus, Servilia Caepionis, ma principale rivale à Rome, était la maîtresse de César et la demi-sœur de Caton le Jeune !

Des bruits couraient également selon lesquels les rois et les reines ainsi que les membres de la noblesse romaine auraient offert garçons et filles à ce Minotaure qu'aurait été César.

C'était là mal le comprendre. Séduire et se laisser séduire ont été des armes qu'il employait tout autant dans l'intérêt de Rome. Même si j'ai été irritée par son désir perpétuel de séduction – aussi bien envers les hommes qu'envers les femmes –, César ne m'a jamais déçue.

Il nouait avec ses alliés des liens parfois énigmatiques, une amitié sacrée, base d'alliances diplomatiques et militaires ; ainsi Eunoé, sa dernière maîtresse, avec qui il avait conclu un pacte amical qui lui a profité, car son époux, le roi Bogul

1. Le 6 avr. 46 av. J.-C. ; Thapsus, aujourd'hui Ras Dimass, se trouve en Tunisie. Utique est un port situé à 35 km au sud de l'actuelle Bizerte.

de Maurétanie, ne prit aucune part à la bataille de Thapsus. À Rome où politique, affaires et relations amoureuses se mêlent étroitement, il est demeuré fidèle en amitié à toutes celles et ceux qu'il avait intimement connus. Les coalitions familiales se faisaient et se défaisaient au gré du temps. Les mères et les maris complaisants s'accommodaient de la situation, souvent trop heureux d'être ainsi distingués et de profiter, en retour, d'avantages généreusement distribués.

César quitta l'Afrique pour revenir à Rome, au printemps [14-15 avr. – 46] ; la guerre civile était sur le point de prendre fin [25 juil. – 46]. Au début de l'été, dans la sixième année de mon règne, mon frère et moi fûmes invités par César à assister à ses triomphes qui devaient avoir lieu au terme de cette saison : n'étions-nous pas désormais les Alliés du Sénat et du Peuple romain ? César entendait que ses triomphes sur la Gaule, l'Égypte, le Pont-Euxin [nord de l'Asie Mineure] et l'Afrique dépassent en magnificence tous ceux que Rome avaient déjà connus. Ils devaient faire oublier au peuple les dernières années difficiles qu'il avait endurées.

Bien que sous la protection de César, je n'ai pu me défaire d'un certain embarras à l'idée d'assister à ses triomphes, car c'était participer à la célébration de la défaite égyptienne. Mais ne pas répondre à son invitation, qu'il avait accompagnée d'une lettre chiffrée à mon intention, aurait mis en danger ce que j'avais accompli pour sauver l'héritage de mes ancêtres.

Dans sa lettre, alors qu'il avait à peine quitté les bras d'Eunoé, la reine de Maurétanie, il m'écrivait « combien grande était la joie qu'il éprouvait à l'idée de voir son fils, le jeune César, et il ajoutait que « durant cette dure absence », je n'avais cessé « d'être présente dans son cœur ». Rassurée par ses mots, j'ai réprimé ma jalousie naissante, et quoique tiraillée entre des exigences contradictoires, j'ai senti que j'avais l'occasion de montrer que la reine d'Égypte ne saurait compter de rivales à Rome. César n'aurait plus d'yeux que pour moi si j'étais présente à ses triomphes, je l'ai su instinctivement.

Au premier tintement du sistre d'Isis, ma galère s'élança donc sur les flots [juil. – 46]. Deux semaines plus tard, après une heureuse navigation, nous débarquâmes dans le port de Puteoli [Pouzzoles] d'où je rejoignis Rome en litière, avec mon frère, mon fils et ma suite. Nous y étions attendus par des envoyés de César. Celui-ci nous avait attribué une des villas qu'il possédait dans ses Jardins [*Horti Caesaris*], à l'est du Trastevere. La tradition religieuse romaine imposait en effet de loger les étrangers à l'extérieur du périmètre sacré de la ville, le *pomerium* – ce qui était le cas du quartier de l'Aventin. De la terrasse, je voyais le reflet des eaux du Tibre et les toits de la ville en contrebas rougeoyant sous le soleil de l'été. Depuis la *Domus publica*, en bordure de la via Sacra, où il résidait, César me rendait visite en litière, avec son goût inné de la provocation, au vu et au su de tout Rome. La personne du grand pontife ne devait-elle pas être accessible aux citoyens ? César se soumettait volontiers à cette obligation.

Ses manifestations d'amitié envers moi, qui étaient notoires, firent naître des reproches. Certains accusaient la maîtresse de César de vouloir régner sur Rome. Propos sans objet : même s'il demandait plusieurs avis, César décidait toujours seul.

Il a tiré pourtant profit de nos entretiens car je savais lui parler et un charme nous unissait. Ses ennemis se sont malheureusement servis de ma présence à Rome auprès de lui pour le diffamer, le peignant comme un roi républicain dont le seul but aurait été d'étendre son influence personnelle sur le bassin oriental de la mer Intérieure. Le souvenir odieux laissé par Sylla n'était pas dissipé ni les paroles prophétiques que ce dernier avait prononcées à propos de César devant les sénateurs. Après l'avoir persécuté sans relâche, Sylla s'était résigné à lui accorder sa grâce : « Eh bien, dit-il, vous avez gagné : gardez-le ! Mais sachez que cet homme que vous voulez tant sauver écrasera un jour le parti aristocratique que nous avons défendu ensemble, car il y a dans César plusieurs Marius[1] *! » Sylla avait vu clair : César était alors l'un des chefs du parti*

1. Caius Marius (157-86 av. J.-C.) général et homme politique romain, chef du parti des Populares, voir Glossaire p. 357.

des Populares [les réformistes], *celui du défunt Marius, contre les Optimates* [les conservateurs]. *À ceci près que le grand dessein de César pour la République était de faire de l'Égypte, l'Afrique et le Pont-Euxin, ces terres à blé si précieuses, les mamelles nourricières de Rome.*

Je ne m'aventurais pas hors du quartier où je résidais, à moins qu'il ne mît à ma disposition une escorte. Au cours de mon séjour, de nombreux savants ou membres du Sénat, ou même encore des chevaliers ont désiré me rendre visite ou m'inviter, sous différents prétextes. Ils feignaient de m'interroger sur la religion de l'Égypte, tout en glanant des informations sur les rapports que j'entretenais avec le dictateur. Sous leurs propos aimables, il n'était pas difficile de cerner leurs intentions, quand ils demandaient, au détour de la conversation, des nouvelles du jeune César, en pensant que je pouvais être une ambassadrice favorable à leurs intérêts. Aux uns comme aux autres, je faisais bon accueil. Kombabos, qui m'avait accompagnée, demeurait aux aguets et entretenait dans la Ville un réseau d'informateurs égyptiens pour collecter les rumeurs qui circulaient avant même qu'elles ne viennent aux oreilles de César. C'est ainsi que, à mesure qu'elles s'amplifiaient, nous comprîmes que Rome bruissait de complots contre sa vie.

Mais le quadruple triomphe qui devait couronner ses campagnes avant la fin de l'été monopolisait toute l'attention de César. Au cours de ces fêtes, qui se dérouleraient selon l'ordre chronologique de ses campagnes – Gaule, Égypte, Pont-Euxin et Afrique –, étaient prévus des banquets publics réunissant jusqu'à neuf convives par lit, tandis que des distributions de blé et d'huile étaient prévues pour le peuple, sans oublier le versement d'indemnités de quatre cents sesterces à chaque citoyen et de vingt mille aux soldats.

À l'occasion de ces célébrations, où le public jouissait de la même liberté d'expression que lors des fêtes des Saturnales ; les spectacles s'enchaînèrent sans interruption : combats de gladiateurs, de fantassins ou de cavaliers. Une bataille navale fut même organisée au Champ de Mars où César avait fait creuser un immense bassin. Lors des affrontements de gladiateurs, dont un grand nombre mourrait tragiquement dans l'arène, des chevaliers romains n'hésitaient pas à se mêler aux combattants, se prenant pour des héros de *L'Iliade*.

Moi qui ai côtoyé la mort depuis mon enfance, je me suis étonnée de ces spectacles sanglants dont raffolaient les Romains. La foule hurlante se repaissait d'une cruauté inconnue du public alexandrin, même si les courses de notre hippodrome s'achevaient parfois par des têtes cassées et des os rompus.

La joie, la liesse n'en étaient pas moins réelles. Tandis que certains plaisantaient de nos amours, d'autres chantaient en chœur des refrains obscènes évoquant crûment les complaisances de César dans sa jeunesse à l'égard du roi de Bithynie, Nicomède. S'il acceptait de bonne grâce les propos visant nos amours, il démentait énergiquement l'épithète de « reine de Bithynie ».

Ces railleries m'ont fait souvent sourire et penser à ce poème satirique de Catulle que Cicéron, qui n'aimait ni Catulle ni César, m'avait malicieusement invitée à lire. Le poète de Vérone y peignait férocement les amours de César et de Mamurra, son intendant militaire :

> *Quelle belle paire de sodomites ils font : Mamurra qui se la laisse mettre et César : ils sont bien faits pour s'entendre. Rien d'étonnant : l'un à Formies, l'autre à Rome portent les mêmes stigmates indélébiles ! C'est une paire de malades, deux jumeaux qui partagent le même petit lit, deux poètes minuscules ! Ils sont aussi enragés l'un que l'autre dans leur chasse aux femmes mariées : ils sont à la fois les rivaux des filles et leurs compagnons. Quelle belle paire de sodomites ils font ! (*Poésies, 57*)*

J'ai toujours été, comme César et Antoine, une ennemie de la pudibonderie et je n'ai guère été choquée par ce poème. D'ailleurs César a pardonné ces vers à Catulle. Nous n'avons jamais, ni lui ni moi, eu honte de nos corps ni de ce qu'exprimaient nos désirs. L'amour entre deux êtres, hommes ou femmes, était à nos yeux une bénédiction, et la jouissance un présent des dieux : Aphrodite ne préside-t-elle pas à nos étreintes et à la volupté que nous nous accordons ? Le souvenir de mes plaisirs me rend aujourd'hui la mort plus douce et le ciel plus pur.

Les plaisanteries licencieuses lancées dans le cortège, les caricatures ou les graffiti sur les murs que tous dévoraient du regard lui rappelaient à chaque pas qu'il était d'abord un mortel. Lui souhaitait faire de ses quatre triomphes le symbole de sa puissance politique et religieuse, car le triomphe suivait un rituel précis au terme duquel César *Imperator* et grand pontife montait au Capitole pour offrir des sacrifices à Jupiter dont il était ce jour-là lui-même l'image. Quel sens avait encore, me disais-je, cette présence des dieux dans les rites et les discours d'hommes qui n'y croyaient plus guère ?

Dans l'esprit des organisateurs, ces cérémonies devaient conjurer le spectre de la guerre civile et s'abstenir avant tout de célébrer la moindre victoire sur des Romains. Peine perdue. Annoncées par le programme comme des succès remportés sur des rois étrangers, les tableaux évoquant les victoires montraient des scènes où des généraux de Rome se donnaient la mort. Personne n'était dupe, car la foule reconnaissait les trophées arrachés aux généraux du parti de Pompée tombés en Afrique. La démesure de la mise en scène heurtait les esprits.

Les accessoires qui servaient pour les quatre triomphes étaient conçus en matériaux précieux, choisis pour symboliser les contrées vaincues : le bois de thuya pour la Gaule, le mimosa pour le Pont-Euxin, l'écaille de tortue pour Alexandrie et l'ivoire pour l'Afrique, puisque César y avait vaincu des armées qui utilisaient des éléphants. Même si certains émettaient des réserves sur le but de ces exhibitions, tous étaient vivement impressionnés par leur éclat.

C'est le deuxième jour que fut célébrée la victoire sur l'Égypte. Comme César souhaitait conquérir le public fasciné par les curiosités exotiques et que, à Alexandrie, il avait admiré les animaux venant de Libye, gardés dans un parc zoologique attenant au palais, je lui avais fait parvenir, sous forme d'un présent diplomatique, diverses espèces : des autruches, des singes, des lions, des léopards, ainsi qu'une girafe en souvenir de la fête des *Ptolemaia.* Cette dernière, qu'on voyait trottiner à l'amble derrière le char de César, fut ensuite promenée dans les rues de Rome par ses gardiens, des Pygmées. Les habitants n'avaient jamais vu un animal au si long cou, et avec de si grandes pattes, plus courtes à l'arrière qu'à l'avant. Il ne manquait plus à César que le thyrse [un bâton couvert de lierre et de vigne] pour incarner Dionysos revenu d'Orient.

Un tableau représentait, m'a-t-on dit, la mort de mon frère Ptolémée Philopator et celle de ses compagnons. Tous les objets du cortège étaient plaqués d'écailles de tortue. Débarquées au port de Bérénice, elles avaient été acheminées à Alexandrie par Coptos puis à Rome. Ma sœur Arsinoé apparut, traînée parmi les captifs derrière le char du vainqueur, mais, comme tu le sais, elle évita l'exécution, à la différence du père de la révolte des Gaulois Vercingétorix. Au moment où elle a été exhibée, couverte de ses chaînes, la foule pourtant impitoyable fut prise d'un mouvement de compassion et se mit à intercéder en sa faveur. Mon jeune frère avait plaidé la grâce d'Arsinoé : César avait déjà prévu de se laisser fléchir et, magnanime, il l'assigna à résidence dans le temple d'Artémis à Éphèse, de façon à l'empêcher de revenir à Alexandrie où elle avait été la cause d'événements sanglants, malgré son jeune âge. Aimant les symboles, César avait choisi l'Artémision, ce lieu sacré où les Amazones qui fuyaient devant Héraclès auraient jadis trouvé refuge. Ma sœur se trouvait ainsi à l'abri de ma vengeance.

Même exilée et dépossédée, ma sœur est demeurée une menace. César le savait, lui qui ne connaissait que trop bien les revirements des Alexandrins et qui se plaisait à infléchir le cours du destin. Je n'ai jamais été cruelle sans motif comme mon père, prisonnier de sa solitude amère. Dans les luttes que j'ai dû mener, j'ai chaque fois affirmé ma force et assumé ma responsabilité sans sourciller. J'ai été implacable dans mes représailles : je n'ai jamais eu le sens du pardon cher à César et j'ai forgé plus tard ma vengeance contre ma sœur sur l'enclume d'Antoine.

Un fait m'a été rapporté, qui a troublé le cours de mes pensées lors du quatrième et dernier triomphe, celui sur l'Afrique : pourquoi César y avait-il associé son petit-neveu, qui répondait au nom d'Octavien, âgé de dix-sept ans, alors que ce dernier n'était même pas en âge de combattre ? Personne ne doutait qu'il ait voulu par là montrer son attachement envers le fils d'Atia Balba Caesonia à peine revêtu de la toge virile l'année précédente [18-19 oct. – 47]. Octavien avait pris de fait une large part à l'organisation des jeux publics de son grand-oncle, et ce dernier lui en était reconnaissant. Le jeune homme faisait ainsi ses premiers pas dans la vie publique.

En lui confiant cette charge, César semblait déjà le désigner comme son héritier. J'avais pu observer lors d'un banquet son ardeur à faire l'éloge d'une Rome conquérante : il plaisait à César.

Rétrospectivement, je me rends compte qu'il était prêt à tout pour dissimuler ses ambitions qu'il avait déjà grandes. On a entendu aussi d'étranges rumeurs sur la nature des liens qui l'unissaient à son grand-oncle.

Désireux de mettre un terme à la guerre civile en combattant ses derniers opposants, César devait encore se rendre dans le sud de l'Espagne, en Bétique [Andalousie], pour affronter les derniers partisans de Pompée menés par ses deux fils, Pompée le Jeune et Sextus Pompée, ainsi que par Titus Labienus, ancien lieutenant de César durant la guerre des Gaules, qui l'avait quitté au moment du passage du Rubicon [en – 49].

Avant de partir, César m'avait réservé une surprise qui en disait long sur l'estime qu'il me portait dans l'intimité et qui se voulait comme un clin d'œil adressé à tous.

La surprise qu'il me destinait se trouvait dans le Forum Julien, chef-d'œuvre d'urbanisme que ses architectes venaient d'achever à l'occasion de ses triomphes, et au nord duquel se dressait un temple corinthien consacré à Venus Genetrix, où par la suite il recevrait ses solliciteurs. Ni le temple ni le forum n'avaient encore été consacrés officiellement.

Fig. 22 : Portrait de Cléopâtre et Ptolémée, dit César, sous les traits de Vénus Genetrix et de Cupidon ailé apparaissant derrière la porte de la cella d'un temple à Pompéi
© M. A.

Sa statue équestre se dressait au centre d'une place rectangulaire entourée par un péristyle sur trois côtés qui abritaient des boutiques fréquentées par ses clients, dans un quartier où César était chez lui. Le public pouvait apercevoir dans l'abside du temple une statue dorée de Venus Genetrix. On distinguait aussi un Éros ailé, paré d'une chaîne de corps, posé sur l'épaule droite de Vénus : il entourait de ses mains le cou et le visage de sa mère. J'avançais vers César accompagnée de Kombabos et de mes serviteurs : il vint à ma rencontre et m'invita à découvrir le groupe statuaire. En constatant que Vénus avait mes traits, je restai muette. Un diadème serti d'un rubis ceignait ses cheveux et pouvait laisser imaginer une couronne, mais le voile couvrant sa chevelure écartait cette idée.

Lors de cette visite je suis restée partagée entre le plaisir que je ressentais devant cet hommage et le sentiment, comme souvent avec César, qu'il s'agissait aussi d'un geste politique : tous à Rome savaient combien il était proche de Vénus, dont il disait être le descendant. Les Julii se plaisaient en effet à penser que la déesse était à l'origine de leur famille, et César l'avait toujours crue favorable à son destin.

J'ai été sensible à l'audace de ce geste allusif où les modèles d'une mère divine et de son enfant bravaient la morale romaine en renvoyant directement à mon fils et à moi. L'ensemble dégageait un sentiment de liberté profonde où s'unissait l'esprit d'imitation à celui de création si propre à César. Je suis restée marquée par sa façon singulière d'affirmer son pouvoir à l'aide de symboles ; voire en les détournant.

Lorsqu'il s'agissait d'exprimer ses sentiments personnels, il n'hésitait pas à bousculer les coutumes ancestrales. En installant mon image de mortelle parmi celles des divinités et en me rendant hommage, il violait les usages de la religion romaine : il m'a conféré la splendeur de la puissance divine. Voici que moi, l'étrangère, je me dressais au cœur sacré de Rome, déesse reine face à la statue équestre de l'imperator. Le message de César était si hardi qu'il échappait à l'entendement.

Certains ont deviné le sous-entendu du message aussi intime que politique délivré par cette statue. À la demande de commanditaires, des sculpteurs et des peintres en ont fait des copies en marbre. D'autres artistes qui me trouvaient belle, car j'incarnais pour eux l'Orient des rêves, m'ont prise pour modèle : j'ai été peinte en Vénus-Aphrodite, née de l'écume de la mer et de la semence d'Ouranos. César par ce présent m'a fait sentir la force de son attachement : j'étais associée à l'intimité même de la famille des Julii, un rang qu'aucune de ses compagnes n'a jamais atteint.

De plus, au moment où j'ai découvert l'ensemble statuaire qu'il contemplait chaque fois qu'il traitait avec ses clients, il n'a pas manqué d'évoquer la restitution de l'île de Chypre, qu'il avait confiée en apanage, lors de son séjour à Alexandrie, à ma sœur et à mon très jeune frère, corégent. Or Chypre n'était-elle pas l'île où Vénus-Aphrodite, arrivée de Cythère, avait fait fleurir la terre sous ses pas ?

Plus tard, j'ai demandé au stratège de Chypre, Sérapion, de faire commémorer le retour de l'île dans le royaume lagide par la frappe d'une monnaie qui m'instituait reine. J'y ai été représentée parée d'un sceptre, dans la même posture que celle de la Vénus Genetrix du Forum romain : le petit Éros blotti contre la déesse, comme le jeune César contre moi.

Lors de notre visite du Forum Julien, nous avons été, César et moi, comme les deux plateaux du signe de la Balance que je l'avais aidé à concevoir. La joie m'envahissait. Le jeune César, honoré lui aussi, était pour moi une promesse de bonheur et d'avenir. Que César l'ait fait représenter avec moi m'a donné à croire qu'il serait appelé un jour à gouverner le monde. Sur notre fils se sont concentrés tous mes espoirs.

Je souris encore, dans la nuit alexandrine, au souvenir de l'instant savoureux où, sous les acclamations du peuple de Rome, une troupe d'éléphants tenant des torches avec leur trompe avait dérobé progressivement César à ma vue, et lui avait fait un cortège jusqu'à la Domus Publica.

L'automne fut consacré à l'*otium* : j'ai reçu durant cette période la visite de nombreux hommes de lettres et de savants, tous ravis de me rencontrer. J'excitais leur curiosité : j'étais la détentrice des clés de la Bibliothèque d'Alexandrie. Je leur parlais de son organisation et des volumes qu'elle abritait, en leur disant combien il serait facile de leur procurer des copies. Je leur prêtais aussi des œuvres de ma bibliothèque de voyage, voire des épitomés [résumés] provenant des ateliers de copistes pour faciliter leur reproduction. Certains aristocrates romains étaient désireux de posséder des œuvres rares par goût réel de la lecture et de l'étude ; pour d'autres, il s'agissait simplement de briller aux yeux des convives lors des banquets. J'eus aussi la joie d'entendre chez lui un Sarde fantasque, poète et chanteur, Tigellius Hermogénès, un proche de César qui ne chantait pas toujours lorsqu'on lui en faisait la demande mais qui le fit volontiers pour moi et à plusieurs reprises. J'aimais sa belle voix et la liberté extrême qu'il prenait en bouleversant à sa guise les conventions.

Cicéron, avec qui je m'entretins plusieurs fois, m'avait demandé de lui prêter un manuscrit afin de le faire copier : mais, dans l'agitation du moment, les personnes que j'avais chargées de cette tâche oublièrent de s'en acquitter. Après la mort de César, il a oscillé à mon égard entre la détestation et l'embarras d'un homme qui s'était trop avancé dans notre relation : il devint aussi odieux qu'il avait été aimable. Nous évoquions ensemble pourtant de multiples sujets – ce qu'il ne voulut plus reconnaître par la suite ou à peine. Les dieux égyptiens auxquels il avait consacré un dialogue l'intéressaient mais il ignorait leur vraie nature. Malgré mes explications, il ne voulait retenir de ces divinités que les aspects les plus troubles et les plus inquiétants.

Je me souviens qu'il composait alors son *Hortensius*, où il critiquait de façon détournée Pompée et César en faisant l'éloge de la force et de la beauté de l'esprit, qui seules pouvaient écarter les désastres provoqués dans la cité par les ambitions démesurées des puissants : on pouvait comprendre entre les lignes qu'il s'agissait de César.

Nous avons longuement discuté de ce dialogue, avec un plaisir partagé m'a-t-il semblé à ce moment-là. Il souhaitait éclairer l'action politique à la lumière du Souverain Bien. Je ne doutais pas de la sincérité de Cicéron, mais je ne pouvais m'empêcher d'estimer que s'il fallait lire les philosophes pour connaître leur pensée et approfondir la nôtre, il convenait d'être prudent sur leur mise en pratique. Lui-même n'était pas loin de cette attitude pragmatique quand nous avons parlé de César, dont il finissait par s'accommoder, car ce dernier le traitait comme le chef de file de l'opposition sénatoriale et aimait à débattre avec lui.

J'avais lu alors son *Pour Marcellus* : il l'avait prononcé en remerciement à César qui venait d'autoriser le retour à Rome de l'ancien consul Marcus Claudius Marcellus, un de ses opposants pourtant les plus farouches. Je lui ai fait remarquer qu'il semblait prendre son parti de la politique de César, tout en cherchant à l'orienter vers ce qui représentait pour lui l'utile et l'honnête. Cicéron en est convenu. Si proche de ma fin, je songe encore à la sienne…

Pendant que César menait la guerre en Espagne, mon jeune frère et moi étions retournés en Égypte [automne – 46], rappelés par les Alexandrins qui, comme toujours, s'impatientaient de l'absence de leurs souverains. Venant de Rome ou d'Hispanie, des messagers bravaient la mer jusqu'à Alexandrie pour me permettre de suivre la situation. Ils m'apprirent que César avait emporté de justesse la victoire à Munda. Le traître Labienus avait péri dans l'affrontement, tandis que Cnaeus et Sextus Pompée avaient réussi à s'échapper [17 mars – 45]. On m'apprit à mots couverts que la tête de Cnaeus Pompée, rattrapé puis exécuté par César, avait été montrée à Hispalis pour frapper les esprits [12 avr. – 45], comme celle de son père Pompée avait été brandie par Pothin sous ses yeux à Alexandrie. Sextus Pompée, lui, n'avait pas été pris : il se tirerait d'affaire plus tard, en concluant une paix avec Marcus Æmilius Lepidus, appelé à gouverner l'Hispanie citérieure [– 44-43][1].

Quelle n'a pas été ma surprise d'apprendre qu'Octavien avait été appelé par César en Hispanie, pour partager sa gloire dans les combats ! Il se remettait alors d'une maladie et ne l'avait rejoint qu'une fois la bataille livrée [juin-août – 45]. *Octavien dans sa jeunesse était décidément plus coutumier des délices des Muses que des travaux d'Arès.*

Quelques mois après son retour d'Hispanie, au cours de l'été, César organisa son cinquième et dernier triomphe : l'hispanique [début oct. – 45]. Après cette guerre violente où ses ultimes ennemis étaient tombés, il dut faire face à l'hostilité des aristocrates romains qui supportaient mal l'idée de le voir concentrer, sans plus d'obstacle, la triple autorité religieuse, civile et militaire. Que n'a-t-il alors hâté son départ en campagne contre les Parthes, loin du danger que l'on sentait poindre à Rome ?

1. La Catalogne espagnole et la côte orientale de la péninsule Ibérique, jusqu'à Carthagène.

Il m'écrivit alors sa lettre la plus émouvante, comme toujours chiffrée : il m'appelait à le rejoindre. Après Munda il n'était plus tout à fait le même. Bien que certain d'être un maître dans l'art de la guerre et d'avoir fait de la rapidité son arme la plus redoutable, il m'y disait n'avoir jamais éprouvé jusque-là, avec une telle intensité, la fragilité de sa destinée : il avait même envisagé de mettre fin à ses jours s'il avait été vaincu, tant il avait pris de risques en choisissant d'engager la bataille de Munda sur un terrain éminemment défavorable. Cnaeus Pompée et Labienus avaient installé leur camp en hauteur avec, en contrebas, la protection d'un cours d'eau. Tout aurait dû dissuader César d'engager le combat, mais il était convaincu de pouvoir compenser son désavantage par un effet de surprise. Le choc de la bataille avait été terrible et la victoire, une fois encore, avait été arrachée par la dixième légion dont l'acharnement parvint à prendre de vitesse les manœuvres d'encerclement de l'ennemi. Labienus était tombé les armes à la main et César, généreux, rendit hommage à celui qui l'avait naguère trahi en lui organisant de magnifiques funérailles.

Il m'apprenait aussi qu'il continuait de poursuivre la lutte sur le front intellectuel, en préparant un pamphlet cinglant, son *Anti-Caton*, en réplique à l'*Éloge de Caton* que Cicéron avait composé à la mémoire de Caton d'Utique, dont le suicide depuis Thapsus l'avait promu au panthéon stoïcien.

César, qui sentait combien il habitait les rêves des hommes, a été mû alors par deux sentiments antagonistes mais d'égale intensité.

Le premier l'a poussé à réaliser plus que jamais ses projets, à défier l'aristocratie romaine en se laissant aller à ce que d'aucuns appelaient sa folle démesure : c'est pourquoi il entendait faire accepter à Rome le gouvernement d'un roi-dieu sur le modèle des monarchies hellénistiques.

Le second était plus surprenant : il sentait naître en lui, pourtant si rationnel et caustique, une mélancolie qui l'amenait à prendre conscience de tout ce qu'il avait vécu et qui ne reviendrait jamais plus ; il avait commencé à se détacher avec une sagesse fataliste des choses de ce monde.

Il me disait encore dans sa lettre que, depuis notre rencontre à Alexandrie, l'amour et Vénus avaient pris les traits de mon visage : il souhaitait près de lui ma présence et celle de notre fils.

Peu après avoir lu ces mots, j'ai décidé de le rejoindre avec le jeune César, pour le plaisir, mais aussi pour assurer ma position auprès de lui et obtenir de nouvelles garanties pour l'Égypte. Je n'étais pas sans inquiétude en effet : César vainqueur et cosmocrator allait devoir affronter un combat bien plus difficile que tous ceux qu'il avait menés jusque-là.

Je connaissais sa faille : son esprit certes logique, parfois cynique, et d'une grande vivacité, lui permettait d'éviter les pièges, mais son goût irrépressible de la provocation et de la transgression le conduisait à s'affranchir de toute règle. Il n'a pas été ce monstre calculateur que certains se plaisent encore aujourd'hui à dépeindre. César était un mélange de griserie et de lucidité : un rêveur éveillé que le destin avait placé en sentinelle au carrefour des mondes.

Chapitre 14

Second voyage de Cléopâtre à Rome : assassinat de César

J'ai aimé César, comme on aime la première fois,
et je crois avoir été aimée de lui autant qu'on peut l'être.

Vers la fin de l'hiver [début – 44], je suis repartie vers l'Italie. Les vents du nord rendaient la mer houleuse et hostile. Enfin, j'arrivai à Rome. Entretemps, pour la cinquième fois, César avait été nommé consul et dictateur par le sénat [14 janv. – 44]. Il avait accepté d'emblée ces honneurs, ainsi que le titre d'*imperator* et le surnom de « Père de la Patrie ». Puis il fut nommé dictateur à vie, dignité que le Sénat romain [14 févr. – 44] n'avait encore concédée à aucun autre. Tout indiquait la mise en place concertée d'un pouvoir monarchique.

Était-il en proie à des sautes d'humeur, comme on le disait, ou bien ne pouvait-il se retenir de tourner en dérision ces aristocrates conservateurs qu'il avait si longtemps combattus ? Ne sentait-il pas combien cette accumulation de privilèges finirait par le rendre impopulaire ? Le fait est qu'il ne cherchait plus à cacher ses sentiments. De nombreux sénateurs étaient venus en cortège officiel au Forum Julien lui signifier les honneurs que l'assemblée lui avait votés [fin – 45] : ils souhaitaient rencontrer César devant le temple de Vénus Genetrix. Il était assis et, contrairement au protocole, il ne se leva pas à leur arrivée. Puis, à tous ceux qui lui prodiguaient des marques honorifiques, il répondit avec son ironie habituelle qu'il aurait mieux valu les diminuer que les accroître.

Mais ce que le peuple romain comprit moins pour sa part fut son emportement contre deux des tribuns de la plèbe, Caius Epidius Marullus et Lucius Caesetius Flavus. Ces magistrats étaient les défenseurs du peuple au Sénat.

Les faits qu'on me rapporta étaient les suivants : la statue de César de la tribune du Forum avait été ceinte d'un bandeau de soie blanche qui ne pouvait manquer d'évoquer le diadème de la royauté. Les deux tribuns firent enlever le bandeau et déclarèrent que César n'avait nul besoin de semblable ornement. Celui-ci crut à une mise en scène maladroite de la part des tribuns pour gagner sa bienveillance. Mais l'affaire ne s'arrêta pas là : il devait se rendre [26 janv. – 44] dans la région sacrée des monts Albains pour présider les féries latines à Albe-la-Longue, ces fêtes religieuses au cours desquelles les habitants du Latium priaient chaque année Jupiter Latiaris, leur protecteur. À son retour, quelqu'un sur son passage l'interpella sous le nom de *Rex*, « Roi », repris par la foule. Il leur répondit par un jeu de mots, car, dans la langue latine, *Rex* est aussi un prénom : « Mon nom est César, et non pas *Rex*. » Il était mécontent, et soupçonnait un complot monté par ses ennemis pour le compromettre. Caesetius et Marullus firent donc arrêter l'homme qui avait le premier crié « *Rex !* ». Mais César s'en prit aussitôt à eux en les accusant d'aggraver délibérément l'affaire. Ceux-ci firent savoir qu'ils ne pouvaient exercer leur fonction sous la menace. César convoqua alors le Sénat. Plusieurs sénateurs allèrent jusqu'à réclamer la peine de mort, mais César, enclin comme toujours à la clémence, se contenta de leur destitution ainsi que de leur éviction du Sénat. Ainsi, un mois après avoir offensé les sénateurs, il avait perdu un peu de son crédit auprès du peuple, attaché de façon viscérale à ses tribuns.

Le soir d'hiver glacial où il m'a rejointe dans la résidence des Horti Caesaris *qu'il avait de nouveau mise à ma disposition, son état d'esprit semblait avoir changé. Certes, j'ai constaté que la lettre qu'il m'avait adressée reflétait bien son plaisir de me revoir avec le jeune César, mais il se détachait peu à peu des contingences humaines.*

*Après avoir traversé victorieusement l'épreuve sanglante des batailles d'Hispanie, César a cru plus que jamais à sa bonne fortune. Il a voulu parachever sa domination sur Rome, rompre l'interdit en devenant le roi sacré de l'*Urbs. *Il portait d'ailleurs le vêtement triomphal et la couronne de laurier auxquels il avait droit et il chaussait à présent des bottes de couleur rouge comme celles que portait autrefois le dictateur perpétuel de la cité d'Albe. Je lui ai fait observer qu'il oscillait entre ce que lui recommandait la vertu républicaine et ce qu'il était prêt à accepter par passion du pouvoir. L'affaire exigeait pourtant la plus grande vigilance : si Rome n'était pas la turbulente Alexandrie, ses ennemis y étaient nombreux.*

Avec les années, son visage s'est émacié davantage, mais César me séduisait par son énergie intacte et ce désir de communier avec les dieux et les héros. Nos sentiments s'étaient renforcés. Il a caressé le rêve impossible que poursuivait Ulysse de posséder à la fois Pénélope, Nausicaa, Calypso et Circé. Son étonnement avait été grand à Alexandrie quand il a compris que j'incarnais toutes ces héroïnes. J'étais tour à tour amante fidèle, princesse hospitalière, enchanteresse et magicienne. Comme Nausicaa sur son rivage, n'avais-je pas accueilli dans le port d'Alexandrie le dictateur déjà dans la force de l'âge ?

Ce soir-là, il m'a murmuré : « Il me semble te reconnaître. Tu es ma Vénus fertile, gage de bonheur et de jeunesse perpétuelle », et il m'a montré la représentation de la Vénus de sa famille qui figurait, cette fois-ci en armes, sur son anneau. La fraîcheur de la nuit est tombée. Je me suis enveloppée dans un châle. Répondant à ses mots, mon regard semblait lui dire : « J'ai froid, serre-moi dans tes bras : je suis ta Vénus. » À l'heure de ma mort prochaine, sa présence me manque plus que jamais.

Je l'ai retrouvé deux jours avant les cérémonies des Lupercales [13-15 févr. – 44] *; il m'a paru lointain et préoccupé, tout à sa part intérieure de ténèbres, loin du drame qui se préparait sous ses yeux.*

Kombabos me rapporta les informations recueillies par ses observateurs.

Laisse-moi te préciser que les Lupercales sont une fête pastorale de purification dédiée à Faunus Lupercus, le Faune qui repousse les loups, fête que César venait de réformer. Pour accroître son prestige, il avait inauguré un troisième collège de Luperques. Revêtus d'un seul pagne en peau de bouc, ces Luperques, des hommes très jeunes, fouettaient ceux qu'ils rencontraient sur leur passage avec des lanières découpées dans la peau d'un bouc sacrifié en l'honneur de la Louve qui avait allaité Romulus et Remus. Ils fustigeaient non seulement les femmes qui voulaient un enfant dans l'année, mais le sol, les passants et les murs. Chacun se voyait, avant le début de la nouvelle année romaine, purifier à coups de lanières par ces jeunes gens quasi nus qui parcouraient la ville. Ce troisième collège de Luperques dits « de Jules » [*Luperci Iuliani*] avait pour mission de mettre en scène la glorification de César. Mais César avait placé à leur tête, comme *magister*, Antoine, âgé alors de trente-neuf ans et nommé coconsul pour l'année, en même temps que lui [– 44]. Les Luperques étaient d'ordinaire des jeunes gens, ce qui ne manquait pas de nous laisser dubitatifs.

Fig. 23 : Portrait numismatique de Jules César dictateur © M. A.

Enhardi par la dictature à vie qu'il venait d'obtenir, César, monarque sans diadème, se prêta lors de cette fête à un simulacre de couronnement royal orchestré par Antoine. Le dictateur se tenait ce jour-là [15 févr. – 44] sur la grande et haute tribune du Forum, celle des orateurs. Vêtu de sa toge de pourpre, il était assis sur un trône doré. Frotté d'huile, Antoine, après avoir couru dans les rues à demi nu en dépit du froid et fouetté les passants, monta à la tribune et fit mine de poser un diadème entouré d'une couronne de laurier sur la tête de César. Celui-ci se déroba à cette marque d'honneur tandis que toute la foule applaudissait son refus et qu'une petite partie seulement criait à Antoine de renouveler sa tentative. Antoine a poursuivi son manège à plusieurs reprises, jusqu'à ce que César manifeste sa réprobation. Se dressant et ôtant son manteau, il cria qu'il s'offrait à qui voulait l'égorger, montrant par là combien le geste d'Antoine lui paraissait lourd de conséquences. Puis il ajouta qu'il fallait mettre ce diadème dans le temple de Jupiter Capitolin, car seul Jupiter était roi. Cicéron, dans ses *Philippiques* [II, 85-97] écrites un peu plus tard, fit porter la responsabilité de cette mise en scène à Antoine. Il y déclarait que le comportement de ce dernier lors des Lupercales exaspéra les Républicains et fut la cause première de l'assassinat de César.

Je me suis longtemps posé la question du rôle d'Antoine dans cette triste comédie. Plus tard, il m'a assuré qu'il s'agissait d'une saynète jouée avec l'accord de César, mais qui fut mal comprise du public. Je ne sais toujours pas s'il avait agi par impulsion ou si le déroulement de la scène avait été réellement préparé avec César. Avait-il au moins eu conscience de ce qu'il était en train de jouer ?

*À la lumière de ce que m'a dit César la dernière fois où je l'ai rencontré, je crois qu'il aurait préféré, comme nous l'avions évoqué ensemble, donner le change, le jour des Lupercales, en se couvrant d'un diadème alexandrin plutôt que d'une couronne romaine – geste qui ne pouvait que provoquer la colère des Républicains. En se coiffant d'un diadème alexandrin, César aurait donné le sentiment qu'il étendait son pouvoir sur l'Égypte et non sur Rome. En devenant protecteur officiel de mon royaume, il aurait signifié qu'il mettait l'*Urbs *à l'abri* *de la famine. Dictateur à Rome avec son épouse officielle, Calpurnia, César aurait pu devenir roi à Alexandrie, en nouant une alliance privée avec moi. Quoique malmenée par cet artifice, la République serait restée sauve.*

En y repensant, si la maladresse ou la faute d'Antoine n'a pas été seule responsable du crime qui allait se produire, elle a fait pourtant perdre l'occasion de rendre publique l'union tant souhaitée par César entre l'Occident et l'Orient. J'en mesure aujourd'hui toutes les conséquences malheureuses.

Quand Kombabos m'apprit que c'était la couronne romaine qui était apparue, je fus saisie de crainte. L'affaire s'engageait mal. Le dictateur fin stratège, le dictateur qui n'avait pas son pareil pour détourner à son profit les signes même défavorables s'avançait à présent dans un labyrinthe. Au même moment, ma présence à Rome a donné du crédit à une rumeur selon laquelle César voulait faire d'Alexandrie la capitale de la République romaine. Sans aucun doute, j'ai souhaité qu'Alexandrie devienne une nouvelle Rome, et que la lumière de son Phare vienne éclairer tous les rivages de la mer Intérieure, mais j'étais trop lucide pour précipiter les choses, je savais déjà combien la réalité du pouvoir valait mieux que son éphémère illusion.

Être dictateur à vie était beaucoup pour certains, vouloir être monarque, c'était trop. Aux dires de ses détracteurs, dont Cicéron, César réunissait les défauts de Sylla et ceux du tyran Tarquin, jadis chassé de Rome par le légendaire Brutus [– 509]. Même sa façon de se vêtir et de tenir ses mains perpétuellement cachées sous les franges de son laticlave inquiétait. L'atmosphère devenait de plus en plus pesante dans la ville.

Je ne revis César qu'un soir, trois jours avant les Ides de Mars. Nous reparlâmes de la campagne avec ses généraux qu'il était en train de préparer contre nos ennemis communs, les Parthes. Cette expédition allait accroître sa gloire et ferait à jamais de lui un nouvel Alexandre : il avait déjà réuni seize légions et envoyé en avant-garde des troupes à Apollonia en Illyrie [Albanie actuelle] sur la côte adriatique, avec Octavien qui l'y attendait. Sur sa route, il comptait repousser les Daces plus au nord. Sa campagne devait durer trois années. Il ajouta qu'ensuite il me rejoindrait.

Il m'a assuré qu'il ne voulait pas atteindre l'âge où plus rien n'existe que le passé, sans avoir accompli de nouveaux exploits. Glissant une rose rouge de Préneste dans mes cheveux, il m'a donné rendez-vous après les Ides de mars pour me faire ses adieux.

Ce n'est pas sans douleur que je te livre ces souvenirs gravés dans ma mémoire. Quoi que l'on ait pu te dire, j'ai aimé César, comme on aime la première fois, et je crois avoir été aimée de lui autant qu'on peut l'être. Je me suis souvent demandé si l'on n'aimait qu'une fois dans sa vie : je l'ai pensé longtemps.

Kombabos, qui suivait César, me raconta comment les événements se déroulèrent.

Le 15 des Ides de mars, César se rendit à la séance du Sénat qu'il devait au départ présider au Champ de Mars. Mais le Forum romain étant alors en travaux, la séance allait se tenir dans la Curie attenante au Portique de Pompée. La veille au soir, César s'était rendu chez Lépide, son maître de cavalerie, pour un dîner auquel participait l'un des conjurés du nom de Junius Brutus Albinus. César avait bu un peu plus que d'ordinaire. À l'un des convives qui aurait demandé aux invités quelle était la meilleure des morts, il aurait répondu : « Celle à laquelle vous ne vous attendez pas. » C'était là un des multiples signes, commentés *a posteriori*, de l'inconscience provocatrice de l'*imperator*, devenu tragiquement le jouet de l'ironie des dieux.

Le lendemain, César négligea aussi l'avertissement de Calpurnia qui l'aurait vu, la nuit précédente, en rêve, tout ensanglanté. Il maintint donc comme prévu sa décision de rejoindre la Curie de Pompée en fin de matinée. Sa litière quitta la *Domus publica*, passa devant la *Regia*, puis se dirigea vers la Curie. Sur le trajet, un certain Laenas lui aurait remis un billet qui dénonçait la conjuration. Mais, distrait à ce moment-là et fatigué de ses excès de la veille, il plaça, sans le lire, le billet dans sa main gauche, avec d'autres documents.

Les haruspices n'étaient pas favorables, mais il n'en tint pas compte et il marcha avec assurance vers son destin. Une partie des conjurés, dont Caius Brutus et Cassius Longinus, tribun de la plèbe, l'accompagnèrent jusqu'à sa place dans la Curie, au pied de la statue de Pompée, tandis que l'autre partie entourait déjà son siège. Leurs poignards étaient dissimulés sous leurs vêtements ou dans les boîtes à l'intérieur desquelles ils mettaient leurs dossiers. Quand César voulut se lever, Lucius Tillius Cimber attrapa sa toge à deux mains et la tira brutalement au point de l'empêcher de se redresser. Il s'écria alors : « Mais c'est de la violence ! » et planta son stylet dans le bras de Servilius Casca Longus qui venait de lui porter le premier coup de poignard. Il fut alors frappé de tous côtés : les conjurés entendaient agir vite, car Antoine n'était pas loin, et ils craignaient sa réaction. César mourut ainsi, au pied de la statue de Pompée, son ennemi, comme une victime sacrificielle. Le dernier visage qu'il vit fut celui de son fils adoptif Brutus, qui lui porta le coup ultime. L'histoire ou la légende devait retenir qu'en le reconnaissant parmi ses meurtriers, César se serait exclamé en grec : « Et toi aussi mon fils ! » Puis, il tira sa toge sur sa tête pour mourir avec décence et s'affaissa.

Ma douleur a grandi à mesure que Kombabos me rapportait les circonstances dans lesquelles César avait perdu la vie. Alliée à lui, le monde ne pouvait rien contre moi ; sans lui, l'Égypte et moi redevenions fragiles. Je retrouvais les jours d'effroi à Alexandrie où César m'avait aimée et tenue à l'écart du danger. Je l'ai revu apparaissant la première fois dans mes appartements du palais d'Antirhodos et les images de notre voyage sur le Nil se sont bousculées dans ma tête avec une nostalgie obsédante.

Dans un ultime vertige, je me suis rappelé le présage du taureau Mnévis qui, à Héliopolis, avait refusé d'approcher son mufle de l'offrande de César.

Puis le monde s'est décomposé sous mes pieds. Immobile au milieu de la nuit romaine, je me suis évanouie. Je me suis réveillée près de Kombabos qui m'avait ranimée.

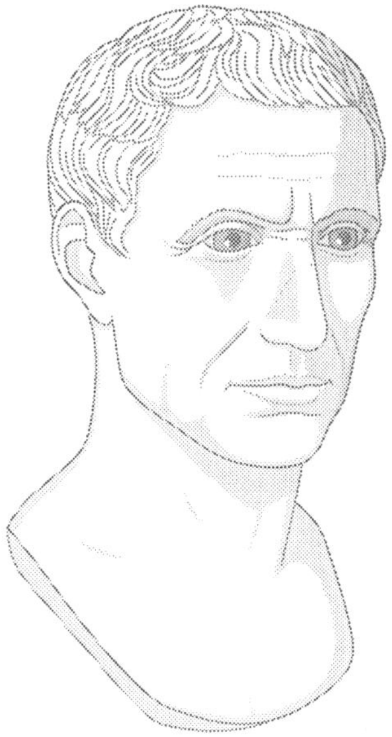

Fig. 24 : Buste de Jules César dit César Chiaramonti © M. A.

Quelle vie battait maintenant dans mon cœur et pour qui ? Je suis allée embrasser le jeune César qui dormait. J'avais beau avoir les yeux encore mouillés de larmes et m'abandonner à ma douleur, le salut de mon fils m'a commandé de chercher de nouveaux appuis et surtout de quitter Rome où se répandait la nouvelle du meurtre.

Le peuple était sidéré. Un silence surnaturel s'était fait, car un double sacrilège venait d'être commis : la Curie avait été souillée par le sang et le grand pontife venait d'être assassiné. Seuls trois esclaves ramenèrent avec peine le corps de César à la *Domus publica.* Le lendemain des Ides de Mars, le parti des Césariens se réunit autour de Lépide et du co-consul Antoine : dans un premier temps, ils décidèrent de négocier avec les conjurés : la vengeance viendrait ensuite. Durant la nuit, le parti des meurtriers s'affairait aussi et rendait visite à chacun des sénateurs pour s'assurer de son appui.

Mais, dès le surlendemain, un flot ininterrompu de vétérans de César gagna Rome, à pied et en armes, et beaucoup d'entre eux criaient vengeance : la situation se retournait contre les conjurés. À l'initiative d'Antoine, une assemblée du Sénat se tint dans le temple de Tellus [17 mars] où, à la suite d'un compromis, les *acta* de César, ses lois, ses arrêtés, toutes ses décisions prises avant les Ides de mars furent ratifiées, car les magistrats qui venaient d'être nommés par César ne souhaitaient pas voir remis en cause leur nomination ; en échange, l'impunité fut garantie aux assassins. Le choix du compromis semblait triompher.

Vint le moment d'ouvrir le testament de César : on apprit qu'il l'avait modifié en secret dans sa villa de Labicum [13 sept. – 45], au détriment de Brutus. La lecture du document révéla qu'Octavien, adopté à titre posthume sous le nom de *Caius Julius Caesar Octavianus*, héritait de la plus grande partie de la fortune de César – ce qui suscita l'amère déception d'Antoine.

Ce dernier réussit à cacher son ressentiment et mit en scène les funérailles [20 mars – 44], à la façon d'un magistral chef de chœur tragique : il guida habilement la foule et joua de ses émotions. La procession funéraire, selon l'usage des grandes familles aristocratiques romaines, intégrait, ce jour-là, cinq acteurs, un nombre égal aux triomphes du dictateur : chacun portait le masque de cire de César et défilait ainsi jusqu'au Forum. Devant le corps, il fit déployer, fixée à une lance, la toge ensanglantée portée par César le jour de son assassinat. Et, au moment où Antoine prononça l'éloge funèbre de l'*imperator*, une machine fit se dresser un mannequin de cire à l'effigie de César : il pivota lentement sous les yeux de la foule, dévoilant les nombreuses blessures causées par les poignards des conspirateurs. Puis, en contrepoint, un acteur incarnait César et énumérait les bienfaits que celui-ci avait accordés à chacun et même à certains de ses assassins. C'en était trop pour le peuple de Rome. Il se rendit maître du corps de César et, après avoir renoncé à l'incinérer au Capitole, la foule improvisa un bûcher en réunissant tout le bois disponible. La crémation eut lieu près de la *Regia* sur le Forum.

Quatre mois après la mort de César, au moment des Jeux donnés par Octavien en l'honneur de la Victoria Caesaris [fin juil. – 44], *une comète s'est levée dans le ciel à la onzième heure et a brillé durant les sept derniers jours des célébrations. Le peuple de Rome a voulu y voir l'âme de César accueillie au ciel : il reconnaissait ainsi les trop fragiles limites de l'humain pour un héros tel que lui.*

Son ascension vers le ciel a été le signe annonciateur d'un temps nouveau pour les Romains ; celui de la toute-présence de César dans le temps et dans l'espace.

La tension populaire à Rome était à son comble. Devant les émeutes qui se multipliaient et le peuple qui grondait contre les conjurés, ceux-ci préférèrent quitter Rome pour Antium [Anzio]. Publius Cornelius Dolabella qui avait feint de prendre le parti des assassins fut élu consul suffect et co-consul avec Antoine. Ce dernier prit en charge l'héritage de César, ce qui pouvait signifier que j'étais à présent sous sa protection. Le danger d'une nouvelle guerre civile se dessinait. Antoine réussit à la conjurer quelque temps, en exemptant les conjurés Cassius et Brutus de leur charge prétorienne et en les éloignant de Rome [5 juin – 44] pour leur confier la mission de l'approvisionnement en blé venu d'Asie et de Sicile. Mais l'affrontement des deux camps me semblait inévitable.

Dès que j'ai jugé les conditions de navigation favorables, j'ai décidé de quitter Rome, où je ne devais plus jamais revenir. Sache que le souvenir de César était partout présent dans la ville et que j'avais le cœur lourd. J'ai eu hâte de retrouver l'Égypte, mon palais, et le Nil, avec les constellations qui, la nuit, s'y reflètent. J'ai voulu aussi protéger le jeune César et avec lui notre avenir.

Mon vaisseau a regagné en quatorze jours le port royal d'Alexandrie. Les temps à venir me paraissaient sombres : depuis l'Égypte, j'ai observé, en les comparant à César, les acteurs qui montaient sur la scène politique romaine. Au fil des nouvelles que le Palais recevait, l'un d'entre eux m'a semblé pourtant promis à la victoire.

Chapitre 15

Antoine, Lépide et Octavien entrent en scène : l'ère des proscriptions

Les plus avertis ont compris que la République romaine était morte à la bataille de Philippes et qu'une dictature à deux faces était en train d'émerger.

À la fin du printemps, je m'étais éloignée de Rome, sous la protection d'une escorte que m'avait procurée le consul Antoine. Sans nous concerter, nous éprouvions, lui et moi, la même stupéfaction : nous nous sentions trahis. En désignant son héritier officiel, César avait séparé ses devoirs institutionnels de ses devoirs privés, ignorant la reine que j'étais et son fils, dont l'existence était pourtant connue de tous. Dans l'intérêt de Rome, César avait fixé ses fonctions à chacun selon son mérite, son origine et son rang.

Fig. 25 : Buste de Marc Antoine. Rome, musées du Vatican © M. A.

J'ai longtemps souffert de son choix et j'ai eu du mal à le comprendre : je crois aujourd'hui qu'il ne pouvait agir autrement aux yeux des Romains pour qui j'étais d'abord une « étrangère » et non la mère de son fils.

Nous avons ainsi été l'Égypte et moi livrées à la tutelle romaine. Je ne peux m'empêcher de penser, depuis notre défaite, qu'il avait vu juste en pariant sur Octavien plutôt que sur Antoine.

Peu après mon retour, le deuil avait aussi frappé la cour des Lagides. Affaibli par les rudes conditions du voyage, mon jeune frère Philadelphe succomba à une fièvre mystérieuse que les médecins ne purent guérir. Les Alexandrins le pleurèrent et sa momie rejoignit la nécropole royale. Après sa disparition, mon fils Ptolémée le jeune César et moi étions désormais seuls au monde, si l'on excepte ma sœur Arsinoé, qui depuis Éphèse, guettait les événements et nouait des liens avec des Alexandrins qui m'étaient hostiles. Désormais, il m'appartenait, aux yeux des Égyptiens, de porter mon fils, nouvel Horus, sur le trône d'Égypte, et d'assumer le rôle d'une régente, telle Isis après la mort d'Osiris.

Peu à peu la mosaïque des faits se recomposa.

Pendant que le désir de vengeance excitait la foule romaine, ivre d'une fureur meurtrière, certains profitèrent des émeutes, pour solder leurs comptes au prix d'arrangements honteux et de meurtres qu'ils faisaient commettre en toute impunité. Ayant perdu son chef, la clientèle de César se sentait privée de la prospérité qui lui avait été promise. Les aristocrates, de leur côté, hésitaient sur le parti à rallier : celui du pardon ou celui de la vengeance, celui de la République ou celui d'une dictature qui taisait son nom ? La mort se chargerait d'éclaircir les rangs des plus craintifs à l'égard des changements qui s'annonçaient et que j'envisageais moi aussi avec appréhension. L'Égypte avait beaucoup à perdre dans l'affrontement pour le pouvoir qui se préparait.

Chacun avait compris que la lutte pour la succession s'ouvrait. Mais deviner qui serait le vainqueur était autre chose.

C'était comme vouloir remporter le fameux « coup de Sôter » après avoir jeté l'isocaèdre[1].

Dans cette période troublée, seuls des hommes déterminés et à la trempe d'airain pouvaient être à même de poursuivre la politique de l'*imperator*.

Dans les dernières années de la vie de César, Antoine s'était rapproché de lui. Il avait servi les intérêts du dictateur pour revenir en grâce auprès de lui. Par la suite, il donna le change au Sénat qui, après l'assassinat du père de mon fils, s'était rangé du côté des Républicains contre les Césariens : il feignit de vouloir apaiser les tensions entre les deux partis. En réalité, il mettait le temps de son côté et caressait l'espoir de déchaîner les déesses infernales contre les conjurés qui osaient se faire appeler les « Libérateurs ». Il avait organisé, comme je te l'ai dit, les funérailles de César. Une marée d'émeutiers, brandissant des flambeaux, déferla à l'endroit où le corps du dictateur avait été incinéré : Dolabella, le co-consul d'Antoine, dut interdire les attroupements pour éviter les troubles. Saisis de panique, comme les animaux qui pressentent les tremblements de terre, les sénateurs désertèrent leurs demeures sénatoriales pour gagner en toute hâte leurs villas suburbaines.

Rome allait-elle choisir facilement un nouveau maître ? Un homme s'imposait par sa fidélité au dictateur et son courage sur les champs de bataille : Antoine. Mais c'était sans compter avec le jeune Octavien, le petit-neveu de César que le public, à la surprise générale, avait vu surgir dans son ombre au moment du quatrième triomphe de l'*imperator*. Celui-ci, pourtant, peinait à faire valoir ses droits sur l'héritage financier et politique qu'il tenait juridiquement de son grand-oncle.

C'est qu'Antoine s'efforçait de freiner la procédure. En particulier, il empêchait le versement des sommes qu'Octavien, selon les dispositions du testament de César, devait employer

1. Ce jeu alexandrin, plus sophistiqué que les dés, qui ne comportent que six faces, se pratiquait à l'aide d'un cube à vingt faces, l'isocaèdre. On parlait du « coup de Sôter » quand le joueur réussissait à placer l'objet sur sa vingtième face.

à gratifier le peuple et les vétérans de l'armée. Octavien fut donc contraint d'emprunter et de vendre ses propriétés pour financer ces charges. Malgré son jeune âge, la ténacité et la maturité d'Octavien continuaient d'étonner : il recruta des soldats pour sa garde privée, plus de trois mille, et fit passer de son côté deux légions de Macédoine – celle *de Mars* et la IVe *Macédonique*. Puis il marcha sur Rome avec son armée et, sous la pression militaire, obtint de leur part d'être nommé consul [19 août – 43] – ce qui lui avait été refusé jusqu'alors. Il fit enfin ratifier son adoption par un sénatus-consulte et put disposer du Trésor public pour payer ses troupes. Une des premières mesures d'Octavien, devenu consul avant ses vingt ans, fut d'exiger la condamnation des assassins de César. Le Sénat allait payer au prix fort son aveuglement à son égard.

En dépit de leurs ressentiments, Antoine et Octavien, qui venaient de s'affronter violemment, durent se rapprocher pour combattre leurs ennemis communs, les Républicains, ces soi-disant Libérateurs qui ne faisaient, en fait, que défendre l'ordre ancien, où le pouvoir appartenait essentiellement au Sénat. César, par ses réformes audacieuses et ses largesses, les avait défiés et s'était attiré la faveur populaire.

Lépide, ancien lieutenant de César, avait incité fortement ses deux amis à se réconcilier. De son côté, Lépide fut élu à la charge de grand pontife. Le choix de ce dernier pour cette fonction signifiait que, désormais, aucun des trois hommes ne souhaitait voir attribuer à un seul d'entre eux les pouvoirs à la fois civils et religieux. Une page du césarisme était tournée.

Lorsque les trois Césariens se retrouvèrent [début nov. – 43] près de Modène, sur une petite île au milieu de la rivière Lavinius, on vit converger quarante-trois légions, la plus forte concentration de troupes jamais vue de mémoire de Romain. Après deux jours de négociations, ils se mirent d'accord sur un pouvoir autocratique à trois. En vertu de la *lex Titia* qui fonda ce Triumvirat [votée le 27 nov. – 43], ces trois nouveaux tyrans se déclarèrent triumvirs avec pour objectif le rétablissement de l'État romain : le crépuscule de la République romaine s'annonçait. Leur force en effet reposait sur leurs armées et ils n'avaient qu'un but : en finir avec les assassins de César.

Sache aussi qu'Antoine, par calcul politique, proposa alors à Octavien d'épouser la fille que son épouse Fulvie[1] *avait eue de Clodius Pulcher lors d'un précédent mariage. Les deux familles deviendraient ainsi alliées par le sang.*

Fulvie veillait de près aux intérêts de son époux : elle avait, du fait de la puissance de sa famille, une haute idée d'elle-même et de l'ascendant qu'elle pensait exercer sur Antoine.

Avec le recul du temps, je constate qu'Antoine cédait aux désirs de Fulvie parce que son intérêt coïncidait avec les intuitions de sa femme, dont l'influence était importante sur l'aristocratie romaine.

Forts de cette alliance, et pour se débarrasser de leurs adversaires dans la ville, les triumvirs s'étaient fait attribuer la puissance consulaire qui leur permettait d'avoir légalement recours à la peine capitale. Ils firent ainsi publier, de retour à Rome, une liste de proscrits : ils entendaient assurer leurs arrières avant de se lancer dans leur expédition contre les assassins de César. Cassius, Brutus en tête et leurs complices avaient en effet étendu leur pouvoir sur la Dalmatie, la Grèce, l'Asie et la Cyrénaïque. La vengeance des triumvirs s'abattit d'abord sur leurs parents ou leurs proches[2]. Personne ne fut épargné. Trois cents noms de sénateurs et de chevaliers furent inscrits sur la liste de proscription placardée dans les lieux publics et tous ceux qui porteraient assistance aux proscrits se verraient eux-mêmes ajoutés à la liste, était-il écrit. Les tueurs à la solde des triumvirs – hommes libres ou esclaves chasseurs de têtes – purent donner libre cours à leur sauvagerie et à leurs rancœurs, dénonçant ici un maître, là un parent.

Les proscrits étaient égorgés dans leurs maisons, sur les chemins, sur les places publiques, et même dans les lieux sacrés.

1. Fulvia Flacca Bambula (77-40 av. J.-C.). Elle avait épousé en troisièmes noces Marc Antoine, après Publius Clodius Pulcher et Curion (90-49 av. J.-C.).

2. Le frère de Lépide, Lucius Æmilius Paullus, et Lucius Iulius Caesar parvinrent à sauver leurs vies mais perdirent leurs biens.

À leur réveil, les habitants voyaient des corps sanglants gisant dans les rues. Leurs têtes étaient remises à qui de droit ; les assassins touchaient une récompense sous forme d'argent ou étaient affranchis s'ils étaient esclaves.

Les plus vieux des Romains ont vu se reproduire sous leurs yeux les mêmes atrocités initiées au début de la dictature de Sylla et auxquelles César avait échappé par miracle. Les têtes des victimes étaient exhibées près des Rostres[1]*. Leur vue devait dissuader tous ceux qui auraient voulu faire obstacle aux vengeurs de César.*

Pourtant, je n'ai pu qu'approuver ces exécutions destinées à frapper les esprits. Comme le feu gagne la terre assoiffée, la rumeur bavarde s'est répandue bientôt sur toutes les rives de la mer Intérieure. La peur gagnait et incitait à la réflexion ceux qui auraient été tentés par des alliances ambiguës. Moi-même, j'ai alors été contrainte de choisir un des deux camps, comme le reste des alliés de Rome. Les temps étaient dangereux et personne n'était enclin à la miséricorde. César pardonnait ; ses vengeurs ne se sont plus donné cette peine.

Si Cicéron ne faisait pas partie des conjurés – qui redoutaient ses indiscrétions –, il était perçu comme l'âme du complot. Lui qui était, pourtant, un apôtre de la réconciliation et prônait ordinairement la paix, avait déclaré une guerre personnelle qu'il disait sainte et juste à Antoine. Il allait payer de sa vie d'avoir rédigé, comme Démosthène l'Athénien, ses propres *Philippiques* [2 sept. – 44-21 avr. – 43], quatorze discours contre Antoine qui respiraient la haine. Brillant orateur, mais arrogant, il l'accusait fanatiquement de tous les vices. Le malheureux croyait-il que ses mots seraient des armes décisives et auraient raison de celui qui allait devenir son bourreau ?

Redoutant les conséquences de ses déclarations, il s'éloigna de Rome en hâte et rejoignit sa villa de Tusculanum, son *oikos philos*, sa « maison chérie », comme il aimait à la nommer. Proche de celle de Lucullus, elle avait jadis appartenu à Sylla.

1. Voir ce mot dans le Glossaire, p. 359.

Un jardin et une bibliothèque lui suffisaient, prétendait-il. Nommé légat par son gendre Dolabella, qui lui accorda le privilège de partir légalement à l'étranger, Cicéron projetait de rejoindre son fils, Cicéron le Jeune, à Athènes. Mais l'orateur renonça à échapper aux tueurs d'Antoine lancés à ses trousses quand il apprit qu'il figurait sur la première liste de proscription, de même que son frère Quintus Tullius Cicero et son neveu Quintus Tullius Cicero minor, qui devaient être exécutés également. La fuite aurait pu sauver Cicéron d'une mort ignoble, mais il savait qu'il ne pourrait échapper aux tueurs où qu'il se rendît. C'est pourquoi, sur le chemin de la plage de Gaeta, il fit arrêter sa litière et, affrontant son assassin, lui tendit la gorge. L'autre s'y reprit à plusieurs fois pour lui couper la tête. À la demande d'Antoine, il trancha aussi la main qui avait écrit les *Philippiques*. S'il avait retenu la vivacité de sa plume, Cicéron aurait sans doute gardé sa tête et sa main.

En relisant très récemment les deux traités de Cicéron sur la vieillesse et l'amitié, qu'il a dédiés à son ami Titus Pomponius Atticus, j'ai réalisé combien l'amitié romaine telle qu'il l'avait rêvée était devenue une chimère. Il défendait légitimement une République qui n'avait de sens que si des hommes, liés par une amitié sincère, étaient capables de veiller sur elle. Mais cette sincérité des sentiments semble si lointaine aujourd'hui.

La joie sauvage d'Antoine a été à la hauteur de l'emphase oratoire de Cicéron dont la tête a rejoint celles qui étaient exposées aux Rostres du Forum comme autant de trophées arrachés à des spectres sanglants. À l'endroit même où Cicéron avait connu ses plus grands succès de plaidoirie sa tête est devenue la cible des sarcasmes les plus féroces ; sa main droite, reconnaissable, a été clouée aux portes du Sénat.

Kombabos m'a rapporté que son assassin aurait touché un million de sesterces, tant Fulvie et Antoine se réjouissaient devant les restes de l'ennemi qui les avait traînés dans la boue. Antoine se serait écrié : « Maintenant il faut en finir avec les proscriptions. » Malgré nos divergences, je reconnais volontiers, à la lecture des Philippiques, *le courage de Cicéron qui imaginait bien le sort qui lui serait réservé.*

Il a préféré affronter la mort, car il savait que le pardon ne lui serait pas accordé. Son choix est le mien aujourd'hui : une mort assumée vaut mieux qu'une vieillesse désenchantée.

Dans cet orage de sang et de terreurs où devait être ma place ? Peut-être te le demandes-tu ? Depuis le palais de l'île d'Antirhodos, je me suis inspirée de la sagesse d'Isis et j'ai observé comment évoluait la confrontation qui mettait aux prises les armées des Républicains et celles des Césariens.

Lépide était resté maintenir la paix à Rome, et l'affrontement se préparait à Philippes en Macédoine orientale. Étaient en route vers ce lieu, sur terre et sur mer, dix-neuf légions, pour Octavien et Antoine ; dix-sept pour les Républicains, Brutus et Cassius, mais leur cavalerie était plus nombreuse. Surtout, la position stratégique des Républicains était nettement plus avantageuse que celle des Césariens, qui campaient dans une plaine marécageuse.

Quelles seraient les conséquences d'un tel combat, dont l'issue allait bientôt décider de l'avenir de Rome et du destin de ses alliés ? La première bataille [3 oct. – 42] fut indécise : Antoine, à l'aile droite, triompha de Cassius et s'empara de son camp, tandis que Brutus enfonçait symétriquement les lignes d'Octavien, dont certains disaient qu'il était parti se réfugier dans les marais. Prenant comme prétexte un songe prémonitoire de son médecin, Octavien, dont la peur au combat était proverbiale, jugea préférable de s'éclipser du champ de bataille. Dans le camp des Républicains, Cassius, mortellement blessé, fut inhumé en secret par Brutus afin de ne pas saper le moral de ses troupes, car Cassius était un excellent stratège, aimé des soldats.

Trois semaines plus tard, alors que les Césariens se trouvaient dans des conditions inquiétantes, coupés de tout ravitaillement ou de nouveaux soutiens, Brutus [23 oct. – 42] n'eut pas la prudence d'attendre que leur situation se dégrade d'elle-même. Sous la pression de ses soldats, il engagea son armée dans la bataille : celle-ci tourna nettement à l'avantage d'Antoine et d'Octavien qui était revenu sur le terrain. Les combats livrés à Philippes furent d'une violence extrême et décimèrent les armées de Rome : près de cinquante mille hommes y trouvèrent la mort et une grande partie de l'élite de l'aristocratie romaine fut anéantie, ne laissant sur le théâtre des opérations que des monceaux d'ossements. Après ce combat victorieux, les soldats célébrèrent les qualités militaires ainsi que le courage d'Antoine. Brutus, lui, se suicida.

Les plus avertis ont compris que la République romaine était morte à la bataille de Philippes et qu'une dictature à deux faces était en train d'émerger.

Antoine a pris soin d'envoyer, par humanité, les cendres de Brutus à sa mère Servilia Caepionis, tandis qu'Octavien, implacable, a fait partir la tête de Brutus vers Rome pour qu'elle soit exhibée au pied de la statue de César.

J'ai su depuis ce moment précis qu'il n'y aurait pas d'espoir de pardon à attendre d'un tel homme.

Après avoir fondé sur place la *Colonia Victrix Philippensium* [Colonie victorieuse de Philippes] et y avoir installé sous le droit italique des soldats parvenus à la fin de leur service, les deux triumvirs triomphants retournèrent à Rome et firent le vœu d'y dédier un temple à Mars Vengeur [*Ultor*]. Les territoires furent de nouveau répartis entre les trois triumvirs. Avec l'administration des Gaules et des provinces d'Orient, Antoine prenait comme en tenaille l'Italie, passée à présent entre les mains d'Octavien, et portait les espoirs de nombreux Romains. Le partage lui avait été profitable, car il récupérait les régions dont les Républicains avaient assuré la gestion : la Dalmatie, la Grèce, la Cyrénaïque et la Syrie, entourées par d'autres alliés de Rome. Antoine s'imposait comme le vrai maître d'un monde épuisé par ses luttes intestines.

Dans mon palais d'Antirhodos, les cartographes s'appliquaient, sous l'œil expert des géographes, à dessiner sur une grande paroi les changements intervenus sur la scène de l'œcoumène [le monde habité]. Ces cartes améliorées étaient déclinées à partir de celle d'Ératosthène et livraient les distances avec exactitude. À mesure que les informations parvenaient à Alexandrie, on discernait peu à peu comment le monde se reconfigurait. Celui-ci se divisait, à l'Orient et à l'Occident, en deux bassins de la mer Intérieure séparés par la péninsule d'Italie, aux mains d'un Sénat sur les bancs duquel les visages avaient changé. La situation semblait promise pour un temps à la concorde et à l'apaisement. Le royaume d'Égypte allait pouvoir se rapprocher du prestigieux vainqueur des Républicains.

Au moment où les deux maîtres du monde renforçaient leurs alliances et où Lépide ne jouait plus qu'un rôle secondaire, choisir le parti d'un homme de la trempe d'Antoine me semblait judicieux ; j'avais autrefois fait sa connaissance au palais royal, quand, avec Gabinius, il avait aidé mon père à reprendre possession de son trône. Notre famille savait ce que nous devions à Antoine, après la mort au combat d'Archélaos, l'époux de ma sœur Bérénice : il avait su rendre hommage à son courage. Les Alexandrins lui en avaient été reconnaissants.

Antoine hiverna avec ses troupes à Athènes [hiver – 42-41], où il avait su gagner la sympathie de la population par son désir d'être initié aux mystères d'Éleusis. Il souhaitait qu'on l'appelle l'« Ami des Grecs », et particulièrement celui des Athéniens. Il était en permanence entouré, en temps de paix, d'une foule de comédiens, de danseurs et de musiciens, tous adorateurs de Dionysos. Il recevait ses hôtes dans le théâtre du dieu à Athènes. On le qualifiait, comme mon père, mais sans ironie, de « Nouveau Dionysos ».

Dans l'exercice de ses fonctions, Antoine semblait s'adresser aux Athéniens comme s'il s'inspirait du personnage de Dionysos des Bacchantes *d'Euripide, pièce qui avait été jouée dans ce même lieu et dont les habitants d'Athènes connaissaient les répliques par cœur. Antoine savait, à l'instar du dieu, être bienveillant et généreux, mais aussi était capable, tel Dionysos, de punir impitoyablement ceux qui ne reconnaissaient pas son pouvoir.*

Il aurait pu faire siens, ai-je souvent pensé, les vers liminaires de la tragédie, qu'Euripide avait mis dans la bouche du dieu :

J'ai laissé derrière moi les champs d'or de Lydie et de Phrygie ;
j'ai parcouru les plateaux de la Perse écrasés par le soleil,
j'ai vu les remparts de la Bactriane et les tempêtes de la terre des Mèdes,
j'ai sillonné l'Arabie heureuse et toute l'Asie
que borde la mer salée, avec ses cités aux belles tours,
où se pressent pêle-mêle Grecs et Barbares ensemble.
Me voici à Thèbes, la première cité grecque où je suis arrivé ;
sur ces terres de l'Orient, j'ai instruit mes chœurs, institué mes mystères,
pour être le dieu qui se manifeste aux hommes.

Antoine a parcouru, lui aussi, les terres de l'Asie, mais pour régler les affaires en suspens, taxer fortement les cités qui avaient pris parti pour les Républicains, exempter d'impôts celles qui avaient soutenu les Césariens et combattre les Parthes. Son désir d'incarner un Dionysos triomphant répondait aux souhaits des Grecs.

Lorsqu'il se rendit en Bithynie pour lever des contributions et dans le Pont-Euxin, la rumeur l'avait précédé : l'Ami des Grecs fut accueilli triomphalement à Éphèse au cours de l'été par son frère cadet, le consul Lucius Antonius. La population voyait en lui Dionysos en personne ; des artistes athéniens célèbres devinrent ses conseillers et entraînèrent les habitants dans des cortèges de fidèles enthousiastes, les *thiases*. L'idée d'un *thiase* politique et guerrier commença à se développer dans son entourage : devenir un de ses partisans impliquait de célébrer ce nouveau Dionysos qui parlait à la Grèce, à l'Asie, et finalement à moi. Et, peu à peu, l'*imperator* imberbe des monnaies se muait en un triumvir chevelu et hirsute.

Cette image de monarque grec ensauvagé devait demeurer dans les esprits et jusqu'à finir par se retourner contre lui. Mais, pour moi, ce Nouveau Dionysos qui entendait marcher sur les traces d'Alexandre a possédé cette force et ce courage sans lesquels rien de grand ne s'accomplit. En se mettant dans le sillage d'Alexandre et de Dionysos, Antoine a cherché aussi à se rallier les Grecs d'Asie et du continent pour prendre de vitesse Octavien.

Chapitre 16

La rencontre de Tarse : Aphrodite et Dionysos

Débarquer dans le port de Tarse sous l'apparence égyptienne
d'une Aphrodite à demi nue et parée
de mes bijoux étincelants s'est imposé soudain
comme une évidence avec la force de la provocation.

Antoine arriva à Tarse [juin/juil. – 41], capitale de la Cilicie. D'après les rumeurs sur la façon dont il apurait les comptes liés aux conflits passés, je savais que j'aurais bientôt à répondre de mes actes. En effet, après le meurtre de César, les conditions d'exercice du pouvoir n'avaient jamais été aussi délicates qu'au moment où le Républicain Cassius s'était emparé de l'Asie [mineure], puis avait souhaité mettre la main sur Chypre. Malgré moi, je dus donner le change pour conserver l'île, qui avait réintégré le royaume des Lagides grâce à César. Sérapion, son gouverneur, avait donc répondu positivement en mon nom à Cassius et fait une offre d'argent pour éviter le pire. De mon côté, je feignis d'ignorer les offres de Sérapion à Cassius et j'envoyai les quatre légions cantonnées à Alexandrie vers Octavien et Antoine. Malheureusement, la flotte qui les transportait sombra à la suite d'une tempête, au large de la Cyrénaïque. Tu trouveras vraisemblablement mon attitude ambiguë, mais l'Égypte devait survivre à ce conflit.

Je ne regrette pas ces choix que j'ai dû faire à la hâte et souvent à l'aveugle. Il m'a fallu naviguer entre Républicains et Césariens, comme autrefois entre Pompéiens et Césariens, car personne ne savait plus quel camp prendrait l'avantage.

Dans ces temps de guerre civile où l'on égorgeait ses rivaux, où Rome était minée de l'intérieur, chacune de mes paroles pouvait se retourner contre moi, comme un arrêt du destin : je devais sans cesse démêler le vrai du faux parmi les nouvelles qui me parvenaient. Sondant l'horizon, tous les pays alliés de Rome guettaient les navires et les nouvelles qu'ils apportaient.

Le temps devait bientôt venir pour moi de réapparaître, me suis-je dit, mais les choses se sont précisées d'elles-mêmes quand Antoine a décidé de résider à Tarse en Cilicie [sud-est de la Turquie actuelle] *et de m'y inviter.*

Antoine avait envoyé en ambassade Quintus Dellius, un homme de peu de parole qui trahirait tous les partis auxquels il prétendait se rallier. Selon ce triste personnage, je devais me présenter à mon avantage devant le triumvir. Je compris à mots couverts que ce diplomate entremetteur pensait m'offrir comme un trophée à Antoine et croyait que j'y consentirais. C'était mal me connaître assurément. Si je devais me rapprocher d'Antoine, ce serait à mes conditions. Tu peux imaginer volontiers que je n'avais pas attendu ce pédant de Dellius pour me forger une idée du caractère du triumvir que je m'apprêtais à rencontrer. Grâce à son réseau d'observateurs dans les cités de Grèce, d'Orient et d'Asie, Kombabos me fournissait des rapports précis, où étaient décrites ses forces comme ses faiblesses. Rien ne m'avait échappé de ses frasques de jeunesse. Ses adversaires, dont Cicéron, avaient critiqué sa légèreté, sa férocité, son libertinage et son cynisme. Mais qui était en vérité celui dont on faisait un tel portrait ?

De la même façon que j'avais conquis César par ma capacité à cerner les êtres et les choses, je pensais convaincre Antoine de ma fidélité au parti des Césariens.

J'avais compris qu'il partageait avec César ce double rêve d'un Orient grec et d'une Rome orientale. Antoine poursuivrait-il cette ambition qui m'avait liée à César ou se voulait-il avant tout romain, en ces temps de guerre et de terreur où chacun surveillait ses proches ?

Malgré les invitations pressantes que je recevais à présent d'Antoine, je retardais mon voyage. Puis je décidai de retourner contre lui le piège qu'il me tendait avec la complicité de Dellius : je ferais dans le port de Tarse une entrée si éclatante, si audacieuse et imprévisible que l'Orient et l'Occident en garderaient longtemps le souvenir. On verrait ainsi qui des deux rendrait les armes ! J'allais revêtir l'apparence d'Aphrodite, celle en qui les Perses de Tarse reconnaissent leur déesse Anaïtis, la Lune personnifiée !

Je me rappelle avec nostalgie le plaisir que j'ai eu à mettre en scène notre rencontre et à jouer ma métamorphose en Aphrodite – celle par qui la grâce et la jouissance habitent la terre et illuminent le ciel. D'un côté, le Nouveau Dionysos, le dieu du jaillissement de la sève qui fait croître la vigne et les jeunes êtres, de l'autre, la Nouvelle Aphrodite, la déesse génitrice, l'accoupleuse nocturne des êtres vivants, celle qui apporte la vie.

Quant à mon fils, le jeune César, il a endossé le rôle d'Éros, sous l'apparence d'Horus. Une fois prête, je suis partie pour Tarse, décidée à frapper l'imagination des peuples.

Avant de quitter le port de l'île d'Antirhodos, je me suis recueillie dans le temple d'Isis, Dame des Flots. Puis au cours de mon voyage, je n'ai pas oublié de rendre hommage, accompagné de mon fils, à la déesse chypriote d'Amathonte, dont les traits rappellent ceux d'Hathor, notre Aphrodite d'Égypte. Débarquer dans le port de Tarse sous l'apparence égyptienne d'une Aphrodite à demi nue et parée de mes bijoux étincelants s'est imposée soudain comme une évidence avec la force de la provocation.

J'embarquai [fin de l'été – 41] à bord de *Grand-est-le-regard-de-Somtoupokrate*, la trirème royale aménagée par les charpentiers des arsenaux d'Alexandrie. J'avais baptisé ainsi le bateau car Somtoupokrate, ou Somtous-l'Enfant, n'était autre que l'équivalent égyptien d'Héraclès enfant auquel mon fils, le jeune César, était associé. Sur le navire, parmi les essences rares, le cèdre du Liban dominait et répandait son parfum âcre. Mon navire était escorté par une flottille destinée à accueillir les services du palais et à transporter tout le nécessaire à mon entretien. Figure-toi un palais flottant construit en style égyptien, coloré comme ma demeure royale d'Alexandrie.

Ainsi, c'est l'Égypte entière qui semblait faire irruption dans l'estuaire du Cydnus[1], ce fleuve aux eaux froides qui se jetait dans la mer à Tarse et dans lequel Alexandre avait, dit-on, failli se noyer en s'y baignant. Au loin, à l'ouest, on apercevait les cimes des montagnes du Taurus. L'immense carré de pourpre qui signalait ma présence à bord était à présent cargué ; le commandant de la flotte Apollonidès avait donné des ordres pour rentrer les rames et jeter l'ancre au plus près des quais. À travers les rideaux de la cabine supérieure qui battaient sous le souffle des derniers vents du sud, je cherchais des yeux Antoine. Harpocras avait mis tout son génie à faire de moi une Aphrodite égyptienne, une Hathor, amante céleste à l'épaisse chevelure, qui fait ployer les corps sur des lits parfumés. L'effet sur un homme était irrésistible, mais sur un dieu ?

La foule de Tarse qui déambulait sur les quais voyait s'avancer le navire et s'est enivrée des volutes des parfums d'oliban et de myrrhe, récoltés sur les rives de la lointaine Opôné, aux confins de l'Arabie. La mélodie des hautbois phrygiens aux sons rauques, celle des flûtes traversières, le son des tambourins, les hymnes langoureux, le spectacle des femmes mi-nues, à peine couvertes de chaînettes en bulles d'or et de pierres scintillantes, tout indiquait la présence à bord de la plus voluptueuse des déesses. Qu'allait-il se produire lorsque Antoine-Dionysos verrait Aphrodite et Éros son fils ? À la faveur de cette rencontre sacrée, un nouveau cycle attendu par le monde allait-il commencer ou bien cela ne resterait-il qu'un jeu, une folie passagère ?

Les écrivains payés par Octavien ont tourné en dérision notre rencontre. Des pamphlets se sont répandus dans la péninsule italienne, de même que des graffitis obscènes sur les édifices des

1. Aujourd'hui le Berdan Çayı, « rivière de Berdan », ou Tarsus Çayı, « rivière de Tarse ».

forums. La cohorte des petits esprits n'a cessé d'aboyer contre moi depuis mon arrivée audacieuse à Tarse : je suis irréductible à leur vision du monde.

Au fond de moi-même, je demeure cette actrice consciente de son jeu, qui voulait étonner Antoine par le luxe et la beauté des tableaux sensuels qu'elle avait imaginés, mais ce n'était là que des figures et des images. J'ai osé l'impudeur pour parvenir à la vérité d'une rencontre. Comment ne pas chercher à se dépasser quand on a le plaisir de jouer Aphrodite ?

En réalité, la foule a été d'abord stupéfaite à la vue d'Antoine sur le quai, précédé de vingt-quatre licteurs, pour accueillir la « déesse née des flots marins » et la guider vers la porte de la ville dite « de la Mer ». Mais quand j'ai débarqué, accompagnée d'un cortège de jeunes femmes et que j'ai été saluée par Antoine, une clameur immense est montée pour célébrer deux êtres voués à unir leurs destinées. L'illusion avait triomphé.

J'ai su, alors, que j'avais gardé tout mon pouvoir : j'aime à me rappeler aujourd'hui, en ces heures cruelles, ce qui fut un merveilleux instant.

Pour que notre rencontre soit parfaite, j'avais emmené avec moi les maîtres de la cuisine d'Alexandrie et de l'Asie : ils savaient accommoder viandes et abats, dont raffolaient les Alexandrins ; des pâtissiers qui excellaient dans la réalisation des recettes tirées du fameux traité de Sidonios de Tyr – *Des pâtisseries d'ici et d'ailleurs* –, des échansons capables de mêler à leurs justes proportions, dans les cratères, le vin et un peu de l'eau du Nil aux vertus reconnues. Mes parfumeurs préparaient les meilleurs *kyphis* égyptiens, mais aussi une qualité de *lirinon* unique, ainsi que beaucoup d'autres parfums venant de Mendès.

Toutefois, sachant qui j'avais à persuader, j'avais aussi embarqué pour le plaisir des yeux une troupe d'acteurs, de musiciens, de danseurs et de lutteurs, ainsi que des nains boxeurs et des contorsionnistes. Dans mon souci d'éblouir et de divertir, j'avais réuni des Pygmées sachant interpréter la scène légendaire de leur bataille contre les grues dans la haute vallée du Nil, ainsi que des hommes capables de marcher sur les braises, des jongleurs et toute une ménagerie : crocodiles, varans du Nil, lézards apprivoisés, escortés de montreurs de singes de la lointaine Éthiopie, de magiciens, d'avaleurs de serpents et bien d'autres encore. Et, pour exciter les sens du public, des acteurs, venus de la *Rue des Bienheureux* à Alexandrie où tous les types de plaisir étaient permis, offraient des spectacles au caractère érotique si surprenant qu'ils laissaient les spectateurs stupéfiés. Des astronomes et des astrologues étaient également montés à bord, ainsi que des savants du Musée, à même de participer avec brio aux banquets que j'organiserais : dans cette pièce que je mettais en scène à l'intention du triumvir, chacun avait son rôle à jouer.

Le souvenir du spectacle qu'Harpocras a donné le soir de notre arrivée, lors du banquet que j'ai offert à Antoine à bord, est resté présent dans ma mémoire, malgré la tourmente des événements,

Harpocras avait chorégraphié la danse des Pygmées coiffés de bonnets pointus combattant contre les grues : le public riait aux larmes et applaudissait à tout rompre. Ils portaient des phallus postiches exhibant leur virilité, objet de l'intérêt agressif des grues, que jouaient d'autres acteurs. Lui-même a donné libre cours à ses talents en interprétant la danse de Bès, le dieu nain musicien et danseur qui accompagnait la Déesse lointaine quand elle revenait du Sud.

C'est une danse dont l'exécution, transmise de génération en génération chez les nains, exige une longue expérience ; ses figures miment les différentes phases de l'existence de ce petit dieu qui sautille avec grâce.

Entièrement nu, Harpocras a dévoilé son corps sculptural. Dans une pose alanguie dont il avait le secret, il a pris d'abord appui sur la jambe gauche, en plaçant le dos de la main gauche contre sa hanche, tandis que la droite était tendue dans une posture symétrique, et depuis sa tête rejetée en arrière, tout son corps s'est mis à tressaillir. Puis se tournant vers les spectateurs, il a fait une pirouette et inversé le mouvement en reprenant appui sur la jambe droite.

Ceux qui connaissaient cette danse préfiguratrice de l'orgie qui célébrait le début de l'inondation des terres par le Nil suivaient attentivement ses gestes et marquaient le rythme au fil des figures. À la fin, Harpocras a récité ces vers d'Hédyle de Samos :

> *Vous tous ici, buveurs de vin pur, venez voir ce rhyton dans le temple d'Arsinoé la bienveillante : il représente le danseur Bès l'Égyptien ; et le son aigu de la trompette résonne lorsque s'écoule le liquide. Aucun signe de guerre : par l'ouverture d'or monte l'appel à la fête et au banquet*[1].

Harpocras ensuite a embouché lui-même la trompette dorée du dieu, dont le son signifiait la prospérité : il a fait ainsi jaillir les eaux sacrées du Nil. Il fut alors touché par la grâce et c'est l'image que je veux garder de lui aujourd'hui.

C'est à ce moment que l'on versa du vin aux convives et que les réjouissances commencèrent. Antoine aimait que l'atmosphère soit détendue et propice au rire. Le sachant amateur de théâtre, car il appréciait et protégeait les artistes, je saisis l'occasion de lui faire découvrir un aperçu des spectacles des comédiens de rue d'Alexandrie : je fis jouer des saynètes où ils improvisaient en caricaturant les événements de la journée. Chacun se divertissait et les mots d'esprit fusaient. J'avais même remis au goût du jour l'antique jeu d'adresse du cottabe où les convives devaient, en invoquant le nom de leur aimée ou aimé, lancer les dernières gouttes du contenu de leur coupe de vin sur un petit plateau en équilibre : la chute du plateau annonçait la réussite du souhait qu'on avait fait.

Les jours passaient et Antoine était de moins en moins sur ses gardes. Et moi-même il m'attirait. Quand je me rendais à la palestre et le voyais s'entraîner, sa nudité ne manquait pas de susciter l'admiration de ses compagnons d'armes et la

1. Hédyle de Samos (4 GP = Athen. XI 497 d-e) (275-235 av. J.-C.), à propos du fameux rhyton (coupe à vin) conçu par l'ingénieur Crébisios pour le sanctuaire de la divine Aphrodite-Arsinoé-Zéphyritis (Arsinoé II Philadelphe, 316-270 av. J.-C.) au cap Zéphyrion.

mienne. Couvert d'huile et de sable pour l'entraînement à la lutte, son corps redevenait celui d'un héros dès que le strigile avait ôté la poussière grasse sur sa peau.

Au fil de nos rencontres, il prenait la mesure de mon expérience politique. La reine suspecte d'hier devenait peu à peu une alliée.

Il a été bientôt suspendu à mes lèvres, car ma voix lui intimait, avec des mots apaisés, de rendre les armes. Il m'a suffi, pour cela, de poser sur ses lèvres l'index d'Harpocrate, le dieu du silence. Cet échange sans paroles, réduit au frôlement de nos deux peaux, était le garant de notre amour naissant. Lui et moi n'étions plus les mêmes désormais : l'attente que j'avais si soigneusement orchestrée, les jeux de la prudence et du désir nous avaient changés. C'est alors que nous avons commencé à nous aimer.

*L'Égypte, celle d'Alexandre, celle qui unissait l'Afrique et l'Asie, s'était donc rangée au côté de l'*imperator *et lui offrait l'accès à ses richesses. S'est ouvert pour lui un avenir vers l'Orient, grâce aux alliances dont j'avais les clés. Antoine en a été convaincu vers la fin de mon séjour à Tarse.*

Dès cet instant, l'infatigable triumvir m'a donné le meilleur de lui-même et j'ai répondu à ses désirs. J'ai été entreprenante : j'ai aimé le plaisir extrême qu'il prenait avec moi et je me suis enflammée comme une bacchante. Enlaçant mon corps, il a oublié jusqu'à ses amants passifs, dont les mauvaises langues prétendaient qu'il faisait ses délices.

Mais ces moments furent soudain obscurcis par la tristesse et le deuil. Une nuit, alors que les passagers de la thalamège se reposaient après une de nos nombreuses fêtes, deux assassins qui s'étaient infiltrés parmi les membres de l'équipage embarqué à Alexandrie s'approchèrent de mes appartements ; ils avaient trompé la vigilance des gardes du corps qui étaient plongés dans un demi-sommeil et ils avaient introduit un serpent par une ouverture donnant sur la chambre où reposait le jeune César avec sa nourrice. Sans doute apeuré, l'animal préféra gagner un recoin du navire où il serait à l'abri et pénétra dans la cabine où dormait Harpocras. Celui-ci n'était jamais éloigné de moi, au cas où j'aurais eu besoin de lui. Réveillé par les cris d'alerte de Socrate, son perroquet, Harpocras en se levant dans la pénombre avait été cruellement mordu au pied. Je me réveillai, je me dressai d'un bond en reconnaissant le timbre de sa voix aiguë. Kombabos, blême, une lampe à la main, se tenait déjà à son chevet : il avait aperçu l'animal furieux, recroquevillé sur lui-même, dont les écailles émettaient un bruit strident. Devant le visage ravagé par la douleur de Kombabos, je compris qu'un drame venait de se produire. Un filet de sang s'échappait de la blessure. Atterrée, les yeux fixés sur ce spectacle affreux, je m'en arrachais à la demande de Kombabos : la reine ne saurait montrer en public des marques de chagrin et être souillée par l'impureté de la maladie ou de la mort. Le jeune César et sa nourrice furent tout aussi vite éloignés de cette scène de terreur.

Le reste, je l'ai su par Kombabos. On convoqua Téos fils d'Harchébis, le conjurateur de Selkis : il eut un mouvement de recul en reconnaissant le serpent qu'il avait fini par attraper. On lisait l'épouvante sur son visage, car il était responsable de l'élimination à bord de tout animal nuisible. La situation était désespérée : il s'agissait d'une vipère Hemorrhous, de celles que l'on trouvait en abondance dans le désert libyen. On saurait plus tard que sa présence dans mes appartements ne pouvait qu'être intentionnelle. Le serpent avait été apporté à l'insu de l'équipage dans un sac en cuir. Il fallait agir vite. Téos fit boire à Harpocras des potions, massa vigoureusement la blessure à l'aide de jus d'oignon, puis récita des formules magiques appelant l'intervention d'Horus, que l'on invoque contre les morsures de vipères. Mais les remèdes employés furent inopérants. Les saignements s'aggravèrent. L'œdème progressa vers la cuisse puis gagna le pli de l'aine, pendant que de minces filets de sang s'échappaient des gencives puis des yeux d'Harpocras. Le malheureux faisait d'intenses efforts pour respirer, son souffle n'était plus qu'un râle. À l'aube, après une lutte de plusieurs heures, il mourut dans des convulsions atroces et rejoignit l'au-delà des Égyptiens. Sa petite taille, cependant, contribua à hâter sa fin. Le conjurateur apprit à Kombabos qu'une pareille morsure ne laissait guère de chance au blessé, fût-il un homme de taille adulte. Dans ses livres, ce serpent n'était pas au nombre de ceux dont les blessures pouvaient être soignées. Puis l'embaumeur du bord traita le corps de notre Harpocras selon la tradition égyptienne.

J'ai gardé longtemps sa momie près de moi. Soixante-dix jours après le drame, le cercueil minuscule revêtu d'or est parti pour une tombe de la partie égyptienne de Nécropolis ; un hiérogrammate y avait écrit : « Osiris Harpocras fils de Panoubis considéré comme juste ». Kombabos est resté inconsolable de sa mort.

Socrate, le perroquet, est mort de chagrin, accompagnant son maître. Mettre la main sur celle ou celui qui avait commandité cet assassinat m'a obsédée. Plusieurs jours de suite, du point le plus élevé de la thalamège et à l'abri des regards, j'ai invoqué le destin et les dieux vengeurs au milieu des fumigations. Nous avons organisé un banquet funèbre qui permettrait à l'âme d'Harpocras de rejoindre en paix l'Hadès des Égyptiens. Kombabos qui ne supportait plus les reproches dont je l'accablais a quitté le navire : j'ai cru l'avoir perdu.

Antoine fit mettre au chevalet les deux criminels qui s'étaient fait prendre en tentant de fuir. Ils finirent par parler et à être condamnés à mourir noyés dans un sac, une masse attachée autour du cou, sur le lieu même de leur crime ; l'horrible trahison avait bien un nom : Arsinoé. Dix jours plus tard, j'appris que le sang de ma sœur avait coulé sur les marches du temple de Diane Leucophryne à Milet, où elle avait cherché à se réfugier.

Elle avait pris le risque de quitter le temple d'Artémis d'Éphèse dans lequel elle était en sécurité pour aller supplier Antoine. Mais Psaïs, Totoès, Némésis et Cronos-Petbé que j'avais convoqués m'entendirent. Une épée l'arrêta dans son élan : une vengeance déterminée ne valait-elle pas mieux qu'un procès au cours duquel elle aurait pu éviter une nouvelle fois le coup de la Justice ? Ma colère s'est alors enfin apaisée. J'accepterais même, plus tard, à la demande des

Éphésiens, de pardonner à l'eunuque Mégabyse, le grand prêtre d'Artémis, de l'avoir protégée pendant qu'elle complotait contre moi et organisait l'attentat.

Sur ces entrefaites, un imposteur qui prétendait être mon frère Ptolémée Philopator fut livré à Antoine par les Arcadiens qui avaient cru à ses mensonges. Il fut précipité du haut d'un rocher pour prix de son imposture. Désormais, aucune menace dans l'orbe familial ne viendrait assombrir l'horizon de mes pensées.

Kombabos est revenu à bord. Nous n'avons pas échangé un seul mot. La vie a repris. Nous avons pleuré encore longtemps, penchés l'un vers l'autre, la perte du compagnon qui avait fait notre joie durant tant d'années. Harpocras avait emporté notre jeunesse, notre innocence. Mais Antoine m'avait rendu justice : il ne restait plus qu'à lui ouvrir les portes d'Alexandrie.

Chapitre 17

Arrivée d'Antoine à Alexandrie : les Inimitables

C'était chaque jour les noces de la délicatesse, de la sensualité et du luxe... Nos loisirs n'ont obéi qu'à une seule loi, celle du plaisir librement accepté.

Les premiers signes de l'automne cilicien apparaissaient. Pour les habitants de cette région la neige, qui commençait à couvrir le sommet des montagnes du Taurus, annonçait la « fermeture de la mer ». Durant cette période, les navigateurs n'affrontaient les flots qu'à leurs risques et périls. Au moment [fin – 41] où j'ai donné au navarque Apollonidès l'ordre du départ, relayé par les trompettes du bord, je sentis monter la joie de l'équipage et de ma suite à l'idée de rentrer au pays. À la sortie du port de Tarse, la flottille déploya ses voiles pour s'élancer vers le large et mit le cap au sud.

Depuis ma cabine située à la poupe de *Grand-est-le-regard-de-Somtoupokrate*, mes yeux étaient rivés à l'étrave d'argent qui plongeait dans l'écume : j'étais perdue dans mes pensées. L'une d'elles, insistante, me revenait : avais-je réussi en venant plaider ma cause ? Lors des derniers instants passés ensemble, j'avais senti peser sur moi le regard troublé d'Antoine : le triumvir, en proie à la tristesse, m'avait assuré que, dès qu'il aurait réglé ses affaires, il saurait retrouver le chemin du Phare pour sceller entre nous un pacte définitif.

En regardant vers l'arrière, je voyais s'estomper au loin les rives ciliciennes tandis que pointait à l'ouest l'index de l'île aux cinq doigts, mon île, Chypre. Nous longions la côte vers la mer d'Égypte, car, à la menace d'un grain au-dessus de l'horizon, le navire devait être vite mis à l'abri. Piloter et escorter le large vaisseau royal était un continuel défi. Vaisseau d'apparat, il n'avait pas été conçu pour affronter la haute mer, mais pour rappeler à mes alliés de la côte la présence de l'Égypte éternelle. Nous fîmes étape d'abord à Byblos, où Isis avait jadis débarqué pour rencontrer le légendaire roi Malkandre afin de reprendre le coffre dans lequel Typhon avait enfermé le corps du malheureux Osiris échoué sur le rivage. Puis ce furent Sidon et Tyr en Phénicie, ces précieux ports libres que je convoitais pour leurs chantiers navals et pour le fameux bois de cèdre qui descendait vers eux depuis les montagnes du Liban.

Apollonidès, qui connaissait le régime des vents et des courants, m'avait fait savoir qu'il valait mieux ne pas trop s'attarder sur cette côte : les havres protégés, en eau profonde, tel le port septentrional de Tyr, y étaient rares. Il avait vu souvent en cette saison les vents contraires se lever et empêcher les bateaux au mouillage de gagner le large. Heureusement, même au large de la « Montagne de Typhon », la navigation le long de la Judée et de la Palestine se déroula sans encombre. En longeant la côte, il avait d'ailleurs montré du doigt à l'horizon une montagne qui culminait au-dessus du cap de Posideion [Gabal al-Aqra] : c'est là, disait-il, que se formait l'orage, l'endroit où certains Grecs affirmaient que Typhon, le dieu de l'orage, aurait été jadis enterré.

Bientôt les côtes du Delta émergèrent des brumes de terre. Pendant trois jours, nous avons navigué sur la mer d'Égypte. Le Nil jetait alors ses derniers flots bourbeux dans la mer. Les unes après les autres les bouches du Nil se succédèrent, annoncées par la présence des dauphins qui en remontaient le cours. L'équipage averti identifiait les tours de garde qui se dressaient à leur entrée. Il fallait se tenir à distance des cordons littoraux qui s'étiraient sur des centaines de stades afin d'éviter l'engravement des navires. En passant au large de la tumultueuse branche dite « canopique » ou « héracléotique », nous savions que nous étions presque arrivés. Ce n'était plus qu'une question d'heures avant que la vigie aperçoive le Phare à l'horizon. Le bateau courrier, reconnaissable à sa taille et à sa voile, nous avait devancés. En voyant sa silhouette à l'entrée du Grand Port, les Alexandrins se rassemblèrent sur les quais pour assister au retour de leur reine au milieu des acclamations. Les équipages carguèrent la voile pourpre, puis les navires furent remorqués, en évitant les trois fameux écueils, jusqu'au port de l'île d'Antirhodos.

Enfin parvenue au palais, je fis célébrer par les prêtres un sacrifice à ma mère Isis qui avait entendu mes prières et éloigné les tempêtes.

Le nom d'Isis Dame des Flots a rassemblé Égyptiens et Grecs dans la même ferveur, autour d'une mer partagée, porteuse de richesses, mais, comme je devais le découvrir plus tard, j'ai navigué sur le miroir de la mer Intérieure sans prendre garde à ses abysses insondables.

Pour marquer mon retour, les clergés organisèrent des processions et des navigations jusqu'à Canope où tous accouraient pour se divertir. Les délégations des Grecs, des Égyptiens et des Juifs vinrent me faire les compliments d'usage.

Un mois plus tard, un navire marchand m'apportait les nouvelles tant attendues. Un messager annonçait l'arrivée d'Antoine et de quelques-uns de ses amis. Le triumvir avait pris prétexte de l'alliance des Parthes avec les habitants de Palmyre pour s'attaquer à cette oasis qu'enrichissait le commerce caravanier du lointain Orient. Antoine souhaitait récompenser ses hommes par le pillage généralisé de cette émeraude du désert. Mais les Palmyréniens, avertis de la menace, avaient jugé prudent de se réfugier de l'autre côté de l'Euphrate avec leurs biens. Dépité, il abandonna les champs de bataille et fit prendre à ses troupes leurs quartiers d'hiver à Damas.

Antoine arriva donc à Alexandrie à bord d'une trirème. Les Alexandrins virent débarquer, non pas le triumvir et ses licteurs, mais un particulier, avec des compagnons et ses serviteurs. Certes, il venait se reposer après une campagne militaire épuisante. Son souvenir de la ville était encore celui du jeune maître de cavalerie qu'il était du temps de Gabinius. Débarquer sans l'apparat de la puissance triumvirale était un geste diplomatique qui témoignait sa déférence à l'égard de l'Égypte dont il se considérait comme l'invité. Cette discrétion, je n'avais pas eu besoin de la lui recommander. Chacun se rappelait, Antoine plus qu'un autre, le soulèvement qu'avait déclenché, en son temps, le débarquement de César et de ses licteurs. Mais les vieux Alexandrins se souvenaient agréablement d'Antoine. Bien qu'il s'agît d'un Romain, son comportement sans affectation, sa capacité à répondre avec bonne humeur aux plaisanteries comblaient leurs attentes. Il réussit à faire la conquête de tous les cœurs.

Les ressources de la cité m'offraient l'occasion de prolonger et de multiplier les moments heureux qu'il avait goûtés à Tarse. Les divertissements, ici comme ailleurs, permettaient d'oublier les heures sombres de la guerre civile. Qu'était-ce qu'un triumvir sans distraction, sinon un homme dangereux pour lui-même ? Il fallait occuper son esprit pris dans une perpétuelle fuite en avant. En lui accordant généreusement son hospitalité, Alexandrie lui offrit la paix. Il goûtait de nouveau aux joies enivrantes d'une grande capitale et puisait son énergie dans cette Égypte qui devait le conduire vers l'Asie de ses rêves.

Plein d'intérêt pour les rites et les religions, pour le théâtre aussi, et assoiffé de connaissances – loin du soudard que s'était plu à dépeindre Cicéron –, Antoine a voulu tout savoir du pays et de ses usages. D'Alexandrie – au bord de la « mer des Grecs » –, il ne sentait, me disait-il, battre le cœur profond que dans les rues et les marchés aux senteurs âcres et près des temples égyptiens.

Dans la capitale, au commerce florissant, les fêtes et les processions religieuses s'égrènent selon un calendrier chargé, avec tous les cultes dédiés aux animaux sacrés et les processions bruyantes des associations religieuses. Peuplée de marins et de commerçants et reliée aux villes du Delta et de la vallée, Alexandrie est un microcosme où les cultures s'entremêlent : tous célèbrent leurs fêtes propres et celles des autres. Le mystère des fêtes égyptiennes suscite la ferveur des uns et la curiosité des autres, notamment le fameux rituel d'Osiris au mois de Choïak [17 oct.-15 nov.], *où l'on fabrique des figurines à l'image du dieu pour les inhumer ensuite.*

La diversité des peuples qui y demeurent fait d'Alexandrie un immense emporium où l'on trouve tous les biens et denrées de la terre. On y voit converger le blé, l'huile et le papyrus, dont les cargaisons sont prêtes à être chargées vers Rome. Et ceux qui débarquent à Alexandrie découvrent aussi la palette de ses plaisirs : chaque nuit la ville change de visage. Antoine a souhaité explorer les ressources surprenantes de la capitale des Ptolémées, des plus voluptueuses aux plus austères.

C'était le début de l'hiver égyptien qui ne ressemble ni à celui de Cilicie ni à celui de Macédoine où la neige couvre les sommets. Dans leur langue, les Égyptiens nomment cette saison hivernale Prô, *« l'Émergence », car la nature, après l'Inondation, reverdit et le corps d'Osiris s'anime de nouveau. Au cours de cette période, la lionne au souffle brûlant se retire au Sud, tandis qu'Alexandrie connaît le froid et la pluie.*

Antoine a déambulé dans la ville, vêtu de son himation [manteau grec] *; il portait des phaikasia* [chaussures blanches], *à la manière des prêtres grecs d'Alexandrie. L'effet produit était assuré aux yeux d'un peuple aussi religieux. La saison n'a été pour lui que visites de temples et discussions en compagnie des philosophes du Musée ou de ceux qui professaient librement dans les rues. Il a bavardé volontiers avec les passants comme s'il avait été à Rome. Il a cru revivre aussi ses années d'études à Athènes au temps de sa jeunesse.*

Son ardeur renouvelée pour les institutions grecques et celles du Gymnase avec sa foule d'éphèbes a été telle qu'il a été nommé gymnasiarque [– 33/32], *comme il l'avait été à Athènes* [– 39/38]. *Antoine était en effet accepté par les habitants qui le reconnaissaient comme un des leurs. Lors de ses séjours, ils étaient nombreux à venir le voir s'exercer régulièrement au Gymnase, avant qu'il se rende ensuite à nos bains publics en rotonde.*

À quarante ans passés, il n'avait rien à envier aux meilleurs athlètes de la ville : j'admirais la vigueur et la beauté de son corps. Alexandrie, capitale universelle de la fête et des plaisirs, a été le nouveau port d'attache d'Antoine, la cité du bonheur qu'il avait cherchée jusque-là inconsciemment.

Pendant ce temps, le palais suivait avec une attention extrême l'évolution des relations entre les triumvirs. Nous n'ignorions pas ce qui se déroulait à Rome. Les moindres rumeurs et les courriers étaient scrutés et recoupés. Lépide, pourtant grand pontife, soutien de César et proche d'Antoine, se voyait progressivement écarter du pouvoir par Octavien. Deux années plus tôt, nous avions vu circuler des monnaies d'or, frappées après la bataille de Philippes, où Antoine s'était imposé, tandis qu'Octavien n'avait guère été présent. Les effigies des poinçons, reproduites par les ateliers monétaires, étaient parlantes à ce sujet. Au droit figurait un portrait en taille adulte et avantageuse d'Antoine ; au revers, à une échelle moindre, celui d'un Octavien[1] quasi adolescent. La figure d'autorité d'Antoine semblait incarner l'avenir.

Je veux que tu saches, Ami lecteur, qui était réellement Antoine, et pourquoi j'ai choisi de faire de lui le père de trois de mes enfants. D'abord, contrairement à mes ancêtres, aucun Romain, consul ou triumvir, n'abandonne sa propre famille : il croit à la force des liens du sang. Avec Antoine à mes côtés, j'étais en mesure de leur assurer le destin que leur naissance leur réservait. Et, surtout, ce chef, parfois irrésolu, est parvenu, lors de nos conversations, à trouver dans l'Orient un sens à sa quête : il a compris que nos intérêts convergeaient.

Antoine disposait aussi d'un parti puissant : grâce aux messagers qui effectuaient la traversée, il était au fait des rumeurs qui circulaient dans le parti d'Octavien, à Rome et ailleurs. De mon côté, mes conseillers me renseignaient aussi. Une amitié est née de cette complicité : j'ai été de loin sa meilleure et plus fidèle alliée.

La même affection pour César nous a unis également. Celui-ci avait imprimé sa marque sur nous, sur l'une, par le cœur et l'esprit, sur l'autre, par le compagnonnage militaire. Nous lui

1. Ces frappes datent de l'année 41 av. J.-C., avant la bataille de Pérouse.

sommes restés liés par le souvenir, où l'admiration l'a emporté sur tout le reste.

Pourtant, de ces deux hommes héroïques qui ont orienté mon existence comme j'ai pu aimanter la leur, Antoine est celui avec qui j'ai partagé sans réserve ma vie et mes rêves, car j'ai fait naître en lui l'espoir d'un autre destin que celui auquel il se croyait assigné. Je l'ai poussé à devenir le protecteur naturel des intérêts du jeune Ptolémée César contre ceux d'Octavien. Et lui aussi avait besoin de moi pour faire aboutir l'ambition qui l'habitait.

César et moi avions, certes, tout en commun, mais il agissait seul.

Laisse-moi te faire mieux connaître encore celui dont le nom allait si souvent figurer à côté du mien.

Maître de cavalerie de Gabinius puis de César, cavalier d'exception, guerrier expérimenté, Antoine était endurant comme César, mais d'une taille plus imposante que lui. L'entraînement lui avait donné des épaules et un torse larges, sculpté un cou de taureau et forgé un bassin et des jambes d'acier. Son visage était bien proportionné : des lèvres minces, un menton volontaire, un nez légèrement busqué et des prunelles au regard perçant sous un front large et saillant lui conféraient de la noblesse. La chevelure bouclée qu'un coiffeur entretenait avec soin et que César, autrefois, lui enviait, avait progressivement fait place à une coiffure courte avec ses mèches en broussailles. Les campagnes militaires avaient creusé sur son visage des rides qui s'étaient accusées avec le temps. Sa personnalité intriguait ceux qui le rencontraient, car il faisait penser à un monarque grec. Son attitude calme et ferme, son goût du faste, de la dépense et sa générosité sans limite lui ralliaient les suffrages de l'Orient, déjà habitué aux généraux qui avaient succédé à Alexandre.

On lui a reproché à Rome de se sentir plus à l'aise dans le manteau des Grecs que dans la toge du magistrat romain. Mais son désintérêt pour l'apparat latin était compensé par un indéniable courage, égal à celui d'Alexandre. Malgré son apparente nonchalance, il a toujours émané de lui une forme de grandeur. Chez cet homme à la vaste culture, la curiosité intellectuelle n'avait rien à envier à celle de César.

Il respectait le savoir dans tous les domaines : au Musée, il se faisait expliquer les recherches des différents savants. À la Bibliothèque, il exploitait les collections en compagnie du bibliothécaire. On déroula pour lui les œuvres étrangères qui y avaient été déposées depuis le temps de Philadelphe : *Les Critiques* d'Hérodote en trois tomes et le *Livre sacré des Égyptiens* de Manéthon de Sebennytos, et bien d'autres *Aigyptiaka* dus à des auteurs égyptiens. On fit de même pour les *Babyloniaca* des Chaldéens dus à Bérose. Il parcourut les livres des mages Zoroastre, Ostanès et Hystaspe et s'étonna que les Mazdéens aient pu écrire huit cents rouleaux de textes sacrés. Dans la salle où ils étaient rangés, ces livres étaient protégés des vers grâce à des sachets de poudre d'absinthe suspendus aux étagères. Mais on lui montra surtout l'œuvre majeure des Juifs que ceux-ci nomment Septante, en raison des soixante-douze traducteurs choisis parmi les tribus d'Israël. Cette légende donne à croire qu'ils auraient abouti à la même traduction en grec commun [*koinè*] de leur Livre sacré [*Hièra Biblos*] en travaillant isolés dans l'île de Pharos, au temps du bibliothécaire Démétrios de Phalère. Il s'intéressa aussi à l'*Histoire des Juifs* d'Artapan d'Alexandrie, le roman d'un certain Moïse venu en Égypte, livre qui déclenchait de vives polémiques entre Égyptiens et Juifs. En prince grec qu'il était presque devenu, Antoine se passionnait pour l'histoire et le savoir sacré des peuples qu'il allait rencontrer dans ses conquêtes ou lors de ses entretiens diplomatiques. Ce grand amateur de lecture, dévorait les résumés [*épitomés*] de ces ouvrages faits par des *épitomistes*.

Familier de l'art oratoire et de ses traités, Antoine savait émouvoir la foule et en avait donné la preuve : il avait formé son éloquence auprès du fameux Marcus Epidius, à Rome, et poursuivi son apprentissage en Grèce auprès des meilleurs maîtres. Sa force oratoire tenait à sa verve, à la soudaineté frappante de ses formules et à l'agilité de sa parole. Ses auditeurs étaient entraînés dans le feu de l'action par la force de ses images. On se souvenait à Rome de la façon dont il était intervenu sur le Forum après l'assassinat de César. C'était lui qui, au cours de l'oraison funèbre du dictateur, avait eu l'idée de faire chanter ce passage du *Jugement des armes* du poète Pacuvius : « Ne les ai-je sauvés que pour voir vivre des hommes capables de m'assassiner ? » Néanmoins, il s'emportait facilement ; il pouvait être excessif dans la vengeance, pour le regretter ensuite. À trop écouter les flatteurs, il avait du mal à corriger ses propres défauts.

Il s'est différencié de César en ceci : l'un était un homme pressé et en toutes circonstances devançait l'ennemi par sa rapidité d'action ; l'autre, à la manière d'un Dionysos oriental, a considéré le temps comme un bien dont il fallait jouir sans compter. Aussi me revenait-il d'entretenir Antoine dans un éveil continuel, car l'ennemi des hommes tels que lui, quand ils n'ont plus d'adversaires à combattre, est l'ennui ou la secrète mélancolie. J'ai eu heureusement de quoi le tenir en haleine.

Antoine, que je rejoindrai bientôt, a aimé rire avec une joyeuse malignité qu'excitaient les vapeurs sacrées du vin. Mais, grâce aux exercices quotidiens qu'il pratiquait sous l'autorité de son maître de gymnastique et ami, Marcus Antonius Artemidorus de Céphésie, il parvenait à maîtriser les effets de la boisson. Aussi, quand on l'accusait parfois d'ivrognerie, faisait-il taire les insultes en répondant avec un sourire : « C'est Dionysos qui m'insuffle le courage au combat. »

Tu devines facilement que pour m'attacher durablement Antoine qui voulait épuiser chaque plaisir de la vie, il fallait sans cesse trouver des divertissements dignes de ce nouveau maître de nos banquets. À côté de la vigne et de ses dons, les danses sacrées et le théâtre tenaient une place de choix. Et d'abord le rire à tous moments et à tous les degrés : celui, sonore, des comédies d'Aristophane et de Cratinos d'Athènes, celui, plus léger, d'Épicharme de Cos et de Ménandre : en particulier son *Misanthrope*, avec Cnémon, « le Grincheux », que nous appréciions tant. Ménandre faisait nos délices avec ses comédies comme avec ses poèmes.

Et puis nos jeux ! Je me souviens qu'un jour Antoine voulut aller pêcher à la ligne ; je surpris alors un échange avec deux serviteurs à qui il demandait de plonger et d'aller accrocher à son hameçon des poissons déjà pris. Je fis semblant d'admirer sa pêche miraculeuse. Le lendemain, je l'invitai à une nouvelle partie de pêche. Cette fois, à son insu, je fis accrocher à son hameçon par d'habiles nageurs un poisson salé du Pont-Euxin. Lorsqu'il ramena sa prise, tout le monde se mit à rire. Je lui lançai : « *Imperator*, laisse-nous la canne à pêche, à nous qui régnons sur les habitants de Pharos et de Canope. Toi, va t'occuper de pêcher les cités, les royaumes et les continents ! » C'était aussi le rappeler à ses devoirs.

Nous avons marqué [– 41-40] *cette période fastueuse en fondant une société avec nos compagnons fidèles, que nous avons nommée : la Société des « Inimitables ». Elle réunissait tous ceux que la Fortune avait comblés de ses dons. Nous ressuscitions ainsi le célèbre groupe de fidèles de Dionysos* [le *thiase*] *cher à mon ancêtre Ptolémée Philopator. Mais nous y avons poussé au paroxysme nos plaisirs pour frapper les esprits.*

J'ai été la meneuse de jeu de cette pièce incomparable où nous étions tous partenaires : lors de nos banquets ou de nos cérémonies, j'ai répandu l'or à profusion et exalté sans limite les plaisirs de l'esprit et des sens. Nos mises en scène spectaculaires, à l'extravagance et à la démesure assumées, ont proclamé notre souveraineté divine. Elles ont surpassé, dans la recherche du beau et du rare, les jouissances qu'avaient inventées autrefois les habitants de Sybaris. C'était chaque jour les noces de la délicatesse, de la sensualité et du luxe.

Dans les cuisines, on pouvait s'étonner de voir tourner sur les broches plusieurs pièces de gibier alors que nous n'étions qu'un petit nombre de convives. C'est que personne ne savait quand Antoine viendrait dîner. Aussi avais-je ordonné de tenir prêtes ces viandes à différents degrés de cuisson, afin de pouvoir servir à son arrivée celles qui seraient cuites à point.

Pour un trait d'esprit certains auraient dépensé des fortunes. Je me souviens que le jeune Antyllus, le fils d'Antoine et de Fulvie, n'était pas en reste. À un médecin qui l'avait fait rire en ridiculisant un de ses confrères, il offrit sa vaisselle d'argent. Le médecin, par prudence, n'osa pas se l'approprier et y apposer son sceau. Dès le lendemain, un serviteur d'Antyllus la lui a apportée en s'étonnant de la part de son maître qu'il ait pu hésiter à accepter ce cadeau alors que ce dernier aurait tout aussi bien pu lui offrir sa vaisselle d'or !

Il ne suffisait pas d'être au nombre des enfants chéris de la Fortune pour entrer dans la société des Inimitables ; il fallait être capable de se dépouiller corps et âme de ses préjugés. Nos loisirs n'ont obéi qu'à une seule loi, celle du plaisir librement accepté en suivant le modèle du couple qu'Antoine et moi constituions. Nous représentions, aux yeux de tous, le modèle du bonheur divin sur terre : nous annoncions à l'Orient et à Rome un nouvel âge d'or.

Avec une égale intensité, nous pouvions poursuivre jusqu'à l'aube nos discussions philosophiques ou improviser des étreintes nouvelles. Dans cette lumière paisible et crue, qu'elles étaient loin les bravades et les parades viriles du conquérant romain ! Véritables prêtresses du Plaisir et maîtresses de nos jeux, les femmes, guidées par mon audace aphrodisiaque, ont renversé l'ordre prétendu des rôles, et je jouissais de lire dans la prunelle chavirée d'Antoine l'inversion délicieuse que j'y déversais tandis qu'il laissait échapper le cri qui signait son abandon. Les bonheurs de Tarse ont été vite surpassés et oubliés : seule a compté cette vie alexandrine, mélange de beauté et d'hédonisme que je m'apprête à quitter.

Chapitre 18

Sorties nocturnes et songe de Cléopâtre

Rome paraissait étonnamment prude
et sage à Antoine, comparée à Alexandrie
qui nous conviait à une fête nocturne perpétuelle.

J'avais convaincu Kombabos de nous conduire, la nuit venue, dans les quartiers d'Alexandrie où le peuple se moquait du pouvoir avec un humour salace. Jamais je n'aurais emmené César dans ces entrailles de la ville où se mêlaient les parfums de l'Égypte, les épices de la Grèce et les effluves de l'Orient – mais Antoine, oui. Son caractère se prêtait aux expériences insolites. De telles visites, dans cette partie de la ville, permettaient de prendre le pouls d'une population si prompte à se révolter hier encore.

Beaucoup de mes prédécesseurs ont connu une fin tragique pour n'avoir pas tenu compte de l'esprit qui soufflait dans les quartiers en marge des grandes rues orthogonales ou dans les faubourgs d'Alexandrie du côté de Nécropolis. C'est là qu'on percevait la réalité des choses, là où s'échangeaient les avis sur les différentes façons de conduire la politique de l'Égypte à l'égard des étrangers. En bordure de mer, un petit peuple fabriquant de filets avait sa propre cuisine, ses tavernes de marins et parlait une langue mêlée d'argot grec et égyptien ; il avait ses usages, ses jeux de dés et organisait des combats de nains : ceux-ci luttaient ou boxaient, les mains couvertes de bandes de cuir pour atténuer les coups. Ils proposaient aussi des combats de coqs et des duels qui opposaient une mangouste à un aspic.

Nous nous y rendions déguisés, Antoine comme un serviteur et moi comme sa maîtresse, pour ne pas être reconnus, mais peu de personnes étaient dupes. Kombabos nous accompagnait. Nous assistions à des spectacles de rue, inspirés de ma relation avec Antoine. Ces saynètes burlesques, qui comportaient des dialogues et des mimes souvent d'une incroyable indécence, nous faisaient rire aux éclats. Parfois, elles suscitaient en nous un peu de colère, vite réprimée, car nous avions pris le parti de nous en amuser, sans songer à punir les coupables pour leur insolence. Les plaisanteries obscènes qu'on entendait dans cette Alexandrie nocturne servaient d'exutoire aux habitants dont la vie quotidienne était dure. Les membres de la cour étaient d'ailleurs, tour à tour, pris pour cible, caricaturés et hués. On se divertissait de tout dans la bonne humeur, jusqu'au lever du soleil, quand les fêtards s'endormaient à même le sol ou en travers des seuils des maisons.

Et puis, il y avait la fameuse « rue des Bienheureux » dont les prestations libertines auraient rendu sa vigueur même à un homme impotent. On y trouvait des établissements pour toutes les catégories, à même de satisfaire les goûts les plus divers. Nous avions nos habitudes dans plusieurs maisons, chacune décorée pour exciter les sens, avec des statuettes, des peintures ou des mosaïques évocatrices des plaisirs d'Aphrodite ; elles étaient proches de bains en rotonde qui nous offraient ensuite un délassement salutaire.

Après avoir bu au milieu des vapeurs des aromates, nous assistions à des scènes érotiques hardies. Nous nous sommes demandé ce que cherchaient ces êtres si disparates dans le monde de la volupté. Des échansons nains aux sexes flaccides remplissaient discrètement des coupes sur des guéridons pour que les convives ne manquent de rien. Au son rauque des hautbois et au rythme des cliquettes de pied, des couples ou des trios, qui finissaient par ne plus former qu'une longue chaîne, se pressaient au service d'Éros.

Puis le désir les jetait, dans un mouvement qui s'accélérait, sur des lits aux armatures grinçantes, tous haletant en attente de l'extase finale. Personne n'était gêné à la vue de ces êtres enlacés, suant et se perdant dans la jouissance, tandis que la lueur des lampes, qui répandaient l'odeur de l'huile d'olive, s'attardait sur leurs étreintes. Ces instants étaient pour tous un don généreux des dieux.

D'une maison à l'autre circulaient des courtisanes de tous les âges et de toutes les contrées, drapées dans leurs voiles ; des hommes titubaient sous l'effet des vins de la Maréotide.

Je me souviens que nous avons croisé un soir un androgyne, prodigieux de beauté, qui a fait reculer Antoine de peur, car, à Rome, la vue comme la naissance d'un androgyne étaient d'ordinaire annonciatrices d'événements malheureux. Le triumvir ne s'attendait pas au spectacle de cette union parfaite, créée par la fusion des corps masculin et féminin, que dépeint la légende d'Hermaphrodite, fils d'Hermès et d'Aphrodite. Les androgynes, ai-je expliqué à Antoine, n'étaient pas une malédiction, mais bien plutôt une grâce divine, car ils étaient l'œuvre des dieux et nos médiateurs auprès d'eux.

Rome lui paraissait étonnamment prude et sage comparée à Alexandrie qui nous conviait à une fête nocturne perpétuelle où, sous le signe de la sainte démesure, l'amour, le vin et les aromates rendaient joyeux, libres et égaux devant la nature ceux qui s'abandonnaient à leurs désirs. Puis Dionysos et sa ménade rentraient avant l'aube, escortés par Kombabos.

Nous allions aussi dans les quartiers égyptiens de Rhacôtis – le nom égyptien d'Alexandrie –, identifiables de jour à l'odeur de fermentation qui s'échappait des brasseries de bière et à celle de la cuisson des pains d'épeautre : ils se distinguent par là des Grecs qui préfèrent le pain de blé et consomment du vin. Dans ces quartiers vivent des centaines de chats errants nourris de mie de pain et de lait. Aux carrefours, les amas de déchets abandonnés attirent des nuages de mouches et des nuées d'ibis crasseux qui souillent de leurs immondices les façades, les places, les statues et les toiles tendues pour protéger les passants de la chaleur du soleil. On a du mal à croire que les endroits où ces oiseaux élisent domicile soient, comme on le prétend, fréquentés par les dieux ! Avec les faucons et les vautours, ils seraient censés constituer les supports de l'âme selon les prêtres égyptiens ; ils nichent d'ailleurs au sommet des tours des temples où personne ne songerait à venir les déranger.

Le divin est là où on ne l'attend pas, sous des apparences imprévisibles, propres à tous les règnes de la nature, même sous la forme immatérielle des vents ou des souffles. Les Égyptiens, fiers de leur culture et méfiants à l'égard des étrangers, vivent à l'écart, préfèrent leur langue à toute autre et n'apprécient que leur nourriture nationale. Ils ont leurs propres « maisons de bière » qui proposent elles aussi de multiples divertissements. Il est des Égyptiens qui surmontent leur antipathie envers les autres peuples et qui fréquentent les quartiers grecs. Mais les Égyptiens du pays intérieur n'ont pas le statut de citoyens et demeurent prisonniers de leur condition, même si quelques-uns tentent d'y échapper en déclarant leurs enfants comme éphèbes au Gymnase, ce qui constitue un délit. J'essayais de nouer des liens avec plusieurs d'entre eux car j'avais, dès ma jeunesse, pratiqué leur langue, mais la conversation n'allait pas sans difficulté, tant l'accent et le vocabulaire, selon les dialectes, sont complexes.

Quant aux deux quartiers juifs, à l'est et à l'ouest de la ville, ils devenaient impénétrables à partir du crépuscule, car leurs habitants ont coutume alors de s'isoler : on ne pouvait y accéder. Pourtant, depuis l'assassinat de Pompée, j'entretenais de bons rapports avec la population juive dont la langue, comme tu le sais, ne m'est pas inconnue, car une reine doit connaître tous les idiomes parlés dans son royaume. Citoyens au même titre que les Grecs, puisqu'ils avaient le droit d'être éduqués au Gymnase, ils parlaient un grec de qualité et comptaient parmi eux de nombreux savants. J'avais un vif plaisir à m'entretenir avec les hommes de leur nation qui excellaient dans les lettres et les sciences. Cependant, certains d'entre eux ne pouvaient s'empêcher, dans des libelles ou des graffitis, de railler ouvertement les prêtres et les animaux sacrés des Égyptiens, ce qui ne manquait pas d'accroître les tensions entre les deux communautés.

Pour parfaire son initiation égyptienne j'ai invité Antoine à participer aux fêtes de Canope, au moment de l'Inondation. Tous les plaisirs y sont permis le jour et la nuit pendant la procession rituelle. Le canal qui conduit à Canope était encombré par les embarcations qui se rendaient là pour s'y divertir : les gens faisaient la fête sur les rives.

Après avoir navigué sur le canal nous sommes arrivés à Canope [aujourd'hui Aboukir, à 24 km d'Alexandrie] *dans l'après-midi, Antoine a voulu admirer la statue d'Aphrodite-Arsinoé-Zéphyritis qui montrait la déesse sortant de la mer : nous nous sommes donc rendus dans son temple du cap Zéphyrion, et avons vu le rhyton sacré. Puis nous avons suivi les célébrants à travers les étangs, pour débarquer au port d'Héracleion* [Thônis] *: sur l'esplanade du temple de Zeus-Amon du Cadastre* [Gereb] *des stèles et des statues gigantesques témoignaient des richesses de l'Égypte qui transitaient par la branche canopique.*

Sur les bateaux, les femmes et les hommes dansaient à moitié nus au son des flûtes, des harpes et des hautbois. On aurait dit qu'un instinct animal les poussait à s'accoupler. Mais j'ai corrigé ce sentiment auprès d'Antoine : il s'agissait de la vie et de la fertilité, lui disais-je, et ces débordements étaient bons. Dans la nuit qui tombait sur les bateaux et sur les rives, le désir triomphait aux yeux de tous.

Tant qu'Antoine est resté à Alexandrie, je ne l'ai pas quitté un instant, de manière à lui insuffler durablement l'amour de l'Égypte. Ainsi, où qu'il parte, il reviendrait, comme les mulets reviennent chaque année frayer dans les lacs du Delta, comme les dauphins reviennent du large vers les bouches du Nil, comme les Égyptiens reviennent boire l'eau du Nil après être partis à l'étranger. Même s'il devait s'éloigner – un an, deux ans ou plus –, j'étais certaine qu'il serait de retour pour chercher ce qu'il ne trouvait nulle part ailleurs.

Afin de connaître notre avenir, plutôt que de consulter les oracles – ce qui aurait été trop officiel –, je résolus de m'adresser à Pihorphritob, un ritualiste magicien et onirocrite réputé : il interprétait les rêves avec sagacité. La chapelle où il recevait était située le long de la voie processionnelle menant au Serapeum de Memphis où étaient inhumés les taureaux Apis.

Pihorphritob passait pour maîtriser l'art dangereux de « voir les dieux ». On racontait en effet que ces derniers souhaitaient rester invisibles et punissaient ceux qui entraient par effraction dans leur monde. Pihorphritob, qui savait n'avoir rien à craindre de leur colère, se livrait à l'interprétation du vol des faucons, messagers divins, disait-on, qu'on croyait capables d'apporter aux hommes des livres provenant du ciel. Leur maître demandait donc régulièrement l'aide nécessaire à l'entretien de la volière de ses faucons sacrés.

Cet interprète des rêves était d'une autre trempe que ceux qui, grâce au *Livre du gecko*, prétendaient tirer des prédictions d'après la partie du corps d'un être humain endormi, sur laquelle serait tombé un gecko se promenant au plafond de sa chambre. Érudit hors du commun, il entretenait avec les animaux, par des cris et par l'imitation de leurs mouvements, des liens si puissants qu'il était capable de leur parler en passant pour un des leurs.

Homme pur et respectueux de la vie, il parvenait à lire l'avenir dans le vol des faucons qui s'approchaient de lui sans crainte. Tous les êtres, selon lui, vivants ou non vivants – animaux, arbres, plantes et pierres –, communiquaient entre eux et exprimaient les diverses forces à l'œuvre dans la nature. Il faisait partie d'un cercle de philosophes pour qui les dieux, tels qu'on les imagine sous leur apparence humaine, sont en fait des allégories qui permettent aux hommes de se représenter la diversité de leurs pouvoirs, sous des formes avec lesquelles ils sont en mesure d'instaurer un dialogue. Aussi parlait-il aux animaux sacrés qui incarnaient des espèces particulières.

Dans le plus grand secret, Pihorphritob me fut amené au palais. Coiffé de deux plumes de faucon jaillies de son crâne rasé et passées dans un bandeau sur lequel pointait une amulette du chien d'Ophoïs, il était vêtu de lin immaculé et chaussé de sandales en spathes de palmier. Il réclama qu'on le laisse seul, au plus haut de la terrasse du temple d'Isis, où il effectua à l'abri des regards une fumigation d'oliban pour convoquer l'esprit des dieux. Puis il accomplit les rites secrets grâce auxquels les forces divines acceptent de s'adresser au dormeur. Kombabos, qui avait observé la scène, vit ensuite tournoyer autour de lui des faucons surgis du désert lointain : il poussa des cris « chiik, chiik, chiik, uiik, uiik, uiik, uiik », auxquels ceux-ci répondirent. Dans un espace retiré du temple d'Isis, où j'étais moi-même placée, je plongeai dans le sommeil, et j'eus trois visions. À mon réveil, je les racontai à Pihorphritob.

« Dans la première vision, lui dis-je, apparaît un énorme serpent à la barbe tressée ; il rampe dans ma direction. Je suis effrayée : j'ai beau tendre mes mains vers lui, il se dérobe et se transforme en plusieurs animaux, pour reprendre ensuite sa forme première.

« Dans la deuxième, ajoutai-je, je vois un cavalier lancé dans une course folle au-dessus de l'abîme : il est armé d'une épée et chevauche une créature ailée. Celle-ci a la forme d'une lionne qui a eu des petits. À son côté pend une tête de chèvre dont la bouche crache des flammes. Quant à la queue de la lionne, elle se termine par une tête de dragon aux crocs venimeux. Le cavalier caresse de la main, tour à tour, les têtes de la lionne, de la chèvre et du dragon puis, d'un revers d'épée, il tranche la tête de la chèvre. Il poursuit ensuite sa course sur le dos de la lionne qui se métamorphose en une chatte aux griffes acérées qui ne cesse de balancer sa queue à tête de dragon. Enfin, dans un dernier temps, le dragon, devenu gigantesque, avale la chatte et le cavalier.

« Dans la troisième et dernière vision assez trouble, je crois apercevoir un crocodile la gueule grande ouverte et la queue retournée. Je vois aussi un palmier et une couronne de laurier. »

Pihorphritob fit ses ablutions, se purifia la bouche avec du natron, puis consulta des livres sortis de plusieurs boîtes en sparterie, car un magicien n'est rien, me dit-il, sans sa bibliothèque, puis il me donna les explications suivantes :

« Le serpent du premier rêve est sûrement Agathodémon. Il s'agit de Psaïs, le Destin selon les Égyptiens. Il est divin car il porte la barbe courbe et tressée des dieux ; il change sans cesse d'aspect, car il est insaisissable par excellence. Les rois, comme les humains, n'ont d'autre choix que d'accepter ses décisions.

— Existe-t-il un moyen de l'apprivoiser ?

— Non, il se dérobe sans cesse et nous laisse désemparés et sans réponse, laissa-t-il tomber, mais surveille ses mouvements, s'il t'apparaissait encore en songe. »

Puis il reprit :

« Les dieux veulent vraisemblablement te dire que tu es réduite à tes seules facultés de discernement. Ils t'indiquent que ton destin est écrit dans les deux autres rêves qui t'ont été envoyés. Leurs mystères se dévoileront tôt ou tard, et à toi seule.

— Mais, lui répondis-je, la troisième vision ne prophétise-t-elle pas clairement notre victoire, puisque le crocodile et le palmier sont les signes de l'Égypte ?

— Sache que je ne peux t'en dire davantage, car si je le faisais, Hermès-Thot m'anéantirait et mon nom ne pourrait plus jamais être prononcé.

— Mais une chose ne m'a pas échappé, fis-je remarquer. Le deuxième rêve m'a fait penser à la terrible Chimère, la fille de Typhon et d'Echidna.

— À la Chimère comme à une autre créature : les rêves ne parlent jamais clairement. Seul le devin peut en percer le sens, car il regarde au-dessus de l'horizon des hommes. »

Cette conversation se prolongea encore, mais comme je constatai que je n'en tirerais rien de plus, je donnai congé à Pihorphritob. Il rejoignit, avec son assistant, les sables du désert memphite, mais je me suis promise de faire à nouveau, un jour prochain, appel à cet étrange personnage, car j'avais cru déceler de l'inquiétude dans son regard.

Je constate aujourd'hui, avec amertume, qu'il est impossible d'échapper au destin fixé par les dieux : ils me l'avaient pourtant signifié dans ces trois visions, mais je n'ai pas été à même d'en percevoir le sens profond.

Chapitre 19

Antoine sur deux fronts : les Parthes et la guerre de Pérouse

Quel que soit leur courage, les femmes qui veulent faire respecter leurs droits connaissent toujours un sort tragique.

Si Alexandrie abritait des espions d'Octavien, qui lui rapportaient les moindres gestes du triumvir et les miens, Antoine, comme tu le sais, disposait à Rome d'un réseau de partisans attachés à sa personne parmi les membres de la noblesse comme dans les légions. Tous, à cet instant, se seraient fait tuer pour celui qui était appelé à devenir le futur maître de Rome. Dans cette lutte, le mieux informé pouvait anticiper les calculs de son adversaire, comme au cours d'une bataille où les observateurs repèrent les mouvements de l'ennemi. Mais, tributaire des colères de la mer Intérieure, l'information pouvait mettre longtemps à parvenir en Égypte. C'était l'hiver et les nouvelles arrivaient de façon discontinue. L'absence d'Antoine, parti combattre les Parthes, se ressentait à Alexandrie, tant sa bonne humeur, ses échanges avec les habitants faisaient partie de la vie de la cité. Je ne savais pas quand il reviendrait ; aussi lui avais-je conseillé d'emmener Pihorphritob que j'avais fait revenir de Memphis : il pourrait faire appel à ses compétences de « voyant » dans les moments où il aurait à prendre des décisions importantes. J'étais heureuse de pouvoir, au travers de ce dernier, veiller sur lui.

C'est à ce moment que mon rêve d'une union harmonieuse s'est brisé brutalement.

Nos relais en Orient nous apprirent la victoire des Parthes sur les troupes d'Antoine qui se trouvaient en Syrie, mais il était trop tard pour qu'il puisse remédier à la situation. Les Parthes étaient passés à l'offensive [fin – 41-début – 40], conseillés par Quintus Labienus, fils du traître Titus Labienus. Ils s'emparèrent de la Judée et le grand prêtre Jean Hyrcan, qui nous avait aidés par le passé, César et moi, tomba entre leurs mains. Son adversaire, Antigone l'Hasmonéen, lui fit trancher les oreilles pour l'empêcher d'exercer désormais la fonction de grand-prêtre, qui exige un corps sans défaut.

Ajoute à cela qu'à la fin de l'hiver, une fois parvenu à Tyr, Antoine découvrit, à sa plus grande stupéfaction, par une lettre de Fulvie son épouse, que l'Italie et les Gaules s'étaient embrasées elles aussi. De Tyr où était basée sa flotte, il passa à Chypre puis à Rhodes. Enfin, il arriva en Asie où il apprit, stupéfait, les détails de la reddition de la cité de Pérouse en Italie, assiégée par Octavien et Agrippa : Fulvie et le frère d'Antoine, Lucius Antonius alors consul, avaient violé le traité passé avec Octavien et étaient à l'origine de cette nouvelle guerre civile qu'on appela la « guerre de Pérouse [Perugia] » [– 40]. Antoine fit donc voile vers Athènes pour réfléchir à la meilleure façon de sortir du piège dans lequel Fulvie et son frère l'avaient, sans le vouloir, poussé.

Quand Antoine a revu Fulvie à Sicyone, sur le golfe de Corinthe, où elle avait été reléguée par Octavien, il lui a reproché sévèrement son manque de réflexion : elle avait entrepris en son nom une guerre qui avait retourné la situation au profit d'Octavien et mis en danger le parti des Antonii, *ainsi que mon alliance avec Antoine.*

Voici ce qui s'était passé, d'après ce que me confia Antoine, quand je le revis trois ans plus tard.

Lors de la répartition de leurs différentes responsabilités [11 nov. – 43], les triumvirs avaient décidé que l'Italie resterait indivise. Octavien avait été chargé, au nom de ses deux autres collègues, de distribuer des terres aux vétérans qui avaient combattu contre les Républicains, auxquels s'ajoutaient les nouveaux démobilisés. Octavien avait prévu à l'origine de prélever ces terres sur dix-huit cités, mais il dépassa ce nombre pour diminuer la pression sur chacune d'entre elles. Il avait exclu de sa liste, au sud, Reghium et Hipponium [Reggio de Calabre et Vibio] – deux ports en eau profonde étroitement liés au trafic entre la Sicile et l'Italie. Il ne souhaitait pas, avais-je compris, toucher à ces deux villes qui risquaient, si on les mécontentait, d'accueillir la grande flotte de Sextus Pompée, le fils survivant de Pompée : elle représentait encore un danger pour tous. Mais la politique d'assignation des terres aux vétérans entraînait inévitablement la spoliation d'une bonne partie des propriétaires terriens d'Italie, parfois modestes, ainsi que des chevaliers et des aristocrates du Sénat. La colère causée par les expropriations était pour cette raison à son comble parmi les membres de la noblesse.

Antoine avait nommé Manius, un de ses proches, afin qu'il soit son procurateur en Italie : il avait pour mission de défendre les intérêts des *Antonii* contre ceux d'Octavien. Or Manius avait percé à jour les intentions de ce dernier au cours de cette opération destinée à récompenser les vétérans : le triumvir profitait de l'éloignement de son collègue en Orient pour gagner en popularité et accroître son influence au sein de l'armée. Il étendait ainsi, comme l'aurait d'ailleurs fait César, sa clientèle aux légionnaires les moins privilégiés et, ce, en n'hésitant pas à nuire aux propriétaires terriens qui se voyaient ainsi spoliés : un conflit s'est ensuivi entre ces derniers et les nouveaux colons qui s'installaient sur leurs terres.

Manius avait alors suggéré à Fulvie de se rapprocher de son beau-frère, Lucius Antonius. Celui-ci, qui avait été nommé consul l'année précédente par les triumvirs, était de retour en Italie. Ensemble, ils conçurent le projet d'évincer Octavien de la péninsule italienne au profit d'Antoine. Mais ils agirent sans l'informer et en produisant un faux mandat de sa part. Manius voulait en effet retarder les expropriations afin de mettre la noblesse du côté d'Antoine. Il proposa également que Fulvie et Lucius Antonius payent des allocations aux vétérans d'Antoine, pour que ceux-ci ne dépendent pas des seules libéralités d'Octavien et ne finissent par changer de camp. Fulvie et le consul suivirent ses conseils, tout en travaillant à exciter contre Octavien la colère des aristocrates et des chevaliers romains dépouillés de leurs terres. Le Sénat tenta bien d'arbitrer ce conflit, mais rien n'y fit. L'épisode tourna à l'affrontement tragique et, malgré ses qualités réelles, Lucius Antonius fut assiégé à Pérouse par les légions d'Octavien commandées par Marcus Vispasius Agrippa, fin stratège.

La haine a réapparu alors avec son cortège d'insultes. Elle nous a donné un avant-goût de ce qui allait suivre. Les frondeurs de l'armée du consul Lucius Antonius, assiégés dans Pérouse, projetèrent sur les légionnaires d'Octavien des balles gravées de détails salaces sur l'amant passif qu'était leur imperator. *À ces injures incisées ont répondu celles de leurs adversaires qui s'en prenaient grossièrement à Fulvie :* « Fulviae landicam peto[1]. »

Lucius Antonius dut capituler après un long siège qu'aucun des lieutenants d'Antoine ne réussit à briser [déc. – 41-mars – 40]. Si les soldats furent épargnés par Octavien et Lucius Antonius envoyé en Hispanie, les habitants de Pérouse payèrent, de leur côté, un lourd tribut à la vengeance d'Octavien : près de trois cents chevaliers et membres de la noblesse furent massacrés. L'action de Fulvie, en proie à ses impulsions mortifères et à son ambition sans bornes, avait contribué à mettre Antoine en grave difficulté.

Après la longue guerre civile qu'avait connue Rome, personne ne souhaitait tenir Antoine pour coupable à l'égard de l'État. La faute devait retomber sur l'un de ses subordonnés, voire sur sa femme. Devant le désastre causé par Fulvie et Lucius, Antoine, pour ne pas être accusé de complicité, fut contraint de punir l'un de ses fidèles, son procurateur Manius. On accusa donc ce dernier d'avoir cherché à exciter la jalousie de Fulvie pour le pousser à revenir en Italie et, cela, sans hésiter à provoquer une guerre.

Il m'a dit plus tard avoir passé des journées à réfléchir à la manière de sortir du piège dans lequel il avait été pris.

1. « C'est le clitoris de Fulvie que je veux ! »

De pareils hommes ne réagissent jamais mieux que lorsqu'ils sont acculés. Mais c'est au prix de l'exécution d'un fidèle lieutenant que la réputation du vainqueur de Philippes a pu demeurer intacte parmi ses soldats.

Vint encore pour Fulvie et Antoine un autre sujet d'amertume : Octavien s'était empressé de répudier son épouse Clodia Pulchra, la fille de Fulvie et d'Antoine. L'humiliation était désormais publique pour les *Antonii*.

Ces faits recueillis de la bouche de témoins dignes de foi, de même que le sort réservé à Fulvie, à Lucius Antonius et Manius, m'ont fait comprendre qu'il fallait agir prudemment. Avec un homme aussi fougueux qu'Antoine, qui venait tout juste d'être humilié si gravement par Octavien, j'ai veillé à ne pas commettre les mêmes erreurs que l'orgueilleuse Fulvie. Elle s'était pourtant comportée avec panache, quand elle avait cherché à galvaniser les légions en les haranguant et en portant le glaive au côté, mais elle avait payé chèrement son échec. Octavien, que ses partisans osaient maintenant appeler ouvertement César, l'a exilée et contrainte à divorcer d'Antoine pour favoriser le rétablissement de la paix civile.

Mon propre châtiment est aujourd'hui sans commune mesure : je dois être, moi l'Étrangère, traînée et livrée à la joie du peuple de Rome derrière le char d'Octavien ; et mes enfants, s'il les épargne, seront humiliés avec moi. Non, je ne veux pas même l'imaginer : je ne serai jamais son trophée, comme ma sœur Arsinoé fut celui de César !

Lors de son retour à Alexandrie, Antoine m'a dit avoir éprouvé une grande tristesse à la suite de cette guerre de Pérouse. Il était dur pour un homme tel que lui de l'admettre *a posteriori* et il jurait encore en son for intérieur de se venger au nom de Fulvie et du sien. Lorsque celle-ci est morte, rongée par la maladie, la solitude et le dépit, il a éprouvé un immense chagrin de ne pouvoir, au moment où la mort s'était approchée d'elle, réconforter la femme avec qui il avait partagé tant de passions et de combats. Il a dû même retenir ses larmes en public, pour ne pas éveiller la méfiance d'Octavien.

Je n'ai pu m'empêcher de ressentir à mon tour de la tristesse au récit des dernières heures de Fulvie : j'éprouvais de la compassion pour la femme vaincue. La responsabilité de la faute n'était pas retombée sur le frère. Pardonné et envoyé en Hispanie par Octavien, ce dernier mourut de mort naturelle, l'année même de sa révolte, loin d'Antoine.

La disparition de son frère cadet, un solide allié, a provoqué chez Antoine un profond chagrin. Il se rappelait les frasques de leur jeunesse dans les tripots de Rome où, entraîné par son ami Curion, il dépensait sans compter jusqu'à s'endetter follement. Chacun savait dans la ville combien Cicéron, qui détestait Antoine, avait prétendu, une fois Curion disparu, que les deux amis auraient partagé beaucoup plus que de l'amitié. Bref, les instigateurs malheureux de cette guerre de Pérouse, en quittant la scène politique, avaient privé Antoine de ses soutiens les plus fidèles en Italie. Il se mit, depuis, à nourrir une rancœur tenace à l'égard d'Octavien qui s'était clairement affirmé comme son adversaire.

Mais une chose était sûre : dans son empressement à servir les intérêts de son mari pour le faire revenir auprès d'elle, Fulvie avait sans le savoir servi mes projets. Le souvenir de cette femme au tempérament si emporté m'est devenue familier. Les précédentes unions d'Antoine avaient été couronnées par des naissances dont je ne saurais faire le compte sans me tromper, car il n'accorda pas une grande importance à ses enfants, sauf aux deux garçons qu'il avait eus avec Fulvie et qu'il aimait : Marcus Antonius Antyllus, l'aîné, dont il fit son héritier, et le cadet Iullus Antonius.

Avant son départ d'Alexandrie, je l'ai convaincu que je saurais patienter et le laisser libre de ses sentiments et de ses actes ; il savait que la reine d'Égypte serait toujours là, à ses côtés, à même de porter les armes de l'Isis guerrière. S'il devait mettre en œuvre ses plans pour l'Orient n'étais-je pas son allie prédestinée ? Seul un homme de sa stature, acquis à l'indépendance de l'Égypte, pouvait à mes yeux s'intégrer à la lignée des successeurs d'Alexandre.

Un combat titanesque s'était profilé entre un nouvel Orient et un vieil Occident. Je nous avais imaginés destinés à vaincre, Antoine et moi, ou à mourir ensemble pour la même vision. Alexandrie avait beau être loin des lieux où la bataille s'était déclarée, des vents délétères ont porté jusqu'à nous les plaintes des mourants. Après la mort de Fulvie, j'ai su que le pacte passé entre nous était devenu sacré. Antoine allait me suivre jusqu'au bout – à en perdre la vie.

Je songe encore à Fulvie reléguée à Sicyone avant d'y mourir. Quel que soit leur courage, les femmes qui veulent faire respecter leurs droits connaissent toujours un sort tragique. Supporter les calomnies et les ragots grossiers est leur lot. J'ai été la cible des libellistes payés par Octavien et son parti. C'est à moi et à l'Égypte qu'il a déclaré la guerre et non à Antoine : il est évident qu'un Romain ne saurait agir de son plein gré contre Rome, à moins qu'une reine ne lui ait tourné la tête.

Chapitre 20

Des accords de Brindes aux retrouvailles à Antioche

Qu'allait-il se produire après trois années de séparation, trois années où il avait dû vivre avec Octavie ?

Antoine avait remonté la mer Adriatique avec une flotte de deux cents navires construits dans les chantiers d'Asie, qui avait été rejointe par celle de Domitius Ahenobarbus, un républicain opportuniste réconcilié avec lui depuis la guerre de Pérouse. Ce républicain impliqué dans le meurtre de César était déjà prêt à toutes les trahisons.

Après de violents combats entre les troupes d'Octavien et les siennes autour de Brindes [Brindisi, été – 40], où leurs forces s'épuisaient en vain, il dut consentir, pour ramener la paix, à passer un accord [sept – 40] qui statuait sur une nouvelle répartition administrative des territoires revenant aux triumvirs. L'Occident passait aux mains d'Octavien, y compris les Gaules où les légions d'Antoine avaient été retournées contre lui. Antoine conservait l'Orient. Quant à Lépide, il voyait son rôle se restreindre à l'Afrique. Pour donner du poids aux accords de Brindes, Antoine, libre maintenant de toute entrave matrimoniale, fut contraint d'épouser Octavie, la sœur d'Octavien, qui venait de devenir veuve.

Au palais d'Antirhodos, à l'annonce de cette nouvelle, j'ai dissimulé mes sentiments en public, où la moindre parole faisait l'objet de commentaires : j'ai montré à mes visiteurs un visage de marbre. Je savais combien la raison d'État fait et défait les mariages des puissants. Antoine m'avait donné tant de bonheur que je n'ai guère éprouvé de jalousie envers ma rivale. Pourtant, j'ai difficilement accepté cette nouvelle contrainte qui s'imposait à moi : elle me ramenait à mes limites.

Tout s'est déroulé si vite : Octavien, plus juriste que militaire, avait compris que le temps jouerait contre leur accord si Antoine changeait d'avis. D'ailleurs, gagné aux arguments d'Octavien, le Sénat avait levé les obstacles juridiques pour permettre ce mariage, car les veuves romaines ne pouvaient contracter d'union matrimoniale que dix mois après la mort de leur époux – laps de temps nécessaire pour mettre au monde un éventuel héritier posthume. Or Octavie avait perdu son mari Caius Claudius Marcellus avec qui elle s'était mariée très jeune : elle lui avait donné deux enfants et, au moment de son décès, elle était enceinte d'une fille, la future Claudia Marcella Minor. Une fois les contraintes légales suspendues par le Sénat, le mariage entre elle et Antoine fut célébré à Rome juste après les accords de Brindes [– 40] qui venaient d'être conclus entre les triumvirs. Par cette alliance, à la précipitation indécente, habituelle pourtant entre aristocrates romains, Octavien liait les mains de celui qui devenait son beau-frère, comme Antoine avait voulu autrefois lier Octavien à la fille de Fulvie, Clodia Pulchra.

Fig. 26 : Portrait d'Octavie à la mèche gonflante. Aureus © M. A.

De tels pactes familiaux, quand l'intérêt domine, se sont avérés souvent éphémères. Si belle et généreuse fût-elle, autant que son frère était cynique et rusé, Octavie, qui venait d'accoucher, allait tenir, malgré elle, le rôle d'un Cerbère féminin. La mission d'Octavie était de satisfaire en tout le mari auquel son frère la livrait à vingt-neuf ans. Imagine combien sa tâche était délicate, au moment où je donnais naissance à Alexandre Hélios et Cléopâtre Séléné [25 déc. – 40], *les jumeaux d'Antoine.*

Certes, il avait de l'estime pour Octavie, mais il avait agi sous la pression d'Octavien. Par la suite, quand Octavien a divulgué le testament d'Antoine, j'ai appris qu'il n'avait pas laissé de dot aux deux filles qu'il avait eues d'Octavie – Antonia Major et Antonia Minor. Mais il en a laissé pour les enfants que nous avons eus ensemble.

Octavien s'est servi de ce legs fait selon lui « aux enfants d'une étrangère » pour prouver aux Romains qu'Antoine était bien un traître à sa patrie.

Antoine n'a eu alors que deux choix : se soumettre au clan des Octavii, qui bientôt le priverait de ses capacités d'action, ou bien, avec mon aide, se lancer à la conquête de l'Orient. À Athènes où il s'était rendu avec Octavie à l'automne [– 39], *il a rongé son frein et donné le change en attendant de pouvoir me rejoindre. Je n'ai pas douté de lui : dans les batailles, comme dans l'arène politique, il se mettait toujours en première ligne et, en amour, il s'engageait totalement.*

J'observe encore, non sans tristesse, une monnaie en or émise lors de son mariage qui a eu lieu à Éphèse : au droit figure le portrait d'Antoine et au revers celui d'Octavie. D'autres monnaies sont parvenues à Alexandrie, frappées au droit des portraits des deux époux superposés, tandis qu'au revers deux serpents se croisent encadrant une corbeille sacrée.

Cette alliance ne devait pas durer : Antoine n'appréciait guère cette surveillance. La sœur d'Octavien sondait silencieusement ses pensées et scrutait ses regards, sachant que son cœur était déjà pris. Pour moi, cette monnaie dorée, signe d'un futur radieux, n'a été qu'une monnaie de plomb recouverte d'or[1]. *La sage Octavie, le front couronné de sa mèche, avait beau faire, Antoine ne pouvait m'oublier. Tandis qu'il parcourait les cartes montrant les routes qui conduisaient aux confins de la Mésopotamie et de l'Inde, Octavie, elle, regardait vers l'Occident et la douceur de vivre des anciens Romains.*

J'ai toujours su qu'Antoine était conscient du dilemme dans lequel il s'était enfermé. Dans les moments intimes de sa vie, le visage de sa nouvelle épouse ne lui renvoyait-elle pas l'image d'Octavien, comme un miroir ? Le frère et la sœur n'ont-ils pas représenté eux aussi le droit et le revers de la même médaille ? Octavie endormait sa méfiance et servait des ambitions qui, s'il restait à ses côtés, allaient contrecarrer fatalement les siennes.

Plusieurs mois auparavant, j'avais écrit une lettre à Antoine où je lui suggérais de renouveler l'exploit légendaire de la campagne d'Osiris-Dionysos en Orient, qui habitait encore l'imagination des Alexandrins. J'offrais à son cœur une Égypte à la fois conquérante et ensorcelante. Elle serait la tête de pont de son expédition. Il y retrouverait sa liberté et nourrirait ses passions : il volerait à la tête de ses légions vers les terres lointaines, là où le soleil se lève, puis reviendrait à Alexandrie, auréolé de gloire. Rome et l'Orient seraient à lui.

Cette époque vit aussi la fin des proscriptions, grâce à la paix conclue à Misène [– 39] avec Sextus Pompée. Celui-ci n'avait, depuis les accords de Brindes [– 40], cessé de harceler avec sa flotte la péninsule italienne, jusqu'à affamer Rome par un blocus : les triumvirs lui confièrent la garde des îles de la mer Occidentale [la Corse, la Sardaigne et la Sicile] en échange du licenciement de ses troupes et de la fin du blocus. Certains jugèrent que la paix prenait enfin ses quartiers, mais les plus observateurs comprirent que la guerre couvait sous les braises de la discorde. Les hostilités reprendraient tôt ou tard : la paix de Misène avait été tout juste acceptée par Octavien. Le jour se rapprochait où les réconciliés de fraîche date allaient devoir s'affronter dans une lutte sans merci.

1. Elle évoque ici une fausse monnaie remplie de plomb et revêtue d'or.

Antoine et Octavie se rendirent d'Athènes à Tarente [printemps – 37] avec trois cents vaisseaux. Le Triumvirat, venu à terme depuis six mois, fut prorogé par un nouveau pacte, pour cinq ans [– 37]. Une nouvelle union fut même envisagée pour renforcer l'alliance entre Octavien et Antoine : le mariage du jeune Marcus Antonius Minor, fils d'Antoine et de Fulvie, avec Julia, la fille d'Octavien. Ce dernier avait aussi promis deux légions ; de son côté, Antoine, qui s'était engagé à renforcer la flotte d'Octavien face au danger de Sextus Pompée, le fit sur-le-champ. Les deux camps, pourtant, s'observaient avec méfiance : Octavien n'a jamais fourni les deux légions promises à Antoine.

Une fois de retour à Athènes, Antoine a mis à l'épreuve Pihorphritob que j'avais placé auprès de lui : celui-ci savait convoquer les dieux et interpréter le vol des faucons et d'autres oiseaux. Antoine, membre en titre du collège des Augures, connaissait la pratique des auspices à laquelle on recourait lorsque Rome devait prendre des décisions officielles. Ne pouvant consulter les Augures à titre personnel, il demanda à Pihorphritob de lire l'avenir.

Au lever du jour, le magicien accomplit les rites nécessaires pour obtenir la bienveillance des dieux. Après qu'il eut poussé le cri du faucon, on vit apparaître deux oiseaux dans le ciel. Ceux-ci tournoyèrent un instant, en s'évitant l'un l'autre, tout en montrant des signes d'hostilité, puis s'envolèrent à tire-d'aile, l'un vers l'Orient, l'autre vers l'Occident. Pihorphritob laissa tomber, face à l'interrogation muette d'Antoine, stupéfait par cette vision si explicite : « Deux faucons ne sauraient partager le même ciel. Ils doivent se tenir chacun loin de l'autre. » Lui qui n'aurait rien entrepris sans avoir déchiffré auparavant les présages s'est trouvé là devant la claire image de son avenir.

À la suite du pacte de Tarente [– 37], Antoine a jugé inutile de prolonger une alliance dans laquelle il était perdant. La réalité que j'avais dévoilée à ses yeux se concrétisait. D'un côté, l'*imperium* d'Octavien avec peu d'espoir de conquêtes ; de l'autre le sien, ouvrant de vastes perspectives. Il valait mieux qu'il laisse l'Occident à Octavien et qu'il se taille en Orient un nouvel empire à sa mesure. Ainsi il contrôlerait, avec ses alliés, le bassin oriental de la mer Intérieure et réunirait les territoires des successeurs d'Alexandre, la Macédoine, la Thrace, l'Asie et la Syrie, la Babylonie, la Perse et, bien sûr, l'Égypte. L'Orient grec attendait un sauveur et la renaissance d'un Dionysos vengeur ; l'Orient attendait Antoine.

C'est ainsi qu'il se lança dans l'expédition contre les Parthes, car il pensait restaurer le royaume de Séleucos en partant à la conquête de l'Arménie, du pays des Mèdes et de la Mésopotamie. Pour y parvenir, il devait s'appuyer sur l'Égypte et disposer de mon appui financier. Aussi, dès qu'il arriva à Antioche, sans doute pressé par les événements, délégua-t-il son ami Caius Fonteius Capito pour m'inviter à l'y rejoindre. Le destin que j'appelais de mes vœux me souriait enfin.

En compagnie du messager d'Antoine, je parvins en vue de Séleucie, le port d'Antioche, à l'embouchure de l'Oronte.

Les souvenirs de notre première rencontre à Tarse m'ont envahie avant de débarquer. Je savais que ma beauté n'avait rien perdu de ses charmes – malgré mes grossesses dont la deuxième, celle des jumeaux, avait été difficile. Qu'allait-il se produire après trois années de séparation, trois années où il avait dû vivre avec Octavie ?

J'avais reçu d'Athènes, quelques mois plus tôt, une lettre chiffrée, où il me faisait part du présage de Pihorphritob. Il y détournait aussi, sans se soucier de la métrique, mais en laissant parler son cœur, deux fragments de poèmes de Catulle[1] *adressés à Lesbie :*

> *Tu demandes ma Cléopâtre combien de tes baisers me suffiraient, et plus encore. Compte les grains de sable de Libye, sur la terre de Cyrène parfumée de silphium ; ce sont autant de baisers de tes lèvres pour rassasier Antoine dans son délire. Et qu'un envieux ne nous jette pas un sort, quand il saura que nous nous sommes tant baisés !*

Je lui ai adressé en retour un extrait du Livre des présages des Égyptiens, *et j'ai ajouté, avec une pointe d'humour,*

1. Catulli Veronensis Liber, 5,7.

quelques mots de Sappho pour qu'il sache combien mon désir de lui était toujours vif :

> *ma voix s'est brisée, un feu léger aussitôt court dans ma chair, mes yeux sont sans regard, mes oreilles résonnent. Sur mon corps une sueur glacée se répand, un tremblement m'envahit...*

Quand il m'a accueillie avec son escorte, j'ai constaté que, en dépit des épreuves qu'il avait traversées, il n'avait rien abandonné de ses ambitions un temps contrariées. Ses traits, désormais creusés, accentuaient la force de son regard et lui donnaient une maturité et une majesté nouvelles. Son allure décidée me semblait même indiquer qu'il avait retrouvé le goût de l'action. Rapidement, j'ai eu la preuve que le temps qui s'était écoulé n'avait altéré ni ses sentiments pour moi ni les miens pour lui. Ils s'étaient, comme je l'avais espéré, développés sur le terreau de nos souvenirs alexandrins. Les promenades nocturnes, les fous rires et les promesses échangées n'avaient pas été oubliés.

Même si je lui en voulais encore pour ces trois années d'absence, nous avons l'un et l'autre cédé à l'émotion si longtemps contenue en public. Kombabos, toujours discret et fidèle, a été, lui aussi, heureux de retrouver Antoine. Seuls notre silence et la confiance absolue entre nous avaient protégé ce lien précieux que peu soupçonnaient. Le parti d'Octavien, qui vivait de trahisons et de mensonges, n'avait pas perçu l'évidence : derrière les intérêts politiques triomphait un amour inébranlable, la quintessence de nos vies respectives, de nos attentes et de nos rêves partagés.

Cette fois, persuadée que rien ne saurait entamer ce lien invisible, j'étais décidée à ne plus jamais laisser une Fulvie ou une Octavie s'interposer entre lui et moi. L'Orient désormais nous appartiendrait. Le temps avait fait son œuvre. L'alliance des deux triumvirs se lézardait de part et d'autre de l'Adriatique. Antoine ne pouvait ni ne voulait se laisser dicter sa conduite par un homme plus jeune, un stratège inexpérimenté, qui avait donné à plusieurs reprises, des preuves de sa lâcheté sur les champs de bataille.

L'attitude de plus en plus arrogante d'Octavien, qui venait de destituer le troisième triumvir, Lépide [– 36], *en lui ôtant l'*imperium *sur l'Afrique, lui laissait deviner le sort qui l'attendait s'il ne réagissait pas à temps. En proie à une rage muette et impuissante, il n'avait d'autre choix pour redresser la situation que de se tourner vers son seul soutien loyal.*

Aveuglée par mon amour, j'ai voulu voir en Antoine un second César – ce qu'il ne pouvait être –, mais je ne regrette rien. César et Antoine étaient deux natures différentes. Le premier, au plus dur moment de ma vie, m'a appris le goût du plaisir et à affronter la solitude du pouvoir. Le second, malgré ses atermoiements et ses faiblesses, m'a fait renoncer à toute ambition solitaire en faveur d'un rêve commun : dépasser ensemble les frontières de l'humain.

J'ai été instrument et amante entre les mains du premier, alliée essentielle aux yeux du second : ce furent deux manières pour moi de transcender la mort et de laisser dans la mémoire des hommes un souvenir immortel.

Lors de nos retrouvailles à Antioche, nos jumeaux Alexandre Hélios et Cléopâtre Séléné qui m'accompagnaient ont été la preuve vivante de ce que pouvait engendrer l'alliance entre le sang bouillonnant des Ptolémées et celui des *Antonii*. Dès qu'il les a vus, Antoine s'est pris d'affection pour ces enfants dont la naissance à elle seule annonçait un destin peu ordinaire. Il attendait depuis longtemps cet instant car la nouvelle de leur naissance avait traversé la mer.

Il a été ému profondément, tant les jumeaux étaient attachants et se renvoyaient leur propre image comme dans un miroir. Il a vu aussi qu'ils tenaient de lui. Il a admiré le miracle d'Hélios et Séléné : le Soleil et la Lune dans un même ciel. C'était un signe de bon augure, de fécondité et d'abondance, comme la fameuse grue à deux têtes, apparue au temps d'Atôtis, fils du roi Ménis, ou comme Apollon et Artémis, les jumeaux divins du panthéon grec.

Les Égyptiens accordaient eux aussi une grande importance à la gémellité et ils étaient prompts à y discerner des éléments communs aux souverains et aux dieux. À l'annonce officielle de naissance des jumeaux, le collège sacerdotal de Tentyris leur avait dédié un groupe statuaire. Comme ils incarnaient le soleil et la lune, ils surgissaient, tels les dieux jumeaux, Sôsis et Tphénis, du corps du serpent de la terre, Toumis, jadis né de l'Océan primordial (Noun). Tout en me flattant, les Égyptiens soulignaient ainsi la nature divine de cette double naissance. Antoine qui méditait sur ces théogonies égyptiennes a compris peu à peu pourquoi l'on désignait l'Égypte du nom de Pays-des-Dieux.

Pareils, nous aussi, à des jumeaux, nous avons renoué, et relégué Fulvie et Octavie au-delà de l'horizon. Nous avons passé l'hiver [– 37/36] *à Daphné, le quartier résidentiel d'Antioche, dans une fête continuelle. Je savais que l'aventure où nous nous précipitions nous verrait resurgir vainqueurs ou morts. Il n'y avait pas d'autre alternative.*

Fig. 27 : Droit et revers du tétradrachme (vers – 37), aux portraits stylisés d'Antoine et de Cléopâtre. Bruxelles, Bibliothèque royale de Belgique, Hirsch, 1833 © M. A.

Chapitre 21

Guerre contre les Parthes, restauration du royaume lagide originel

Antoine et moi voulions donner vie
au rêve originel d'Alexandre.
Le héros macédonien croyait à l'hellénisation du monde,
à l'idéal de faire vivre sous la même loi éclairée
tous les hommes.

À Antioche, l'ancienne capitale des Séleucides, Antoine et moi sommes convenus d'un nouveau pacte. À la suite de la naissance de nos jumeaux, il accepta de m'épouser selon la loi macédonienne, puisque, d'après la loi romaine, l'époux d'Octavie ne pouvait le faire. Cette union établirait le lien juridique qui donnerait à nos enfants un statut officiel. Antoine souhaitait être le protecteur d'un royaume qu'il aimait, mais il ne voulait pas que se répète l'histoire de César et de ses projets pour l'Égypte, emportés par son assassinat tragique. L'idée qu'une Alexandrie, capitale de l'Orient, devienne une sorte d'extension grecque de Rome, une seconde capitale, faisait pourtant son chemin dans son esprit.

Il me promit aussi, le temps venu, de restaurer l'Égypte dans ses frontières du passé. Au seuil de l'Asie et de l'Afrique, mon royaume était la pièce maîtresse d'un dispositif sans laquelle aucun futur n'était possible pour cette seconde Rome qui entendait regarder au-delà de la mer Érythrée. S'y ajouteraient l'Arabie, la Palestine, la Phénicie à l'exception de Tyr et Sidon, ainsi qu'une partie de la Syrie et de la Cilicie : à charge pour moi de l'assister financièrement dans son entreprise. En unissant Alexandrie et Rome, l'avenir serait entre nos mains : l'Égypte contrôlerait toutes les voies de la mer Intérieure orientale, et l'axe du monde basculerait vers les routes du Levant. Ainsi, une fois restauré l'héritage d'Alexandre, le jeune César et nos enfants en seraient les maîtres après nous.

C'est alors que j'ai pris un décret et fait de l'an 16 [– 37-36] *de mon règne l'an 1 d'une nouvelle royauté. Je me suis inspirée de la puissante reine séleucide Cléopâtre Théa* [– 150-129] *et de ce qu'elle avait incarné : j'ai fait évoluer ma titulature et j'ai adopté, moi aussi, l'épiclèse Thea* [« Déesse »].

J'ai ajouté à mon nouveau nom Néôtéra [« Juvénile »], *et « Qui aime son père et Qui aime le pays de ses ancêtres » : je devenais ainsi* Cléopâtra Théa Néôtéra Philopator kai Philopatris. *Grâce aux présents d'Antoine, l'empire lagide originel, accru de celui de Séleucos, a semblé renaître.*

La générosité d'Antoine dépassa mes attentes. Comme il admirait la Bibliothèque d'Alexandrie, il y fit transférer des livres conservés dans celle de sa rivale Pergame, jadis réunis par la dynastie des Attalides. Alexandrie abriterait ainsi la plus grande bibliothèque du monde. Deux cent mille volumes traversèrent la mer vers les bibliothèques du Musée et du Sérapéum. Pour la majeure partie, il s'agissait de rouleaux non de papyrus, mais de parchemin, car autrefois l'exportation du papyrus vers cette région était interdite. Lors de la guerre d'Alexandrie, près de quarante mille volumes avaient été perdus dans les flammes qui avaient ravagé les entrepôts de blé et de papyrus destinés à l'exportation : le feu s'était propagé à un dépôt de livres, sans affecter heureusement le fonctionnement de la Bibliothèque et du Musée, mais la perte avait été sensible. Ce cadeau d'Antoine anticipait le remboursement de l'aide que j'allais fournir à sa campagne orientale. Désormais, la Bibliothèque d'Alexandrie n'aurait plus de rivale dans le monde. Alexandrie serait la capitale intellectuelle de la mer

Intérieure vers laquelle tous les savants convergeraient : mon but se précisait.

Une fois de retour à Alexandrie, j'y ai attendu le retour de la campagne menée par Antoine. Parti avec une armée forte de cent mille hommes [mai-juin – 36], la plus imposante jamais engagée contre les Parthes, il gagna d'abord l'Arménie, en faisant alliance avec son roi, Artavazde. De là, il entra dans les territoires de la Médie Atropatène [l'actuel Azerbaïdjan iranien], alliée aux Parthes.

Son armée d'Orient a été trop composite à l'instar de celle que nous avons conduite ensuite contre Octavien. C'était une faiblesse cruciale : les corps de cette armée étaient constitués selon l'origine des soldats et les langues parlées. La coordination ne s'effectuait qu'à l'aide d'officiers bilingues et de traducteurs. Réussir à maîtriser une troupe aussi hétéroclite que nombreuse a tenu de l'exploit, mais ne nous a pas permis de l'emporter.

Soucieux d'agir rapidement [mai – 36], Antoine voulut frapper un grand coup en prenant la forteresse des Mèdes, Phraaspa. Comme il ne voulait pas ralentir son allure, il fit le choix de laisser derrière lui son arrière-garde, qui le gênait dans sa progression : elle le rejoindrait plus tard devant la ville. Avec elle se trouvaient deux légions et toute sa logistique : les troupes du génie ainsi que les engins et l'artillerie.

Les Parthes et les Mèdes ne laissèrent pas passer une occasion si favorable : ils fondirent sur l'arrière-garde qu'ils anéantirent, réduisant en cendres les machines de siège, sous les yeux de la cavalerie d'Artavazde, qui resta à l'écart alors qu'il était pourtant l'allié d'Antoine. Le roi d'Arménie prétendit qu'il n'était pas en guerre contre les Mèdes et osa, après cette trahison, retrouver Antoine devant les portes de Phraaspa. Antoine devina que l'absence d'intervention d'Artavazde lors de l'attaque avait été préméditée. Sans tours d'assaut, ni béliers ni catapultes, l'échec était maintenant certain. La forteresse de Phraaspa, qui occupait une hauteur, était en effet imprenable. Une armée de dix mille hommes suffisait à la défendre et la région n'offrait guère de ressources en bois qui auraient permis de fabriquer de nouvelles machines de guerre. La mort dans l'âme, après deux mois d'un siège sans espoir, Antoine et ses officiers se résolurent à battre en retraite vers l'Arménie [à la mi-oct. – 36], puis à regagner la Syrie. Moi aussi, je ne pouvais tolérer le comportement d'Artavazde, mais, si l'on connaissait bien ces peuples dont les liens politiques et familiaux s'enchevêtraient dans un passé complexe, sa réaction était moins étonnante qu'il n'y paraissait.

Antoine envoyait messager sur messager pour inciter ses alliés à venir en aide à ses troupes. Depuis Antioche, je pris donc la tête d'une caravane de secours, jusqu'à la cité de Zeugma, sur l'Euphrate, pour apporter approvisionnement, alimentation et argent. Cela me valut une popularité sans pareille auprès de ses soldats, et Antoine m'en vouerait une reconnaissance éternelle. Les soldats serraient les dents et tenaient bon, car ils savaient que cette retraite n'était pas due à leur manque de courage, mais à une trahison.

Antoine s'empara de l'Arménie, allant ainsi dans le sens d'un de mes courriers qui réclamait un châtiment à la hauteur de la faute d'Artavazde : Antoine ordonna que le roi d'Arménie et sa famille soient conduits en Égypte, où ils furent emprisonnés.

Antoine est demeuré éprouvé par cette campagne dont les événements quotidiens ne se racontaient guère qu'entre frères d'armes. Il avait vu beaucoup de ses compagnons mourir de soif ou de leurs blessures lors du long retour vers la Syrie : près de huit mille hommes ont disparu. Avec les morts de l'embuscade le total des victimes s'est élevé à près de vingt mille fantassins et quatre mille cavaliers. Si les hommes de guerre ne sont pas souvent émus par de telles pertes, lui en avait été vivement affecté.

Il est vrai que l'armée aurait pu prendre ses quartiers en Arménie durant cet hiver plutôt que de redescendre vers la Syrie au prix de souffrances indicibles. Antoine comparait les épreuves de cette retraite à celles qu'avait endurées Xénophon avec ses dix mille mercenaires et qu'il rapporte dans son Anabase. *Lors de cette expédition dangereuse, Antoine s'est comporté si héroïquement que ce demi-échec s'est transformé en victoire aux yeux de ses soldats. À vrai dire, ils l'auraient suivi dans les Enfers sans hésitation, tant leur affection et leur admiration pour lui étaient sans bornes.*

Certains membres du parti d'Octavien ont fait courir le bruit qu'Antoine avait imposé le choix d'un retour immédiat et difficile vers la Syrie dans l'intention de me rejoindre plus rapidement. En fait, ni lui ni ses hommes ne souhaitaient demeurer plus longtemps dans une région aussi peu sûre. Lors de nos retrouvailles, il m'a expliqué comment ils avaient échappé presque par miracle aux attaques continuelles et comment ils avaient esquivé les volées de flèches en progressant en formation carrée ou en tortue. Mais, selon lui, la mort causée par les balles des frondes au début des combats avait été la plus effrayante.

De retour à Alexandrie, Antoine concrétisa les engagements qu'il avait pris à Antioche à mon égard, parce que, disait-il, je l'avais soutenu sans hésiter. Nous avons fêté la campagne contre les Mèdes et les Parthes [été – 34]. Mais il ne s'agissait que d'un succès en trompe l'œil, car, en réalité, l'ennemi lui avait tenu tête. Rompant avec la tradition romaine, il célébra sa victoire à la façon des Ptolémées en s'inspirant de la fête des *Ptolemaia* qui avait ébloui les invités sous le règne du grand Ptolémée Philadelphe. Pour les Grecs, Antoine incarnait Dionysos revenant de sa conquête des lointaines Arménie et Médie ; pour les Égyptiens, c'était Osiris de retour de sa campagne en Orient. Et moi, je tenais le rôle d'Isis accueillant son frère et époux. Nous offrions à l'Orient un rêve ancien, renouvelé : Dionysos-Osiris-Antoine reconstituant l'empire des Ptolémées. Un nouveau partage officiel des territoires fut aussi effectué par Antoine au profit du jeune César et de nos trois enfants, car, entretemps, notre dernier fils, le jeune Ptolémée Philadelphe, était né.

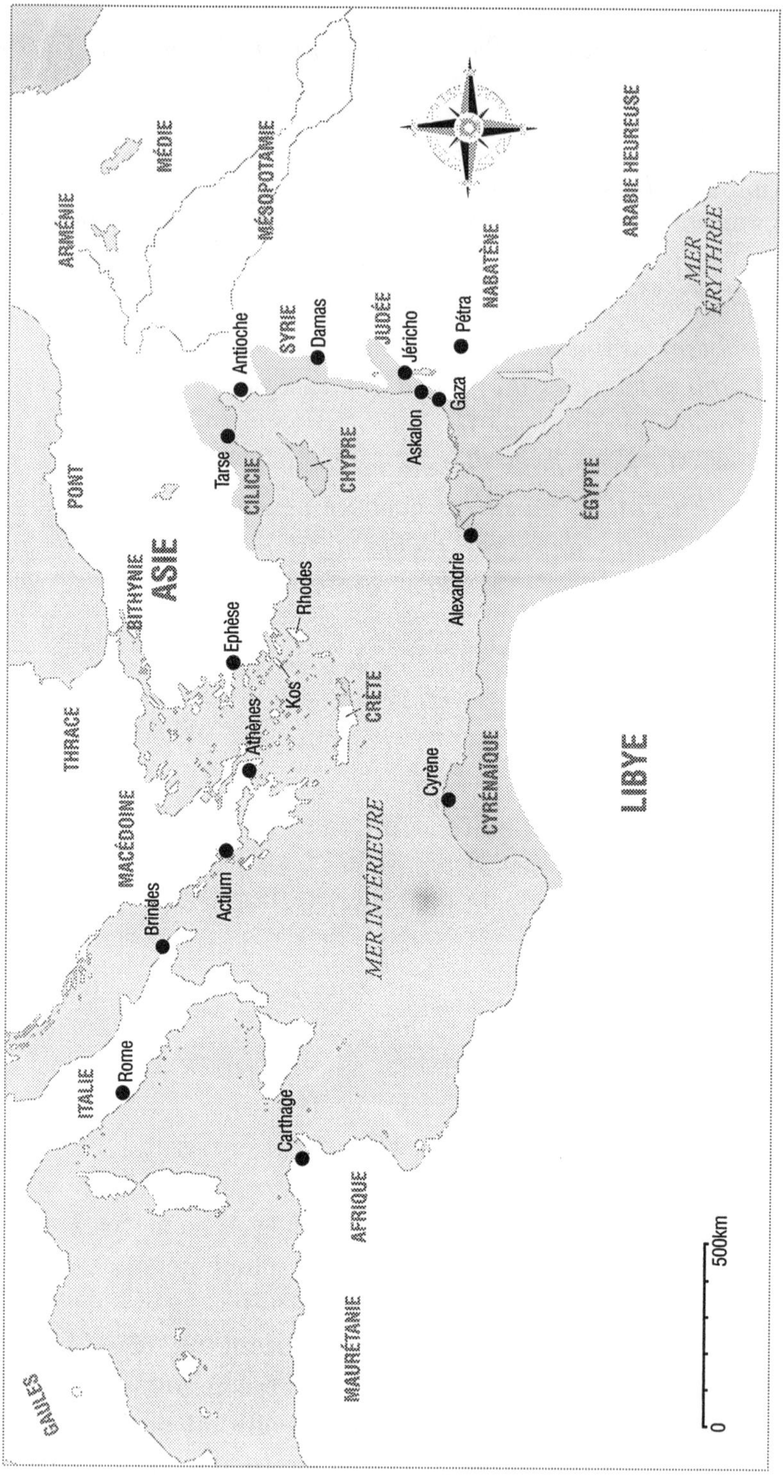

Fig. 28 : Extension maximale du royaume de Cléopâtre après les accords d'Antioche (– 37) et lors des Donations d'Alexandrie (– 35)
© M. A.

Le triomphe d'Alexandrie a été l'occasion d'une cérémonie grandiose dans le Gymnase. Sur une estrade d'argent avaient été installés deux trônes d'or, pour lui et moi, où nous sommes apparus respectivement sous les aspects de Dionysos et de la Nouvelle Isis. D'autres trônes plus bas étaient réservés aux enfants. Le jeune César fut confirmé dans son rôle de corégent et nous lui fîmes dresser un colosse qui le représentait sous les traits d'un pharaon, le regard tourné vers l'île d'Antirhodos. Quant à la Libye, à la Syrie-Creuse et à l'île de Chypre, elles ont été de retour dans le giron du royaume d'Égypte comme à l'époque du règne de Ptolémée Philadelphe[1].

Nous avons alors déclaré que les royaumes d'Arménie, de Parthie et de Médie seraient attribués à Alexandre Hélios ; que sa jumelle, Cléopâtre Séléné, recevrait la Crète et la Cyrénaïque ; enfin que la Phénicie, la Syrie et la Cilicie iraient au jeune Ptolémée Philadelphe. Comme le royaume des Parthes et la Médie restaient à conquérir, Alexandre Hélios n'était, en réalité, que roi d'Arménie. Mais, à ce moment, dans l'esprit d'Antoine, la mainmise sur ces deux régions n'était plus qu'une question de temps.

Pour préparer nos enfants à leurs futures fonctions, nous les avons habillés des costumes royaux de leurs nations respectives. Alexandre Hélios était vêtu à la manière d'un prince mède ou arménien et coiffé de la tiare pointue, la citaris. *Le jeune Ptolémée Philadelphe a reçu les sandales, la chlamyde et le béret macédoniens, la* causia, *surmonté d'un diadème. Les deux garçons, après nous avoir embrassés, ont été dotés l'un et l'autre de deux gardes d'Arméniens et de Macédoniens qui les suivraient partout. Antoine m'a accordé aussi l'épithète « Reine des Rois fils de Rois », proclamant ainsi la légitimité des enfants de ma lignée. La vision d'une couronne surmontant quatre couronnes plus petites, que j'avais eue à Coptos, s'est alors vérifiée. Quant à Ptolémée César, reconnu fils de César par Antoine, nous l'avons célébré sous son nouveau titre « Roi des Rois ».*

1. Outre l'Égypte, Philadelphe possédait Chypre, la Pamphylie, la Lycie, l'Ionie, la Syrie-Creuse et aussi la Confédération des Cyclades.

Afin de laisser une trace de l'événement, nous l'avons figé dans le bronze : les artisans d'Alexandrie ont façonné plusieurs statues où les enfants étaient vêtus chacun à la mode du pays sur lequel il régnait. La ressemblance était saisissante. Ils arpentaient ainsi habillés les pièces du palais, ornées de mosaïques et de fresques à l'image des royaumes et des capitales dont ils étaient les petits souverains. Les jeux de mes enfants, rois en miniature, ont prolongé dans leur univers la politique qu'Antoine et moi menions sur le théâtre du monde. Je ne peux encore sans tristesse penser à l'étonnante famille que nous formions à ce moment.

Restait la question de la Judée « Alliée et amie du peuple romain », que, grâce à Antoine, j'espérais obtenir. Elle et moi avions une longue histoire en commun. J'avais une vive affection pour les citoyens juifs d'Alexandrie et ils me le rendaient bien, car j'étais leur protectrice naturelle. Les Juifs d'Égypte et de Judée avaient défendu la dynastie du temps de mes aïeux Ptolémée Philométor et de sa sœur Cléopâtre Philométor. La Judée et l'Arabie m'avaient été fidèles dans ma jeunesse et protégée contre les attaques de mon frère Philopator. Celui qui les avait comme amis était en mesure de mettre en difficulté toute armée qui voudrait envahir l'Égypte par la côte est. Alliés naturels de l'Égypte, ils étaient les gardiens orientaux de Péluse.

Malheureusement, la Judée en proie à ses divisions avait été envahie par Antigone l'Hasmonéen, qui, allié aux Parthes, avait pris la place du roi et grand-prêtre hasmonéen Jean Hyrkan II, tandis que Rome soutenait Hérode, nommé à titre exceptionnel roi de Judée par le Sénat. Après la victoire de Rome sur les Parthes [– 39], Hérode Ier soutenu par onze légions romaines, avait assiégé Jérusalem [– 37] qui tomba entre ses mains. Pour lui marquer son soutien, Antoine avait alors fait exécuter Antigone à Antioche. Antoine appréciait en effet depuis longtemps Hérode, qui abusait d'ailleurs de cette relation privilégiée pour se débarrasser de ses opposants. Malgré toutes les demandes que j'avais pu présenter à Antoine concernant la Judée, je n'avais réussi qu'à obtenir l'exploitation des arbres producteurs de baume, un produit recherché pour soigner les blessures, ainsi que celle de la palmeraie de Jéricho, qui fournissait des dattes succulentes dont les sénateurs de Rome et les riches Alexandrins raffolaient.

La dernière campagne contre les Parthes nous avait encore officiellement rapprochés. Nous représentions pour les peuples riverains de la mer Intérieure une diarchie sur les monnaies que frappaient les ateliers des villes et des territoires que nous avions en partage. Antoine et moi y faisions figure d'alliés inséparables.

En nous instituant ainsi tous deux comme des duumvirs orientaux, nous laissions entendre à ceux qui étaient en mesure de l'interpréter qu'Antoine m'accordait à moi, reine lagide, un traitement d'égalité qu'il n'avait pas concédé à Octavien. En un mot, cette monnaie d'un type nouveau proclamait que, aux yeux d'Antoine, la reine d'Égypte valait plus qu'un jeune triumvir, comme Octavien.

Alors que les ambitions de Pompée ou de César inspirées de celles d'Alexandre restaient au fond éminemment romaines, Antoine et moi voulions donner vie au rêve originel d'Alexandre. Le héros macédonien croyait à l'hellénisation du monde, à l'idéal de faire vivre sous la même loi éclairée tous les hommes.

Nous avons souhaité, à l'instar d'Alexandre, les rassembler sous le double signe d'Héraclès et de Dionysos, dont les aventures parlaient aux Grecs d'Orient, aux légions levées en Asie et à tous les peuples alliés.

Héraclès, dont la famille des Antonii *disait descendre, n'était-il pas celui qui apporte l'aurore et la nuit ? Du Levant au Couchant, il avance à travers ses douze travaux à la conquête des douze mois de l'année.*

Nous entendions suivre les principes civilisateurs d'Héraclès, tour à tour ingénieur, hydraulicien, agriculteur, bouvier, chasseur d'animaux fabuleux.

Nous voulions propager la sagesse divine de Dionysos en multipliant les confréries dionysiaques, réunir les peuples au travers de l'extase qu'il offrait à ses disciples, faire de son culte une expérience humaine universelle.

Chacun devait pouvoir s'élever à son tour vers la sphère divine, comme l'avaient fait Dionysos et Héraclès qui avaient l'un et l'autre visité les enfers, connu la mort puis la résurrection et la divinisation.

Nous offrions aux peuples de l'Orient l'espoir de la vie après la mort, tout au long d'un banquet éternel.

À l'heure de ma mort, je pleure l'échec de mon ambition, mais je demeure fidèle à Dionysos.

C'est peu dire que nos projets ne pouvaient qu'épouvanter les sénateurs de Rome ! Dionysos était l'image même du désordre social, de la nature sauvage à laquelle ils préféraient, comme Octavien, l'ordre, la rationalité et la lumière d'un Apollon hiératique.

Dionysos le danseur, le plus honoré parmi les bienheureux, avait pourtant été élevé par les Muses et rayonnait dans les arts comme ceux de la musique ou de la danse. Il était de toutes les légendes, dans tous les cœurs, en Italie du Sud, en Sicile, en Grèce et en Asie. Le thyrse à la main, il signifiait également la revanche des Grecs et d'Antoine.

Nous avons proposé une autre conception du monde que celle de l'aristocratie romaine accrochée à sa tradition capitoline. Dionysos-Bacchus, prophète de la libération, allait mettre fin aux privilèges exorbitants de Rome sur ses alliés et rappeler l'importance des femmes, premières grandes initiées de ses mystères. Tel a été notre but, et nos enfants, futurs rois orientaux, représentaient déjà aux yeux de tous l'image de ce nouveau monde.

Mais nous avons été aveuglés par notre propre gloire. Les deniers qu'Antoine a fait frapper ont montré son portrait en vainqueur de l'Arménie et le mien comme celui de « Cléopâtre, Reine des Rois fils de Rois ». Parce qu'il n'a pas voulu ranimer, le premier, le spectre de la guerre civile, Antoine a cru naïvement qu'il lui suffisait de renoncer à toute prétention autocratique pour ne pas endurer la colère de Rome et les manœuvres d'Octavien.

Mais, face au Sénat romain et à Octavien, cette mise en scène de nos songes dans le Gymnase d'Alexandrie s'est révélée vaine. En déclarant nos enfants futurs souverains de royaumes qui n'étaient conquis qu'en pensée, nous les avons condamnés à un terrible destin ; et nous à ressasser notre amertume devant la défaite !

Octavie, fidèle à elle-même, continuait de vivre à Athènes croyant qu'elle pourrait y assister Antoine, cherchant à maintenir la paix entre lui et son frère. Mais le monde se fracturait sous l'effet des poussées antagonistes. Octavien avait compris que si Antoine, avec mon aide, parvenait à donner vie à notre dessein, il serait en mesure de revenir à Rome auréolé de gloire et deviendrait, grâce aux richesses de l'Orient, un héritier séduisant et légitime à la succession de César. Publiquement, Antoine ne souhaitait que le respect des accords de Brindes. Il n'entendait pas laisser croire aux Romains qu'il ambitionnait de revêtir la toge de César, la même qu'il avait déployée, tachée de sang, sous les yeux du peuple dans le Forum de Rome. Il avait trop vu César à l'œuvre pour se laisser prendre dans les filets d'une ambition avouée.

Cependant, pour réussir, il lui fallait rompre son dernier lien avec Octavien comme le lui avait conseillé Pihorphritob. Convaincu de la déloyauté de son beau-frère, il répudia Octavie [– 32]. Octavien, face au danger que cette séparation représentait pour lui, jugea qu'il était temps de rassembler ses forces et d'entraîner son adversaire dans un duel sans merci. Il savait qu'il provoquait un rival redoutable, exercé au combat sous toutes ses formes. Mais une génération avait passé. Rome, qui avait pansé les blessures de la Seconde Guerre civile, ne manquait pas de jeunes commandants de valeur qui s'étaient affirmés lors de la guerre de Pérouse. Le talentueux stratège Agrippa était présent partout comme un double au côté d'Octavien. Antoine n'ignorait pas qu'il aurait à affronter un parti puissant, structuré et déterminé. Il différa donc le projet de conquête de la Parthie et de la Médie pour reconfigurer nos forces.

Et, déjà, la guerre de la propagande reprenait de plus belle : les libellistes à la solde d'Octavien, comme le consul Caius Calvisius Sabinus, s'activaient contre nous.

Je n'ai jamais ignoré la puissance de la bonne Rumeur, celle qui vient des dieux, cette Phèmè *fondatrice de l'unité entre les hommes ; mais j'ai surtout été en butte à la mauvaise Rumeur, celle qu'orchestre Octavien, celle qui divise, accable et me tue aujourd'hui.*

Qu'ils disent de moi que je me suis épuisée dans les étreintes de mes esclaves ; ou encore qu'ils clament que Rome après s'être jadis libérée des rois allait subir le pouvoir d'une femme cruelle et avide comme le sont, d'après eux, toutes les femmes puissantes, cela m'est indifférent aujourd'hui. Mais je n'ai pu supporter que l'on me nomme « l'Égyptienne » avec le mépris et la haine dont les Romains, pauvres d'esprit, sont capables ! Oui, je suis reine d'Égypte, et c'est là toute ma gloire !

Le venin de la diffamation, plus mortel que le poison des Philippiques *de Cicéron, a gagné les esprits. Porté par les navires, il a circulé d'une rive à l'autre de la mer Intérieure et, parvenu dans les ports, il a alimenté les rumeurs, déchiré les familles, infecté les cœurs.*

Chapitre 22

Mort de Sextus Pompée, Cléopâtre et Antoine entre Éphèse et Patras

Ô Sextus, que ne t'es-tu rallié plutôt à Antoine !
Et toi Antoine, que n'as-tu laissé en vie Sextus !

Sans amertume, je te livre mon récit des événements survenus au cours de notre voyage entre Éphèse et le golfe de Patras. Je ne laisserai pas nos ennemis faire de nous des caricatures. Tu sais que ce sont les vainqueurs qui écrivent le récit des actions humaines. Nous aussi nous aurions écrit le nôtre, si nous l'avions emporté sur Octavien. Personne ne veut laisser à son ennemi le dernier mot.

Dès qu'Antoine et moi nous sommes rejoints, rien, ni famille ni amis, n'aurait pu faire obstacle à la passion qui nous unissait. Nos apparitions aux côtés l'un de l'autre relevaient d'une dramaturgie que nous inspiraient nos rôles respectifs. Nous sommes devenus les protagonistes d'un drame universel ; non pas sur les scènes de Corinthe ou d'Athènes, mais au cœur du théâtre du monde. Nous étions encore inconscients du dénouement à venir.

Octavien s'était acharné au Sénat contre Antoine, même si ce dernier, par fidélité à l'égard des sénateurs et du peuple romain, avait tout fait pour éviter de relancer un conflit qui avait déjà causé tant de victimes. Mais Antoine, vainqueur de Philippes, vengeur de César, celui qui avait cru mettre l'aristocratie sénatoriale de son côté, se berçait d'illusions. Pour avoir respecté scrupuleusement les accords de Brindes, il avait paradoxalement affaibli sa position. Depuis Éphèse, d'où il menait ses campagnes vers l'Orient, il avait dû prêter main-forte à

Octavien pour en finir avec la menace que faisait peser le dernier Républicain, Sextus Pompée, fils du Grand Pompée : celui-ci bloquait l'approvisionnement de Rome en blé et en huile, qui provenait d'Afrique, du Pont-Euxin et d'Égypte.

Sur les instances d'Octavie, Antoine avait donc prêté une partie de sa flotte, plus de cent vingt navires, à Octavien, pour lui permettre de libérer la Sicile et la Sardaigne, et surtout de garantir la sécurité de l'Italie. Mais seule une petite partie des navires lui fut rendue par son épouse qui partit de Rome avec eux et deux mille soldats d'élite jusqu'à Athènes [– 35]. Octavie en effet s'était inventé un rôle politique : elle avait financé les équipements de la troupe et demandé à son frère l'autorisation d'accompagner les bateaux et les soldats. Octavien s'était empressé de la lui donner, convaincu qu'Antoine repousserait son épouse romaine qui connaîtrait ainsi un nouveau camouflet : et ce camouflet serait un nouveau motif à exploiter contre son rival.

Sextus l'avait d'abord emporté : la guerre concentrée en Sicile avait vu triompher Sextus sur Octavien à Messine [– 37] puis, l'année suivante, à Taormine [août – 36]. Mais, malgré ses victoires, la situation de Sextus devenait de plus en plus difficile : la Sicile était à présent encerclée par les trois triumvirs. Ajoute à cela que l'homme providentiel d'Octavien, Agrippa, préfet de la flotte romaine, avait fait construire une flotte de quatre cents navires. Ce fut près de Nauloque, un port de Sicile au sud de Messine [sept. – 36], qu'il parvint à mettre en déroute la flotte de Sextus Pompée.

Bien qu'il eût perdu trois cents vaisseaux en affrontant Octavien et, surtout, Agrippa, Sextus ne s'avoua pas vaincu. Il rejoignit l'Asie et leva une nouvelle armée à Mytilène, la capitale de Lesbos, dont les habitants demeuraient fidèles à son père. Il crut pouvoir négocier sa reddition auprès d'Antoine en tirant parti des tensions entre les deux triumvirs. Mais Antoine, qui revenait alors de sa campagne contre les Parthes [– 36], ne comprit pas l'intérêt qu'il y aurait à avoir Sextus de son côté : il se méfia et n'accepta aucun arrangement avec lui. Sextus décida alors de poursuivre la lutte sur la terre ferme et obtint plusieurs succès avant de se heurter à la puissante armée et à la flotte commandées par Marcus Titius, un partisan d'Antoine.

Amyntas, roi de Galatie – futur traître à la cause d'Antoine –, fit prisonnier Sextus en Phrygie puis l'escorta jusqu'à Milet. Là, il fut mis à mort sans procès [– 35] par Titius sur l'ordre de son oncle Lucius Munatius Plancus, et cela au nom d'Antoine, car Sextus restait à leurs yeux le dernier ennemi de César à châtier. Antoine croyait renforcer sa position en mettant ainsi un point final à l'aventure des Républicains.

Cette condamnation m'a semblé, sur le moment, un expédient indigne d'Antoine, car on m'avait rapporté qu'il avait promis à Sextus de lui laisser la vie sauve et de le maintenir à son rang s'il acceptait de se rendre. Antoine aurait été prêt à lui pardonner, mais, dès qu'il avait appris que Sextus souhaitait s'allier aux Parthes, ses ennemis jurés, il était, m'a-t-il déclaré, revenu sur sa parole.

C'est ainsi qu'est tombé le dernier fils du Grand Pompée, jadis assassiné près d'une plage de Péluse. Cette mort sans procès a mécontenté jusqu'à Octavien, dont la deuxième femme, Scribonia, était une parente de Sextus.

En libérant l'Italie de ce dernier front qui la menaçait, la mort de Sextus a avantagé extraordinairement Octavien : il n'a pas tardé à saisir la première occasion pour passer à l'action contre Antoine.

La mise à mort de Sextus a été une erreur lourde de conséquences : Octavien avait désormais les mains libres pour s'en prendre à nous et à l'Égypte. Le danger s'est rapproché. À la flotte d'Octavien et d'Agrippa s'est ajoutée celle prise à Sextus.

Ô Sextus, que ne t'es-tu rallié plutôt à Antoine ! Et toi Antoine, que n'as-tu laissé en vie Sextus ! Après la guerre de Pérouse qui avait été funeste à Antoine, cette nouvelle faute nous a privés d'un allié puissant et a mis en marche la roue du destin.

La popularité d'Antoine à Rome restait cependant importante et gênait Octavien. Il lui fallait saper cette confiance. Aussi s'en prit-il, pendant l'exercice de son consulat [– 33], à la conception de l'État romain d'Orient telle qu'Antoine la défendait, ainsi qu'à la légitimité des donations de territoires qu'il avait effectuées l'année précédente [– 34] à nos enfants. Il accusa son rival de distribuer de manière scandaleuse les biens du peuple romain à sa famille. Il vit en moi la principale inspiratrice de la politique que poursuivait Antoine au nom de Rome, même s'il était bien forcé de reconnaître que les mesures prises par l'*imperator* d'Orient étaient, dans l'ensemble, conformes aux intérêts de Rome. Pour perdre Antoine aux yeux de l'opinion, Octavien devait s'attaquer à l'étrangère dangereuse et pervertie que j'étais. De son côté, Antoine n'était pas en reste : il lança, depuis Éphèse, une campagne de dénigrement contre Octavien avec l'aide de ses amis poètes, pamphlétaires ou hommes de théâtre. Les échos multiples des pièces ou des poèmes satiriques écrits contre Octavien résonnaient dans toute l'Italie et se propageaient de port en port.

À cette offensive littéraire d'Antoine répondait, depuis les accords de Brindes, une propagande idéologique insidieuse à laquelle l'élégant Mécène, un familier d'Octavien, n'était pas étranger. Lui et ses amis poètes plaidaient pour une Rome où règneraient les valeurs du Latium originel, celles d'une paysannerie tenace, courageuse et aux goûts simples. Octavien affectait en effet d'être hostile au luxe de l'Orient alors qu'Antoine et moi en étions fiers, persuadés que l'opulence et le faste étaient le propre des civilisations raffinées.

La sœur d'Octavien incarnait, à leurs yeux, cette vertu romaine toute en pudeur et discrétion face à la tumultueuse reine d'Égypte, à peine voilée des étoffes transparentes d'Isis !

À cette volonté de revenir à l'âge d'or qu'aurait connu Rome à sa naissance, Antoine a opposé l'ironie et le rire : il mettait les rieurs de son côté et déstabilisait son beau-frère qui ne jurait que par les coutumes de ses ancêtres. Octavien était furieux de ces plaisanteries, surtout de celles qui visaient son origine modeste au regard de celle d'Antoine, descendant, lui, d'une des grandes familles aristocratiques romaines, les Antonii, *appréciée également des* Populares *pour sa libéralité et sa générosité.*

C'était avec l'intention de prévenir ce type de critiques et de se concilier les faveurs du Sénat que, une fois divorcé de Scribonia, sa seconde épouse, Octavien avait contracté rapidement une nouvelle union [17 juil. – 38] *avec Livia Drusilla, issue d'une célèbre famille romaine.*

Mais bientôt Antoine constata que la poésie, les saynètes et les pamphlets ne suffiraient pas pour se défendre contre Octavien. Comme il devait prendre la route de l'Arménie et de la Parthie, il confia la défense de ses intérêts politiques à deux de ses amis en Italie. Il s'agissait d'Ahenobarbus et de Caius Sosius qui venaient d'être tous deux nommés consuls [– 32]. Ces deux hommes, qui s'étaient illustrés aux côtés d'Antoine, jouissaient d'un immense prestige. Le triomphe avait été accordé à Sosius après sa campagne en Judée [– 34]. Si durant leur consulat, Ahenobarbus s'était efforcé de se montrer équilibré envers les deux triumvirs, Sosius avait, lui, mené une charge mémorable au Sénat contre Octavien, alors absent : il l'avait accusé de tyrannie, et lui avait demandé de renoncer – comme Antoine – à sa charge triumvirale, ce qui l'aurait mis juridiquement à la merci des consuls [janv. – 32]. Après avoir pris le temps de la réflexion, Octavien fit irruption dans l'enceinte du Sénat, escorté d'hommes en armes, et lança de graves accusations contre Antoine, puis contraignit les sénateurs qui avaient pris le parti de ce dernier à aller le rejoindre en Asie – ce qu'ils firent.

Antoine, après avoir chargé son lieutenant Publius Canidius Crassus du retrait des légions depuis l'Arménie, revint à Éphèse. Il préparait la campagne militaire contre Octavien et rassembla sa flotte [printemps – 32]. C'est à Éphèse qu'il accueillit désormais les consuls, ainsi que les trois cents sénateurs [mars – 32] qui avaient fui Rome sous l'effet des menaces d'Octavien.

Le ralliement de ce groupe d'aristocrates romains a été aussitôt tenu pour la preuve de la légitimité de la cause d'Antoine, mais c'était oublier que la majorité des membres du Sénat avait déjà adhéré aux vues d'Octavien.

Dès que j'appris la mise en œuvre des préparatifs de la campagne, je m'embarquais pour rejoindre Antoine en emportant, sur des navires de transport, du matériel et des vêtements pour l'armée, comme je l'avais fait auparavant lors de son retour d'Arménie. Je tenais à participer en personne à cette guerre. Je relâchai à Chypre, puis gagnai Éphèse avec la flotte égyptienne : là, je fus acclamée par les Éphésiens qui étaient tout autant impressionnés par l'arrivée des soixante-dix trirèmes qui accompagnaient l'immense vaisseau royal, que par l'approvisionnement venu d'Égypte. Cette contribution me permit de faire partie de l'état-major.

À la demande d'Antoine, nous sommes partis pour l'île de Samos [avr. – 32] *pendant que, sur le continent, se poursuivaient les préparatifs de la campagne.*

*Tous les rois et les tétrarques de l'Asie, tous les responsables des régions sous l'*imperium *d'Antoine avaient reçu l'ordre de fournir le matériel nécessaire pour la future expédition. Il arrivait de toutes les contrées, pourtant exsangues du fait des conflits. À la suite des guerres incessantes, les navires manquaient en effet d'équipages professionnels et de rameurs. Nous avons enrôlé, même de force, tous ceux qu'on a pu trouver, mais la carence d'hommes compétents est restée un problème essentiel. Les alliés – Grecs, Romains, Orientaux, Égyptiens et Juifs de Judée – cohabitaient dans notre armée et l'on retrouvait les mêmes singularités culturelles, voire les mêmes rivalités qu'à Alexandrie : j'avais bien du mal à les apaiser. C'était une troupe turbulente que le nouveau Dionysos a dû maîtriser.*

La montagneuse Samos, aux plaines si fertiles, nous a accueillis magnifiquement. Nous avons consacré le mois passé sur cette île aux plaisirs et nous avons sacrifié à Dionysos, le seigneur de la nature, afin qu'il vienne nous réjouir et nous réconforter. Des artistes et des comédiens venus de Grèce et d'Asie avaient été conviés pour animer nos fêtes. En souvenir de son premier accueil à Athènes sous le signe du dieu, Antoine n'a voulu quitter Samos qu'après avoir célébré dignement son culte, car c'était sous sa protection qu'il allait partir en guerre, avec moi à son côté, l'incarnation d'Isis-Aphrodite.

Au milieu des fruits, des douceurs et des couronnes d'olivier, nous nous sommes abandonnés encore aux joies de l'amour. Nuit et jour nous nous sommes perdus dans le temps, tandis qu'Octavien et Agrippa préparaient minutieusement le piège qu'ils comptaient nous tendre.

Nous gagnâmes ensuite Éphèse où les préparatifs s'achevaient : soixante-quinze mille fantassins, vingt-cinq mille auxiliaires et douze mille cavaliers avaient été embarqués à bord de cinq cents navires de guerre et de trois cents de transport. Nous sûmes beaucoup plus tard que l'ennemi était fort de quatre cents navires – birèmes et trirèmes – et de trente-sept mille fantassins. C'est à grand-peine que nous avions réussi à armer ces navires innombrables. Les dieux devraient nous apporter leur concours pour remporter la victoire.

Antoine se montrait sous le double visage de Dionysos : celui d'abord de Dionysos Donneur de grâce ou Bienveillant, comme le qualifiaient les Éphésiens. Mais dans cette guerre, il s'est avancé sous son autre apparence : celle du Rugissant, que réjouissent les épées et le sang. Le charisme d'Antoine, Nouveau Dionysos, suscitait l'enthousiasme des troupes partout où il se rendait.

Sourdement je craignais les conséquences de nos cérémonies à Samos en l'honneur de Dionysos sur le moral des hommes, car nous avions négligé la dureté des temps. La vie insouciante que nous menions nous empêcha de voir combien la tristesse se dessinait sur les visages devant les efforts démesurés qui étaient exigés. Mais nous restions confiants dans la redoutable flotte que nous avions rassemblée. À côté de nos trirèmes, nous disposions en effet de bateaux dont les formats allaient de la quadrirème [quatre rangs de rameurs superposés] jusqu'à la décarème [dix rangs superposés]. Ces titans flottants étaient munis de châteaux de poupe et de proue qui nous permettraient de voir en surplomb les bateaux ennemis de plus petite taille. Vus de face, ils progressaient, pareils à d'immenses crabes dont l'approche ne pouvait que semer la panique dans les rangs ennemis.

Mortelle illusion ! La bataille devait démontrer que ces géants étaient fragiles. Pris au piège, ils ont été victimes des harpax aux dents de fer, ces grappins lancés par les balistes d'Agrippa.

La flotte égyptienne, quant à elle, escortait la décarème royale placée au cœur de notre dispositif naval. Ce large navire était propulsé par des rames puissantes, manipulées chacune sur plusieurs niveaux par des rameurs encore plus nombreux que les soldats. Quand Antoine a découvert le nom que j'avais donné au navire, Antonias, *il n'a pu davantage m'empêcher de le suivre dans le combat.*

Quittant Éphèse, nous sommes allés séjourner à Athènes [mai-août – 32] *: Antoine avait fait ouvrir sa résidence située non loin du théâtre, où il tenait autrefois audience. Auparavant, il avait demandé à Octavie de quitter les lieux. Quand peu après il divorça d'elle* [août – 32], *Octavien déclara rompu le dernier lien qui existait entre lui et Antoine.*

Je me suis souvent demandé comment Octavie avait pu tenir le rôle que son frère avait exigé d'elle durant toutes ces années : son amour pour Antoine était-il simulé ou réel ? Quels étaient ses sentiments lorsqu'on évoquait en sa présence mes jumeaux, les fruits de ce qu'elle devait nommer notre adultère ? Ou était-elle d'une générosité sans limites ?

Lors de notre étape à Athènes, les jeux, les fêtes et les spectacles organisés en l'honneur de Dionysos se sont poursuivis et nous ont rappelé le temps où Antoine avait été accueilli ici après avoir remporté la bataille de Philippes.

C'est aussi à Athènes que nous avons appris avec stupéfaction qu'Octavien me déclarait la guerre, à moi Cléopâtre, reine d'Égypte, dans des termes insultants [oct. – 32]. *Antoine, pourtant libre de ses choix, passait pour la victime que « l'Égyptienne » aurait ensorcelée. C'était là dire du même coup que les facultés de décision d'Antoine étaient diminuées par sa passion. Mais nos liens ont été indestructibles : Antoine ne s'est pas laissé prendre à ces artifices et a montré sa solidarité avec moi.*

Déclarée autrefois « Amie et alliée du Sénat et du Peuple romain », j'étais maintenant, à en croire Octavien, une ennemie jurée, un monstre, une bacchante, une furie ivre de sang, de vin et de gloire. Antoine, privé de ses titres officiels, a vite été traité lui aussi comme un ennemi : Octavien a révélé au Sénat, après avoir illégalement fait ouvrir son testament, conservé dans les archives du temple de Vesta, que son rival souhaitait être inhumé en Égypte avec moi et qu'il reconnaissait le jeune Ptolémée César comme le fils de César. Les sortilèges du droit romain ont fait soudain d'Antoine un apatride qui entendait livrer Rome à une reine orientale ! La guerre contre ces deux étrangers s'est avérée ainsi légitime.

En fait, les dispositions testamentaires d'Antoine ont été la preuve de l'amour qu'il me portait. Il souhaitait rester alexandrin car il affectionnait cette ville, pour la vie inimitable que nous y menions et parce que, à Alexandrie, se trouvait le tombeau du corps d'Alexandre, notre modèle à tous les deux.

La solitude s'est creusée autour de nous. Octavien, par l'intermédiaire de Mécène et de son cénacle, attisait les rumeurs et la haine contre moi, pour mieux rallier à sa cause les partisans d'Antoine.

Mais, pour nous, l'essentiel était ailleurs. Renversant l'ordre des dieux, nous voulions ouvrir une nouvelle ère. Imagine ce qu'aurait pu être le monde que nous avions en tête : Alexandrie, capitale d'un nouvel Orient lagide et romain, s'éveillant sous une aube nouvelle. On y aurait entendu à jamais la vieille rumeur égyptienne venue du fond des temps se mêler aux foules romaines, grecques, juives et asiatiques de l'Orient ; et nos enfants auraient été les garants visibles de cette renaissance !

Le temps nous manqua. Il nous fallut presser l'allure. Notre flotte contourna le Péloponnèse, puis passa au large des côtes de l'Élide, là où Héraclès, disait la légende, avait détourné deux fleuves pour nettoyer les écuries d'Augias.

Nous jetâmes l'ancre dans le port de Patras, capitale de l'Achaïe montagneuse, où Antoine disposait de nombreux partisans. L'Achaïe incarnait pour les Grecs l'esprit de la résistance au moment de la seconde Ligue, avant que ne s'installe définitivement la domination romaine [– 147]. C'était là que soufflait le vent grec originel. Nous y séjournâmes durant l'hiver [– 32/31], tout en adaptant notre stratégie en fonction des nouvelles qui nous parvenaient. Mais la mer n'était pas encore ouverte. Les vents déroutaient les navires et les drossaient contre la côte.

À pied d'œuvre, les artisans préparaient les convois de munitions et les fourriers le ravitaillement. Patras et ses environs résonnaient d'un bourdonnement de souffleries, d'enclumes frappées et de coups de maillets. Il fallait aussi protéger l'essentiel : à bord de la galère royale, le trésor, gardé jour et nuit, était placé sous la responsabilité de Kombabos, le seul qui eût notre confiance. Malheur à celui qui se serait approché du trésor pour en détourner la moindre parcelle au cours du voyage. Kombabos, armé de pied en cap, surveillait le petit monde des graveurs de coins avec lesquels on frappait les monnaies : il importait en effet de modifier régulièrement les coins du fait de leur usure. En me confiant la responsabilité du trésor, Antoine savait pouvoir compter sur ma fidélité et celle des hommes qui m'entouraient. Le trésor était le cœur du pouvoir : quand les soldats venaient à s'interroger sur la légitimité d'une cause, ils finissaient par adhérer au message politique des monnaies avec lesquelles on les payait. C'est pourquoi le trésor se constituait d'un stock de métaux précieux, d'un four à fabriquer les flans des coins monétaires, des coins eux-mêmes et de flans monétaires de réserve enfermés dans des coffres. Les opérations de monnayage, quand elles avaient lieu, étaient faites à terre avec des creusets.

Les monnaies de Patras ont donné à me voir comme l'image d'Isis-Aphrodite-Cérès, protectrice de la marine et des moissons, qui épaulait Antoine « pour la restauration de la République » : leur message était destiné à ses vingt-trois légions.

Les dieux semblaient nous accompagner. Nous avons jeté, comme les augures, les quatre osselets pour réaliser le fameux coup d'Aphrodite, celui dont on marque la barre transversale des ancres des navires afin de bénéficier de sa protection. J'ai cru voir la déesse étendre son règne sur la mer Intérieure et moi, vivante image d'Isis-Aphrodite, rentrer dans Rome aux côtés d'Antoine.

Chapitre 23

Pris dans la nasse du golfe d'Ambracie

J'étais prête, comme tout soldat, à défendre ma vie l'épée à la main... Les flèches ont sifflé de toutes parts.

Notre but, en naviguant vers l'Épire, était de franchir la mer Ionienne pour surprendre Octavien par un débarquement dans la péninsule italienne près de Brindes [Brindisi]. L'état-major avait beau savoir, depuis César, que la vitesse était une des conditions de la réussite, on aurait dit que le temps ne comptait pas pour les rois asiatiques entraînés par Antoine : ils étaient étrangement lents, peut-être déjà contaminés par la propagande insidieuse d'Octavien.

C'est bien notre départ trop tardif de Patras pour remonter vers l'Épire qui a permis à Octavien et à Agrippa de nous prendre en tenaille : l'un par le nord de la mer Ionienne, l'autre par le sud. Agrippa a su, je le constate, retenir les leçons de César. Notre lenteur nous a été fatale et nous avons manqué le moment favorable pour fondre sur Brindes.

On nous signala que la flotte ennemie croisait au large. Nous sortîmes alors du golfe de Patras pour nous engager dans le dédale des îles qui s'égrènent le long des côtes de l'Acarnanie. Nous vîmes se dresser les lointains sommets de la patrie d'Ulysse, Ithaque. Puis, nous évitâmes l'étroit goulet entre la presqu'île de Leucade et le continent : les pilotes savaient que l'isthme de Leucade était impossible à franchir, sinon en tractant les bateaux. Ils contournèrent la presqu'île par l'ouest. Nos navires, dont les voiles étaient gonflées par

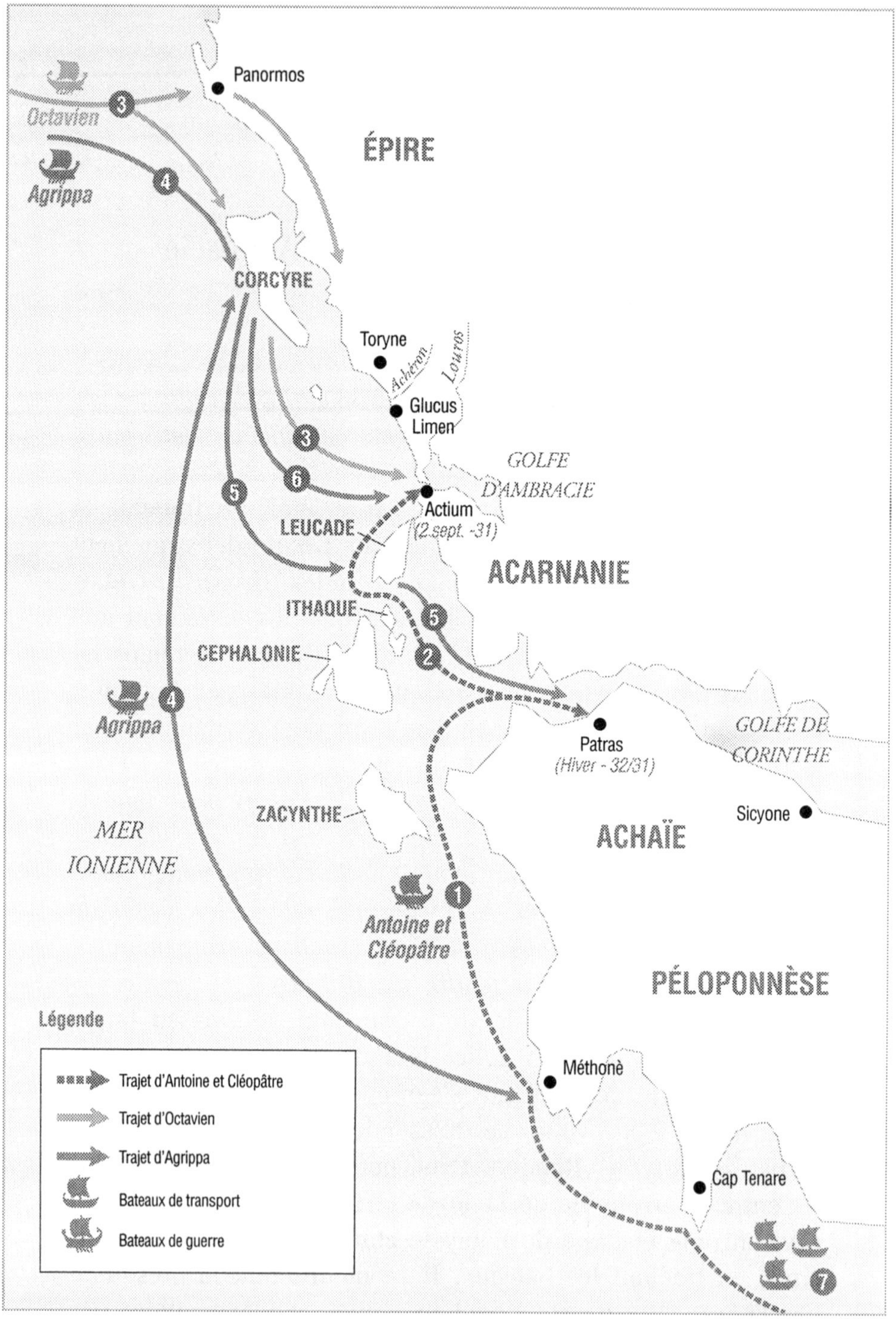

Panormos
Octavien
Agrippa
ÉPIRE
CORCYRE
Toryne
Achéron
Louros
Glucus
Limen
GOLFE
D'AMBRACIE
Actium
(2 sept. -31)
LEUCADE
ACARNANIE
ITHAQUE
CEPHALONIE
Agrippa
Patras
(Hiver - 32/31)
GOLFE DE
CORINTHE
ZACYNTHE
Sicyone
ACHAÏE
MER
IONIENNE
Antoine et
Cléopâtre
PÉLOPONNÈSE
Légende
Trajet d'Antoine et Cléopâtre
Trajet d'Octavien
Trajet d'Agrippa
Bateaux de transport
Bateaux de guerre
Méthonè
Cap Tenare

Fig. 29 : Mouvement des différentes flottes de Marc Antoine et de Cléopâtre précédant la bataille d'Actium (2 sept. – 31). 1° trajet de la flotte d'Antoine et Cléopâtre entre Athènes et Patras (automne – 32) et séjour à Patras (hiver – 32/31) ; 2° trajet de la flotte d'Antoine et Cléopâtre entre Patras et le golfe Ambracique (printemps – 31) ; 3° trajet de la flotte d'Octavien vers Actium (printemps – 31) ; 4° trajet de la flotte d'Agrippa vers Méthonè et Corcyre (printemps – 31), 5° trajet de la flotte d'Agrippa vers Leucade et Patras (été – 31) ; 6° trajet de la flotte d'Agrippa au large d'Actium, se portant à l'aide de l'escadre d'Arruntius contre celle de Sosius (août – 31), puis vers le site d'Actium (2 sept. – 31) ; 7° bateaux de transport d'Antoine et de Cléopâtre attaqués par Agrippa (printemps/été – 31) la brise, glissaient lentement sur l'eau entre Leucade et le nord de l'île d'Ithaque quand nous avons été prévenus qu'Octavien nous avait gagnés de vitesse et avait atteint le nord de l'Épire : ses forces avançaient vers Toryne et Glucus limen jusqu'à la rivière de l'Achéron, proche du promontoire d'Actium. Nous fûmes donc contraints de mouiller – c'était le début du printemps [– 31] et la mer était agitée – dans le vaste golfe d'Ambracie, séparant l'Acarnanie et l'Épire, où l'on n'entrait que par un étroit goulet large de cinq cents pas. Le promontoire d'Actium se trouvait à son embouchure. Là, par gros temps, les navires pouvaient relâcher, à condition de n'avoir qu'un faible tirant d'eau car les marins le disaient très peu profond et entouré de marais.

Cette mesure de sécurité contre le mauvais temps a causé notre perte : nous étions pris dans une nasse mortelle. Ce mouillage intérieur non seulement a limité nos capacités de manœuvre, mais nous a mis à la merci d'Octavien, en nous empêchant d'atteindre l'Italie comme prévu.

Antoine, dont le camp se trouvait sur la partie sud du chenal, tenta de dégager la sortie du golfe en envoyant une escadre conduite par Sosius, qui se dirigea vers la flotte romaine dont nous apercevions les voiles au large : celle-ci était commandée par Lucius Arruntius. Sosius manœuvra avec habileté et l'emporta sur son adversaire. Mais la joie fut de courte durée car la flotte d'Arruntius, qui venait d'être dispersée, fut secourue par celle d'Agrippa qui fondit à son tour sur Sosius et l'obligea à se replier vers le golfe d'Ambracie où nous nous trouvions [août – 31]. Nous eûmes à pleurer la perte du roi de Cilicie, Tarcondimotus, surnommé Philantonios [« ami d'Antoine »], qui s'était porté volontaire pour combattre. De magnifiques funérailles furent célébrées pour le compagnon fidèle qu'il avait été.

Agrippa, de son côté, poursuivait sa navigation pour s'attaquer méthodiquement aux points contrôlés par Antoine dans le Péloponnèse. Après s'être emparé de Corcyre qui était sur son chemin, il prit Leucade et Patras. Averti de nos mouvements, Octavien marchait vers nous avec ses troupes, tandis

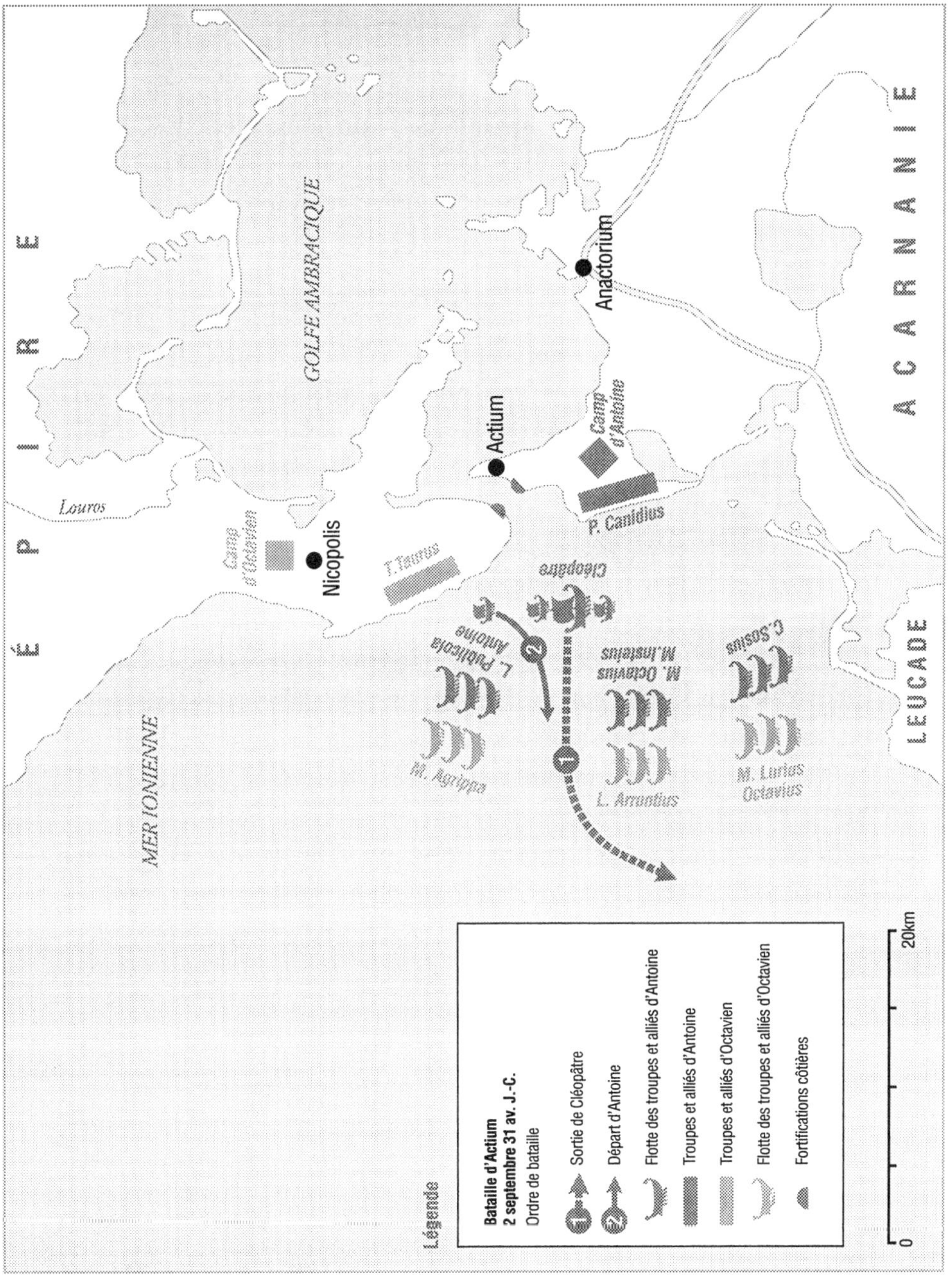

Fig. 30 : Bataille d'Actium (2 sept. – 31) opposant les flottes d'Antoine et de Cléopâtre, à droite, et d'Octavien et d'Agrippa, à gauche. 1° Départ de la flotte de Cléopâtre à bord du vaisseau royal, chargé du trésor ; 2° Antoine suit Cléopâtre à bord d'un vaisseau © M. A.

que la flotte d'Agrippa harcelait nos bateaux de transport – ceux d'Antoine comme les miens – qui longeaient les côtes du Péloponnèse, nous empêchant ainsi de recevoir tout renfort. Les navires qui acheminaient notre ravitaillement remontaient en effet plus lentement vers l'Épire et constituaient des proies faciles.

Nous avions beau disposer de la plus imposante flotte jamais réunie, l'incertitude grandissait chez les membres de l'état-major où je donnais mes conseils malgré l'hostilité déclarée de plusieurs de ses membres. La présence d'une femme parmi eux, et qui plus est d'une reine, perturbait ce monde d'officiers, à commencer par le consul Ahenobarbus qui refusait de me saluer avec les égards qui m'étaient dus, et finit par déserter les rangs d'Antoine. Allié aux familles des deux triumvirs par son fils aîné Lucius, fiancé à Antonia l'aînée, la fille d'Antoine et d'Octavie, Ahenobarbus fut le premier à trahir, suivi peu après par Dellius et les rois asiatiques confrontés au risque d'être déposés par le futur vainqueur. Dellius en fut puni, car il mourut peu après, quand il contracta la fièvre des marais.

Plusieurs de ses lieutenants, ai-je appris, ont douté de ma fidélité envers Antoine en dépit de mon engagement personnel dans le combat. Ils redoutaient l'influence que j'exerçais sur leur chef. Mais j'étais plus à même de décider que beaucoup d'entre eux.

Aucune des opérations conduites au cours de cet affrontement n'a échappé à mon attention, car je ne voulais pas être reléguée à l'arrière ni écartée des décisions : mes soldats comptaient sur moi, et moi sur eux. Or nous savions que nous combattions des troupes aguerries par deux années de campagnes menées contre Sextus Pompée, sur mer et sur terre.

Bon général, Canidius était chargé de l'infanterie d'Antoine, cantonnée au sud du promontoire d'Actium, de l'autre côté du chenal du golfe d'Ambracie. Nous avions vu s'élever, durant la journée, du côté nord du chenal, les fumées ennemies du camp de Titus Statilius Taurus et, un peu plus au nord, celles du camp d'Octavien. Canidius était un homme de confiance, que j'appréciais. Mais il estimait qu'Antoine manœuvrait mieux sur la terre ferme et que les troupes terrestres d'Octavien étaient moins nombreuses que les nôtres. Aussi déconseilla-t-il fortement l'affrontement maritime suggéré par l'état-major et moi-même. Antoine finit par donner raison à Canidius : il voulait surtout faire reculer son ennemi, dont le camp était de l'autre côté du chenal, pour disposer d'un libre accès à la mer. Il confia au prince galate Déiotaros Philadelphe, fils de Castor, le soin de débarquer de l'autre côté du détroit à la tête d'une troupe de deux mille cavaliers galates, afin de déloger son adversaire ; durant ce temps, un autre corps de troupe contournerait le golfe d'Ambracie pour prendre à revers le camp d'Octavien par le nord. Mais Octavien refusa le combat, toujours fidèle à la maxime qu'il répétait à ceux qui l'entouraient. Euripide l'avait mise autrefois dans la bouche de Polynice : « Mieux vaut être un général qui agit avec précaution qu'un chef téméraire » (*Les Phéniciennes* v. 599).

Dans cette guerre, certains ont choisi le parti de la fidélité et d'autres celui de la trahison : la cavalerie galate de Déiotaros a fait rapidement défection, tandis que ma garde galate personnelle offerte par César, composée de quatre cents lanciers, est restée auprès de moi jusqu'à la fin.

Antoine a jugé préférable de faire repasser le détroit à ses hommes et a pris position vers les marais d'Actium. Les conditions y étaient d'ailleurs aussi mauvaises à terre pour ses troupes qu'en mer pour la flotte ennemie qui se tenait toujours au large de l'entrée du golfe d'Ambracie. Durant quatre jours, celle-ci a subi les effets de la houle, due au Skiron, un fort vent marin de nord-ouest auquel il fallait s'adapter. Dans cette région, les courants marins et ce vent pouvaient être les alliés de nos adversaires.

De part et d'autre, des dizaines de milliers de soldats se sont apprêtés à combattre, l'esprit aux aguets des moindres rumeurs. L'été avait été chaud et l'air des marais était vicié. Le harcèlement par Agrippa des navires chargés du ravitaillement nous avait mis en grande difficulté. L'eau potable faisait défaut.

Du côté d'Antoine, la situation était contrastée : d'un côté, les soldats, leurs officiers et les rameurs professionnels demeuraient, malgré les épreuves, déterminés à se battre ; de l'autre, les hommes enrôlés sous la contrainte étaient prostrés, épuisés par les privations, plus touchés que d'autres par les fièvres des marais et la dysenterie due aux vivres moisis. Certains étaient pris de délire, d'autres mouraient : des bûchers funéraires brûlaient çà et là. Les vents en rabattaient les fumées et les cendres sur le camp boueux. Le moral était bas et l'étreinte de l'ennemi s'est resserrée.

Nous nous sommes mis d'accord pour sortir à tout prix de ce piège avant qu'il ne nous emprisonne définitivement ; il fallait regagner au plus tôt l'Orient, où Antoine disposait de légions de réserve, puis décider d'une nouvelle stratégie. Après avoir percé les escadres ennemies et organisé la retraite des troupes au sol, nous pensions pouvoir reprendre plus tard l'avantage.

Au soir du quatrième jour, la tempête s'est apaisée [2 sept. – 31] *: cette accalmie nous a incités à quitter le golfe d'Ambracie et, pour cela, à affronter les trois escadres d'Octavien qui se tenaient devant la sortie du golfe. Nous nous y sommes préparés de toutes nos forces : les navires, qui avaient été halés sur la grève pour être radoubés, ont été remis à l'eau. Antoine a sélectionné les bateaux qui pouvaient être engagés dans ce combat en fonction du nombre d'hommes sur lesquels il pouvait compter, puis il a fait incendier, pour les rendre inutilisables, les vaisseaux sans fantassins ni équipage.*

Il a adressé ensuite à ses hommes un discours énergique : il leur a demandé de se préparer à un choc titanesque, sans pour autant craindre Octavien, qui n'avait jamais su remporter une victoire. Il a appelé à l'union des cœurs dans le combat. Ils gagneraient cette bataille grâce à leur courage et restaureraient l'unité de la République romaine ! L'émotion était palpable. La nuit est tombée sur les rivages du golfe, troublée par la rumeur des bivouacs : les hommes avaient du mal à s'endormir.

Aux premiers rayons du soleil, une fois que les augures eurent observé le vol des oiseaux qui dessinaient des cercles dans le ciel et déchiffré un signe favorable, les marins valides embarquèrent les premiers, au son des trompettes, puis ce fut au tour des fantassins. Les hommes malades ne purent monter à bord. Les navires sortirent en file du détroit : ils suivirent l'étroit chenal puis formèrent trois escadres disposées symétriquement par rapport à celles d'Octavien que l'on apercevait au large, à environ huit stades [~ 1 500 m]. Au nord, l'escadre d'Antoine et de Lucius Gellius Publicola formait l'aile droite du dispositif, face à celle d'Agrippa ; celle du centre, commandée par Marcus Octavius et Marcus Insteius, prit position devant celle de Lucius Arruntius ; au sud, l'escadre de Caius Sosius s'est placée face à celle d'Octavien et de Marcus Lurius. Les vaisseaux de la flotte égyptienne étaient alignés à l'arrière de l'escadre de Marcus Octavius et de Marcus Insteius, grossie ainsi de navires de fort tonnage pour assurer ma protection et celle du trésor. De part et d'autre, des centaines d'yeux divins peints sous les flancs des proues semblaient croiser leurs regards sur la mer.

Je ne me suis pas contentée d'accompagner Antoine. Lui et moi avions réuni nos forces dans un but commun. Les Romains de notre entourage qui étaient hostiles à l'idée qu'une reine d'Égypte soit alliée militairement à Antoine avaient déjà fait défection. Aussi, à ce moment où la guerre a révélé son terrible visage, n'ai-je pas montré de peur.

Je me suis tenue au point le plus élevé du château de poupe de mon navire et j'ai fait preuve de la même ferveur au combat que mon ancêtre Arsinoé au côté de son frère Philadelphe. C'est coiffée de la couronne d'Arsinoé que les prêtres me représentaient, afin de signifier que la religion comme la guerre et la politique faisaient partie de mes prérogatives. Je suis une guerrière : le sang intrépide des Lagides coule en moi. Quand le danger paraît, la mort m'est indifférente : seuls comptent le courage et cette force mystérieuse qui grandissent alors en moi.

J'avais troqué mon diadème pour un casque de bronze doré et j'étais prête, comme tout soldat, à défendre ma vie l'épée à la main, revêtue d'une cuirasse en fil de lin, ardente comme mon amant : le soleil faisait resplendir son armure qui lui donnait l'éclat fascinant du scarabée sacré. Les flèches ont sifflé de toutes parts : je me suis imaginée décocher les miennes, telle la déesse Neith de Saïs.

Pour aider au triomphe de l'Égypte et de ses alliés, j'avais jugé utile de m'adjoindre les services du conjurateur de Selkis et astrologue, Téos fils d'Harchébis, ainsi que ceux du hiérogrammate Pihorphritob. Depuis notre départ d'Alexandrie, ils étaient à mes côtés, même s'ils avaient horreur de vivre hors du pays auprès d'êtres impurs. Comme tous les prêtres égyptiens, ils détestaient l'un et l'autre la mer et le sel typhonien au point qu'ils auraient plutôt jeûné que d'en consommer. La veille de notre sortie du détroit, Téos fils d'Harchébis s'était assuré de la faveur des dieux en faisant des fumigations d'encens et d'herbes odorantes qu'il avait lui-même cueillies et emportées. Avec des formules que peu parvenaient à comprendre, même parmi les Égyptiens, il avait levé une armée divine, en convoquant aux côtés de nos troupes Ammon thébain, Thèbes-Victorieuse armée de son arc et de sa masse d'armes, Montès-taureau-dans-Thèbes, Harchébis, Haroëris, Harakhtès, Somtous-Héraclès à la massue, Hathyr-Sachmis génératrice de la peste, Totoès à l'égide invincible, Atoum l'Archer de Babylone, Sopdou-Sôsis-fils-de-Rê du Château-du-Jujubier et Zeus-Casios porteur de la couronne qui répand la terreur, bien d'autres encore. Il avait appelé même à la rescousse les compagnies des soixante génies combattants d'Apollinopolis et des soixante-dix-sept génies combattants de Pharbaïtos, tous au faciès monstrueux, dont la seule évocation suscite la terreur. Ces êtres féroces, armés de coutelas, d'épées, de lances, de piques, de fouets et de frondes, sont chargés de défendre les temples contre des ennemis bien plus dangereux que les hommes. Téos avait la certitude qu'aucune armée au monde ne résisterait à ces puissants guerriers divins qui protégeaient notre flotte, comme ils avaient toujours veillé sur l'Égypte. C'était pour lui l'armée de la lumière contre les forces des ténèbres.

Le devin Pihorphritob, devant l'imminence des combats, lui, se taisait : jamais silence ne m'a paru plus lourd. « Le temps est venu d'affronter ta destinée, reine. Elle te sera bientôt révélée » me disait des yeux Pihorphritob, avant de quitter le bord, terrifié par les catapultes et les arcs, les lances et les braséros qu'il apercevait sur le ponton du navire.

Antoine, hélas, était devenu comme Ulysse la victime d'Éole, dieu des vents : à l'entrée du golfe d'Ambracie, les eaux échappaient au contrôle des divinités marines terrées dans les grottes de Poséidon. Une barre liquide s'opposait à la sortie des navires, comme en Égypte à l'entrée de notre dangereuse branche Héracléotique où la force du Nil est contrariée par le vent et les courants. Les capitaines de notre flotte savaient que les marins d'Actium ne gagnaient la haute mer qu'à la mi-journée, au moment de l'inversion des vents, lorsque la brise de terre se mettait à souffler. Comme nos navires étaient pris dans la nasse du golfe d'Ambracie, Antoine n'avait qu'une solution : déployer la flotte et la lancer contre les escadres ennemies, en espérant prendre celles-ci de vitesse. Cependant, les navires devaient disposer d'un élan suffisant pour frapper efficacement les navires de nos adversaires sous la ligne de flottaison. Les puissants rostres de bronze que nous avions fait fondre en Asie étaient capables de briser les rames, de défoncer les coques et de couler tout navire éperonné. Et pour que nos vaisseaux atteignent une vitesse suffisante, il nous fallait attendre que la brise de terre vienne soulager l'effort des rameurs.

Mais, hélas, la manœuvre prévue par Antoine et son état-major avait déjà été dévoilée par Quintus Dellius qui venait de trahir et de rejoindre le parti d'Octavien. Avant même l'issue de la bataille, les lâches ont commencé à changer de camp. Nos plans avaient été connus d'Octavien avant le début du combat.

Après plusieurs heures d'observation, nous entendîmes retentir les trompettes qui indiquaient aux équipages les manœuvres à effectuer : Caius Sosius, le plus aguerri, qui avait une revanche à prendre sur l'opposant, initia le combat. Octavien, doté de navires plus agiles, choisit d'esquiver ses attaques : il brisa par des mouvements d'abordage rapides beaucoup de nos rames puis s'écarta pour se mettre hors d'atteinte. De son côté, Agrippa, en butte à un vent défavorable, força ses rameurs à un effort démesuré et simula une retraite.

Publicola crut alors pouvoir se lancer à sa poursuite et s'éloigna ainsi du théâtre de la bataille, tandis qu'Agrippa, inversant soudain la direction de ses vaisseaux, fondit sur l'escadre d'Antoine ainsi que sur celle d'Octavius et d'Insteius. Ces derniers, avec leurs immenses navires, tentaient de s'arrimer par des crochets de fer aux birèmes de leur adversaire pour jeter sur elles, du haut des châteaux de poupe et de proue, un déluge de flèches, de balles de frondes et de pierres. Cependant, une opération symétrique, mais moins heureuse, permit à Sosius, dont le reste de l'escadre s'était rassemblé, d'ouvrir la brèche tant attendue par laquelle la flotte égyptienne put enfin se frayer un passage.

Ce n'est qu'au moment où Octavien comprit que l'affrontement allait lui être défavorable qu'il fit lancer des volées de traits de poix enflammés sur les flancs et les ponts de nos vaisseaux. Il perdrait certes la gloire de récupérer et de donner à voir à Rome les acrostoles qui ornaient les poupes de nos navires, mais il remporterait la victoire, grâce à ce moyen déloyal auquel il n'avait pas osé recourir, même contre Sextus Pompée.

Nous avons vu alors dans le ciel noir, strié de feu, se dessiner des têtes de chimères incandescentes. Si certains bateaux ont pu en réchapper, d'autres, définitivement atteints, ont été envoyés par le fond au milieu de nuages de vapeur. Le chaos était grand sur la mer agitée par la houle : elle a été bientôt jonchée d'épaves en feu, de débris flottants, de cadavres ou d'hommes criant à l'aide, pendant que ce qui restait de l'escadre de Sosius s'écartait des navires incendiés pour tenter de se regrouper.

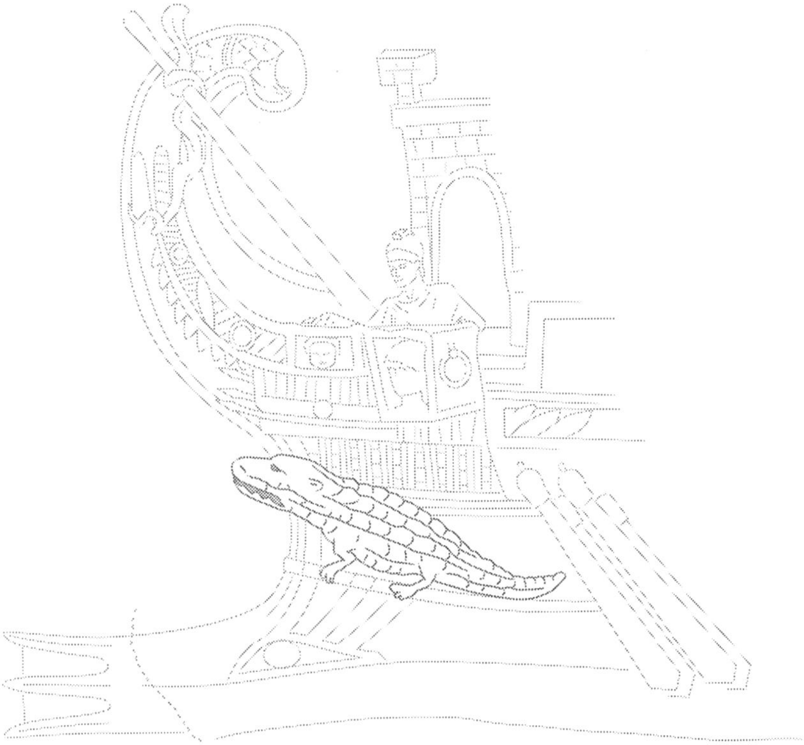

Fig. 31 : Proue d'une birème romaine, décorée d'une silhouette de crocodile.
Bas-relief du temple de Fortuna Primigenia, à Préneste (Palestrina) évoquant peut-être la bataille d'Actium (3 sept. – 31)
© M. A.

Ne crois pas que j'ai été épargnée. Échapper à ces mâchoires de bois, de fer et de feu s'est fait au prix d'un violent combat.

J'ai pensé alors à la ruse d'Artémise d'Halicarnasse, cette capitaine de vaisseau qui s'était battue à Salamine du côté des Perses et pour la capture de laquelle les citoyens d'Athènes avaient offert une récompense de dix mille drachmes. Elle avait réussi, au moment où elle allait être prise par les Athéniens, à les tromper en coulant par une manœuvre audacieuse un navire de sa propre flotte, celui du roi de Calyndos, et à se faire passer aux yeux de ses ennemis pour un des leurs.

Elle avait pu ainsi s'esquiver et poursuivre sa route. Les mots d'Aristophane, dans sa pièce Lysistrata, *qu'il avait voulus ironiques, me semblent aujourd'hui le plus bel éloge paradoxal fait à Artémise et aux femmes :*

> *Si nous leur laissons la moindre prise, rien n'échappera à leur infatigable ingéniosité : elles iront jusqu'à construire des navires et comme de nouvelles Artémises jusqu'à sillonner les mers pour nous combattre. (v. 671-675)*

Moi, la maîtresse des chantiers navals d'Orient, j'étais prête aux mêmes stratagèmes qu'Artémise.

Octavien, qui souhaitait s'emparer du trésor que je transportais, n'a pas couru le risque d'incendier mon vaisseau ni ceux qui l'entouraient. Il pensait que le temps jouerait en sa faveur. Nous avons perdu pourtant des navires magnifiques qui protégeaient nos flancs : Naucratis, Alexandrie, Grand-est-Ammon, Osiris, Thèbes-aux-Cent-Portes…

Au cours de l'engagement, à la distance d'un stade [192 m], *j'ai assisté à l'agonie d'une de nos quadrirèmes, baptisée* Souchos, *du nom du dieu crocodile et dont la figure de proue, qui pointait au-dessus du trident, était cet animal symbole de l'Égypte, familier des rives du Nil, capable de se jeter sur sa proie sans coup férir.*

J'ai vu avec désespoir le Souchos *en train de sombrer sous l'attaque conjuguée des grappins et de l'éperon d'une autre birème, que les Romains nomment « liburne ». On aurait dit les habitants de Tentyris chassant les crocodiles dans les eaux du Nil, à grand renfort de lances et de crochets : la mise à mort de la bête et celle du navire étaient identiques.*

Fig. 32 : Revers d'un dupondius frappé à Nîmes (– 28/27), et représentant l'Égypte vaincue sous la forme d'un crocodile attaché au palmier d'Apollon d'Actium © M. A.

Aujourd'hui encore ce souvenir me hante : comment de misérables bateaux à deux rangs de rameurs ont-ils pu venir à bout de notre colosse bardé de bronze ? L'agonie du Souchos *a été foudroyante. Les soldats, tombés entre les carènes, ont été broyés par les tronçons des rames. L'ennemi avait jeté ses pontons d'abordage et ceux de nos hommes qui avaient survécu au déluge de pierres et de flèches sont morts dans le corps-à-corps qui s'est ensuivi.*

Comble de l'horreur : Agrippa avait doté ses navires d'une nouvelle arme, l'harpax, une longue pièce de bois munie de crochets lancée par une baliste ; l'arrimage et l'abordage de nos vaisseaux en étaient encore facilités. Soudain une volée de flèches, de balles de fronde et de boulets d'un pierrier tirés depuis un vaisseau ennemi s'est abattue près de moi. Deux de mes gardes du corps se sont écroulés : j'avais pu entendre le sifflement des flèches brisant leurs os et déjà retentissaient leurs râles de souffrance. Kombabos, l'épée à la main comme les autres gardes, m'a protégée de son bouclier.

C'est alors que me sont revenues les images de mon troisième rêve prémonitoire, celui que Pihorphritob n'avait pas souhaité m'expliquer, craignant, disait-il, la colère des dieux : « Un crocodile la gueule grande ouverte et la queue retournée, ainsi qu'un palmier et une couronne de laurier. »

Au-dessus du rostre du vaisseau romain qui s'attaquait au Souchos, *j'avais reconnu le dessin du Palmier de Délos. Hasard ou non, présage, délire ? Je savais qu'Apollon avait été mis au monde sur l'île de Délos par Léto qui s'était appuyée, pour accoucher, contre un palmier.*

Le palmier de mon rêve n'était donc pas celui d'Égypte, mais celui du dieu Apollon vénéré sur le promontoire d'Actium, le dieu d'Octavien ! Les divinités m'avaient annoncé notre défaite et j'étais restée aveugle.

Tandis que j'entendais monter la longue plainte des mourants et les derniers cris des combattants, d'épais nuages de fumée se formèrent sous l'effet de la brise et enveloppèrent les navires de toutes parts. Apollonidès, fils d'Hiéron, ordonna alors de rompre le combat engagé avec plusieurs bateaux de l'escadre d'Octavien, pendant que les flottes d'Agrippa et d'Antoine poursuivaient leur combat. L'objectif convenu avec l'état-major d'échapper à tout prix à la capture, comme jadis Artémise, était maintenant à notre portée.

Les rameurs redoublèrent d'efforts quand, au son des trompettes, le navarque a commandé aux navires d'accélérer le rythme et de gagner la haute mer. Nous nous sommes éloignés de plusieurs stades, puis nous avons tiré parti de la brise de terre qui avait à présent forci pour hisser les voiles jusqu'alors carguées pour le combat : nous étions hors d'atteinte de l'ennemi.

Regardant en arrière j'ai vu, à travers un rideau de fumée et de flammes, nos vaisseaux retourner vers le goulet d'Actium pour se mettre à l'abri dans le golfe d'Ambracie. Nous avons tous été accablés par la tristesse à la vue des débris des navires incendiés et à la pensée de nos compagnons précipités au fond de la mer. Octavien n'était pas parvenu à nous anéantir, comme il l'aurait voulu. Mais la réussite de notre fuite avait un goût bien amer, comme les prétendues victoires du roi Pyrrhus, qui avait vaincu les Romains à Héraclée [– 280], *non loin de Brindes, où Antoine, dans son premier plan, comptait débarquer.*

Chapitre 24

Après la défaite d'Actium : accablement d'Antoine, sursaut de Cléopâtre

Mon destin m'emportait : il fallait avancer sans hésitation et agir avec adresse... L'âme d'Antoine errait encore au milieu des combats passés. Il voulait vivre en reclus, coupé du monde.

Le repli dont nous étions convenus entre nous en cas de péril avait dû s'opérer de manière anticipée, car nous devions mettre à l'abri notre trésor de guerre, sans lequel tout espoir de revanche aurait été vain. L'objectif prioritaire d'Octavien et d'Agrippa était de s'en emparer et de se saisir de nous vivants pour mettre un terme à la guerre. Sur ce point ils avaient échoué.

Antoine, voyant que son idée de débarquement dans le sud de l'Italie était ruinée, chercha à organiser la poursuite de la guerre. Il invita les officiers de la flotte à profiter du chaos créé par les débris des navires enchevêtrés qui gênaient l'escadre ennemie dans ses mouvements. Il leur donna l'ordre de poursuivre la lutte sur mer pour affaiblir l'adversaire, puis d'engager la résistance à terre, sous le commandement de Canidius. Après avoir salué ses officiers, il suivit le plan que nous avions établi et monta à bord d'un navire pour rejoindre, accompagné d'une petite escadre, la flotte égyptienne qui avait mis le cap au sud. Nous avions décidé, quoi qu'il arrive, de ne pas rester longtemps séparés.

Le navire d'Antoine parvint à hauteur de mon vaisseau. Les traits défaits par la dureté des combats, il me rejoignit à bord. Aucun mot ne sortait de sa bouche. Plongé dans un état de sidération, il scrutait l'horizon, où se distinguaient les mâts de la flotte qui nous avait pris en chasse. Mais le jour suivant, le sort avait tourné et l'ennemi fit demi-tour. Nous avions quitté la cadence soutenue, rythmée par les gémissements de souffrance des rameurs épuisés, et nous avons senti monter l'odeur fétide de leurs bancs quand le navarque décida que l'on pouvait enfin ralentir. J'ai repassé dans mon esprit ces événements tragiques et imaginé le sort des troupes laissées en arrière.

Nos ambitions allaient-elles survivre ? En sauvant le royaume dont nous avions dessiné les contours par les donations à nos enfants, nous préservions une part de notre rêve et le rêve collectif d'un monde plus oriental et plus grec, aux antipodes du modèle romain.

La réalité s'est imposée brutalement : les temps avaient changé et la situation s'était renversée. Après les accusations de lâcheté lancées contre nous par les agents d'Octavien, les défections se sont multipliées.

Que n'a-t-on pas dit sur l'or que j'aurais pillé dans les trésors des temples et les tombes des pharaons ! Alors que j'avais, au contraire, enrichi le clergé de mon pays. L'Égypte avait payé cette guerre avec l'or extrait des mines de Coptos.

Afin de forger la confiance et de créer un lien fort entre les hommes et leurs chefs, nos légionnaires avaient tous reçu cent deniers dans une monnaie frappée par nos ateliers itinérants. Cette monnaie nous montrait, Antoine et moi, comme des égaux : Antoine coiffé de la couronne des Arméniens et moi-même devant une proue de trirème car j'avais financé la flotte.

Lorsqu'enfin nous avons fait escale au cap Taenare à la pointe sud du Péloponnèse, les premières nouvelles sont arrivées : Publicola, qui commandait avec Antoine son escadre, était mort ; Caius Sosius, commandant l'aile gauche de sa flotte, enfermée avec ses troupes dans le golfe d'Ambracie, avait dû se rendre, faute de vent pour sortir du piège. Antoine comprit que ce qui restait de la flotte et de l'armée de terre était perdu. Ce fut pour lui un coup terrible.

À terre, le corps de nos légionnaires, qui avait pour chef Canidius, avait pu se retirer sans encombre du champ de bataille. Les soldats restaient fidèles à Antoine et tous étaient prêts encore à embrasser la mort pour lui. Mais ces hommes, qui ne se laissaient pas séduire par les offres des émissaires d'Octavien, ne comprenaient pas l'absence de leur chef. La tactique adoptée, consistant à opérer une retraite vers le sud pour mieux pouvoir contre-attaquer ensuite, avait été mal interprétée. Notre silence, dans cette situation paroxystique, avait contribué à les désorienter. Antoine adressa un message à Canidius pour qu'il conduise l'armée en Macédoine, là où nous disposions de soutiens. Mais son lieutenant, démoralisé par la situation, trouva préférable de quitter, de nuit, le théâtre de la guerre : sans commandant, ses soldats jugèrent la situation perdue et se rendirent à Octavien.

Pendant notre escale au cap Taenare, Antoine fit débarquer plusieurs de ses amis avec lesquels il partagea généreusement ses richesses, parce qu'ils avaient combattu avec nous et cru à notre entreprise. Il comprenait, le plus souvent, les raisons des défections, voire des trahisons, qu'il s'agisse d'hommes libres ou d'affranchis. Après Taenare, nous avons mis le cap au sud en doublant la Crète et accosté près de la Cyrénaïque à Paraitonion [Mersa-Matrouh en Égypte], où Antoine avait laissé quatre légions à partir desquelles il pensait reconstituer une armée.

Mais Antoine, qui attendait près de Paraitonion des nouvelles de ses légions, vit sa dernière chance s'évanouir : son ancien lieutenant Lucius Pinarius Scarpus, proconsul de Cyrénaïque, qui avait été informé de l'issue de la bataille d'Actium, avait déjà remis les troupes d'Antoine à un familier d'Octavien : Cornelius Gallus, militaire et poète élégiaque à ses heures. Celui-ci avait chanté à Rome la mime Lycoris avec qui Antoine avait eu autrefois une liaison. Scarpus poussa la trahison jusqu'à faire exécuter les messagers d'Antoine ainsi que les soldats qui avaient eu le courage de protester contre ces assassinats.

J'ai redouté alors la mort d'Antoine. Quand il a su que ses quatre légions étaient perdues, il a fallu que ses amis l'empêchent de se tuer de désespoir : il revint à Alexandrie, livide comme un mort, et s'est installé pour un temps à l'écart, près de l'île de Pharos.

De mon côté, j'ai poursuivi en direction d'Alexandrie pour que le peuple ne soit pas davantage inquiet de mon absence. Décidée à ne pas me laisser accabler par le poids des événements, je me sentais encore assez forte pour retourner la situation en notre faveur.

Avant même de débarquer, j'ai donné le change en mettant en scène le retour victorieux de mes vaisseaux : les chants de victoire ont résonné de toutes parts sur mes bateaux couverts de guirlandes. Après tout, n'avions-nous pas échappé à Octavien ?

Après ce retour que j'ai voulu triomphal, je fis mettre à mort ceux que l'on soupçonnait de sédition, de façon à dissuader toute tentative de révolte. Tu me jugeras cruelle, mais je ne pouvais prendre aucun risque dans une situation aussi dangereuse. Mon destin m'emportait : il fallait avancer sans hésitation et agir avec adresse.

Cependant, l'état des gréements, des coques et des bordages de certaines trirèmes de la flotte offrait à la population rassemblée un aperçu de la violence des combats. Plusieurs navires avaient sombré, mais la flotte royale n'avait pas démérité. Sur les quais, soldats et marins pleuraient leurs compagnons morts. Ils racontaient leurs exploits. Notre flotte, cette géante des mers, a été prise en étau par Octavien et Agrippa comme par un monstre marin bicéphale. Les récits des marins insistaient sur la résistance acharnée, les bruits sinistres de la bataille, l'affreux craquement des rames arrachées, les navires romains éperonnés, entraînés par le fond, dans des vapeurs de braises fumantes : le public pouvait entendre jusqu'aux râles des blessés et voir dériver les cadavres sur la mer.

Les critiques se sont alors concentrées sur l'enfant chéri d'Alexandrie, Antoine, qui s'était engagé dans ce conflit aux côtés de l'Égypte et de toutes ses légions. On l'accusait d'avoir déserté le champ de bataille et abandonné ses hommes. Ses détracteurs ignoraient que sa seule chance de reprendre le combat à un moment plus favorable était d'esquiver les forces d'un ennemi en état de supériorité. Sans perdre un instant, je m'employai à renforcer les défenses de l'Égypte. Dans les arsenaux, on radoubait les bâtiments, on changeait les rames brisées pour être à même d'affronter la flotte d'Octavien dans les meilleures conditions, voire pour déjouer un éventuel blocus maritime.

Tous les ports de la mer Intérieure, du Péloponnèse à la Judée, en passant par la Crète et Chypre, étaient en effervescence à mesure que les échos de la guerre leur parvenaient. L'attitude des cités et des États riverains changeait de jour en jour. Le retournement le plus insupportable pour Antoine fut celui de son ami Hérode. Hérode avait pris l'initiative de rendre visite à Octavien à Rhodes où l'*imperator*, parti d'Athènes, avait installé sa résidence, et de se rallier à lui. Octavien l'avait alors confirmé dans ses fonctions et avait chargé de la Syrie Quintus Didius, un homme à lui.

Hérode a eu l'audace de conseiller à Antoine un plan criminel : me faire assassiner pour ensuite mieux négocier avec Octavien. Seul, lui a-t-il dit, il redevenait libre de ses mouvements ; avec moi, il demeurerait un paria. Mais Antoine a refusé : il m'aimait et se savait trop encombrant pour qu'Octavien le laisse en vie. La trahison d'Hérode nous a isolés davantage ; sur une carte, nous avons pu observer que, de l'Égypte à la Grèce, nous n'avions plus un seul allié. Même les Juifs, si fidèles, avaient déserté notre cause.

Grâce à l'activité des arsenaux et aux édits adressés à la population, je rassurais les esprits et m'efforçais de maintenir la confiance : la ville, solidement fortifiée, était bien défendue du côté de Pharos et les ports d'Alexandrie bénéficiaient de protections naturelles. Dans le même but, j'augmentai le nombre des soldats dans notre armée et fis enrôler le jeune César parmi les éphèbes en formation militaire. Antoine fit de même avec Antyllus, le fils qu'il avait eu de Fulvie. Toutefois, comme les nouvelles se faisaient de plus en plus alarmantes, je décidai d'assumer seule la gestion des affaires militaires, aussi longtemps qu'Antoine resterait dans l'état de torpeur dans lequel il était plongé.

Il me fallait anticiper une issue en cas d'invasion du pays par Octavien. En partant de la mer Érythrée [Rouge], nous pouvions, avec mes richesses et une partie de ma flotte et mes troupes, gagner le golfe Persique ou l'Inde, loin de nos ennemis. Dans cette intention, je fis radouber les navires stationnés dans le port de Cléopâtris sur la mer Érythrée et fit acheminer par le canal des Pharaons les matériaux nécessaires à l'équipement de nouveaux navires dans ce port.

Antoine se passionna pour ce projet qu'il trouvait digne des souverains d'autrefois. Je l'aidais ainsi à combattre son découragement. Mais les Nabatéens du roi Malichos, qui se déplaçaient le long des côtes de la mer Érythrée, attaquèrent mes navires et les incendièrent, encouragés dans leurs razzias par Didius, l'homme qu'Octavien avait placé en charge de la Syrie. Malichos fut trop heureux de pouvoir se venger de moi, pour les pertes qu'il avait subies lors de sa guerre contre Hérode.

La dernière issue s'est ainsi fermée sous nos yeux. Nous étions maintenant prisonniers à l'intérieur de l'Égypte.

Je craignis de nouveau qu'Antoine n'attente à sa vie : il était à ce point bouleversé que ses violents accès de mélancolie l'avaient repris. Son âme errait encore au milieu des combats passés. Il voulait vivre en reclus, coupé du monde. Il est allé jusqu'à se faire construire une retraite sur un prolongement d'une jetée du grand port, qu'il a nommé Timoneion, du nom du fameux misanthrope athénien, Timon, qu'il avait pris pour modèle.

La vie continua ainsi durant les premiers mois de notre retour en Égypte. Dans la population des quartiers d'Alexandrie – grecs, égyptiens et juifs –, certains, d'ordinaire si insolents et sarcastiques, se rongeaient les sangs d'inquiétude. D'autres se préparaient à changer de maître, désormais indifférents à notre sort.

Libelles et graffiti fleurissaient la nuit aux carrefours pour annoncer la fin des temps. Pour deviner l'avenir, on faisait feu de tout bois. Les savants de la Bibliothèque consultaient les vieux traités égyptiens d'astrologie. Installés sur la terrasse du Sérapéum, les astronomes, comme pour la mort de César, croyaient discerner des comètes annonçant la mort de l'un d'entre nous, voire l'effondrement prochain de notre dynastie. Les réponses ou le silence du ciel augmentaient le désarroi.

Les prêtres égyptiens, de leur côté, interrogeaient les animaux sacrés, qui ne savaient quoi répondre. L'inquiétude grandissait à l'annonce de l'observation de signes étranges. Sur la mer, le soleil se serait couché plusieurs jours de suite dans une auréole de sang. Les rares devins capables de voir l'avenir, comme Pihorphritob autrefois, s'isolaient dans le silence.

La route des Indes venant d'être coupée, j'ai pensé négocier avec Octavien à Rhodes, car je savais combien il désirait les richesses de l'Égypte. Euphronios, le précepteur des enfants, fut mon messager auprès de lui pour sonder ses intentions. Il était porteur de mes deux vœux en cas de reddition : la transmission de mon royaume à mes enfants et la liberté pour Antoine de vivre en Égypte ou à Athènes comme tout autre citoyen. D'Octavien j'obtins pour seule réponse qu'il « prendrait en compte le fait que j'avais renoncé à lutter contre lui ». Mais, secrètement, il me fit savoir que si je faisais tuer Antoine, j'aurais la vie sauve et pourrais conserver mon royaume.

Fig. 33 : Aureus au portrait d'Octavien (– 30) © M. A.

J'ai toujours su qu'Octavien me ménageait dans la seule intention de s'emparer de mes richesses : il en avait un besoin urgent pour payer ses soldats. Jusqu'à aujourd'hui encore, Octavien a tenté de me convaincre de sa bonne foi. En vain.

À son tour, Antoine voulut amadouer notre vainqueur en lui envoyant l'un des derniers assassins de César qu'il avait jusque-là épargné et qui était même devenu un de ses proches, Turullius. Celui-ci vivait alors à Alexandrie ; en échange de la vie de Turullius, il attendait qu'Octavien lui fît grâce de la sienne. Octavien se limita à faire exécuter Turullius à Cos, là où il avait commis un sacrilège en faisant abattre des arbres pour la construction de notre flotte dans un bois sacré de l'île dédié à Asclépios, Antoine n'obtint pas d'autre réponse. Face aux manœuvres cyniques du nouveau maître de la mer Intérieure, nous savions désormais, lui et moi, qu'il était inutile d'espérer la moindre clémence.

Le temps passait et nous n'apercevions toujours pas de navire ennemi à l'horizon : Octavien [fin – 31] avait dû renoncer à sa campagne contre nous et avait regagné l'Italie pour apaiser les troubles suscités par des vétérans mécontents. Les jours succédaient aux jours. Le temps s'est figé dans une attente lancinante. Les discussions et les avis allaient bon train dans la ville et certains en venaient aux mains. Partout la trahison couvait.

Une chose demeurait certaine : jusqu'à présent, grâce aux accords de Brindes entre les triumvirs et à la présence de troupes demeurées fidèles à Antoine, l'Égypte restait indépendante de Rome. Notre ministre des Finances (diocète) avait passé avec les clients d'Antoine des accords fiscaux et établi des privilèges commerciaux profitables aux deux parties.

Combien j'ai alors regretté d'avoir accordé à ce maudit Canidius, qui avait abandonné ses légionnaires après notre défaite à Actium, une exemption annuelle de taxes de 10 000 artabes de blé sur les exportations, de même qu'une autre sur l'importation de 5 000 amphores de vin de l'île de Kos !

Pour résister à Octavien, toutes les forces de l'Égypte auraient dû s'unir. Grecs ou Égyptiens, Juifs ou Syriens, le pays que, par tant de sacrifices, j'avais tenté de tirer des serres de l'Aigle romain ne se limitait pas à Alexandrie, mais comprenait à, mes yeux, l'Égypte entière – d'Éléphantine à Sebennytos –, cette vallée bénie des dieux où le Nil assure la prospérité du monde habité.

À l'exemple d'Isis-Déméter, j'avais préservé mon pays de la famine. Tandis qu'au loin, à Rome, dans cette ville de plus d'un million d'habitants, la plupart misérables, les cris de la plèbe affamée retentissaient par-delà les mers jusqu'à nous. Nos vaisseaux marchands, aux cales remplies à ras bord de blé dur et d'huile, qui débarquaient leur cargaison à Puteoli, ne réussissaient que difficilement à les rassasier.

J'étais bien la femme à la double corne d'abondance que l'on pouvait voir sur les monnaies que j'avais fait frapper à mon effigie[1]*. Quant aux aristocrates romains, ils voulaient toujours plus d'or, d'argent et de pierres précieuses. Et que dire de l'appétit féroce des sénateurs, des financiers et des armateurs déjà comblés ?*

Quel fou tu as été, mon père, de t'endetter auprès de ces usuriers romains ! Ils avaient déjà presque ruiné les finances de notre pays. Qu'as-tu fait en plaçant tes propres enfants sous la garantie juridique d'un Sénat qui n'a été fidèle qu'à ses intérêts ? L'union d'un triumvir et de la reine d'Égypte, bénie par la naissance de trois enfants, a fourni le prétexte d'une guerre : je suis devenue l'ennemie du Sénat et de Suburre, cette lie du peuple de Rome, répandue au pied de l'Esquilin.

Les mâchoires du temps se referment chaque jour un peu plus sur moi. Si le sort du pays est maintenant scellé, les guerres civiles que Rome a traversées depuis Sylla auront au moins accordé aux peuples de la mer Intérieure un long sursis.

À Alexandrie, la vie se poursuivait tandis que les soldats organisaient la défense, au rythme des allées et venues des émissaires qui alimentaient vrais et faux espoirs.

1. https://gallica.bnf.fr/blog/14042015/cleopatre-sur-les-monnaies-grecques-et-romaines?mode=desktop

Sur l'île d'Antirhodos, j'avais fait construire, pour moi et pour Antoine, un tombeau près du temple d'Isis Dame des Flots. Il a la forme d'un phare en souvenir d'Arsinoé Philadephe, Dame de la Mer, et comprend des chambres hautes et grandes destinées aux membres de ma famille. J'y ai fait porter tout ce que j'avais de plus précieux et placer à proximité un tas d'étoupe et de torches pour qu'Octavien apprenne par la rumeur que j'étais prête à détruire et incendier ce qu'il désirait le plus. Ce cœur de pierre a fait semblant de s'émouvoir. Il a multiplié les messages amicaux pour m'entretenir dans l'illusion de son pardon. Il est pourtant bien différent de César, dont la générosité était une seconde nature.

Un autre malheur m'ébranla. Pihorphritob avait regagné son temple sur les hauteurs désertiques de Memphis, près du Sérapéum. Ce compagnon fidèle était si tourmenté par son impuissance à m'aider durant la campagne militaire qu'il décida de mettre un terme à son existence. Son assistant, qui avait vu des faucons tournoyer devant l'entrée de sa demeure, entra et le trouva inanimé dans sa chambre, empoisonné. Il avait laissé une lettre pour moi : il m'écrivait qu'il ne voulait pas subir ma colère pour n'avoir pas osé me dévoiler la signification de mes trois songes de peur d'irriter les dieux.

Cet homme pieux et bon était probablement mort pour rien, car le contenu de mes songes s'était éclairci peu à peu de lui-même.

Il acceptait de m'éclairer à présent, car il ne voulait pas que je reste troublée par son silence. Devant ma peine, les dieux avaient consenti à me révéler le véritable visage de Psaïs, le Destin qui se dérobait toujours à mes yeux. Il s'agissait là de mon premier rêve. Le deuxième rêve où apparaissait l'étrange cavalier qui maîtrisait une créature fantastique montrait en réalité Antoine chevauchant une chimère à trois têtes dont j'étais, moi, la principale. La chèvre au cou tranché d'un coup d'épée désignait Fulvie, au caractère capricieux et fougueux. La queue de l'animal représentait une Octavie ambivalente qui tentait de faire le bien tout en en affrontant de ses crocs venimeux la chatte majestueuse, maternelle et protectrice, que j'étais, car de mon union avec Antoine étaient nés trois enfants. Octavie et Octavien, son frère, m'annonçaient que mon destin et celui d'Antoine étaient désormais fixés : tous deux nous anéantiraient.

Quant à ce dernier rêve avec le crocodile, le palmier et la couronne de la victoire, que j'avais pris pour les signes de mon triomphe à venir, c'était un mirage né de mon imagination. Les dieux avaient à l'inverse indiqué à demi-mot la victoire d'Apollon sur Dionysos.

Je suis demeurée longtemps immobile ; la lettre est tombée de mes mains.

Les dieux égyptiens m'avaient-ils abandonnée ? Isis, en qui j'avais placé mes espoirs, m'avait-elle trahie ? Ou n'avait-elle été qu'un rêve né de mon esprit ?

Mes trois songes m'avaient pourtant prédit mon destin.

Je me suis décidée à y faire face : un combat n'est perdu que si on le croit perdu me suis-je dit.

Je me souviens d'avoir, ce soir-là, contemplé sur ma terrasse le ciel d'Alexandrie pour y chercher quelque signe favorable. À cet instant, j'ai souhaité quitter la terre, comme une comète dans un ciel nouveau.

Chapitre 25

« Ceux qui vont mourir ensemble »

J'ai été alors saisie par l'évidence : si je voulais dépasser le temps de mon existence et contempler l'éternité sur terre, il me fallait vivre en tout comme Isis.

Au printemps, Antoine finit par quitter sa retraite du Timoneion pour revenir vivre au palais. Il était allé au bout de son désespoir. Les nouvelles des défections de nos alliés arrivaient si nombreuses qu'il n'avait plus d'autre issue que de relever la tête une dernière fois. Je fêtai son retour par un pacte solennel : nous avons substitué à la société des « Inimitables » d'autrefois celle de « Ceux qui vont mourir ensemble ». Notre petit cercle d'une vingtaine de personnes savait ce qui l'attendait : la mort était une compagne avec laquelle beaucoup d'entre nous avaient longuement cheminé, moi la première.

Nous avançons sur ses eaux noires, sans trembler, tandis que dans le ciel d'Alexandrie le destin plane comme un éclair immobile.

Nous ne célébrons pas Thanatos, le fils de la Nuit, par qui s'accomplit notre destin à tous, car nous savons que ni les prières ni les supplications ne le toucheront. Je ne souhaite pas non plus comme les Cyniques ou les Épicuriens me préparer par des privations progressives au suprême arrachement de ma dépouille corporelle.

La mort était-t-elle à même de dénouer le nœud tragique de mon existence ? Était-ce la solution pour atteindre l'immortalité ? Pouvait-elle signifier notre renaissance ? J'entendais en évoquant ces questions souder autour d'Antoine et de moi nos derniers amis et fêter les mois qu'il nous restait à vivre en employant ce temps comme une arme entre nos mains face à Octavien.

Nous nous réunissions dans une salle attenante à un jardin, dallée de marbres colorés, où d'une fontaine coulait la fraîcheur du Nil éternel. Sur les parois étaient peintes des plantes aromatiques poussant au milieu d'un paradis ; on y voyait s'envoler des oiseaux de toutes les espèces.

Dans nos banquets qui avaient repris, nous exorcisions la crainte de la mort par l'imagination et cherchions à en triompher en raffermissant nos âmes – comme les philosophes stoïciens qui en firent un art.

Caton, Caton d'Utique, comme je comprends maintenant ton suicide ! Mais je ne tiens pas la vie pour futile et je refuse la rigueur de tes principes stoïciens. Je ne souhaite pas me détacher du monde, mais retrouver la gaieté à laquelle j'ai dû renoncer pendant ces années de guerre : seule existe désormais pour moi la vie dans ce qu'elle a de plus précieux !

Oui, mourir, mais au milieu de l'odeur des parfums – l'haleine des divinités ! Partager mes angoisses et mes joies dans la douceur des nuits qui se prolongent et l'illumination constante de nos derniers instants !

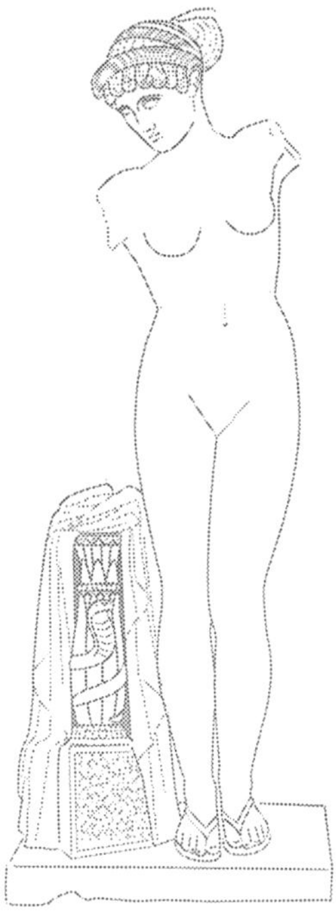

Fig. 34 : Cléopâtre en Aphrodite ou Vénus de l'Esquilin.
Copie exécutée au Ier siècle apr. J.-C. d'un original hellénistique remontant au Ier siècle av. J.-C.
© M. A.

Je veux jouir des plaisirs initiés, à l'aube des temps, par Dionysos, le dieu trois fois né, me laisser envahir par l'extase préfiguratrice de l'immortalité. Je veux connaître la sensation de l'infini, la grande mort qui assurerait ma régénération. J'entends aussi défier Octavien et le reste du monde.

Face à ce tyran, je ne renonce pas à ma gloire.

À nos banquets, chacun devait venir porteur d'une proposition littéraire ou musicale évoquant notre mort prochaine. Mimes et comédiens, nos amis, nous prêtaient main-forte, et après avoir goûté aux mets les plus raffinés, nous poursuivions en chantant nous-mêmes des hymnes pour purifier nos cœurs. Nous n'avions d'autres limites que l'inventivité du maître de cérémonie, désigné par le coup d'Aphrodite aux osselets :

remporter ce coup heureux désignait l'amoureux de la vie le plus ardent.

Lors de l'avant-dernière réunion de notre société [juin – 30], Antoine avait porté son choix sur un passage d'Euripide, le récit par Talthybios du sacrifice aux Mânes d'Achille de la jeune Polyxène, la fille de la reine Hécube, épouse de Priam, roi de Troie. Le fantôme d'Achille mort, apparu au-dessus de son tombeau, exigeait cette captive et donc ce sacrifice et Néoptolème, son fils, était chargé de l'exécuter. Antoine accepta de tenir le rôle de Talthybios, le messager qui rapporte le récit de la mort de Polyxène. Il interpréta toute la scène le regard rivé sur moi :

> Polyxène comprit leur intention et parla ainsi : « Argiens, vous qui avez anéanti ma cité, je meurs consentante. Que personne ne me touche : j'offrirai ma gorge avec courage mais, au nom des dieux, laissez-moi libre. Pour me tuer, ôtez vos mains qui pèsent sur moi et que libre je meure ! Car j'aurai honte, moi, reine, d'être appelée esclave chez les morts. » [...] Puis elle saisit ses voiles sur l'épaule et les déchira jusqu'à la hanche, à hauteur du nombril et montra ses seins et son buste, splendides comme ceux d'une statue. Puis elle mit un genou en terre et dit ceci : « Jeune guerrier, si tu veux frapper ma poitrine la voici ! Si tu veux frapper mon cou le voici ! Je le tends vers toi. » Pris de pitié pour la jeune fille, Néoptolème veut et ne veut pas ; puis il tranche avec son glaive le passage du souffle et fait jaillir le sang. Elle, déjà mourante, a su tomber avec pudeur et cacher ce qu'il faut cacher aux regards des hommes. (*Hécube, v. 534-570*)

Je fus saisie de vertige. Soudain jaillit de mon souvenir la vision de ma sœur, Bérénice, sauvagement assassinée dans le Gymnase d'Alexandrie, sous mes yeux et sur l'ordre de mon père. Sa beauté, son courage. Saurais-je avoir la même force, la même grâce ?

J'avais prévu de faire chanter ensuite l'idylle de Théocrite, *Simaïtha* la magicienne de Cos, au milieu de fumigations d'encens et de myrrhe. Cette nuit devait être aussi celle de l'amour. J'entendais évoquer cette puissance mystérieuse qui me poussait au-delà de moi-même à m'abandonner aux transes de la volupté, jusqu'à sentir l'instant se dilater.

La voix du chanteur s'éleva haute et belle, pour dire l'amour de Delphis à Simaïtha :

APPRENDS D'OÙ M'EST VENU L'AMOUR, PUISSANTE SÉLÉNÉ !

Maintenant je dis que c'est à Cypris que je rendrai grâces
et après Cypris, à toi, qui la seconde, du feu m'as arraché,
ô femme, m'appelant dans ta maison, à demi brûlé.
Souvent, Éros, embrase d'une flamme plus ardente que celle d'Héphaïstos à Lipara.

APPRENDS D'OÙ M'EST VENU L'AMOUR, PUISSANTE SÉLÉNÉ !

Les livrant à la folie noire, Éros chasse devant lui la vierge de sa chambre,
et la jeune mariée du lit, encore chaud de l'époux. Ainsi il parla ;
et moi, facile à persuader, tirant sa main, je l'inclinais vers le lit tendre.
Et bientôt ma chair sur sa chair brillait, et nos visages étaient plus brûlants tout à coup,
et avec joie nous murmurions. Pour ne pas parler davantage, ô Séléné mon amie,
le meilleur s'accomplit, et au plaisir nous sommes venus ensemble.

Nous avions bu beaucoup et mêlé à notre vin du pavot venu de Chypre qui finit par nous faire sombrer dans une douce euphorie. Nos corps assouvis étaient enfin délivrés de l'inquiétude, nos esprits s'étaient libérés. Autour de nous, nous entendions de très loin les corps se pâmer et le souffle de l'amour se mêler au son rauque des hautbois, jusqu'au moment sacré de l'orgasme.

L'aube nous a trouvés Antoine et moi, nous tenant par la main, immobiles : nous nous étions enfin envolés vers ces régions où tout n'est plus qu'extase et sérénité. L'union amoureuse est un moment qui frôle l'éternité. Lors de ce banquet, l'avant-dernier de notre « société », Antoine et moi avons ressenti la fusion spirituelle propre aux noces éternelles : Isis et Dionysos nous avaient l'un et l'autre possédés.

Quelques jours plus tard, lors de notre ultime banquet, dès que je fus élue maîtresse de cérémonie par l'assistance, j'ai cherché à interroger Dionysos aux mille et un visages. Je l'ai invoqué par ces mots :

> Dionysos, toi qui endors et ranimes le temps selon les saisons cycliques, viens à ce mystère divin, la joie sur le visage et chargé des fruits mûrs et sacrés !
> Toi le dieu, mort et re-né, toi qui connais l'éclat éternel de la vérité, viens, bienheureux dieu bondissant, et ouvre-moi la route des âmes éternelles !

J'ai oscillé entre le désir de m'unir au dieu et la volonté de m'en affranchir, car j'étais assaillie par le doute : je craignais que cette immortalité promise ne soit qu'une ultime illusion. Je voulais aussi croire à un au-delà différent de celui sur lequel règnent Hadès et Perséphone, et où Cerbère monte la garde.

Et, pourtant, cet affrontement avec le néant me rend étrangement sûre de moi : j'ai voulu ardemment découvrir ce que pouvait être cette vie nouvelle promise. La mort dont je m'approche prend tour à tour de multiples visages, terrifiants ou apaisants. J'ai pensé la vaincre en perçant ses secrets.

J'ai choisi comme devise, en ouverture de notre dernier banquet, ces mots de Pindare :

> *Heureux celui qui après avoir vu cela descend sous la terre, il sait ce qu'est la fin de la vie et il en connaît le principe édicté par Zeus. (fr.137, Snell)*

Nous devions vivre cette expérience visionnaire, par laquelle tout commence dans les Mystères d'Éleusis, auxquels avait été initié Antoine durant ses séjours à Athènes, et dont il tenait cachées les clés.

Mais peut-on croire à ces secrets où l'on montre à l'initié trois épis, promesse éventuelle de survie ?

Je demeure sceptique sur le secret de ces révélations que personne n'aurait trahies durant de si nombreux siècles ; pourtant, à côté de Déméter, c'est bien Dionysos qui est célébré à Éleusis, où les cérémonies sont ouvertes à tous : aux femmes comme aux hommes et aux esclaves.

Droite au-dessus de l'abîme, j'ai cherché le passage vers l'autre monde. J'y ai rencontré Orphée, le poète et le musicien de la vieille Grèce qui inventa les consécrations des mystères de Dionysos.

Je fis dire par un acteur les vers d'Orphée dans les *Argonautiques* d'Apollonios de Rhodes célébrant l'harmonie cosmique au début de l'expédition des Argonautes vers la Colchide, le pays de la Toison d'or. Les Argonautes fascinés y écoutaient Orphée, le père des chants et de la musique, capable d'ensorceler jusqu'aux dieux des enfers qui lui rendirent son Eurydice. L'acteur faisait résonner les mots du poète dans un décor marin sur lequel étaient peintes des Néréides chevauchant des dauphins, des tritons ailés et quelques monstres. Derrière un rideau jouait un citharède. Pinçant ou frappant les cordes, le musicien semblait prolonger le chaos sacré de la naissance du monde.

Troublés par la puissance et le charme orphiques, plusieurs convives ont déclaré que, pour parvenir au-delà des rivages humains, il nous fallait acquérir cette lucidité divine du poète qui prend sa source dans des lieux si lointains et si profonds que la mémoire de l'homme ne peut y parvenir, là où originellement se sont inventées la musique et la mélodie. Seule la musique d'Orphée, ai-je acquiescé, peut nous sauver de notre incomplétude originelle.

Lors du même banquet, un mime talentueux donna vie à l'Hermès Nocturne [le *Nychios*], l'une des faces du dieu. Ainsi que j'en avais donné l'indication, cet Hermès Nocturne faisait irrésistiblement penser à Octavien, le rusé, qui prend nos esprits dans les filets de ses mots trompeurs et dépose sur nos yeux l'ombre de la mort : il s'avance dans l'obscurité pour mieux frapper. L'interprétation du mime fut si puissante qu'elle fut suivie d'un silence total. L'acteur avait poussé à l'extrême son identification au triumvir et cessé d'être lui-même. Les mouvements de son visage fardé étaient pareils à ceux d'Octavien : il me devint odieux. J'avais le sentiment qu'il ne jouait plus, qu'il ne parviendrait pas à sortir du personnage dans lequel il s'était enfermé.

Puis le mime changea radicalement son jeu pour interpréter Hermès Psychopompe à la sandale ailée, celui qui guide les âmes des morts dans le vaste Tartare. Il évolua au milieu des rochers, dans un halo de songe et de nuit, entouré d'oiseaux gris apprivoisés que les lampes oscillantes et les fumigations rendaient fantasmatiques, pareilles à des chauves-souris. Ces oiseaux incarnaient les âmes des prétendants à la main de Pénélope qu'après leur mort Hermès Psychopompe conduisit dans les Enfers. Elles traversaient avec lui le cours de l'Océan, le Rocher blanc, les portes du Soleil et le Pays des rêves, et bientôt arrivaient à la prairie de l'Asphodèle où les ombres habitent.

Nous nous sommes imaginés pareils à ces ombres en voyage vers cette prairie divine. J'avais fait les nuits précédentes un rêve qui me semblait un guide infaillible : en fermant les yeux, j'avais vu plusieurs fois apparaître l'image d'une Isis souriante qui me disait de ne pas avoir peur et de suivre la ligne ascendante de ma destinée.

J'ai été alors saisie par l'évidence : si je voulais dépasser le temps de mon existence et contempler l'éternité sur terre, il me fallait vivre en tout comme elle. Sous la forme de la déesse, j'étais à la fois la jeune Isis des Grecs et l'antique Isis des Égyptiens.

J'avais en mémoire l'hymne écrit en grec à Isis que j'avais lu jadis, gravé près de son tombeau à Memphis. Vêtue ce soir-là comme la déesse, un bracelet en forme d'aspic au bras, un sistre à la main, et coiffée du *basileion*, j'étais enveloppée d'une auréole de lumière et de volutes de *kyphi*.

Aux yeux de tous j'étais une apparition. Recueillis, pareils à des initiés, mes compagnons m'ont écoutée :

Moi, je suis Isis, souveraine de toutes les terres,
j'ai été élevée par Hermès
et j'ai inventé l'écriture avec Hermès, la sacrée et la démotique, pour qu'on n'écrive
pas tout de la même écriture.
Moi, j'ai donné aux hommes les lois, et décrété ce que nul ne peut changer.
Moi, je suis la fille aînée de Cronos ;
je suis l'épouse et la sœur du roi Osiris ;
je suis celle qui découvrit les fruits pour les hommes ;
je suis la mère du roi Horus ;
je suis celle qui se manifeste dans l'étoile du Chien ;
je suis celle qui est appelée Déesse parmi les femmes ;
Pour moi, la cité de Boubastis a été construite.
J'ai séparé la terre du ciel ;
j'ai indiqué leur chemin aux étoiles ;
j'ai assigné leur route au soleil et à la lune.
Moi, j'ai inventé les travaux de la mer.
Moi, j'ai rendu le droit puissant.
Moi, j'ai conduit et uni la femme à l'homme.
J'ai ordonné à la femme d'enfanter au dixième mois
j'ai ordonné que les parents soient aimés par leur enfant ;
j'ai puni les parents qui ne témoignent pas de tendresse.
Moi, avec mon frère Osiris, j'ai mis fin à l'anthropophagie.
Moi, j'ai révélé aux hommes les initiations aux mystères ;
j'ai appris aux hommes à honorer les statues des dieux ;
j'ai fondé les sanctuaires des dieux.
Moi, j'ai renversé le gouvernement des tyrans ;
j'ai fait cesser les massacres.
Moi, j'ai exigé que les hommes aiment leurs épouses.
Moi, j'ai rendu le droit plus puissant que l'or et l'argent ;
j'ai ordonné que la vérité soit trouvée belle ;
j'ai inventé les contrats de mariage.
Moi, j'ai défini leur langue aux Hellènes et aux Barbares. [...]
Moi, j'ai ordonné d'avoir de la compassion pour les suppliants ;
[...] Je triomphe du destin ;
à moi le destin obéit.
Salut à toi, Égypte qui m'as élevée. »

Ma voix est montée plus forte, pour dire les derniers vers qui sonnaient comme un défi au destin lui-même. J'ai flotté dans une ivresse étrange, entre mon passé et un avenir dont je ne comprenais ni le sens ni le terme. J'exprimais quelque chose au-delà de moi-même : c'était comme une expérience indicible ; une vague venue de la nuit des temps m'a emporté hors de moi.

J'ai incarné Isis, qui fit sortir les hommes des ténèbres pour aller vers la lumière et trouver leur juste place dans l'univers.

Tous ont cru voir et entendre Isis : pour les uns, j'avais repoussé les limites de mon jeu ; pour les autres, j'avais franchi une ligne invisible.

Mon imagination s'exalte encore à l'idée de ce nouveau monde où l'Orient s'imposera un jour, j'en suis certaine.

J'ai désiré de toutes mes forces lui donner chair mais je ne le verrai pas : le néant vient de se glisser au cœur de l'été. Seule ma passion de la liberté me tient encore en vie.

La dernière reine lagide s'apprête à mourir ! Et pourtant j'avais entraîné Antoine vers un autre avenir : une Rome à deux têtes et à deux capitales, l'une en Occident, l'autre en Orient.

Que ces mots t'ouvrent les yeux ! De nouvelles Rome auront beau se succéder, l'Égypte renaîtra de ses cendres.

Mais comment l'Isis mortelle que je suis devenue, quittera-t-elle ce dernier banquet ? Le danger est imminent : Cornelius Gallus est arrivé à l'ouest depuis la Cyrénaïque et, à l'est, Octavien se présente devant Péluse.

Il est temps pour moi de choisir ma mort. Je veux partir telle que la nature m'a modelée : je me refuse à être abîmée par un coup d'épée ou de poignard. Je ne supporte pas l'idée d'être défigurée par les stigmates du poison.

Je m'endormirai dans la splendeur d'Isis, réunie à Antoine, comme Isis à Osiris.

L'ombre d'Octavien plane sur le monde depuis bientôt un an[1]*. Pour la dissiper je prends le parti du pharaon Mykérinos*

1. Il s'écoule moins d'un an entre la bataille d'Actium (2 septembre 31 av. J.-C.) et la mort d'Antoine et de Cléopâtre (août 30 av. J.-C.).

qui, dit-on, a vécu pleinement jour et nuit ses derniers moments lorsqu'un devin lui a prédit le jour exact de sa mort.

Je sombre la nuit dans une demi-torpeur pour reprendre vigueur à la lumière du soleil, prête à embrasser de nouveau ma vie éphémère.

Diomède vient de ramener Antoine agonisant sur une civière improvisée jusqu'à mon futur tombeau. J'ai fermé ses yeux et couvert son corps de mes larmes, avant de le remettre aux embaumeurs. Le malheureux s'est éteint dans mes bras et me précède sur l'autre rive[1]*...*

Dans les appartements du palais baigné par la langueur de l'aube ne demeurent plus que quelques servantes et serviteurs fidèles sommeillant encore. Mes médecins Glaucos et Olympos, qui se sont succédé à mon chevet, sont loin maintenant. Mon astrologue, Téos fils d'Harchébis, observe vainement les astres.

Je perçois des bruits au loin ; j'entends résonner le pas sourd des soldats et des chevaux qui frappent le sol. Bientôt jonchés des cadavres de nos derniers fidèles, nos rivages ensemencés d'écume ne formeront plus qu'une boue de sable et de sang sous la foulée des cavaliers.

À l'instant, mes enfants, apeurés par la rumeur qui enfle avec l'arrivée d'Octavien, me rejoignent, conduits par Thaèsis, leur fidèle nourrice, qu'accompagnent leurs demi-frères Antyllus et Iullus. Quel sort attend ces malheureux bientôt livrés au vainqueur ? Saura-t-il être clément ?

Mais je reste sereine car je sais le jeune César sain et sauf, en route vers Méroé, en Éthiopie, avec son précepteur, le fidèle Rodon. Jeune faucon renaissant des marécages, il porte à présent les espoirs d'une Égypte endeuillée.

Pour Antoine et moi, amoureux du lierre et de la vigne, fervents amis du Bacchant aux saintes fêtes, la mort ne sera qu'une nouvelle naissance.

Ô Nymphes Hamadryades qui suivez les chemins liquides, faites ruisseler sur nous les eaux salutaires !

---

1. Voir le « Testament de Thaèsis » p. 325.

Puissent Dionysos, semence pure des Immortels, et Isis, fille d'Hermès-Thot, nous donner le bonheur et conduire bientôt mon âme et celle d'Antoine vers les banquets où coule l'ambroisie !

Note des éditeurs au testament de Thaèsis

Avec le chapitre 25 s'achève le texte de la version grecque établie par Montfaucon et Briois des deux premiers papyrus posés le long du corps de la momie de Thaèsis. Le dernier chapitre de cet ouvrage correspond au troisième papyrus retrouvé sous la nuque de celle-ci. Intitulé *Testament* ou *Témoignage*, ce dernier, écrit en grec de la *koïnè* (la langue grecque commune parlée depuis Alexandre), traduit en latin par l'augustin Guillaume Bonjour, évoque la mort de la reine et pour quelle raison la nourrice et préceptrice des enfants de Cléopâtre accepta de sauver les *Mémoires secrets* de la reine.

Chapitre 26

Le « Testament de Thaèsis » : la mort de Cléopâtre

Ceci est le témoignage d'une femme fidèle aux traditions ancestrales de l'Égypte qui a servi la grande reine Cléopâtre pendant sa vie et pris soin longuement de ses enfants quand celle-ci a choisi de quitter la terre des vivants. Voici par quel mystère tu es en mesure de lire mes mots.

Une légende égyptienne raconte qu'Isis, sous les traits d'une voyageuse, visitait les villes et les villages, escortée de sept scorpions. Accompagnée de son fils Horus, la voyageuse demandait aux femmes mariées de lui offrir l'hospitalité. L'une d'elles lui avait interdit sa porte en découvrant son cortège terrifiant. Aussi l'un des scorpions vengea-t-il la déesse en piquant à mort le fils de cette femme. Mais, entendant les plaintes de la mère, la compatissante Isis le guérit en conjurant le venin. Partout vénérée, elle était à même de comprendre l'angoisse des humains et de les protéger, et sa popularité se répandit sur les rivages de la mer Intérieure.

J'ai été, moi, Thaèsis, l'une des plus ferventes fidèles de la déesse.

Celle qui te parle a été aussi la gardienne et la confidente des pensées de la reine, ma maîtresse jusque à l'an 22 de son règne : elle entrait dans sa trente-neuvième année. C'est un 17 Mésorê [7 août – 30] que les armées d'Octavien s'emparèrent d'Alexandrie dans la chaleur torride de l'été.

Le nom de Thaèsis, gravé sur la tombe où tu as découvert mes restes à Rome, ne t'apprendra pas grand-chose sur moi, à moins que je ne te dise quelle destinée Psaïs, le « Destin », m'a assignée. Ma famille, de haute lignée, appartenait au clergé de Coptos. Mon père, Tithoennèsis, « Boucle d'Isis », était grand-prêtre d'Horus et d'Isis de Coptos. Il était fils de Pnepheros, petit-fils de Tithoennèsis, mon bisaïeul, et ainsi de suite au fil des générations. C'est ce que t'auraient indiqué les inscriptions de la tombe familiale dans la nécropole prise d'assaut par les dunes. Ma mère, Thaqlé, « Celle-du-Scorpion », exerçait la fonction de prophétesse de la chevelure d'Isis. La tradition familiale m'encouragea à suivre les pas de ma mère qui m'avait éduquée. J'étais à même de lui succéder. Notre famille disposait de revenus confortables, tandis que nos charges se transmettaient de génération en génération. Les habitants de Coptos parlaient les langues de l'Orient comme celles du désert : de l'égyptien au grec. Ainsi ne sois pas étonné si je m'exprime dans la langue des Hellènes, même si j'y mêle des mots égyptiens qui traduisent les usages de notre pays. Certains d'entre nous se refusent toujours à apprendre le grec : ils préfèrent s'en tenir à notre langue sainte pour en sauvegarder la pratique.

J'avais deux frères. L'aîné répondait au nom de Pnepheros. Il hériterait des charges de Tithoennèsis, notre père. Le cadet, Paminis, était mon frère jumeau. Quand j'ai atteint dix-sept ans, mes parents m'ont mariée à mon jumeau qui exerçait la fonction de premier prophète de Cronos-Minis. Mais cette union était vouée au malheur : pendant qu'il remontait le Nil vers Thèbes, un troupeau d'hippopotames qui séjournait dans un fourré de papyrus a pris d'assaut son embarcation. Il est tombé à l'eau. Il avait beau savoir nager, il se noya. Nous avions alors vingt ans, neuf mois et treize jours. Nous avons remis, selon la coutume, son corps aux prêtres du Nil, chargés de l'ensevelir selon les rites propres aux noyés bienheureux. Privée de cette autre moitié de moi-même, le désespoir m'a prise. Sa mort me laissa désemparée, car mon ventre me rappelait que j'étais enceinte. Deux mois plus tard, je mis au monde un fils dans le kiosque des accouchées. Le moment venu, il hériterait de la charge de premier prophète. Je l'ai appelé Pachons dit Paminis, car il était le portrait vivant de son père.

Cette année-là, Cléopâtre avait entrepris un voyage sur le Nil avec César. Dans l'après-midi, alors que j'allaitais le jeune Pachons près du portique d'entrée sur le parvis du temple, j'ai senti un parfum puissant. En levant la tête, j'ai cru voir s'approcher de moi la déesse d'Opônè. La Souveraine, accompagnée de son jeune frère, s'est arrêtée à ma hauteur. Je me tenais près du bas-relief qui représentait le dieu Horus-Minis. L'arrivée de Cléopâtre avait été annoncée la veille au stratège du nome : les autorités locales devaient pourvoir aux besoins de la cour et de son escorte. La thalamège royale avait accosté avant le crépuscule pour éviter les dangers de la navigation nocturne. Sans doute lui avait-on appris que je faisais partie de celles qui, après avoir perdu un être cher, avaient l'autorisation de se tenir sur le second parvis du temple pendant leur période de deuil.

Mes compagnes et moi vivions en compagnie des scorpions d'Isis qui couraient sur les dalles. Une légende voulait qu'ils soient nés des mèches qu'elle avait coupées et jetées à terre sur le rivage en apprenant la mort de son frère et époux Osiris, l'Osiris de Coptos [Gebtyou] qui apparaissait ici sous la forme de Pan-Minis. Pour nous, ces scorpions étaient les traces vivantes de la douleur d'Isis qui se prolongeait en nous. Les habitants de Coptos étaient bienveillants à l'égard de ces rôdeurs à huit pattes et à deux pinces. Ils pouvaient surgir par centaines sur le parvis du temple chauffé par le soleil. Il était interdit de s'en prendre à eux. L'éperon dressé au-dessus de leur tête, ils nous observaient de leurs petits yeux multiples, grimpaient pacifiquement sur nos mains ouvertes, s'agrippaient à nos tresses, couraient sur nos vêtements sans nous causer le moindre mal et sans que nous éprouvions de répulsion. Nous nous amusions de leurs jeux. Quand l'un d'entre eux s'égarait dans les plis de nos vêtements, nous le reposions délicatement sur le sol avant de reprendre nos occupations. Nous partagions les mêmes lieux, la même souffrance et la même amertume du deuil dont ils étaient le symbole.

Intriguée mais pas effrayée par cette ronde des scorpions, la Souveraine a dirigé son regard vers moi, comme si j'étais détentrice d'un étrange pouvoir. À l'instant où j'ai découvert les traits de la visiteuse, j'ai tressailli. Je n'avais aucune peur, mais j'ai eu subitement la révélation que cette jeune femme serait bientôt veuve, elle aussi. Et j'ai vu que son frère l'enfant Ptolémée Philadelphe, qui trottinait derrière elle, n'était déjà plus qu'une ombre diaphane. Il allait mourir bientôt. Ce don de voyance, je l'avais hérité de ma mère, Thaqlé, qui le tenait elle-même de la sienne. Je lisais, dans le regard de Cléopâtre, le sort tragique qui se préparait pour elle : j'ai aperçu une foule de spectres qui la suivaient et je me suis mise à trembler, comme si le dieu Totoès en personne venait de surgir à Coptos, entourés de serpents et de scorpions.

Ce qui s'est produit à cet instant releva du seul Destin. La voix mélodieuse de la reine était surprenante. Elle qui parlait la langue du pays avec aisance pour une Grecque, s'efforçait d'employer l'idiome du Sud. Pourquoi a-t-elle accepté de saisir la main tendue d'une anonyme quand je lui ai proposé de la conduire au sanctuaire d'Isis et de son fils Horus ? Je l'ignore. Mais dès que nos mains se sont effleurées, nous fûmes liées l'une à l'autre. Quant à elle, elle m'avait perçue comme une médiatrice auprès d'Isis. Informée des usages locaux, elle venait visiter le lieu fameux où se dressaient d'anciennes statues de Pan-Minis. Elle accepta donc de s'y laisser conduire. On prétendait qu'absorber un peu de poussière grattée à la surface de ces statues, mêlée à une boisson, rendait fertiles les femmes qui plaçaient leurs espoirs dans le dieu. Dans une cour ombragée par un bosquet d'acacias, à l'arrière du temple, elle a souri en voyant les colosses défigurés par les ravages du temps qui empoignaient le reste de leur sexe en érection, érodé par l'activité des visiteuses. Elle venait aussi consulter l'oracle d'Isis et de Cronos-Geb. À la suite de cet oracle, elle fit plus tard reconstruire, sur les instances du clergé, la chapelle oraculaire du temple de Geb et d'Isis.

Ainsi, dès les premiers instants de notre rencontre, j'ai su que je deviendrais une des rares, avec quelques intimes, à partager les pensées de la reine. J'ai su aussi que je serais le témoin de son existence vouée à rendre l'Égypte immortelle, car elle me proposa de prendre le chemin du palais pour être la nourrice de son enfant à venir puis sa préceptrice : pour notre famille, c'était une immense distinction. Mes parents donnèrent leur consentement, à la condition que je puisse exercer comme ma mère la fonction de prêtresse de la chevelure d'Isis et conserver la liberté de revenir en Haute-Égypte lors du 23 Khoïak. Puis est venu le moment de l'inhumation de Paminis. Lors du trajet vers la tombe, mes compagnes de deuil et moi nous nous sommes couvertes de poussière et lacéré la poitrine de nos ongles en hurlant. Quinze jours plus tard, ma famille m'accompagna vers l'embarcadère où m'attendait une barque du palais. C'est ainsi que, pendant les vingt années qui s'écoulèrent jusqu'à la mort de Cléopâtre, je suis demeurée constamment à son service et à celui de ses enfants. Je faisais partie de ses intimes.

Comme moi voué à une vie de pureté, mon fils grandissait loin des allées et venues des gardes, des serviteurs ou des invités des banquets. Le personnel du palais me considérait avec le respect dû à ma fonction auprès de la reine. Nous parlions elle et moi en égyptien, et elle m'interrogeait souvent sur Isis car elle me savait familière de ses Mystères qui lui paraissaient, disait-elle, comme un pont lumineux à jeter entre les mondes égyptien, grec et romain. Les quatre enfants de la reine me fêtaient quand je leur rendais visite, sous le regard envieux de leurs maîtres. Je pressentais leur sombre destin et voyais le masque de la mort sur le visage de l'un d'eux, Césarion, mon préféré. L'amour de Cléopâtre pour ses enfants dépassait l'imagination. Elle craignait pour eux à chaque instant. Elle savait que rester en vie quand on était un jeune prince en âge de régner réclamait des ressources inouïes, que n'avait aucun d'entre eux.

Durant mes derniers mois à Alexandrie, qui virent la mort d'Antoine et de la reine, celle-ci m'avait fait part dès le printemps des Mémoires qu'elle dictait à son secrétaire Diomède et m'en avait exposé l'importance au cas où elle mourrait. Elle y tenait plus que tout.

Voici précisément le fil des événements qui conduisirent à sa disparition.

Mise sur le pied de guerre, Alexandrie était toujours en mesure de résister, car la flotte de Cléopâtre et les navires qui avaient réussi à suivre Antoine depuis Actium étaient encore en mesure d'infliger des pertes sévères à celle d'Octavien. Jusqu'au moment où la situation se renversa d'une façon inouïe. Le temps était clair et la mer agitée par un vent léger. Après avoir gravi la colline du Sérapéum, le point culminant de la ville, pour assister à la bataille qui s'annonçait, Antoine, stupéfait, vit que le navarque Apollonidès, fils d'Hiéron, en sortant du port d'Alexandrie, avait brusquement ordonné de lever les rames pour saluer la flotte d'Octavien. Une heure plus tard, les deux flottes pointaient ensemble leurs proues vers le Grand Port : la flotte égyptienne venait de se rallier à l'ennemi, en trahissant la reine et Isis Dame des Flots.

C'est que les autorités alexandrines avaient entendu parler des châtiments qu'avaient endurés les habitants des villes côtières de Syrie et de Judée pour avoir choisi le parti de Cléopâtre et d'Antoine. Mieux valait pour eux accueillir le vainqueur. Et puis la propagande des agents d'Octavien s'était glissée jusque dans l'entourage de ma maîtresse. Peu importait aux yeux des Alexandrins celui qui serait le maître, qu'il se nomme Ptolémée ou Cléopâtre, Antoine ou Octavien. Les Égyptiens, eux, qui n'avaient pas le droit de citoyenneté comme les Grecs et les Juifs, n'avaient rien à attendre d'un nouveau maître.

Les Juifs d'Alexandrie, protégés de Cléopâtre et de Ptolémée César, qui avaient vu renouveler le droit d'asile pour leurs synagogues, payèrent cher leur fidélité. Les dieux silencieux semblaient s'être rangés définitivement du côté du vainqueur. Au moment où l'impensable se produisait sous ses yeux, Antoine apprit de la bouche d'un stratège que sa cavalerie et son infanterie venaient d'être défaites sur la côte libyenne, par ses propres légions de Cyrénaïque passées sous le commandement de son adversaire, Cornelius Gallus. Voyant qu'il n'y avait plus aucun espoir, que tout retour en arrière était illusoire, Antoine s'est effondré : il était à présent condamné, lui comme les siens, à se soumettre à Octavien. Je me rappelle le jour de l'arrivée du vainqueur à Alexandrie : c'était le jour fatal du 7 Mésorê de l'an 22 de Cléopâtre Philopator [3 août – 30].

Le drame s'est produit quand Antoine a cru à la fausse nouvelle de la mort de Cléopâtre qu'un eunuque du palais soudoyé par Octavien vint lui porter. Pourtant, elle et lui s'étaient fait la promesse de mourir ensemble. Brisé, il s'est résigné à son sort et a demandé à Éros, son serviteur récemment affranchi, de le tuer. Mais l'amour que ce dernier avait pour son maître était si grand qu'il a refusé de lui obéir. Et, avant même que quelqu'un ait pensé à l'en empêcher, le jeune homme retourna le glaive contre lui-même. La mort d'Éros plongea Antoine dans un nouvel état d'hébétude. Il resta seul : ses aides de camp s'étaient ralliés à Octavien ou avaient fui. Agité de sanglots sur un lit de camp, il attendait d'en finir, entouré de quelques serviteurs.

C'est là que l'ont trouvé Kombabos, le fidèle eunuque de ma maîtresse, et Diomède son secrétaire, envoyés aux nouvelles par Cléopâtre, qui pressentait un drame. Quand Kombabos a découvert Éros allongé, les mains croisées sur la poitrine, et Antoine prostré, il a compris ce qui venait de se produire. Il s'est souvenu qu'Antoine l'avait empêché, vingt-cinq années plus tôt, après la bataille de Péluse, de mettre fin à ses jours sur le corps d'Archélaos de Comana, son maître d'alors, pour qui il avait la même affection que celle d'Éros pour Antoine. Après un échange de regards, les deux hommes, en présence de Diomède qui rapporta la scène à sa maîtresse, surent faire ce que l'honneur commandait et s'aidèrent mutuellement à mourir. Kombabos ne voulait pas survivre à la reine et lui avait déjà fait ses adieux. Antoine survécut quelques heures aux coups qu'ils s'étaient portés, tandis que les yeux de Kombabos s'étaient déjà fermés pour toujours.

La reine s'était réfugiée dans le mausolée qu'elle avait fait construire pour elle et Antoine face à la mer, sur la branche méridionale de l'île d'Antirhodos. Ce phare funéraire évoquait pour elle l'arrivée au port de deux passagers en partance pour une vie nouvelle. Les serviteurs conduits par Diomède y déposèrent le corps ensanglanté de celui qu'elle avait tant aimé : elle est longtemps demeurée allongée contre lui, gémissant et criant de douleur. Après avoir perdu César et Antoine, Cléopâtre venait aussi de voir s'éloigner tous ceux qui l'avaient soutenue, servie et aimée sans limite. Elle a ensuite demandé à Diomède de bien vouloir inhumer le corps de Kombabos au côté de la momie de son ami Harpocras.

Octavien, dès qu'il apprit la mort d'Antoine, s'empressa de pleurer l'homme qu'il avait lui-même poussé à mourir. Et, de peur que la reine ne se tue en mettant le feu aux trésors qu'elle avait fait transporter dans la tour, il lui envoya ses émissaires, le chevalier Caius Proculeius et Cornelius Gallus, pour la surveiller. Ceux-ci l'empêchèrent, dit-on, de mettre fin à ses jours sur le corps d'Antoine et la forcèrent à revenir au palais où elle fut isolée dans ses appartements. Cléopâtre accepta ensuite de confier le corps d'Antoine aux soins des embaumeurs-ritualistes. Profitant de son désespoir, Octavien lui fit comprendre qu'il se vengerait sur ses enfants si elle se donnait la mort. Lui qui avait aidé à organiser les derniers triomphes de César savait combien le peuple romain aimait à voir défiler les vaincus : la reine était toujours merveilleusement belle et il n'avait qu'un seul souhait : faire de Cléopâtre le plus beau trophée de son futur triomphe à Rome. Elle simula la peur et demanda sa grâce, mais, aux réponses évasives d'Octavien, elle n'avait déjà aucune illusion.

La reine n'avait eu qu'une préoccupation en apprenant par ses messagers que le débarquement d'Octavien était proche : maintenir en vie son fils aîné et ses autres enfants. Considéré comme un adulte aux termes de la loi macédonienne, l'aîné pouvait reprendre ce pouvoir qu'on lui arrachait aujourd'hui. Et elle croyait que le jeune pharaon, Ptolémée César, qu'elle avait fait partir vers le sud, survivrait. Ainsi, son âme de mère s'en est allée apaisée vers les terres du lierre et la vigne comme elle le souhaitait. Jusqu'à la fin, elle est restée fidèle à sa double croyance en Dionysos et Isis, même si elle n'ignorait pas qu'ils avaient déserté son camp et qu'Apollon avait triomphé.

Cléopâtre ignorait, en fait, quel sort attendait son fils aîné lors de son retour à Alexandrie. Elle était persuadée que l'homme placé à son côté par ses soins, Rodon, l'avait conduit, accompagné de personnes fidèles, vers l'Éthiopie, jusqu'à la lointaine Méroé, au pays des cataractes du Nil. Là, il était convenu que Césarion guetterait le moment favorable pour soulever le pays, en rassemblant le clergé de l'Égypte, l'âme de notre pays, contre les Romains. Mais, après être passés par Tentyris et Coptos, arrivés à Thèbes, ils rebroussèrent chemin. En effet, profitant de son ascendant sur le jeune souverain, son précepteur, approché par un envoyé d'Octavien, avait fait croire à son disciple crédule qu'Octavien n'avait que de bonnes intentions et qu'il lui proposait de prolonger les accords souscrits du temps de son grand-père, Aulète, pour faire de lui un « Allié et ami du Sénat et du Peuple romain ». Perdu dans ses rêves, le jeune Césarion n'avait aucune idée des enjeux qui se tramaient. Il accepta volontiers de succéder à son grand-père à partir du moment où on le lui proposait. Personne ne pouvait plus conjurer ce que Psaïs, le « Destin », avait décrété pour le fils de César : Octavien fit étouffer l'adolescent afin de simuler une mort naturelle pour ne pas heurter de front les Alexandrins. Le pauvre enfant que j'avais élevé et pour qui j'avais toujours la plus vive affection était bien différent du jeune Héraclès sous les traits duquel on le représentait.

Quant au jeune Antyllus, il a subi la vengeance d'Octavien contre la famille des *Antonii*, car il avait prêté assistance à son père. Rien n'a fait fléchir Octavien qui pourtant avait autrefois accordé à Antyllus la main de sa fille Julia en vertu des accords passés à Tarente entre les triumvirs. Antyllus, qui avait un moment réussi à s'échapper, a été achevé par ses poursuivants à l'entrée d'une chapelle dédiée à César où il pensait pouvoir bénéficier du droit d'asile. Son cadet, Iullus Antonius, eut plus de chance, car il n'avait pas atteint l'âge de quitter la toge prétexte pour la toge virile. C'était encore un enfant.

Malgré la douleur qui étreignait mon cœur, une voix intérieure me conseillait de me taire et de ne pas intervenir, car j'aurais entravé le cours du destin et peut-être mis en danger les enfants de la reine. Deux des trois héritiers qu'elle avait donnés à Antoine, les jumeaux Cléopâtre Séléné et Alexandre Hélios, me faisaient irrésistiblement penser à mon jumeau bien aimé. Quant au dernier-né, le jeune Philadelphe Philopator, il n'avait que six ans.

Ma maîtresse m'avait fait promettre de veiller sur sa descendance, mais aussi de préserver ses Mémoires. Déjà, les ravages de la propagande d'Octavien se faisaient sentir. Il me revenait de sauver le message de vérité que contenaient ces deux papyrus et de faire savoir dans quel inquiétant labyrinthe s'était engagée Cléopâtre depuis sa jeunesse.

Lorsqu'on m'a proposé d'accompagner les enfants de ma maîtresse à Rome, mon fils Pachons, dit Paminis, avait atteint l'âge de succéder à son père et était retourné à Coptos, où il entretenait la mémoire de la Souveraine. Aussi ai-je accepté d'embarquer vers Puteoli [Pouzzoles] afin de rejoindre, à Rome, la maison d'Octavie qui se dressait avec celle d'Octavien sur le mont Palatin. À la demande de son frère, l'ancienne épouse romaine d'Antoine avait en effet bien voulu accueillir les enfants de sa rivale, les jumeaux Séléné et Hélios, le jeune Philadelphe Philopator, ainsi que le fils de Fulvie, Iullus Antonius, pour les élever avec les siens. Pour des raisons qui relèvent du Destin, son frère Octavien n'a pu les séparer de moi, car il ignorait la nature du lien secret qui m'unissait à leur mère. Octavie, qui avait aimé Antoine, a été attentionnée envers les enfants, même si elle souffrait visiblement de distinguer sur leur visage les traits de Cléopâtre.

J'ai effectué la traversée sur un navire officiel et personne n'a jamais soupçonné que mes bagages puissent dissimuler un écrit qui valait tellement plus que ma propre vie. Les papyrus m'avaient été confiés au nom de la reine par Diomède, son fidèle secrétaire, qui avait gardé le secret. Dès mon arrivée à Rome, j'ai déposé les documents dans la crypte du temple d'Isis, celle que l'on nommait la « Boucle dans les fêtes publiques », où j'exerçais ma fonction de prêtresse. Ses fidèles ont entretenu, à l'insu de tous, le souvenir de la reine pour atténuer les effets de la terrible abolition de la présence d'Antoine et de Cléopâtre dans la mémoire publique, leur *damnatio memoriae*, comme l'appellent les Romains, qu'Auguste avait décrétée contre eux : leurs portraits officiels avaient déjà pour la plupart disparu sur ses ordres. Quand la mort m'emportera, les embaumeurs d'Isis transféreront secrètement les *Mémoires* de la crypte dans ma tombe, là où tu les auras découverts, avec mon témoignage. En raison de mes services, j'ai en effet pu obtenir le privilège d'être inhumée dans la tombe des serviteurs d'Octavie, dont la demeure devint silencieuse à jamais le jour où son fils qu'elle aimait tant, Claudius Marcellus, succomba à la maladie à Baïes dans sa dix-huitième année [– 23]. Octavien devenu Auguste avait, avec Marcellus, perdu le neveu dont il entendait faire son successeur : il lui rendit les plus grands hommages. La maison d'Octavie devint alors un lieu de prière et de pleurs où le frère et la sœur écoutaient assidûment un passage de *L'Énéide* du poète Virgile, un ami de Mécène et d'Auguste. Octavie, la première fois, s'évanouit en entendant ces vers :

> Ah ! malheureux enfant, si un jour tu pouvais briser la dureté du destin !
> Tu seras un Marcellus ! À pleine main donnez-moi des lys !
> Que je répande aussi des fleurs pourpres ! Que de mes offrandes, au moins,
> je recouvre les mânes de mon petit-fils, pour m'acquitter de ce pauvre devoir !

Je n'ai pas douté que les mots de Virgile, dans cette maison pareille à un tombeau, n'ait pu apaiser aussi les âmes de Cléopâtre et du jeune César.

À Rome et Alexandrie, plusieurs rumeurs couraient sur la fin de cette grande reine. L'une d'elles voulait qu'elle soit morte en offrant son sein aux crocs d'un aspic gonflé de venin, dissimulé dans un panier de fruits. C'est l'enquête ordonnée par Octavien qui avait fait naître cette scène que les comédiens de rue d'Alexandrie jouaient à plaisir. Il avait été, en effet, profondément vexé par la manière dont Cléopâtre lui avait signifié son adieu et l'avait privé de sa présence à son triomphe. Pourtant, il sut confier aux embaumeurs son corps qui, après les funérailles, reposa auprès de celui d'Antoine dans leur mausolée. La reine avait par sa mort sauvé son honneur et celui de l'Égypte.

Dans l'imagination des Alexandrins et des Romains, seule une fin provoquée par un serpent semblait convenir à celle qui, sous le nom de Nouvelle Isis, avait fait trembler la capitale romaine. À la demande morbide de leur clientèle, les artistes de Rome sculptaient des statues de la reine qui évoquaient son suicide en laissant apparaître la queue d'un petit aspic à droite de son buste. Les historiens l'avaient fait entrer en scène surgissant nue sous les yeux de César ; sa mort fut imaginée à partir des représentations de l'Isis de nos légendes. Cléopâtre avait, elle-même, l'habitude de se présenter en public coiffée d'un diadème semblable à la couronne d'Isis. Elle portait aussi un bracelet d'or qui montrait un serpent en train d'enlacer son bras. C'est ce bijou qui inspira les mises en scène de sa mort. Lors du défilé à Rome où Octavien fêta sa victoire sur l'Égypte, il fit reproduire par des artistes ce serpent autour du bras d'une effigie de Cléopâtre agonisante, brandie dans les rues de Rome.

Mais la façon dont elle prit congé du monde le 16 Mésorê de l'an 22 [12 août – 30] resta notre secret. Ce qu'imaginaient les Alexandrins n'était pas si éloigné de la réalité. Tandis qu'Octavien la faisait surveiller pour la ramener vivante à Rome, Cléopâtre, dépouillée de ses trésors et de ses parures, choisit une fin digne et sereine. Elle ne voulait pas mourir aux yeux des hommes le visage grimaçant et ravagé par la souffrance. Elle me l'avait fréquemment répété.

Téos fils d'Harchébis lui avait appris la nature des différents venins, dont les effets dépendent des dieux. Quant aux poisons, elle en connaissait les effets aléatoires. Comment mourir sans risquer d'être ranimée ? Si le poison était exclu, le choix d'un venin sans violence s'imposait. Les serpents d'Horus, aux écailles sifflantes, causaient une mort douloureuse, effrayante. Mais certains des serpents d'Isis, longs et lisses, pouvaient mener eux aussi à un sommeil éternel. Cependant, leurs morsures ne devenaient fatales qu'à condition d'affamer et d'assoiffer longtemps l'animal : la puissance du venin alors se concentrait. Nous n'étions plus que trois femmes autorisées à demeurer auprès d'elle, ses deux servantes Charmionè et Naeira, et moi-même. Avec leur complicité, j'ai fait enfermer un jeune cobra[1] qu'on soumit à un jeûne forcé. Personne ne put soupçonner la présence du sac qui le renfermait, caché sous mes vêtements.

Cléopâtre, sortie du bain, se reposait sur le lit. Je pus alors lui parler pour la dernière fois : je l'assurai, avec tristesse, que je veillerais sur ses enfants comme sur la prunelle de mes yeux. Elle me répondit doucement qu'elle n'en doutait pas, mais que les soupirs et les larmes étaient désormais inutiles : elle voyait déjà son âme pénétrer dans le néant et sentait s'élever en elle un feu tourbillonnant. Elle ajouta que ce qu'elle avait rêvé ne s'était pas produit, mais que, morte, elle renaîtrait auprès d'Isis et de Dionysos. Devant sa force d'âme, cette folle réponse me vint spontanément aux lèvres : « Longue vie à toi ma reine ! » Elle esquissa un ultime sourire.

Profitant de l'inattention de ses gardiens, elle dénoua le lien qui fermait le sac. Après un bref instant d'hésitation, elle plongea le bras dans l'ouverture et tressaillit quand les crocs du serpent pénétrèrent sa chair. Elle renouvela son geste. Puis le serpent sortit du sac et la mordit au sein. Il s'est ensuite caché et personne n'a deviné sa présence : j'avais fait disparaître le sac. La respiration de Cléopâtre s'est ralentie, même

1. Naja haje.

si sa poitrine se soulevait encore. La potion de pavot, de lait et de miel, qu'avaient prescrite ses médecins, eut un effet salutaire : elle s'endormit apaisée pour l'éternité, sans que son corps splendide soit altéré.

Mon regard s'est attardé sur son visage maintenant apaisé et sur sa magnifique chevelure dont les boucles avaient la forme des aiguillons acérés des scorpions d'Isis. La reine et la déesse en deuil venaient de se retrouver. Dans un repli de sa chevelure, un faible éclat retint mon attention. Se pouvait-il qu'un bijou familier ait échappé à la cupidité d'Octavien ? La joie m'envahit. En un mouvement rapide, le scorpion-fibule, que je lui avais donné vingt ans plus tôt, regagna sa place dans ma coiffure, comme s'il ne l'avait jamais quittée. La reine semblait ainsi me dire qu'elle avait reconnu en moi la présence d'Isis, la voyageuse protectrice des enfants. Cette marque d'affection révélait qu'elle n'avait pas oublié notre rencontre à Coptos ; j'en étais sûre, car chacun de ses gestes ou de ses bijoux avait une signification.

La morsure du jeune cobra évita à Cléopâtre d'être exhibée aux yeux de la foule dans les rues de Rome où elle avait jadis été célébrée par César sous le nom de Vénus Genetrix. Quant à mon scorpion-fibule, il demeura le témoin du lien secret qui nous unissait. La grandeur du silence qui régnait dans sa chambre était égale à mon émotion : elle avait réussi à transformer la fin qu'Octavien voulait lui imposer à Rome en une victoire sur la mort.

Personne n'a compris, ni les guérisseurs qui ont tenté en vain de la ranimer ni les embaumeurs appelés à son chevet, comment la grande Cléopâtre avait réussi à quitter ce monde. On a parlé d'une marque à peine visible sur son bras. La déesse venait de l'appeler à elle : elle appartenait désormais à sa légende.

Catalogue des manuscrits

Édition « Montfaucon-Briois »

Un volume de 412 f^os^ (in-4°). Papier. Il forme l'édition diplomatique du premier papyrus portant le texte des *Mémoires secrets* de Cléopâtre, par dom Bernard de Montfaucon et dom Paul Briois, achevée le 23 octobre 1698. La paléographie permet d'attribuer le document au troisième tiers du Ier siècle avant notre ère. Seul le recto du codex est employé par les éditeurs afin d'éviter les risques de migration de l'encre. La page de gauche du manuscrit porte deux colonnes : à gauche, le fac-similé paléographique du texte original, tenant compte de la mise en page des colonnes d'origine, en petites majuscules, en écriture continue (*scriptio continua*) ; à droite la transcription en grec ligaturé après déchiffrement. En page de droite la traduction latine des *Mémoires secrets* de Cléopâtre. L'écriture, très lisible, est celle de Montfaucon. En marge, des gloses explicitent les noms des personnages.

Un volume de 412 f^os^ (in-4°) portant le texte du second papyrus et répondant aux mêmes critères que ceux décrits ci-dessus.

Édition « Bonjour-Ricci »

Un volume de 40 f^os^ (in-4°) comprenant l'édition du *Testament* de Thaèsis. En page de gauche, le fac-similé du texte grec et en page de droite la traduction latine par Guillaume Bonjour et Carlo Ricci.

Dos cartonné. 114 f^os^, dont 31 écrits en français par l'augustin Guillaume Bonjour et revêtus de croquis et d'inscriptions. Le reste du carnet est occupé par des comptes et des listes de courses. Il relate la découverte, faite entre les 10-12 octobre 1697, du *columbarium* jadis construit par Octavie, sœur d'Octavien – futur Auguste –, pour ses serviteurs. Les vestiges de cet édifice se trouvaient dans la vigne des Augustins près des catacombes de Saint-Sébastien-hors-les-Murs, à proximité de la Via Appia.

Deux procès-verbaux (in-4°) rédigés dans un italien à dominante toscane. Il s'agit des propos tenus (200 f^os^) au couvent de Saint-Augustin les 14-15 octobre 1698 et le 15 février 1700. Le spécialiste ayant assuré la transcription nous a révélé qu'ils sont rédigés dans une tachygraphie syllabique italienne inspirée d'un modèle encore en usage à la fin du XVIIe siècle. Cette tachygraphie recourt à un assez grand nombre de notes tironiennes[1] encore parfaitement intelligibles au XVIIe siècle dans les milieux civil et ecclésiastique. Les deux textes, reproduisant les noms propres en clair, indiquent la présence d'un secrétaire tachygraphe ayant pris sur le vif les propos tenus par les divers protagonistes. Au vu de l'écriture, il s'agit, dans le premier procès-verbal, du secrétaire de l'Ordre en personne : Giovanni Battista ou Giovambattista Mengarelli, signataire deux ans plus tard du procès-verbal de la rencontre entre dom Bernard de Montfaucon et Niccolò Serani dall' Aquila (15 février 1700).

Au second rang, deux ouvrages publiés peuvent aider à la compréhension des procès-verbaux :

Voyage littéraire de Paris à Rome en 1698. Notes de D. Paul Briois, compagnon de Montfaucon, publiées par Henri Omont, Paris, Librairie Émile Bouillon, éditeur, 1914. Ces notes de voyage, consignées sur un carnet de poche de 50 f^os^, ont été poursuivies après le décès de dom Briois, survenu le 10 février 1700, par dom Bernard de Montfaucon.

Diarium Italicum sive monumentorum veterum, bibliothecarum, musæorum, &c. Notitiæ singulares in Itinerario Italico collectæ. Additis schematibus ac figuris. A R.P.D. Bernardo de Montfaucon, Monacho Benedictino, Congregationis Sancti Mauri, Parisiis. Apud Joannem Anisson Typographiæ Regiæ Præfectum 1702.

1. Du nom de leur inventeur, Tiron (Marcus Tullius Tiro, 103-4), secrétaire de Cicéron.

Chronologie historique

– 117/116 Naissance de Ptolémée – futur Ptolémée XII Aulète (« Joueur de Hautbois »), dit Néos Dionysos –, père de Cléopâtre, à Chypre.

– 106 Naissance de l'orateur Cicéron.
Naissance de Pompée dit le Grand.

– 100 Naissance de César.

– 83 Naissance d'Antoine.

– 80 Début du règne de Ptolémée Aulète et de Cléopâtre VI Tryphène.

– 77 Naissance de Fulvie (morte en – 40), troisième épouse d'Antoine.

– 69 Naissance de Cléopâtre, future Cléopâtre VII Philopator.
Naissance d'Octavie, sœur d'Octavien.

– 63 Naissance d'Octave / Octavien, futur Auguste.

– 61 Naissance de Ptolémée, futur Ptolémée XIII Philopator II, frère cadet de Cléopâtre.

– 60 Diodore de Sicile à Alexandrie.

– 59 Ptolémée Aulète est déclaré « roi ami et allié du Sénat et du Peuple romain ».
Chypre, propriété de l'Égypte, annexée par Rome.
César nommé consul.
Naissance de Ptolémée, futur Ptolémée XIV Philopator III, le second frère cadet de Cléopâtre.

– 58 Les Alexandrins se révoltent contre Ptolémée Aulète.
Celui-ci quitte l'Égypte pour Rome.
L'aînée de ses filles, Bérénice IV, monte sur le trône à la demande des Alexandrins.

– 57 Mort de Cléopâtre VI Tryphène.

– 56/55 Bérénice IV épouse Archéalos de Comana (hiver).

– 55 Retour de Rome en Égypte de Ptolémée Aulète.
Il est remis sur le trône par les Romains.

Antoine fait partie du corps de troupes commandé par le proconsul de Syrie Gabinius qui accompagne le roi et remporte avec ce dernier la victoire sur Archélaos de Comana.

Bérénice est mise à mort par son père.

-52 Aulète rédige un testament dans lequel il désigne comme héritiers et corégents les deux aînés des filles et des garçons de la fratrie : Cléopâtre Philopator et Ptolémée Philopator II.

-51 Mort d'Aulète.

Cléopâtre Philopator et son frère, Ptolémée Philopator II, montent sur le trône.

-50 Ptolémée Philopator II, encouragé par ses conseillers, tente de s'imposer face à Cléopâtre.

-49 César est nommé dictateur.

Il est élu consul pour l'année 48.

Cnaeus Pompée, le fils du Grand Pompée, rencontre Cléopâtre et son frère à Alexandrie pour leur demander de l'aide afin de soutenir son père face à César (nov.).

-49/48 Cléopâtre entre en conflit avec son frère.

Elle quitte l'Égypte, s'enfuit en Syrie et forme une armée (hiver).

-48 Pompée le Grand, battu à Pharsale (9 août) par César, tente de se réfugier en Égypte.

Les conseillers de Ptolémée Philopator II le font assassiner près de Péluse.

César, nommé dictateur pour la deuxième fois, débarque à Alexandrie (2 oct.).

Cléopâtre, à la demande de César, revient de Syrie et le rencontre au palais royal d'Antirhodos (automne).

Le dictateur tente de réconcilier Cléopâtre et son frère.

Les Alexandrins déclenchent une guerre contre César à l'instigation des conseillers de Ptolémée Philopator II : la guerre d'Alexandrie.

Cléopâtre se place sous la tutelle de César.

La sœur cadette de Cléopâtre, Arsinoé, rejoint le camp de son frère Ptolémée Philopator II.

-47 César reçoit le renfort de Mithridate de Pergame et d'Antipater de Judée.

César remporte la guerre d'Alexandrie : Ptolémée Philopator II meurt noyé après la bataille du Nil (27 mars).

Arsinoé est écartée de la succession et envoyée à Rome.

Cléopâtre et son tout jeune frère Ptolémée Philopator III sont nommés corégents.

Croisière sur le Nil de Cléopâtre et de César (printemps).
Naissance, au début de l'été, du fils de César et de Cléopâtre, le futur Ptolémée XV dit César (il est appelé Césarion par les Alexandrins).
Victoire de César (2 août) sur Pharnace à la bataille de Zéla (nord-est de l'Anatolie actuelle).
- 46 Victoire de César (6 avril) sur les Républicains conservateurs (les *Optimates*), Metellus Scipion et Labienus alliés à Juba Ier de Numidie, à Thapsus, aujourd'hui Ras-Dimas (Tunisie).
César célèbre quatre triomphes, respectivement sur la Gaule, l'Égypte, le Pont (nord de l'Asie Mineure) et l'Afrique (août).
Séjour à Rome de Cléopâtre et Ptolémée Philopator III pour assister aux triomphes de César.
Arsinoé, sœur cadette de Cléopâtre, est traînée derrière le char du vainqueur.
Elle est graciée puis exilée à Éphèse.
Une statue à l'effigie de Cléopâtre en Vénus Genetrix est dressée dans le temple de la déesse par César sur le Forum Julien.
Retour de Cléopâtre à Alexandrie (automne).
- 45 Victoire de César à Munda, en Hispanie, sur Cnaeus Pompée (17 mars).
Dans sa villa de Labicum, César rédige un testament où il fait d'Octave son fils adoptif (13 sept.), sous le nom d'Octavien.
César célèbre son cinquième triomphe, celui sur l'Hispanie (oct.).
- 44 César est nommé dictateur à vie, ainsi que consul avec Antoine (14 janv.).
Séjour de Cléopâtre à Rome (début de l'année).
Lors des fêtes des Lupercales, César refuse la couronne royale que lui tend Antoine (15 févr.).
Assassinat de César aux Ides de mars (15 mars).
Retour de Cléopâtre à Alexandrie.
Arrivée à Rome d'Octavien (avril).
Mort du jeune corégent de Cléopâtre, Ptolémée Philopator III.
Cléopâtre devient corégente de son fils Ptolémée, dit César (Césarion) (été).
- 43 Constitution du Triumvirat avec les trois Césariens : Antoine, Lépide, Octavien. Affrontement des Républicains et des Césariens.
Les Césariens établissent des listes de proscription pour venger César ; mise à mort de Cicéron (7 déc.).

Cléopâtre envoie une flotte d'Alexandrie pour venir en soutien aux Triumvirs, mais celle-ci sombre lors d'une tempête.

– 42 Bataille de Philippes (sept.-oct.), victoire des Césariens sur les Républicains.

Mort de Cassius puis suicide de Brutus.

Antoine est l'artisan de la victoire.

– 41 Antoine, qui a installé ses quartiers à Tarse en Cilicie (actuelle province de Mersin, en Turquie), convoque Cléopâtre (été).

Arrivée spectaculaire de Cléopâtre en Aphrodite dans le port de Tarse.

Elle conforte sa position et propose à Antoine un pacte pour le bonheur de l'Orient.

Elle fait assassiner par Antoine sa sœur Arsinoé qui se trouve à Éphèse.

Antoine la rejoint à Alexandrie (fin de l'automne).

– 41/40 Antoine et Cléopâtre fondent à Alexandrie la société de « Ceux qui mènent une vie inimitable ».

– 40 Antoine quitte Alexandrie et se rend en Syrie puis à Rome (printemps).

La guerre de Pérouse menée contre Octavien par le frère d'Antoine, Lucius Antonius, et l'épouse romaine d'Antoine, Fulvie, est un échec et met Antoine en difficulté.

Cléopâtre donne naissance à des jumeaux : Alexandre Hélios et Cléopâtre Sélénè, deux enfants d'Antoine (automne).

Mort de Fulvie, l'épouse d'Antoine.

Nouveaux accords dits « de Brindes » (Brindisi) entre les Triumvirs Octavien Antoine et Lépide (sept.).

Antoine devient maître de l'Orient, Octavien celui de l'Occident et Lépide celui de l'Afrique.

Antoine, contraint de sceller un pacte de sang, épouse la sœur d'Octavien, Octavie.

– 37 Antoine établit ses quartiers à Antioche et prépare son expédition contre les Parthes, tandis qu'Octavie demeure à Rome.

Cléopâtre rejoint Antoine à Antioche accompagnée des jumeaux Alexandre Hélios et Cléopâtre Sélénè.

La propagande contre Cléopâtre, l'Étrangère, commence à se développer à Rome, menée par Octavien et le cercle de Mécène.

– 37/6 Nommée *Cléopâtra Philopator* après le testament d'Aulète, elle change de titulature en 37/6. Son nom devient alors *Cléopâtra Théa Néôtéra Philopator kai Philopatris*. Avec cette titulature est instauré un double comput : l'an 16 de son règne équivaut à l'an 1 d'un nouveau royaume étendu.

– 36 Expédition contre les Parthes : échec de la prise de la forteresse de Phraaspa en Médie par Antoine : son arrière-garde et toute sa logistique sont anéanties.

Le roi d'Arménie, Artavasde, allié d'Antoine, est soupçonné de trahison.

Cléopâtre donne naissance au troisième enfant du couple, Ptolémée Philadelphe (été).

Le retour d'Antoine de Médie avec son armée est difficile et lourd de pertes en soldats.

Antoine sollicite alors l'aide de Cléopâtre, qui le rejoint à Zeugma, située sur l'Euphrate.

– 35 Expédition contre l'Arménie conduite par Antoine.

Le roi d'Arménie et sa famille sont faits prisonniers par Antoine et conduits à Alexandrie.

Vaincu, Sextus Pompée est exécuté, peut-être à la demande d'Antoine.

– 34 Célébration à Alexandrie du triomphe sur l'Arménie par Antoine.

Lors d'une cérémonie solennelle au Gymnase, Antoine annonce les nouveaux titres et possessions de Cléopâtre et de ses descendants.

Elle est proclamée « Reine des Rois fils de rois » et le jeune César « Roi des Rois ».

Ces « donations d'Alexandrie » font l'effet d'un outrage à Rome : elles alimentent largement la propagande d'Octavien contre Antoine et Cléopâtre.

– 33 Le Triumvirat n'est pas renouvelé (fin de l'année).

Les tensions entre Antoine et Octavien sont extrêmes.

– 32 Trois cents sénateurs choisissent le camp d'Antoine et quittent Rome pour l'Orient. Cléopâtre et Antoine rejoignent Éphèse, puis séjournent à Samos et à Athènes, avec leur flotte et leurs alliés.

Contournant le Péloponnèse, ils passent l'hiver à Patras.

Octavien déclare officiellement la guerre à Cléopâtre.

– 31 Bataille navale d'Actium (2 sept.).

Au cours de la bataille, Cléopâtre et Antoine, qui la rejoint, rallient l'Égypte pour tenter de reconstituer leurs forces.

Octavien installe ses quartiers à Rhodes.

Les négociations entre les deux camps sont un échec.

– 30 Les alliés d'Antoine et Cléopâtre font défection les uns après les autres.

Octavien entre en Égypte par l'est, à Péluse, Cornelius Gallus par l'ouest, depuis la Cyrénaïque.

Antoine se suicide (1er août), puis Cléopâtre le rejoint dans la mort (10 août).
Octavien fait assassiner le jeune Ptolémée César (Césarion) et Antyllus, fils aîné d'Antoine et de Fulvie.
Le royaume lagide devient une province romaine déclarée propriété personnelle d'Auguste.

Glossaire

Abréviations : v. voir ; gr. grec ; ég. égyptien ; lat. latin

ABATON. Lieu sacré, en général la tombe d'un dieu, accompagné d'une butte sacrée.

ACHI (ég. *Akhet*, « Saison du Reverdissement », c'est-à-dire l'« Inondation »). Saison composée de quatre mois : Thot, Paôphi / Phaôphi, Athyr, Choïak, du 19 juillet au 15 novembre.

ABSIDE (gr. *hapsis*). Arcade à plan semi-circulaire ou semi-polygonal surmontée d'une voûte hémisphérique.

ACROSTOLE. Sculpture ou ornement placé à la proue ou à la poupe d'un navire.

AFFRANCHI(E). Ancien esclave qui a été émancipé par son maître. Affranchi de première génération, il ne dispose pas immédiatement de tous les droits civiques, il est encore tenu à des obligations légales envers celui qui a été son maître. Ses enfants seuls deviendront des citoyens jouissant de tous leurs droits. Les affranchis constituent une classe sociale qui s'est largement développée dans la société romaine.

AGATHODAEMON (gr. *agathos* et *daimon*). À l'origine, divinité de l'Égypte antique appelée « le bon Génie » (*Âha-nefer*) ; les serpents bienfaisants qui portent ce nom et sont peints sur les autels des laraires domestiques sont considérés comme « ceux qui apportent de bons fruits ».

ANIMAL SACRÉ. Animal dont l'espèce, attribut d'un dieu, est protégée et constitue un interdit national ou local. Ces animaux peuvent être momifiés.

ANNÉE ÉGYPTIENNE. Elle se compose de 360 jours répartis en 12 mois de 30 jours et de 3 saisons de 4 mois : *Achi* (Akhet) : Thot, Paôphi/Phaophi, Athyr, Choïak ; *Prô* (Peret) : Tybi, Méchir, Phamenôth et Pharmouti ; *Chôm* (Chemou) : Pachons, Payni, Épiphi, Mésorê. À ces 360 jours s'ajoutent cinq jours épagomènes (v. ce mot).

ANNÉE SOTHIAQUE. Année où le lever de l'étoile Sirius (Sôthis) coïncide avec le début de la crue du Nil. Elle se produit tous les 1 461 ans (v. Sothiaque, période).

ANNÉE VAGUE. Année décalée d'un quart de jour par an, non compensée par l'ajout d'un jour tous les quatre ans, principe de l'année bissextile. Ce calendrier est adopté par Ptolémée Philadelphe, d'après le décret de Canope (– 238), mais n'est pas suivi par les prêtres égyptiens.

ANNONE (lat. *annona*). Service de l'État romain en charge de l'approvisionnement des greniers de céréales notamment et de leur distribution gratuite ou à bas prix aux citoyens.

ANUBÉION. Sanctuaire consacré à Anubis (v. ce nom dans les Personnages cités, p. 364).

APHRODITE (COUP D'). Combinaison absolue au jeu des osselets, quand les osselets tombent chacun sur une face différente.

ARÈNE (lat. *arena*, « sable »). Partie centrale de l'amphithéâtre où se déroulent les chasses et les combats de gladiateurs.

ASPIC (gr. *aspis*, « bouclier »). Serpent appartenant au genre des cobras (famille des Élapidés), se distinguant par la longueur et la faculté de dilater des vertèbres du cou au point d'évoquer un bouclier grec.

AUGURES. Prêtres chargés de l'interprétation des signes du ciel.

AUREUS. Pièce d'or qui est l'équivalent de cent deniers (v. ce mot).

BACCHANALES. Fêtes en l'honneur du dieu Bacchus (Dionysos). Elles étaient liées aux rites et mystères dionysiaques. Les prêtresses qui organisent les cérémonies sont appelées « Bacchantes ».

BACCHANTE. Littéralement « femme de Bacchus » (Dionysos). Celle qui célèbre les rites de Bacchus, notamment lors des Bacchanales (v. Ménade).

BANQUET / SYMPOSIUM. Au sens littéral « réunion de buveurs ». Couronnés de fleurs ou de feuillages, les participants sont allongés sur des lits autour de tables ou de guéridons. Un repas est d'abord servi puis vient l'heure du symposium proprement dit. Nommé, le chef du banquet, le *symposiarque*, en contrôle le déroulement et propose des thèmes de conversation à laquelle chaque convive participera à sa façon. Le vin est généreusement versé dans les coupes. La musique des flûtes traversières ou des hautbois ainsi que des spectacles de danseurs et danseuses, de mimes, voire des saynètes (petites pièces comiques de théâtre) accompagnent le banquet selon la volonté du maître de maison. L'amour n'est pas non plus absent de ce moment festif. À Rome, les femmes participent au banquet.

BASILÉION. Couronne royale féminine égyptienne formée d'un disque solaire, d'une paire de cornes de gazelle et de deux rémiges (longues plumes des ailes) de faucon. Cette couronne est portée par Isis, les reines égyptiennes et les Divines adoratrices.

BIBLIOPOLE (lat. *bibliopola*). Marchand de livres à Rome.

BIRÈME. Navire de guerre comportant deux niveaux de rameurs des deux côtés.

BOSQUET SACRÉ. Arbre protégé, intouchable, consacré à un dieu.

BUTTE SACRÉE ou DIVINE (ég. *iat netjeret*). Buttes sur lesquelles se dresse un arbre ou un bosquet sacré en souvenir des lieux où Isis avait fait inhumer les fragments du corps d'Osiris dispersés par Typhon-Seth. On enterre rituellement dans ces buttes des figurines d'Osiris confectionnées lors des fêtes qui lui sont consacrées, au mois de Choïak.

CALENDRIER POMPILIEN. Attribué à Numa Pompilius, second roi de Rome. Ce calendrier succéda à celui que l'on nomme « Romuléen », que remplaça en – 46 le calendrier dit « Julien », mis en place par Jules César.

CATASTÉRISME. Placement au ciel d'un être vivant, d'un objet, voire d'un fleuve ou d'un pays, sous la forme d'un groupement d'étoiles ou « astérisme ».

CENA. Repas principal des Romains pris vers 14 ou 15 heures (la neuvième ou la dixième heure). Le repas comporte en général trois services et peut être suivi de divertissements. Les femmes sont présentes à la *cena*.

CENTURION. Officier qui commande une centurie – unité militaire de cent hommes – à l'intérieur d'une légion.

CHEVALIERS (lat. *equites*). Dignité d'origine militaire conférée par les censeurs ; pour l'obtenir, il faut détenir une certaine fortune (400 000 sesterces au IIIe siècle av. J.-C.). Les chevaliers constituent l'ordre équestre : ils n'ont pas accès aux magistratures jusqu'à l'Empire. À cet ordre appartiennent de riches propriétaires, des hommes d'affaires, des avocats et d'autres citoyens exerçant des professions libérales. Ils forment la deuxième classe de la société romaine, après l'aristocratie et les sénateurs, la troisième étant la plèbe.

CERBÈRE. Le chien à trois têtes qui garde les Enfers ou Hadès.

CHIMÈRE. Créature fantastique mortifère dont le corps est pour une part celui d'un lion et pour une autre celui d'une chèvre. Sa queue est celle d'un serpent.

CHOÏAK (ég. *Ka-her-Ka*). Nom d'un mois égyptien (17 oct.-15 nov.). Les Fêtes d'Osiris sont organisées au mois de Choïak dans toute l'Égypte, à l'occasion de l'inhumation, dans des buttes sacrées (v. ce mot), de figurines d'Osiris-Khentymentyou d'une coudée (0,44 m) de long pour régénérer la nature.

CHÔM (ég. *chemou*. « Saison de la Moisson », c'est-à-dire l'« Été égyptien »). Nom donné à la saison la plus chaude, composée de quatre mois : Pachons, Payni,

Épiphi, Mésorê, du 16 mars au 13 juillet

CONJURATEUR DE SELKIS (ég. *Kherep-Serqet*). Chasseur de serpents et de scorpions, et soigneur de morsures de serpents non létales et de piqûres d'insectes.

CONOPEUM, a, plur. Voile à mailles fines, employé comme moustiquaire.

CONSULS, CONSULAT. Les plus hauts magistrats à Rome. Deux consuls sont élus chaque année par les comices depuis – 510. Les premiers consuls furent L. Junius Brutus et L. Tarquinius Collatinus. Ils exercent le commandement civil et militaire ; ils peuvent convoquer le Sénat et le peuple. Ils donnent leur nom à l'année.

CURSUS HONORUM. Parcours des honneurs. Il définit l'ordre d'accès aux différentes magistratures, questeurs d'abord, puis édiles, préteurs et enfin consuls.

DENIER (lat. *denarius*). Monnaie romaine valant quatre sesterces.

DICTATEUR, DICTATURE. À Rome il s'agit d'un magistrat extraordinaire détenant des pouvoirs exceptionnels, choisi par un décret du Sénat. Il remplace le consul en cas de situation grave, au départ pour une durée limitée à six mois. Il a pouvoir sur tous les autres magistrats. Marc Antoine mit fin en – 44 à cette magistrature.

ÉDILE (lat. *aedilis*). Magistrat romain en charge de l'inspection des bâtiments et de l'approvisionnement de la cité.

ENNÉADE (ég. *pedjeset*). Groupement de neuf dieux associés à la théologie d'Héliopolis. Au démiurge Atoum (Toumis) succèdent trois générations divines : 1) les enfants d'Atoum, Tefnout (Tphénis) et Chou (Sôsis) ; 2) les enfants de ces derniers, Geb (Cronos) et Nout (Rhéa) ; 3) les cinq de ce couple : Osiris, Isis, Horus, Seth et Nephthys. Ils forment la Petite Ennéade. La Grande Ennéade se compose, quant à elle, de quatorze dieux.

ÉPAGOMÈNES (JOURS) –. Les cinq derniers jours de l'année égyptienne (14-18 juillet), ajoutés à la saison de *Chôm*, la Moisson, et gagnés au jeu par Hermès, durant lesquels Rhéa-Nout a pu donner naissance aux cinq enfants conçus de Cronos-Geb : Osiris et Isis, Seth et Nephthys, et Horus.

ÉPISTRATÈGE. Titre du gouverneur général d'une région (exemple : la Haute-Égypte).

ÉPITOMÉ. Résumé ou abrégé d'un ouvrage.

ÉVERGÈTE. Celui qui pratique l'évergétisme (v. ce mot).

ÉVERGÉTISME. Vertu et obligation morale prisées des Anciens, Grecs et Romains. L'évergétisme est l'ancêtre du moderne mécénat et l'évergète est, de fait, un mécène. C'est un devoir à la fois moral et politique pour les notables que de prodiguer leurs dons à la ville afin de la faire profiter de leurs richesses. Ils se distinguent ainsi par leur libéralité : embellissement de la cité, construction de nouveaux édifices publics (un théâtre, par exemple), financement de divertissements (spectacles et jeux dans l'arène), actes de bienfaisance envers le peuple. Les souverains lagides accolaient à leur nom celui d'Évergète pour souligner l'importance de cette obligation.

FAMILIA. Ensemble des personnes (enfants, apparentés, esclaves, affranchis) et des biens soumis à l'autorité du chef de la famille (*Pater familias*) ; la famille romaine traditionnelle est à considérer au sens large et diffère de la « famille nucléaire » moderne.

FAUNE (lat. *Faunus*). Divinité de la campagne, souvent confondu avec le satyre, d'origine grecque. Les Faunes auraient été les descendants de Faunus, troisième roi d'Italie. Ils protègent les troupeaux et les terres.

FORUM. Place publique la plus importante de la ville, située près de l'endroit où se croisent les artères principales ; centre économique et politique où les citoyens se rassemblent et se rencontrent. Le Forum est entouré par les principaux bâtiments publics et religieux : marchés, tribunal, temple de Jupiter, temple d'Apollon, Comitium, etc. Les Grecs parlent d'Agora.

FORUM JULIUM ou FORUM JULIEN. Le Forum Julium de Rome a été édifié par César et inauguré en – 46. Conçu au départ pour agrandir l'ancien Forum, il devient vite un centre social et politique autonome au service des ambitions de César.

FRESQUE. Les fresques sont exécutées en suivant la technique de la chaux saponifiée :

— préparation du support : 3 à 5 cm de chaux et de sable qu'on laisse sécher ; puis 0,5 à 0,7 cm de chaux et de calcite, à laisser sécher ; enfin, sur 0,05 à 0,1 cm, un mélange aqueux de chaux, de savon, de cire ajoutée à chaud et de craie en suspension, à polir et à lustrer. Ce procédé permet la finesse du trait et confère aux œuvres solidité et imperméabilité ;

— la peinture est constituée de couleur ajoutée à une solution aqueuse de chaux, savon et cire. L'ensemble terminé est à nouveau poli et lustré.

GÉNIE (lat. *genius*). Un double divin présent en chaque être humain, l'esprit protecteur d'une personne. Le Genius est notamment fêté lors des anniversaires.

GRAND DES ARTISANS (ég. *our kherepou hemout*). Titre du grand prêtre d'Héphaïstos-Phtah à Memphis.

GRIFFON. Animal mythologique, avec un corps de lion et une tête d'aigle. Il est le compagnon et le serviteur du dieu Apollon-Phébus.

GYMNASE (gr. de *gymnos*, « nu »). Le lieu dédié aux exercices physiques pratiqués nus, mais aussi aux débats intellectuels. Les citoyens de la cité grecque s'y retrouvaient pour s'entraîner et discuter, et ce, à tout âge. À l'époque hellénistique, le gymnase devient un lieu de vie central où l'effort physique et intellectuel est valorisé. Il est géré par un gymnasiarque élu pour un an. Antoine le sera à Athènes en – 39/38, et à Alexandrie en – 33/32. Le gymnase a la forme d'un grand stade comportant une promenade sous des colonnes et de nombreuses pièces adjacentes destinées aux exercices et aux soins du corps (massage notamment), des salles de conférence ainsi que le plus souvent une piscine pour pratiquer la natation.

HARUSPICE (lat. *haruspex*). Le devin qui examine les entrailles des victimes d'un sacrifice ou analyse les prodiges afin d'interpréter la volonté des dieux.

HÉMICYCLE DES PHILOSOPHES. Nom d'un monument situé sur l'allée processionnelle conduisant au Sérapeum de Memphis. On y trouve la fameuse pléiade constituée d'Homère, Pindare, Platon, Démétrios de Phalère, Orphée, Hésiode, Protagoras, Héraclite, Thalès et Aristote.

HEMORROUS (gr. *Hemorrous*, de *haïma* « sang » et *rheîn* « couler », « coule-sang »). Nom d'une dangereuse vipère dont les morsures sont hémorragiques, sans doute *Echis carinatus* ou échide carénée. Le pilote de Ménélas, Canope, serait mort de sa morsure d'après Nicandre de Colophon.

HIÉROGAMIE. Littéralement : « union sacrée » entre un dieu ou une déesse, ou entre une divinité et un être humain divinisé. Ces noces peuvent s'accomplir au travers d'un accouplement sexuel ou d'une union par l'esprit.

HÉSIÈS (ég. *hesy*, « bienheureux »). Nom égyptien désignant, métaphoriquement, les noyés.

HIÉROGRAMMATE (ég. *khery-hebet hery-tep*, « porteur de rouleau de fête, magicien »). Prêtre ritualiste égyptien spécialiste de la lecture des textes religieux, reconnaissable à une coiffure formée d'un bandeau et de deux plumes de faucon ; nommé aussi ptérophore.

HOROSCOPE. Nom donné au prêtre astronome égyptien observant les heures sur le toit des temples à partir du mouvement des constellations pour déterminer le moment propice des rituels.

HYDRE. Serpent d'eau, d'ordinaire la couleuvre nageuse. En Grèce, l'hydre de Lerne est une créature mythologique : un serpent immense avec de nombreuses têtes qui repoussent doublement aussitôt qu'elles sont tranchées. Ces têtes soufflent un air putride et empoisonné sur les marais de l'Herne. Héraclès, aidé par son neveu Ialos, en est venu à bout lors d'un de ses douze travaux.

HYPOGÉE. Construction souterraine abritant des sépultures.

IDES. Treizième ou quinzième jour du mois romain. Jules César a été assassiné aux Ides de mars (15 mars 44 av. J.-C.).

IMAGINES MAJORUM. Masques de cire des défunts des familles de la noblesse républicaine, placés dans des niches et sortis pour des occasions exceptionnelles.

INTERDITS RITUELS (ég. *bout*). Interdits consistant à éviter de consommer ou boire certains aliments ou boissons, à nuire à des animaux ou des plantes sacrés, voire à effectuer certaines actions qui déplairaient aux divinités pour des raisons d'ordre mythologique.

INVENTIO OSIRIDIS (« la découverte du corps d'Osiris »). Fête qui dure plusieurs jours à la fin du mois d'octobre et au début de novembre, c'est-à-dire au mois de Choïak (v. Choïak). Elle rappelle le destin d'Osiris à la fois assassiné par Typhon-Seth et régénéré par Isis. Ces festivités permettent l'expression des sentiments les plus vifs : la douleur à la suite de la mort d'Osiris comme la joie et la célébration de son pouvoir revivifiant.

IMPERATOR. Titre militaire que les soldats, à l'origine, donnaient par acclamation à leur général victorieux. Il conserve ce titre jusqu'à son triomphe, à Rome. Avec l'importance qu'a prise l'armée dans la vie politique, ce titre devient le symbole de l'autorité militaire.

ISOCAÈDRE. Dé polyédrique à vingt faces.

JOURS FASTES ou NÉFASTES. Principe selon lequel certaines activités peuvent ou ne peuvent pas être entreprises pour des raisons religieuses, tenant d'ordinaire à des interdits rituels.

JUSTE DE VOIX (ég. *Maâ kherou*). Épithète donnée à un défunt ayant passé l'épreuve contradictoire (ou confession négative) du jugement devant le tribunal d'Osiris du chapitre 125 du Livre des Morts.

KYPHI (ég. *kap*). Parfum à fumiger comportant seize ingrédients selon Plutarque, mais dont les textes égyptiens (à Edfou, Philæ) fournissent la recette exacte beaucoup plus complexe, mais comprenant le même nombre de composants. Ce n'est qu'un des multiples parfums ou des onguents liturgiques dont les recettes sont gravées en hiéroglyphes en accompagnement de scènes liturgiques sur les parois des « Laboratoires » des temples comme à Edfou.

LÉGION. À la suite des réformes de Marius, la légion, à l'époque de César et d'Antoine, compte 6 000 hommes et est divisée en 10 cohortes de 600 hommes et 60 centuries de 100 hommes. Une cohorte comporte trois manipules (un manipule est une compagnie de 120 à 160 hommes). Il convient d'ajouter à la légion un millier de cavaliers. Avec César, la hiérarchie militaire s'ordonne ainsi : des légats sont à la tête de l'armée ; les tribuns militaires qui commandaient avant l'armée existent toujours mais leur fonction devient davantage honorifique. Viennent ensuite les centurions qui ont sous leurs ordres une centaine d'hommes ; puis les *principales* (sous-officiers). L'aigle, l'enseigne de chaque légion, est brandie par le premier manipule de la première cohorte.

LÉGIONNAIRES. Ils s'engagent pour seize ans et reçoivent une solde de 225 deniers sous César. Avec le poids que les armées vont prendre à l'époque de César et d'Antoine dans la vie politique, les légionnaires vont exiger de leurs généraux davantage de bénéfices, notamment des terres à cultiver, une fois leur service militaire achevé. La distribution des terres au profit des vétérans s'est faite au détriment des anciens propriétaires terriens et n'a pas manqué de provoquer des troubles comme à Pérouse en – 40, où se sont affrontés du côté des vétérans de César, Octavien, et du côté des propriétaires terriens, Lucius Antonius, frère d'Antoine et Fulvie, femme d'Antoine.

LÉSÔNIS (ég. *imy-ro chenou*). Titre égyptien donné à l'administrateur d'un temple.

LIBURNE. À l'époque de la bataille d'Actium ce navire léger né en Liburnie (province dalmate) était devenu une birème rapide et efficace (v. Birème).

LIVRE SACRÉ ou LIVRE DIVIN (gr. *Hiéra Biblos* ; ég. *medjat-netjer*). Nom donné aux livres dans lesquels sont consignées des connaissances sacerdotales, rituelles ou scientifiques. Il existe d'autres désignations : *Baou-netjer*, « Âmes du dieu », *Baou-Rê*, « Âmes de Rê », etc.

MAÎTRE DE CAVALERIE (lat. *magister equitum*). Titre donné sous la République romaine à l'adjoint d'un dictateur que ce dernier a choisi. Il joue dans l'armée le rôle de chef d'état-major.

MAMMISI (ég. **Ma-en-mes*, « Lieu-de-la-naissance »). Nom donné au temple de la naissance divine, inventé par Jean-François Champollion. L'astérisque à l'avant du mot signale une étymologie restituée.

MÉNADE (du gr. *mainomai*, « délirer »). Femme en proie au délire bachique, désignée le plus souvent par le terme « Bacchante » chez les Romains.

MÉTHIDÉ. Arbre couvrant le tombeau d'Osiris dans l'Abaton de Philae, d'après Plutarque.

MIME (lat. *mimus*). Désigne un spectacle essentiellement gestuel et comique, où se conjuguent farce, danse et prestations érotiques. Les dialogues sont souvent assez limités. Il est joué par des acteurs et des actrices évoluant sans masques et pieds nus, avec musique et danses. Le nom *mimus* en latin, comme le mot *mima* pour les femmes, désigne à la fois l'action représentée et l'acteur qui joue.

MONNAIE. Pour les différentes pièces de monnaie on utilise à Rome les métaux suivants : as, obole, sesterce : bronze ou laiton ; denier : argent ; aureus : or.

Estimer l'équivalent en euros des monnaies antiques n'aurait pas grande signification. Il est plus parlant d'évaluer approximativement leur pouvoir d'achat en fonction du coût des denrées, des prestations et des biens. Dans la seconde moitié du Ier siècle av. J.-C., la journée d'un ouvrier est rémunérée un denier (quatre sesterces), un peu plus que la solde d'un légionnaire et beaucoup plus que la paie d'un maître d'école (rétribué deux sesterces par mois et par élève). Achat d'un esclave : de 1 000 à plusieurs milliers de sesterces. Pécule donné à un légionnaire quittant le service 12 000 sesterces. Patrimoine requis pour être élu local : 100 000 sesterces. Patrimoine requis pour être chevalier : 400 000 sesterces. Patrimoine requis pour être sénateur : un million de sesterces.

On utilise également les monnaies grecques (drachme, mine, talent) qui avaient cours parallèlement aux monnaies romaines. À la fin du Ier siècle av. J.-C., un talent vaut 60 mines ou 180 aurei ; une mine vaut 100 drachmes ou 75 deniers.

MOSAÏQUE. Cette technique de décoration de sol venue de Grèce était très appréciée des Romains. L'œuvre est composée de milliers de petits fragments, les tesselles : à l'origine de simples galets de rivière, puis des petits cubes taillés dans la pierre, le marbre, la brique, la pâte de verre, maintenus par un enduit collant. Le mosaïste trace d'abord son dessin dans le mortier frais puis il dispose les tesselles en allant des plus grosses aux plus petites, de l'extérieur vers l'intérieur, pour former des motifs géométriques ou des figures aux couleurs variées. Enfin, il passe une couche de ciment (nettoyée après séchage) pour faire les joints. Dans les maisons les plus raffinées, les mosaïques sont de véritables œuvres d'art ; certaines comportent un panneau, nommé *emblema*, composé en atelier comme un tableau peint, posé sur une plaque de support, puis inséré au centre du pavement.

MOS MAJORUM (« les mœurs des ancêtres »). Le *mos majorum* renvoie aux valeurs traditionnelles qu'Octavien-Auguste a cherché à réinstaurer.

MUSÉE, *MOUSAION*. À l'origine dédié aux Muses et à Sarapis, le Musée est le grand centre du savoir alexandrin. Il comporte des amphithéâtres, des observatoires, des laboratoires, une salle commune pour les repas des savants et un zoo renfermant des animaux exotiques. Il abrite aussi la grande Bibliothèque d'Alexandrie fondée par Ptolémée (Ier) Sôter. Démétrios de Phalère, après avoir perdu le pouvoir à Athènes, s'est vu confier par Ptolémée Sôter la tâche de créer le Musée. Influencé par la pensée d'Aristote, il a développé l'hellénisme et ouvert Alexandrie à tous les savoirs, en associant les savants du monde grec.

NAOS ÉGYPTIEN. Salle dans laquelle se trouve, enfermée dans une chapelle monolithe, la statue de culte du dieu.

NAVARQUE. Commandant d'une flotte ou d'un navire.

NÉCROTAPHE. Creuseur de tombe.

NEGOTIUM. V. Otium.

NIL (BRANCHES DU). Au temps de Cléopâtre, les noms des branches d'est en ouest, notamment chez Strabon, sont les suivantes : pélusiaque, tanitique, mendésienne, phatmétique, sebennytique, bolbitine, héracléotique ou canopique. Leur nombre et le tracé de leur cours se sont modifiés au fil des siècles.

OGDOADE. Appellation des huit dieux créateurs de la théologie hermopolite, formés de quatre couples de serpents et de grenouilles.

ONCIALE. Lettres tracées à la plume, de forme ronde, employées dans l'écriture grecque, latine et copte, sur du parchemin ou du papyrus (IIIe-VIIIe siècle), d'abord utilisées pour les titres puis pour le texte. Les papyrus grecs recourent à des capitales ou des petites capitales tracées à l'aide d'un calame.

ONIROCRITE. Interprète de rêves.

ÔPÊ (FÊTE D'). Fête annuelle de la région thébaine célébrée entre Karnak, Louqsor et la rive gauche du Nil. Elle a donné son nom au mois de Paôphi / Phaôphi (v. *Achi* et Année égyptienne).

OPTIMATES (du lat. *optimi* : les meilleurs). Le terme renvoie, sous la République, à ceux qui, à l'intérieur de l'aristocratie romaine, sont les partisans du conservatisme et du Sénat. À la fin de la République, à l'époque de Cléopâtre, le terme désigne avant tout les membres du parti sénatorial. Les *Optimates* s'opposent aux *Populares* (v. le mot). Parmi les *Populares*, on trouve des membres de l'aristocratie romaine, dont César.

OSIRIS UNTEL. Épithète donnée aux défunts égyptiens. Tout Égyptien mort est censé connaître le processus de renaissance du dieu (v. Osiris).

OTIUM. Le domaine du temps libre que l'on peut dédier à la lecture, à l'étude, au spectacle ou au divertissement, mais aussi aux conversations entre amis ; il s'oppose au *negotium*, le temps des affaires (*nec-otium*), d'où négoce.

OXYRHYNQUE. Poisson mormyre du Nil, vénéré à Oxyrhynque (Moyenne-Égypte), ville consacrée au dieu du désert Typhon-Seth et aussi à Hathor.

PAPYRUS (ég. *pa-per-âa*, « Celui de la Grande Maison »). Nom donné au support de l'écriture consistant en recouvrement de fibres horizontales et verticales de papyrus battues et collées à l'aide de gomme arabique. Le papyrus fait l'objet d'un monopole d'État.

PARÈDRE. Nom d'une divinité associée au culte d'une autre plus importante. Il peut s'agir d'une épouse divine, au culte moins important.

PASTOPHORE (gr. *pastophoros*, « porteur de petites chapelles »). Membre du clergé égyptien habilité à entrer en contact avec le public voulant s'approcher des temples.

PETESOUCHOS (ég. *Pa-di-Sobek*, « Le-Don-de-Sobek », c'est-à-dire Souchos). Nom donné au crocodile sacré de Crocodilopolis dans le Fayoum.

PALESTRE. Vaste espace entouré d'une colonnade dans lequel les hommes s'entraînent à différentes activités sportives : gymnastique, lutte, lancer du javelot... Elle peut comprendre une piscine pour la natation. Les installations comportent également des vestiaires et des salles de massage.

PHARAON (ég. *Per-âa*, « la Grande Maison, le Palais »). Titre donné aux souverains égyptiens, considérés comme ne faisant qu'un avec l'Administration palatiale. Ce titre finit par devenir un nom propre dans la Bible : Pharaon. V. aussi Papyrus.

PIETAS (« piété »). Vertu romaine cardinale, la *pietas* est le devoir de respect et de piété dû aux dieux, à la famille et à la communauté.

PLÈBE (lat. *plebs*), PLÉBÉIEN. Les plébéiens sont des citoyens libres, souvent artisans, petits propriétaires ou commerçants. Sous la République, après des révoltes (sécessions) et des réformes, ils obtiennent une égalité au moins formelle avec les nobles du Sénat pour ce qui touche aux droits civils et religieux : en 391 av. J.-C., ils peuvent disposer de tribuns de la plèbe et accéder au consulat en 367 av. J.-C. L'élite des plébéiens finira par se fondre avec la noblesse. Au Ier siècle av. J.-C., la plèbe regroupe les plus pauvres des citoyens.

PONTIFEX MAXIMUS (« Grand pontife »). Il dirige le collège des pontifes qui est le plus important des collèges de prêtres à Rome. Il a le pouvoir et le contrôle sur la religion d'État. Le titre est prestigieux et sera accolé sous l'Empire à celui des empereurs. César, conscient du rôle clé de cette fonction, l'obtiendra dès – 63, à l'âge de trente-sept ans. La fonction était à vie.

PONTIFE. Membre d'un des collèges sacerdotaux qui veillent à l'observance du culte, établissent le calendrier et déterminent les jours fastes et néfastes. Les pontifes sous César sont au nombre de seize.

POPULARES. Le terme désigne ceux qui défendent les intérêts de la plèbe et cherchent à gagner ses suffrages et ses faveurs. Il ne s'agit pas d'un parti au sens exact du mot mais d'un mouvement d'hommes politiques opposés au Sénat et aux *Optimates* (v. ce mot). Les leaders de la plèbe sont, en réalité, le plus souvent des aristocrates ou des chevaliers. Les plus connus d'entre eux sont les Gracques, Marius, César, Antoine, Lépide et Antoine.

PRÉTEUR (lat. *praetor*). Magistrat romain élu pour un an chargé de la justice. Il est en droit de commander une armée ou de gouverner une province.

PRÔ (ég. *Peret*, « Émergence », c'est-à-dire le Printemps égyptien). Saison qui débute quand l'inondation s'est retirée, du 16 novembre au 15 mars. Elle se compose de quatre mois : Tybi, Méchir, Phamenôth et Pharmouti.

PRONAOS. Chez les Grecs, vestibule à colonnes devant le temple égyptien. Chez les Égyptiens, salle monumentale à colonnes, précédant le *naos* (v. ce mot).

PROPHÈTE. Dans la terminologie grecque, le prophète est un prêtre élevé dans la hiérarchie. Chez les Égyptiens, celui-ci est nommé « serviteur du dieu » (*hem-netjer*).

PROPRÉTEUR (lat. *propraetor*). V. Prêteur.

PROPYLÔNE. Chez les Égyptiens, porte monumentale se dressant dans le mur d'enceinte d'un temple égyptien et précédant le pylône.

PTÉROPHORE. V. Hiérogrammate.

PYLÔNE. Chez les Égyptiens, nom donné à la face du temple, formée de deux môles situés de part et d'autre de l'entrée de l'édifice et évoquant un horizon d'où émerge le soleil.

RECITATIO. Lecture publique d'un texte. La *recitatio* était devenue, à l'époque de Cléopâtre, une pratique littéraire et sociale appréciée à Rome. Elle pouvait avoir lieu dans une demeure privée ou dans un théâtre ou un odéon.

RELIGION (lat. *religio*). Dans le monde romain antique, le concept de « religion » se distingue de celui qui lui est généralement donné aujourd'hui après plus de deux mille ans de monothéisme : pas de Vérité unique révélée par la Divinité elle-même, pas de Livre sacré, mais une attention scrupuleuse aux rites transmis de génération en génération et un idéal de *pietas* (« piété ») fondé sur le respect dû aux dieux, à la communauté et aux ancêtres. Les dieux sont des partenaires invisibles et indispensables : ils cohabitent avec les hommes et les accompagnent dans toutes leurs entreprises. C'est une sorte de contrat où chaque partie s'engage à rendre service à l'autre : les hommes font des offrandes aux dieux (libations, sacrifices), les dieux offrent leur protection aux hommes. Certains cultes orientaux sont déjà pratiqués à Rome et en Italie, à l'époque de Cléopâtre, en particulier le culte d'Isis, venu d'Égypte. Sa liturgie (rites, prières et cérémonies) est régulière, souvent quotidienne : elle entretient un lien affectif fort entre l'individu et ses « frères » initiés, comme entre l'individu et la divinité. On honore avec elle le dieu qui a connu et vaincu la mort, comme Osiris, assassiné et démembré par son frère Seth, puis ressuscité par sa sœur et épouse Isis.

RHYTON. Vase destiné à la boisson, généralement percé d'une ou deux ouvertures dans sa partie basse.

ROSTRES. Nom des tribunes sur le Forum de Rome, en raison de la présence d'éperons de navires saillant de la construction. C'est de là que les magistrats ou les avocats s'adressent à la foule.

SAISONS ÉGYPTIENNES. Elles sont au nombre de trois : *Achi* (*Akhet*), Prô (*Peret*), *Chôm* (*Chemou*). V. ces mots.

SATYRE. Demi-dieu vivant dans la nature sauvage. Il a des cornes, des oreilles, une queue et des pieds de chèvre. Avec Pan, il participe aux cérémonies de Bacchus-Dionysos.

SÉNAT. Le Sénat romain est formé à l'origine de trois cents membres, les compagnons de Romulus selon la légende (les pères de famille qu'on appelle *patres conscripti*, « pères conscrits ») ; ils sont neuf cents à l'époque de César. Les sénateurs représentent de fait les membres des grandes familles sénatoriales. Sans compétence particulière apparente, le Sénat dispose, sous la République, d'une forte autorité et d'une grande influence sur de nombreux points comme l'administration financière, la participation aux tribunaux, les affaires militaires, juridiques et religieuses. L'autorité du Sénat s'affaiblira sous l'Empire. Le nombre des sénateurs passe à six cents et l'empereur peut les recruter lui-même.

SESTERCE. Monnaie de base à Rome, en argent sous la République (v. Monnaie).

SEPTANTE. Traduction grecque de la Bible hébraïque, entreprise, d'après la *Lettre d'Aristée* (– 100), sous le règne de Ptolémée (II) Philadelphe, par soixante-dix ou soixante-douze traducteurs juifs.

SÉRAPÉUM. Temple de Sarapis.

SISTRE (ég. *sechechet* ; lat. *sistrum*). Instrument sacré de musique égyptien à percussion que l'on trouve dans la main d'Isis ou employé par ses prêtresses. C'est un instrument à tigelles dotées de cymbalettes qui tintent quand on le secoue.

SÔTER (COUP DE). Meilleur coup au jeu de l'isocaèdre (dé à vingt faces) consistant à positionner celui-ci sur sa vingtième face.

SOTHIAQUE (PÉRIODE). Nom donné à une période de 1 461 ans, due au décalage de l'année vague d'un quart de jour par an par rapport à l'année astronomique (v. Année vague).

SPHINX (ég. *Chès-pa-ânkh*, « statue vivante »). Statue de lion couché, parfois à tête de pharaon, mais aussi à tête animale.

STOLISTE. Nom donné au prêtre habilleur des statues des dieux dans les cultes égyptiens. Il fait partie des prêtres de haut rang.

STRATÈGE (équivalent ég. : *imy-ro mechâ our*, « grand intendant de l'armée »). Magistrat chargé des questions religieuses, militaires, financières et des travaux publics dans une région donnée.

SYÈNE (PIERRE DE) (ég. *Soun*). Le granit des carrières d'Assouan.

SYMPOSIARQUE. Le chef ou roi du banquet.

TARICHEUTE (gr. *taricheutès*, « saleur »). Nom donné aux embaumeurs, car ils recouvraient les corps des défunts de natron (carbonate naturel de sodium) sec que l'on exploitait dans les déserts égyptiens.

TÉTRADRACHME. Monnaie d'argent grecque dont la valeur était de quatre drachmes (v. Monnaie).

THALAMÈGE (gr. *thalamègos*). Barge de plaisance à double coque et de faible tirant d'eau, dont la construction, d'après Athénée de Naucratis, est attribuée à Ptolémée (IV) Philopator. On utilisait des bateaux portant ce nom pour les croisières sur le Nil organisées à l'intention des souverains lagides puis des préfets romains d'Égypte.

THIASE. Groupe religieux qui se consacre au culte d'une divinité. Le terme désigne dans les *Mémoires* de Cléopâtre une réunion d'adorateurs de Dionysos. Les thiases (fidèles) dionysiaques deviennent peu à peu des associations religieuses permanentes. Le thiase dispose, comme toute organisation de ce genre, de ses prêtres et de ses prêtresses. Les femmes, les esclaves et les enfants y sont admis.

THYRSE. Attribut de Bacchus-Dionysos et de ses initiés : long bâton entouré de lierre ou de feuilles de vigne surmonté d'une pomme de pin et pouvant servir d'arme au dieu.

TRIA NOMINA. Les Romains portent trois « noms » qui marquent leur identité : le prénom (*praenomen*), indiqué dans les inscriptions par une initiale : A. pour Aulus, M. pour Marcus, etc. ; le nom de famille, le *nomen*, héréditaire ; le surnom, le *cognomen*, donné au départ à titre personnel pour désigner une particularité physique ou d'origine (Calvus, « le chauve », Sabinus, « le Sabin ») et transmis au seul fils aîné.

TRIADE. Groupe de trois dieux souvent organisés en famille nucléaire.

TRIBUNS DE LA PLÈBE. Magistrats représentant à Rome les intérêts de la plèbe face aux patriciens du Sénat. Ils peuvent mettre leur veto aux actes de tous les autres magistrats

TRIBUN MILITAIRE. Officier supérieur de l'armée romaine ; l'appellation peut être conférée à titre honorifique.

TRIOMPHE. La plus importante des récompenses accordées à un général victorieux. Il donne lieu à un grand défilé qui entre dans Rome par la Porte Triomphale et rejoint le Capitole, où le triomphateur sacrifie et offre sa couronne de laurier de la victoire aux dieux.

VÉTÉRAN. Tout militaire qui, après avoir accompli son service (selon les époques, de trente à seize ans), peut bénéficier d'avantages dont celui de recevoir des terres et d'être installé dans une colonie.

Personnages et dieux cités

Abréviation des prénoms romains : A. Aulus, D. Decimus, P. Publius, Q. Quintus, M. Marcus, T. Titus, C. Caius, Cn. Cnaeus, L. Lucius, S. Sextus, Tib. Tiberius
Les personnages non documentés historiquement sont indiqués par des astérisques.

ACHILLAS (mort en – 47). Général de Ptolémée XIII Philopator II.

AFRANIUS, *L. Afranius* (mort en – 46). Homme politique, partisan de Pompée mort à Thapsus.

AGRIPPA, *Marcus Vispasius Agrippa* (– 64/62-12). Consul, tribun de la plèbe, prêteur.

AHENOBARBUS, *Cn. Domitius Ahenobarbus* (– 80-31). Fils de *L. Domitius Ahenobarbus* ; consul et homme politique.

AHENOBARBUS, *L. Domitius Ahenobarbus*(– 49-25). Fils de *Cn. Domitius Ahenobarbus* ; fiancé d'*Antonia Major*, fille d'Octavie et d'Antoine.

ALEXANDRE HÉLIOS (né le 25 déc. – 40). Fils de Cléopâtre et d'Antoine ; frère jumeau de Cléopâtre Sélénè.

ALEXANDRE LE GRAND (– 356-323). Roi de Macédoine. Il conquit un immense empire, s'étendant de la Grèce à l'Inde et incluant aussi l'Égypte.

AMASIS, ég. *Iah-mès*, « La Lune l'a engendré » (– 571-526). Avant-dernier roi de la XXVIe dynastie égyptienne.

AMÉNOPHIS, ég. *Amen-em-Ipet*, « Amon-dans-le-Harem ». Nom de l'Amon vénéré au temple de Louqsor. C'est par erreur que ce même nom a été donné à des souverains égyptiens, à la place d'Amenôthès (*Amen-hotep*, « Amon-est-satisfait »).

AMÉNÔTHÈS, Amenhotep-fils-de-Hapou. L'architecte et vizir du règne d'Amenhotep III. Divinisé comme médecin et architecte. Souvent vénéré avec Imouthès (v. ce nom), également divinisé.

AMÉNOTHÈS, ég. *Amen-hotep*, « Amon est satisfait ». Nom de

quatre pharaons égyptiens de la XVIIIe dynastie égyptienne.

AMON, ég. *Imen*, « le Caché ». À l'origine (XIe-XIIe dynasties), nom du dieu des bateliers du Nil à Thèbes, puis dieu national et assimilé, sous la domination lagide, au Zeus des Grecs. Il faisait partie, avec sa parèdre Amonet, de l'Ogdoade hermopolitaine (v. ce nom). Il forme ensuite une triade avec Mouthis (*Mout*, assimilée à l'Héra des Grecs) et Chons (Chonsou), vénérée à Karnak et à Louqsor ainsi que dans plusieurs sanctuaires égyptiens dans toute l'Égypte.

AMONOÊR, ég. *Amen-Our*, « Amon-l'Ancien ». Amon originel, assimilé au Créateur dans la théologie thébaine.

AMONRASONTHER, ég. *Amon-Rânesout-netjerou*, « Amon-roi-des-dieux ». Nom de l'Amon universel de Karnak.

AMYNTAS (mort en – 25). Tétrarque puis roi de Galatie.

ANAÏTIS. Déesse lunaire perse de la fécondité identifiée à Cybèle et à Aphrodite, vénérée à Tarse (Cilicie).

ANOUKIS, ég. *Anouket*. Déesse égyptienne vénérée à Éléphantine, formant une triade divine avec Chnoumis et Satis.

ANTIGONE L'HASMONÉEN (– 80-37). Dernier roi de la dynastie hasmonéenne.

ANTIOCHOS Ier SÔTER (– 325-261). Roi séleucide.

ANTIOCHOS IV ÉPIPHANE (– 215-164). Roi séleucide.

ANTIPATER DE RHODES*. Disciple du grand Posidonius de Rhodes ; stoïcien, astronome.

ANTIPATER L'IDUMÉEN (– 113-43). Stratège puis procurateur de Judée.

ANTIPHILE DE NAUCRATIS* (IVe siècle av. J.-C.). Peintre contemporain d'Apelle (– 370-306).

ANTOINE L'ORATEUR, *M. Antonius Orator* (– 143-87). Homme politique et orateur, grand-père d'Antoine.

ANTOINE, *Marcus Antonius* (14 janv. – 83-1er août 30). Maître de cavalerie de Gabinius et de César, imperator, triumvir.

ANTONIA MAJOR (– 39-20 apr. J.-C.). Fille aînée d'Octavie et d'Antoine.

ANTONIA MINOR. Fille cadette d'Octavie et d'Antoine.

ANTONIUS, *L. Antonius* (– 81-41). Consul et frère cadet d'Antoine.

ANTYLLUS, *M. Antonius Minor* (– 47/46-30). Fils de Fulvie et d'Antoine.

ANUBIS, ég. *Inepou*, « adolescent ». Dieu chien, fils adultérin de Nephthys (épouse de Typhon-Seth) et d'Osiris, parfois assimilé au Cerbère des Grecs. Il accompagne les âmes des morts vers le tribunal d'Osiris et fait figure de portier du monde égyptien des morts.

APHRODITE / VÉNUS. Aphrodite est venue d'Orient en Grèce. Divinité de la fécondité et de l'amour chez les Babyloniens et chez les Phéniciens, elle devient chez les Grecs l'une des douze divinités olympiennes : la déesse de l'amour et de la beauté. Hérodote rapporte que son plus ancien sanctuaire est celui d'Aphrodite Ourania à Ascalon (*Histoires*, 1, 105). Dans la *Théogonie* d'Hésiode, elle naît du sperme d'Ouranos, dont le sexe est tranché et jeté à la mer par son fils Cronos. Elle sort de l'écume de la mer et, poussée par le Zéphyr, elle aborde d'abord à Cythère puis à Chypre. Sous ses pas la terre fleurit. Elle est accueillie par les Saisons et conduite chez les Immortels qui s'enflamment d'emblée pour elle.

Les fêtes en son honneur, les *Aphrodisies*, sont fameuses, et notamment à Égine, célébrées au milieu d'une foule de réjouissances. Aphrodite est d'abord la déesse de la génération et, par la loi du désir, sa domination s'exerce sur tous.

À Rome, elle est identifiée à la déesse italique Vénus. Elle est, en effet, la mère d'Énée, qu'elle eut après s'être unie au berger Anchise tandis qu'il gardait ses troupeaux sur le sommet du mont Ida. Elle obtient de Zeus le droit pour les survivants de Troie de connaître la fin de leurs épreuves en raison de leur piété. Virgile, dans *L'Énéide*, racontera ce long périple d'Énée pour trouver une nouvelle patrie. Et César, dans la fabrique de sa propre mythologie, revendiquera la protection tutélaire de Vénus-Aphrodite, en mettant en avant « son ascendance directe » à Vénus-Aphrodite par Iule-Ascagne, fils d'Énée et petit-fils de la déesse. César développe ce culte quasi personnel, notamment en dressant un temple dans le nouveau Forum Julien pour *Venus Genetrix* et en faisant dresser une statue de la déesse qui offre des traits identiques à ceux de Cléopâtre. Le lien direct avec Vénus-Aphrodite que César proclame permettra l'innovation, qui deviendra ensuite institutionnelle, de la divinisation des empereurs défunts. Octavien-Auguste prendra ainsi l'appellation de *Divi filius*, fils de « celui qui a été divinisé ».

APIS, ég. *Hapy*. Taureau incarnation terrestre de Phtah à Memphis et animal oraculaire considéré comme « héraut de Phtah ». Choisi sur la base de critères physiques, cet animal, au statut quasi royal, fait l'objet de funérailles nationales après une vie pouvant durer une vingtaine d'années. Sa mère – assimilée à Isis-Tepkhesebedj (« à la tête de lapis lazuli ») – est également vénérée.

APOLLON / PHÉBUS. Ce dieu, sous la protection duquel s'est placé Octavien-Auguste, est né sur l'île de Délos, de l'union de Zeus et de Lèto, de même que sa jumelle la déesse Artémis. Après avoir tué le serpent Python, Apollon devient maître de l'oracle de Delphes. Son appellation « Oblique » fait peut-être référence au caractère « oblique » des oracles de la Pythie – c'est-à-dire à leur signification énigmatique. Il est la divinité de la lumière solaire, du chant, de la lyre et de la beauté. Ses deux attributs principaux sont la lyre et l'arc qui peuvent être tenus pour des instruments analogues : tous deux frappent avec précision et lancent au loin leurs traits ou leurs sons. Ainsi, par la musique que crée sa lyre, Apollon assure le mouvement harmonieux de l'univers : les vibrations de l'instrument renvoient à celles de la lumière qui émane de ce dieu rayonnant. La bataille d'Actium où Octavien-Auguste triomphe, en – 31, d'Antoine et Cléopâtre, se déroule non loin d'un promontoire où se dresse un temple d'Apollon. C'est à cet Apollon d'Actium qu'est dédiée la victoire sur l'Égypte par Octavien.

APOLLON-HORUS, ég. *Hor*, « l'Élevé ». Chez les Égyptiens, dieu faucon vénéré principalement à Apollinopolis magna (Edfou), assimilé à l'Apollon des Grecs. Sa parèdre est la déesse Hathor de Dendara.

APOLLONIDÈS FILS D'HIÉRON*. Navarque de la flotte de Cléopâtre.

Apollonios de Rhodes (– 295-215). Poète et géographe.

Apollonius Molon de Rhodes (~ début du Ier siècle av. J.-C.). Rhéteur grec, maître de César et de Cicéron.

AQRAQAMANI (~ – 50-10). *Qoré*, c'est-à-dire « roi », de Méroé.

ARCHÉLAOS DE COMANA (mort à Péluse en – 55). Grand-prêtre du temple de Bellone à Comana du Pont, second époux de Bérénice IV.

ARCHESTRATOS DE SYRACUSE (mort en – 330). Auteur de livres de gastronomie.

ARISTANDRE DE PANOPOLIS*. Maître de musique de Cléopâtre.

ARISTANDRE DE TELMESSE. Un des devins d'Alexandre le Grand.

ARISTOPHANE D'ATHÈNES (– 446-396). Poète comique (*Les Oiseaux*, *Les Grenouilles*, *Lysistrata*...).

ARISTOTE (– 384-322). Philosophe, disciple de Platon.

ARRUNTIUS, L. *Arruntius*. Commandant d'une escadre de la flotte d'Octavien à Actium(~ – 43-17).

ARSINOÉ II PHILADELPHE (– 319-270). Fille de Ptolémée Ier Sôter, sœur de Ptolémée II Philadelphe, épouse de Lysimaque, de Ptolémée Céraune, puis de son frère Ptolémée II Philadelphe, après Bérénice. Elle fut divinisée à sa mort et des villes lui furent consacrées par son frère et époux. Son nom fut attaché à la flotte égyptienne et à la richesse de l'Égypte. Voir Isis Dame des Flots.

ARSINOÉ IV (– 68/67-41). Fille de Ptolémée XII Aulète ; sœur cadette de Cléopâtre.

ARTAPAN D'ALEXANDRIE (IIe siècle av. J.-C.). Auteur d'une *Histoire des Juifs*.

ARTAVAZDE (– 55-34). Roi d'Arménie.

ARTEMIDORUS, *M. Antonius Artemidorus*. Maître de gymnastique d'Antoine (~ 2e moitié du Ier siècle av. J.-C.).

ARTÉMISE Ire (Ve siècle av. J.-C.). Reine d'Halicarnasse.

ASCLÉPIOS-IMOUTHÈS, ég. *Iy-em-hotep*, Imhotep, « Celui qui vient en paix ». Dieu de la médecine des Égyptiens, comparé à Asclépios des Grecs. Voir Imouthès.

ATIA, *Atia Balba Caesonia* (– 85-43). Mère d'Octavien.

ATHÉNODORE DE TARSE (~ – 74-7 apr. J.-C.). Il est l'élève de Posidonius de Rhode (v. ce nom) et le maître d'Octavien à Apollonie d'Illyrie puis à Rome. Il lui enseigne la pensée stoïcienne, l'histoire et la grammaire de la langue.

ATÔTIS, ég. *Iteti* (~ – 3000). Fils du pharaon Ménis (Ménès) ; Ire dynastie égyptienne.

ATTICUS, *T. Pomponius Atticus* (– 110-32). Chevalier, écrivain, ami de Cicéron.

AUGUSTE. Voir Octavien.

AURELIA, *Aurelia Cotta* (– 120-54/53). Mère de Jules César.

BÉRÉNICE IV (– 79-55). Fille de Ptolémée XII Aulète et de Cléopâtre V Tryphène (v. ce nom) ; corégente d'Égypte (– 58-55).

BÈSAS, ég. *Bès*. Nom d'un dieu nain danseur et musicien, vêtu d'une peau de lion et venant de Nubie. Il accompagne le retour de la Déesse lointaine (v. ce nom). D'après Hédyle de Samos, le son de sa trompette dans le temple d'Aphrodite-Zéphyritis annonçait l'inondation du Nil.

BIBULUS, *M. Calpurnius Bibulus* (– 102-48). Sénateur, consul (– 59).

BITON DE PERGAME (IIIe siècle av. J.-C.). Mathématicien.

BOCCHORIS, ég. *Bakenrenef* (– 716-712). Souverain de la XXIVe dynastie égyptienne.

BOGUL (– 49-31). Roi de Maurétanie, partisan de César puis d'Antoine.

BONJOUR, Guillaume (1670-1714). Augustin, orientaliste, mathématicien, géographe, coptisant.

BOUCHIS, ég. *Bakh*. Taureau divin, incarnation terrestre de Monthès (Montou) (v. ce nom) à Hermonthis. Ses funérailles donnent lieu à des festivités.

BRIOIS, Paul (mort en 1700). Mauriste, compagnon de dom Bernard de Montfaucon en Italie.

BRUTUS, *L. Junius Brutus* (~ – 450-509). Consul en – 509.

BRUTUS, *M. Junius Brutus Cœpio* (– 85-42). Sénateur, consul, gouverneur, assassin de César.

CALLIMAQUE fils de Callimaque (Ier siècle av. J.-C.). Contemporain de Cléopâtre, épistratège de Thèbes.

CALLIXÈNE DE RHODES (IIIe siècle). Poète.

CALPURNIA, *Calpurnia Pisonis* (Ier siècle av. J.-C.). Quatrième épouse de César (– 58-44).

CALVINUS, *Cn. Domitius Calvinus* (– 89-20). Sénateur, consul (– 53, – 40).

CALVISIUS, *C. Calvisius Sabinus* (Ier siècle av. J.-C.). Sénateur, consul (– 39).

CANIDIUS, *P. Canidius Crassus* (mort en – 30). Lieutenant d'Antoine.

CAPITO, *C. Fonteius Capito* (né en – 80). Sénateur, consul.

CASCA, *P. Servilius Casca Longus* (mort en – 42). Assassin de César.

CASSIUS, *C. Cassius Longinus* (– 87-42). Tribun de la plèbe (– 49), prêteur, assassin de César.

CATILINA, *Lucius Sergius Catilina* (– 108-62). Homme politique d'une famille noble, célèbre pour les deux conjurations qu'il mena afin de renverser le Sénat romain. Il était, d'après Cicéron qui le combattit férocement, fameux aussi pour ses débauches. Le proconsul Gabinius, affublé de l'épithète « Délices de Catilina », aurait été son amant passif.

CATON L'ANCIEN, *Cato Maior* (– 234-149). Sénateur, questeur, prêteur et censeur.

CATON LE JEUNE, *M. Porcius Cato Uticencis* (– 95-46). Demi-frère de *Servilia Capionis* ; homme politique.

CERBÈRE. Chien gardien de l'Hadès, parfois assimilé à Anubis, le portier du monde des morts.

CÉSAR, *C. Iulius Caesar* (– 100-44). Proconsul, consul, dictateur, grand pontife.

CÉSARION. Voir Ptolémée XV César.

CHAMOÏS, *Khâemouaset* (né ~ – 1284). Contemporain de Ramsès II dont il est le fils. Grand-prêtre d'Héphaïstos-Phtah à Memphis.

CHARAXOS (né ~ – 630). Frère de la poétesse Sapphô de Lesbos.

CHÉOPS ou SOUPHIS, ég. *Khenemoukhouef-oui*, « Khnoum-il-me-protège » (~ – 2820-2580). Deuxième pharaon de la IVe dynastie égyptienne.

CHÉPHREN, ég. *Châefrê*, « Rê, il apparaît » (– 2570-2430). Troisième souverain de la IVe dynastie égyptienne.

CHNOUMIS, ég. *Khenem*, *Khnoum*. Dieu bélier à l'origine de la crue du Nil, vénéré à Éléphantine, formant une triade avec Satis et Anoukis.

CHONS, ég. *Chonsou*. Dieu-fils de Zeus-Amon et d'Héra-Mouthis (*Mout*). Assimilé à l'Héraclès des Grecs.

CHRONOS. Dieu du temps des Grecs.

CICÉRON, *M. Tullius Cicero* (– 106/7-43). Sénateur, avocat, orateur, philosophe et homme de lettres.

CICÉRON FRÈRE, *Q. Tullius Cicero* (– 102-43). Frère de Cicéron.

CICÉRON LE JEUNE, *M. Tullius Cicero Minor* (– 65-27). Neveu de Cicéron.

CIMBER, *L. Tillius Cimber* (– 85-42). Sénateur, assassin de César.

CLAUDIA MARCELLA MINOR (née ~ – 40/39). Fille cadette d'Octavie et de Marcellus père (C. Claudius Marcellus).

CLÉOPÂTRE VII PHILOPATOR puis (en l'an 17) *Cléopâtra Théa Néôtéra Philopator kai Philopatris* (– 69-30). Fille de Ptolémée Aulète ; reine d'Égypte.

Cléopâtre incarnation d'Isis. À l'époque gréco-romaine, la famille isiaque formée par Isis, son époux

Osiris et leur fils Horus fait figure de triade divine qui tend à éclipser les autres triades de la vallée du Nil. Autour de ce noyau s'organise un panthéon égyptien simplifié destiné à évoquer quelques traits de la religion égyptienne, plus complexe. Sarapis va remplacer Osiris ; quant à Harpocrate, fils posthume d'Isis et d'Osiris, il se substitue à Horus. Cette famille divine anthropomorphe, compatible avec la culture grecque, bénéficie d'un grand succès dans les mondes grec et romain. C'est grâce à elle que les cultes égyptiens, suivant les axes commerciaux, gagnent la Grèce et l'Asie Mineure par les îles grecques et l'Italie, où ils sont bien installés.

Sarapis est le résultat d'une synthèse divine égypto-grecque qui remonterait, d'après une légende rapportée par Tacite et Plutarque, au règne de Ptolémée Ier Sôter (– 305-283) qui souhaitait un culte qui rassemble Égyptiens et Grecs. Elle serait le fruit de la collaboration d'un grand prêtre égyptien d'Héliopolis, Manéthon de Sébennytos, avec un Athénien, Timothée l'Eumolpide, un prêtre des mystères d'Éleusis. Si la forme de Sarapis est grecque – sa tête est coiffée d'un boisseau de blé – et originaire de Sinope, son nom, plutôt égyptien, mêle ceux d'Osiris et d'Apis dont l'association renvoie au taureau mort inhumé au Sérapéum de Memphis. Il cumule ainsi les fonctions de dieu guérisseur et de dieu de l'Hadès, escorté par un Cerbère tricéphale.

Quant à Isis, à partir de la domination grecque, son culte se répand dans le bassin méditerranéen, où les hymnes chantés à l'occasion des fêtes d'Isis – ceux de Kymè, de Maronée, de Médinet-Maâdi, etc. – permettent de voir en elle une déesse qui favorise tout ce qui fait éclore et se développer : la nature, la culture, le commerce, la marine et la civilisation. Cette fille du dieu Hermès-Thot est également l'héritière de l'érudition de son père, l'inventrice des langues et de l'éducation (*paideia*), ainsi qu'une déesse philosophe. Revêtant une diversité de noms – on la dit myrionyme – et de formes, en référence à un ensemble de concepts religieux et philosophiques, elle demeure avant tout une déesse guérisseuse, compassionnelle et salvatrice.

Autour de cette famille gravitent d'autres personnages divins : le chien Anubis, dieu bâtard, considéré comme un guide ou un aboyeur divin ; le taureau Apis de Memphis ; Boubastis (ou Bastet), la chatte de Bubastis.

Au sein de cette famille isiaque, Cléopâtre a choisi d'incarner la déesse Isis car sa figure maternelle et populaire s'est propagée dans la sphère méditerranéenne, mais aussi car cette déesse est, d'après la mythologie égyptienne, native de Dendara, lieu favorisé par la famille des Lagides sous le règne d'Aulète, père de Cléopâtre, qui y a construit un temple en hommage à la déesse Hathor. En outre, Isis, qui est largement vénérée par les Égyptiens, permet elle aussi de rassembler Grecs et habitants de la vallée du Nil. En choisissant d'apparaître comme l'image terrestre de la déesse Isis, en Néa-Isis, « Nouvelle Isis », Cléopâtre devient la figure de proue de la religion égyptienne qui essaime largement en Méditerranée.

CLÉOPÂTRE II PHILOMÉTOR (– 185-116). Sœur de Ptolémée VI Philométor et de Ptolémée VIII Évergète II.

CLÉOPÂTRE VI TRYPHÈNE (– 90-57). Fille de Ptolémée X Alexandre Ier ou de Ptolémée XI Alexandre II et de Bérénice III ; mère de Bérénice IV.

CLÉOPÂTRE SÉLÉNÉ (25 déc. – 40-5 apr. J.-C.). Fille de Cléopâtre et d'Antoine, épouse de Juba II de Maurétanie.

CLÉOPÂTRE THÉA, surnommée Euétèria, « Récolte fructueuse » (– 165-121). Reine de Syrie. Modèle syrien de Cléopâtre.

CLÉOPÂTRE TRYPHÈNE LA JEUNE*. Mère de Cléopâtre VII Philopator.

CLODIA PULCHRA (née en – 67). Fille de Fulvie et de Clodius (*Publius Claudius Pulcher*).

CLODIUS, *Publius Claudius Pulcher* (– 93/92-52). Premier époux de Fulvie.

CORNELIA Metella (– 73-48). Fille de *Q. Caecilius Metellus Pius Scipio Nasica* (– 99-46) ; épouse de Pompée le Grand, auparavant épouse de Crassus (*Marcus Licinius Crassus*).

CRASSUS, *M. Licinius Crassus* (– 115-53). Richissime général, homme politique, triumvir avec César et Pompée.

CRATINOS D'ATHÈNES (1re moitié et milieu du IVe siècle av. J.-C.). Poète comique.

CRONOS-GEB, ég. *Gabou*. Dieu de la Terre, que les Grecs nomment aussi Cronos. Il figure, dans une scène de création de l'univers, comme un homme gisant à terre, séparé de la voûte céleste (Rhéa-Nout, le Ciel divinisé) par le dieu Sôsis (Chou, l'Air divinisé).

CRONOS-PETBÉ, ég. *Pa-Djeba*, « le Rétributeur ». Dieu crocodile de la vengeance, assimilé à Cronos.

CURION, *C. Scribonius Curio* (– 90-49). Homme politique, orateur, deuxième mari de Fulvie.

DARIUS III CODOMAN (– 380-330). Roi des Perses.

DECIMUS BRUTUS, *Decimus Junius Brutus Albinus* (– 81-43). Homme politique, général, assassin de César (ne pas confondre avec M. *Junius Brutus Cæpio* ; v. Brutus).

DÉESSE LOINTAINE, ég. *Heret*. Déesse lointaine (*Netjeret heret*), un des noms d'Hathor ou de Tphénis (Tefnout), considérée sous sa forme de lionne alternativement dangereuse ou apaisée. Une légende raconte que la lionne sanguinaire, forme divine que le Soleil a chargée de répandre sa vengeance parmi les hommes rebellés contre lui, est apaisée par le dieu Hermès-Thot au moyen d'une bière soporifique et magique qui la fait sombrer dans le sommeil et l'oubli de la fureur. C'est ainsi que la déesse, qui matérialisait la canicule et la mort, ramène la fraîcheur qui s'impose avec la crue du Nil, laquelle coïncide avec le lever de l'étoile Sirius (Sôthis).

DÉIOTAROS II PHILADELPHE (– 105-42). Prince de Galatie.

DELLIUS, *Q. Dellius* (Ier siècle av. J.-C.). Historien, partisan d'Antoine puis d'Octavien.

DÉMÉTRIOS DE PHALÈRE (– 360-282). Philosophe, orateur, homme d'État.

DÉMOSTHÈNE (– 384-322). Homme politique, orateur athénien.

DIDIUS, *Q. Didius* (Ier siècle av. J.-C.). Gouverneur de Syrie (~ – 31-29).

DIOMÈDE (Ier siècle av. J.-C.). Secrétaire de Cléopâtre.

DION D'ALEXANDRIE (mort à Rome en – 57). Philosophe, membre de l'Académie d'Alexandrie.

DIONYSOS / BACCHUS. Dionysos, dieu de la vigne et du vin et de la puissance de la vie, est, selon les différentes traditions, le fils de Zeus et de Sémélé, la princesse thébaine, ou de Zeus et de Perséphone selon les Orphiques, ou encore de Zeus et de Déméter. Les modalités de sa naissance tournent autour de sa mort et de sa renaissance.

Dans le récit mythologique traditionnel, Sémélé, après avoir voulu à tout prix voir le vrai visage de Zeus son amant, est foudroyée par l'apparition de celui-ci dans son éclat insoutenable. Le roi des dieux sauve alors l'enfant Dionysos qu'elle porte dans son ventre et qui n'en est encore qu'au sixième mois. Il le coud dans sa cuisse où l'enfant achève sa gestation pour sortir ensuite parfaitement formé.

Dans la tradition orphique, Héra, jalouse, charge les Titans d'enlever Dionysos-Zagreus. Ils attirent son attention avec des jouets puis le démembrent et le dévorent en partie cru et en partie cuit. Athéna réussit à sauver le cœur de Zagreus que Zeus fait absorber à Sémélè, la fécondant ainsi du second Dionysos. À la suite de cet acte criminel, Zeus châtie les Titans de sa foudre : de leurs cendres va naître la race humaine. Dionysos est là aussi, le dieu qui meurt et renaît, symbolisant la puissance génératrice de la vie.

L'homme, issu des Titans qui ont mangé la chair de Dionysos, détient donc en lui, d'après les Orphiques, un élément divin qui lui permet de réclamer sa place auprès des dieux. Cependant, pour retrouver sa véritable origine, s'identifier avec le dieu, l'homme doit d'abord se libérer des éléments titaniques qu'il porte en lui. C'est à cela que tendent de manières diverses l'orgie dionysiaque et l'ascèse orphique. C'est pourquoi, malgré le contraste apparent de ces deux croyances, dès le IIIe siècle av. J.-C. on fit d'Orphée le fondateur des mystères dionysiaques. Philopatôr, poète de l'époque de Ptolémée IV Philopator, écrit ainsi : « Orphée inventa les consécrations des mystères de Bacchus. »

À l'origine, lors des mystères dionysiaques, on pratique le *sparagmos* (« démembrement ») et l'omophagie (déchirer et manger avec les mains et avec les dents une victime sacrificielle vivante, souvent un taurillon ou un chevreau). Toutefois, dès l'époque hellénistique, cette manducation de viande crue prend la forme d'un simple rituel symbolique. Dans l'orgie dionysiaque, l'exaltation que créent la danse et le vin ainsi que la communion à travers la nourriture sacrificielle partagée permettent au bacchant de sortir en quelque sorte de son moi titanique, pour s'unir au dieu.

Dionysos est aussi le dieu qui part à la conquête de l'Inde et, quand Alexandre le Grand lance son expédition pour conquérir cette contrée, il se voudra un nouveau Dionysos.

Lors des Dionysies, les grandes fêtes célébrées à Athènes et dans toutes les villes grecques, ce sont les plaisirs du vin et de la vigne qui sont célébrés ainsi que ceux de la danse et du théâtre placés sous son patronage. Les Romains, malgré de fortes résistances, finiront par l'accepter, sous le nom du dieu Bacchus.

DIOSCORIDÈS (Ier siècle av. J.-C.). Ambassadeur d'Alexandrie à Rome.

DOLABELLA, *P. Cornelius Dolabella* (– 70-43). Homme politique.

ENNÉADE, ég. *pedjeset*. Les neuf dieux composant l'ensemble de la théologie héliopolitaine.

ÉPICHARME DE KOS (– 546-460). Poète comique, philosophe.

EPIDIUS, *M. Epidius* (Ier siècle av. J.-C.). Maître de rhétorique d'Antoine et d'Octavien.

ÉPOËRIS, ég. *Ipet-ouret*. Déesse hippopotame gravide, dame de la maternité.

ÉRATOSTHÈNE DE CYRÈNE (– 276-194). Astronome, géographe, mathématicien, philosophe.

ÉROS (Ier siècle av. J.-C.). Jeune affranchi d'Antoine.

ESTIENNOT DE LA SERRÉE, Claude (1639-1699). Mauriste, procureur général de la congrégation de Saint-Maur près le Saint-Siège à Rome.

EUNOÉ (~ – 49-31). Épouse du roi Bogul de Maurétanie, maîtresse de César.

EUPHRANOR (mort en – 47). Commandant des navires rhodiens de César.

EUPHRONIOS (Ier siècle av. J.-C.). Précepteur des enfants de Cléopâtre.

EURIPIDE D'ATHÈNES (– 480-406). Auteur tragique (*Électre*, *Iphigénie en Tauride*, *Les Suppliantes*, *Les Troyennes*...).

FLAVUS, *L. Caesetius Flavus* (Ier siècle av. J.-C.). Tribun de la plèbe.

FULVIE, *Fulvia Flacca Bambula* (– 77-40). Successivement épouse de Clodius (*Publius Claudius Pulcher*), Curion (*C. Scribonius Curio*) et Antoine.

GABINIUS, *A. Gabinius* (– 101-48/47). Proconsul de Syrie (57-55).

GALLUS, *C. Cornelius Gallus* (– 69-26). Militaire et poète élégiaque.

GANYMÈDE (mort en – 47). Eunuque, tuteur d'Arsinoé.

GNIPHO, *M. Antonius Gnipho* (Ier siècle av. J.-C.). Orateur, grammairien, maître de rhétorique de César.

HADÈS-SARAPIS. Composé d'Hadès, dieu des morts des Grecs, et de Sarapis, dieu guérisseur des Alexandrins.

HARCHÉBIS FILS DE TÉOS*. Contemporain de Cléopâtre. Conjurateur de Selkis, astrologue.

HAROËRIS, ég. *Hor-our*, « Horus-le-grand ». Dieu faucon vénéré à Ombos, l'actuelle Kom-Ombo, en Haute-Égypte.

HARPOCRAS. Fils de Panoubis*. Danseur, nain de Cléopâtre.

HARPOCRATE, ég. *Hor-pa-Khered*, « Horus l'enfant ». Nom d'une forme du fils d'Osiris et d'Isis. Il est reconnaissable à l'index qu'il porte à la bouche et qui en fait, dans le monde grec et romain, un dieu du silence.

HARPOCRATION DE PANOPOLIS*, contemporain de Cléopâtre. Maître de rhétorique et de grammaire de la reine.

HARPRÈS, ég. *Harprê*, « Horus-Rê ». Dieu-fils de Raytaous et Monthès, à Karnak-Nord, Hermonthis, Médamoud et Tôd.

HARSAPHÈS, ég. *Hérychef*, « Celui-qui-est-sur-son-lac ». Dieu d'Héracléopolis Magna, ville située à l'entrée du Fayoum, sur le Bahr el-Youssef.

HARYOTÈS*. Hiérogrammate memphite.

HATHOR, ég. *Hout-Her*, « le Château-d'Horus ». Déesse de l'amour, de la danse, de la maternité, principalement vénérée à Dendara, mais aussi dans de nombreux sanctuaires de l'Égypte où elle est assimilée à d'autres déesses locales. Les Grecs la désignent sous le nom d'Aphrodite.

HÉDYLE DE SAMOS (– 275-235). Poète.

HÉLIOS-PHRÊ, ég. *Pa-Râ*, « le soleil ». Divinité d'Héliopolis, assimilée à l'Hélios des Grecs.

HÉPHAÏSTOS-PHTAH ou PTAH. Dieu créateur de la théologie memphite, dieu des artisans et des forgerons de Memphis, assimilé par les Grecs au dieu des forgerons, Héphaïstos. Il est représenté debout, avec un triple sceptre et porte la calotte en cuir des artisans.

HÉRACLÈS / HERCULE. Héraclès dont la famille d'Antoine, les Antonii, dit descendre, est fils de Zeus et d'Alcmène : Zeus l'engendre après avoir pris l'apparence d'Amphitryon. Il se nomme alors Alcide (« le Fort »), du nom de son grand-père Alcée. Plus tard, Apollon, par la médiation de la Pythie, lui imposera le nom mystique d'Héraclès – littéralement : « la gloire d'Héra » – en prévision des épreuves que l'épouse de Zeus va lui imposer et qui doivent servir la gloire de la déesse. Ce sont d'abord les deux serpents qu'elle lance à l'assaut du berceau du nouveau-né, qui parvient cependant à les étouffer. Plus tard, le héros, dans une crise de démence que provoque Héra, tue sa femme Mégara (la fille du roi Créon, qu'il avait épousée) et ses enfants. La Pythie de Delphes, pour qu'il expie ce crime, lui ordonne de se rendre à Tirynthe, où le roi Eurysthée exige de lui les célèbres douze travaux.

Lors de son travail le plus difficile (ramener des enfers le chien Cerbère qui en barre l'accès), il délivre Thésée et promet à Méléagre d'épouser sa sœur, Déjanire. Plus tard, Déjanire, qui a été abandonnée par Héraclès pour Iolè, lui offre une tunique qu'elle a trempée dans le sang du centaure Nessus, croyant qu'il s'agit là d'un philtre d'amour. Héraclès brûle sous le poison qui s'est infiltré sous sa peau : il gravit le mont Oeta, accompagné de son ami Philoctète, et dresse sur ce mont un bûcher pour s'y jeter. Cette purification par le feu est nécessaire pour qu'il puisse devenir immortel et s'accomplir pleinement comme le fils de Zeus. Le feu du bûcher libère Héraclès de sa condition humaine et des éléments mortels qu'il tenait de sa mère Alcmène. Il est emporté vers l'Olympe où il épousera Hèbè, déesse de la Jeunesse. Le « héros-dieu », comme le nomme Pindare (*Néméenne*, III, 22), après une vie de hauts faits et de souffrances, connaît enfin l'apothéose.

Héraclès, assimilé à Hercule par les Romains, est célèbre pour son courage, sa force, sa compassion et son caractère généreux, aussi grand dans ses bienfaits que dans ses excès. Invoqué souvent sous le nom *alexikakos*, « celui qui détourne les maux », il incarne l'être qui agit pour le bien des hommes. Par sa double ascendance, à la fois fils de Zeus et d'Amphitryon, il est le symbole de la filiation humaine mais aussi divine de l'homme.

HÉRACLÈS-CHONS, ég. *Chonsou.* Dieu-fils de Zeus-Amon d'Héra-Mouthis à Thèbes. Il est assimilé à l'Héraclès des Grecs.

HÉRACLITE DE RHODES*. Élève du peintre Antiphile de Naucratis (IVe siècle av. J.-C.).

HÉRA-MOUTHIS, ég. *Mout*, « Mère, Vautour ». Parèdre du dieu Zeus-Amon à Thèbes.

HERMÈS-THOT, ég. *Djehouty*, « Celui qui réduit en menus morceaux ». Dieu égyptien des comptes, du temps, de l'écriture, tardivement père d'Isis, assimilé à l'Hermès des Grecs. Thot, représenté sous l'aspect d'un ibis ou d'un cynocéphale, est celui qui ajoute le temps nécessaire d'un quart de jour par an pour compenser l'année vague et revenir à l'année astronomique. Il est celui qui, magiquement, complète le 1/64e des 63/64e du tout. Il est l'inventeur de l'écriture et le maître du discours.

HÉRODE Ier LE GRAND (– 73-4 apr. J.-C.). Fils d'Antipater. Roi de Judée.

HÉSIODE (VIIIe-VIIe siècle av. J.-C.). Poète, auteur (*Les Travaux et les Jours*, *Théogonie*).

HOMÈRE (VIIIe siècle av. J.-C.). Poète, auquel on attribue *L'Iliade* et *L'Odyssée*.

HORUS, ég. *Hor*, « l'Élevé ». Fils d'Isis et d'Osiris. Il est représenté sous la forme d'un faucon ou d'un enfant à tête de faucon.

HORUS-LE-SAUVEUR, ég. *Hor-pa-Ched*. Nom du dieu enfant figurant sur les stèles guérisseuses, piétinant deux crocodiles et empoignant des animaux dangereux. Il protège de ceux-ci et guérit des morsures de serpents et des piqûres d'insectes venimeux dont les scorpions.

HYSTASPE. Mage de la lignée de Zoroastre.

IMOUTHÈS, ég. *Iy-em-hotep*, « Celui qui vient en paix ». Sage égyptien, à l'origine architecte du roi Djoser (IIIe dynastie égyptienne), considéré comme le créateur de la pyramide à degrés de Saqqâra. Tenu à l'époque grecque pour un médecin, un magicien et un philosophe, l'équivalent du dieu grec Asclépios. Chez les Égyptiens, ce dieu, considéré comme le fils de Ptah et d'une mère humaine, sert d'intercesseur auprès du dieu pour avoir des enfants.

INSTEIUS, *M. Insteius* (~ – 31). Commandant d'une escadre de la flotte d'Antoine à Actium.

ISIS, ég. *Iset*. Déesse matérialisant le trône royal dont le symbole (*Aset*) figure sur la tête. Elle est l'épouse de son frère, Osiris, et la mère d'Horus, avec lesquels elle finit par former une triade. Elle apparaît à la fin de l'Ancien Empire. D'abord associée au domaine funéraire, elle devient une déesse très populaire à partir du Ier millénaire. Plutarque, dans son livre intitulé *Isis et Osiris*, livre l'histoire de cette famille divine qui se déroule en Égypte et en Méditerranée orientale, jusqu'à Byblos.

ISIS DAME DES FLOTS (gr. *Euploia*). Aspect d'Isis liée à la mer et à la navigation, protectrice des marins, par suite d'un rapprochement avec Arsinoé II Philadelphe, seconde épouse de Ptolémée II Philadelphe. Il s'agit d'une protectrice des marins.

ISIS-APHRODITE-CÉRÈS. Déesse composite évoquant la marine, la navigation en Méditerranée, les moissons et le transport maritime du blé égyptien.

ISIS-SENTAÏS, ég. *Iset-Chentaÿt*. Aspect funéraire d'Isis vénérée comme veuve d'Osiris à Coptos – où elle apprend la mort d'Osiris – ainsi que dans d'autres sanctuaires.

ISIS-SÔTHIS-SIRIUS, ég. *Isis-Sepedet*, « la Pointue ». Forme divine et anthropomorphique de l'étoile principale de la constellation du Grand Chien : Sirius (*Alpha Canis Majoris* = α Canis Majoris/α CMa). C'est celle qui guide les 36 décans égyptiens après le départ de la constellation d'Orion (Sah)-Osiris à l'horizon.

IULLUS, *Iullius Antonius* (– 44-2). Fils cadet de Fulvie et d'Antoine ; frère d'Antyllus.

JEAN HYRCAN II (– 100-30). Grand-prêtre d'Israël (– 63-40).

JUBA Ier (– 85-46). Roi de Numidie orientale.

JULIA, *Julia Cæsaris filia* (– 83-54). Fille de César, épouse de Pompée.

JULIA, *Julia Cæsaris filia* (– 39-14). Fille d'Octavien.

JUNIA TERTIA ou TERTULLA (– 75-22). Fille de *Servilia Caepionis*.

KOMBABOS*. Eunuque de Cléopâtre.

KORAX (Ier siècle av. J.-C.). Fils de Psenchoïs, *Pacherypakhy*, appelé Ptolémée. Initiateur du temple de Dendara, sous le règne de Ptolémée XII Aulète, stratège du nome Tentyrite, « prophète des rois, de leurs statues à Tentyris et à Apollinopolis ».

LABIENUS, *T. Labienus* (– 98-45). Lieutenant de César en Gaule, général, mort à Munda.

LABIENUS FILS, *Q. Labienus* (mort en 39). Fils de *T. Labienus*.

LAMARÈS, *Ny-Maât-Rê*, « la Justice appartient à Rê », nom d'Amenemhat III (– 1843-1797). Pharaon de la XIIe dynastie égyptienne.

LENTULUS, *L. Cornelius Lentulus Crus* (– 98-48). Consul.

LÉPIDE, *M. Æmilius Lepidus* (– 78-13/12). Maître de cavalerie de César, triumvir, grand pontife.

LIVIE, *Livia Drusilla* (– 50-29 apr. J.-C.). Quatrième épouse d'Octavien.

LOLLIA (Ier siècle av. J.-C.). Épouse de Gabinius, maîtresse de César.

LURIUS, *M. Lurius* (~ – 31). Commandant d'une escadre de la flotte d'Octavien à Actium.

MAÂT. Déesse de l'équilibre cosmique, de l'équité et de la justice sociale des Égyptiens. Elle est souvent évoquée par l'image d'une femme accroupie, coiffée d'une plume d'autruche matérialisant l'air et la légèreté. Les Grecs l'assimilent à Alètheia (équivalent grec de *Veritas*, « Vérité ») ou à Dikaiosunè (« Justice »).

MALICHOS Ier (– 60-30). Roi des Nabatéens, client de Rome.

MAMURRA (Ier siècle av. J.-C.). Chevalier, favori de César.

MANÉTHON DE SEBENNYTOS. Auteur pseudépigraphe, probablement créé au milieu du IIe siècle av. J.-C., mais d'ordinaire rapproché des règnes de Ptolémée Ier Sôter et de Ptolémée II Philadelphe.

MANIUS (Ier siècle av. J.-C.). Procurateur d'Italie pour Antoine.

MARCELLUS PÈRE, *C. Claudius Marcellus* (– 88-40). Premier époux d'Octavie, consul (– 40).

MARCELLUS FILS, *M. Claudius Marcellus* (– 42-23). Fils d'Octavie et de Caius Claudius Marcellus.

MARDION (Ier siècle av. J.-C.). Eunuque et tuteur de Cléopâtre.

MARIUS, *C. Marius* (– 157-86). Élu sept fois consul, général et homme politique, il est à la tête du parti des Populares. Sylla, chef du parti des Optimates, l'emporte sur lui en – 88, puis sur son fils dit Caius Marius le Jeune, en – 82.

MARULLUS, *C. Epidius Marullus* (~ – 44). Tribun de la plèbe.

MÉCÈNE, *C. Maecenas* (– 68-8). Ami d'Octavien ; créateur d'un cercle d'arts et de lettres, *ami de Virgile et d'Horace*.

MÉGABYSE (Ier siècle av. J.-C.). Eunuque et grand prêtre d'Artémis à Éphèse.

MEMNON. Fils de l'Aurore, roi des Éthiopiens. Nom donné à l'un des deux colosses (celui de droite) qui se trouvaient devant le pylône du temple funéraire d'Amenhotep III, à Thèbes, aujourd'hui démantelé.

MÉNANDRE D'ALEXANDRIE*. Contemporain de Cléopâtre. Historien, auteur d'une *Histoire des Égyptiens*.

MÉNANDRE DE CÉPHÉSIE (– 343-242). Auteur comique.

MENGARELLI DE RAVENNE, Giovambattista (XVIIe siècle). Secrétaire de l'Ordre des Augustins.

MÉNIS, ég. *Meny* (~ – 3200). Initiateur de la royauté égyptienne, premier pharaon de la Ire dynastie égyptienne.

METELLUS SCIPION, *Q. Caecilius Metellus Pius Scipio Nasica* (– 99-46). Homme politique.

MITHRIDATE II DE PERGAME (~ – 47-45). Roi du Bosphore et de Colchide.

MITHRIDATE VI EUPATOR (– 135-63). Roi du Pont (– 120-63).

MNÉVIS, ég. *Merou-our*. Taureau sacré, incarnation terrestre du dieu Hélios-Phrê à Héliopolis et inhumé dans la nécropole d'Arab el-Tawil.

MONTFAUCON, Bernard de (1655-1741). Mauriste, procureur général de la congrégation de Saint-Maur près le Saint-Siège à Rome (1700-1701).

MONTHÈS, ég. *Montou*. Dieu faucon de la région de Thèbes vénéré sous quatre formes (Hermonthis, Tuphium, Kéramia, Thèbes), protecteur du temple d'Amon de Karnak. Il est comparé, comme d'autres dieux faucons égyptiens, à l'Apollon des Grecs. Il forme une triade avec Raytaous (Râyttaouy) et Harprès.

MOUTHIS. Voir Héra-Mouthis.

MUCIA TERTIA (– 95-31). Fille de *Q. Mucius Scaevola*, grand pontife ; troisième femme de Pompée le Grand.

MYKÉRINOS, *Menkaourê* (– 2532-2504). Souverain de la IVe dynastie égyptienne.

NECTANÉBO II, ég. *Nekht-Hor-Hebet*, « Horus de Hébet est fort ». Dernier roi de la XXXe dynastie égyptienne (– 363-343), devenu roi légendaire dans la littérature grecque.

NECTANÉBO. Père putatif d'Alexandre le Grand dans le *Roman d'Alexandre* de Callisthène, mais équivalent littéraire du pharaon Nectanébo II de la XXXe dynastie égyptienne.

NEITH, ég. *Net*. Déesse archère originaire de la ville de Saïs et comparée à Athéna.

NÉMÉSIS. Personnification de la vengeance chez les Grecs, mais très connue en Égypte à l'époque gréco-romaine et représentée sur les stèles funéraires.

NEPHTHYS, ég. *Nebet-Hout*, « Dame-du-Château. Sœur d'Isis, d'Osiris et de Typhon-Seth, épouse de ce dernier. Mère d'Anubis (v. ce nom), fils adultérin d'Osiris.

NICOMÈDE IV PHILOPATOR (– 94-74). Roi de Bithynie.

NOUN, ég. *Nenou*, *Noun*. Nom égyptien de l'Océan primordial, d'où naît le Créateur, sur une terre émergée.

NUZZI D'ALTAMURA, Adiodato (1657-1720). Assistant général d'Italie de l'Ordre des Augustins, préfet de la Bibliothèque Angélique (1702-1705), supérieur général de l'Ordre des Augustins (1705-1711).

OCTAVE puis OCTAVIEN (au testament de César, ouvert en – 44), *Caius Iulius Caesar Octavianus Augustus* (– 63-14 apr. J.-C.). Fils d'*Atia Balba Caesonia* et de *Caius Octavius*, frère d'Octavie la Jeune, princeps c'est-à-dire le premier, sous le nom d'Auguste à partir de – 27.

OCTAVIE LA JEUNE, *Octavia Thurina Minor* (– 69-11). Fille d'*Atia Balba Caesonia* et de *Caius Octavius* ; sœur d'Octavien.

OCTAVIEN. Voir Octave.

OCTAVIUS, *M. Octavius* (Ier siècle av. J.-C.). Commandant d'une escadre de la flotte d'Antoine à Actium.

OLYMPIAS (– 375-316). Mère d'Alexandre le Grand.

OPHOÏS, ég. *Oupouaout*, « l'Ouvreur-des-chemins ». Dieu chacal, considéré fils d'Anubis, divinité gardienne du monde des morts.

ORPHÉE. Héros de la mythologie grecque, poète et musicien.

OSIRIS, ég. *Ousir*. D'après l'*Isis et Osiris* de Plutarque, il est le fils de Rhéa-Nout, le ciel, et de Cronos-Geb, la terre. Il passe pour être né à Thèbes.

OSIRIS-ORION, ég. *Sah*. Nom donné à la constellation d'Orion, âme d'Osiris, représentée par un homme portant la couronne blanche d'Osiris et se tournant vers Isis-Sôthis-Sirius.

OSTANÈS. Mage de la lignée de Zoroastre.

OUTO, ég. *Ouadjet*, « la Verte ». Figurée lovée au sommet d'un papyrus, cette déesse cobra est assimilée, chez les Grecs, à la déesse Léto de Létopolis. Elle est considérée comme la gardienne ou la nourrice de l'enfant Horus dans les marécages du Delta.

PACHIS, ég. *Pachet*. Déesse lionne vénérée du Spéos Artémidos, en Moyenne-Égypte, et assimilée à la Déesse lointaine (v. ce nom).

PACHOM, *Paâkhem* (~ – 50-30). Contemporain de Cléopâtre. Fils et héritier des fonctions de son père, Pamenkhès.

PACHONS dit Paminis*, *Pa-Khonsou*, dit *Pa-Menou*. Contemporain de Cléopâtre. Fils de Thaèsis* et de Paminis*.

PACINI DE RAVENNE, Antonio (1623-1702). Supérieur général de l'Ordre des Augustins (1693-1699).

PACUVIUS (– 220-130). Poète.

PAMENKHÈS, ég. *Paenmenekh*, fils de Hiérax (~ – 50-30). Contemporain de Cléopâtre. Stratège d'Apollinopolis Magna et prophète d'Horus, stratège de Tentyris, prophète d'Hathor, etc.

PAMINIS*. Contemporain de Cléopâtre. Frère jumeau et mari de Thaèsis*.

PAMONTHÈS FILS DE MENKÉRÈS, dit Plenis, ou *Pamontou*, fils de *Menkaourê*, dit *Palyn* (Ier siècle av. J.-C.). Administrateur (*lésônis*), stratège du district thébain.

PAN-MINIS, ég. *Menou*. Dieu de la fertilité et des déserts, vénéré à Coptos et à Panopolis (Akhmîm). Les Grecs le nomment, selon ses attributions, Pan, Pan-du-Désert, Pan donneur d'or, Pan qui arpente les montagnes. Il est associé à la production minière et à celle des pierres précieuses provenant du désert de l'Est.

PÉDOUBASTIS dit Imouthès, *Padibastet, dit Imhotep* (Ier siècle av. J.-C.). Fils de Psenptaïs et de Taïmouthès.

PÉDOUBASTIS (Ier siècle av. J.-C.). Grand-prêtre d'Héphaïstos (Ptah) à Memphis sous le règle de Ptolémée XII Aulète.

PÉTOSIRIS, ég. *Pa-di-Ousir*, « le Don d'Osiris » (2e moitié du IVe siècle av. J.-C.). Fils de Sishou, *lésônis* puis grand prêtre d'Hermès-Thot à Hermopolis Magna sous le règne d'Alexandre le Grand.

PHARNACE II (– 97-47). Fils de Mithridate VI Eupator ; roi du Pont et du Bosphore (– 63-47).

PHILON DE BYZANCE (fin du IIIe siècle av. J.-C.). Scientifique, ingénieur, mécanicien.

PIHORPHRITOB*, *Pa-Hor-pa-khery-heb*, « Horus-le-Ritualiste ». Contemporain de Cléopâtre. Hiérogrammate égyptien, magicien attaché à la reine.

PISON, *L. Calpurnius Piso Caesoninus* (– 105 – ~ 43). Beau-père de César, père de Calpurnia Pisonis, consul, censeur.

PLANCUS, *L. Munatius Plancus* (– 87-15). Sénateur, consul, partisan d'Antoine puis d'Octavien.

PLATON D'ATHÈNES (– 427-347). Philosophe (*Le Banquet*, *Phédon*, *La République*, *Théétête* ...).

PLUTARQUE DE CHÉRONÉE (– 46-125). Philosophe et biographe (*Œuvres morales*, *Vies parallèles*).

PNEPHEROS*, frère aîné de Thaèsis, et fils de Tithoennèsis.

POMPÉE LE GRAND, *Cn. Pompeius Magnus* (– 106-48). Consul (– 70, – 55, – 52).

POMPÉE LE JEUNE, *Cn. Pompeius* (– 75-45). Fils de Pompée le Grand et frère de Sextus Pompée (v. Sextus Pompée), homme politique et général.

POSIDONIUS DE RHODES ou D'APAMÉE (– 135-51). Stoïcien, astronome et géographe.

POTHIN (mort en – 47). Eunuque et tuteur de Ptolémée XIII Philopator II.

PROCULEIUS, *C. Proculeius*. Chevalier et ami d'Octavien, actif vers – 56.

PSAÏS, ég. *Pa-Chaÿ*. Appellation du Destin selon les Égyptiens. Il est souvent évoqué comme un serpent bénéfique (*Agathodaïmon*).

PSAMMÉTIQUE Ier (– 664-610). Premier souverain de la XXVIe dynastie égyptienne.

PSENPTAÏS, *Pa-Chéry-en-Ptah*, « le fils de Ptah », fils de Pédoubastis, *Pacheryenptah*, fils de *Padibastet* (Ier siècle av. J.-C.). Contemporain de Cléopâtre. Grand-prêtre d'Héphaïstos (Ptah) à Memphis.

PTOLÉMÉE Ier SÔTER (– 368-283). Fils de Lagos. Roi d'Égypte (– 305-283).

PTOLÉMÉE II PHILADELPHE (– 308-246). Roi d'Égypte (– 282-246).

PTOLÉMÉE III ÉVERGÈTE (– 285/275-222). Roi d'Égypte (– 246-222).

PTOLÉMÉE IV PHILOPATOR (– 244-204). Roi d'Égypte (– 222-204).

PTOLÉMÉE V ÉPIPHANE (– 210-180). Roi d'Égypte (– 204-180).

PTOLÉMÉE VI PHILOMÉTOR (– 166-145). Roi d'Égypte (– 180-164 ; – 163-145).

PTOLÉMÉE VIII ÉVERGÈTE II [– 182-116]. Roi d'Égypte (– 170-163 ; – 145-116).

PTOLÉMÉE IX SÔTER II, surnommé *Lathyre* (– 116-107). Roi d'Égypte (– 116-107 ; – 88-80).

PTOLÉMÉE X ALEXANDRE (– 140-88). Roi d'Égypte (– 107-88).

PTOLÉMÉE XI ALEXANDRE II (– 105-80). Roi d'Égypte (– 80).

PTOLÉMÉE XII AULÈTE (– 117/116-51). Roi d'Égypte (– 80/76-58 ; – 55-51).

PTOLÉMÉE XIII PHILOPATOR II (– 61-47). Roi d'Égypte (– 51-47).

PTOLÉMÉE XIV PHILOPATOR III (– 59-44). Roi d'Égypte (– 47-44).

PTOLÉMÉE XV CÉSAR ou CÉSARION (– 47-30). Fils de Cléopâtre et de César.

PTOLÉMÉE PHILADELPHE II LE JEUNE (né en – 36). Fils de Cléopâtre et d'Antoine.

PTOLÉMÉE (– 80-58). Frère de Ptolémée XII Aulète ; roi de Chypre.

PUBLICOLA, *L. Gellius Publicola* (mort en – 31). Chef d'une escadre à la bataille d'Actium. Consul et partisan d'Antoine.

PYRRHUS (– 306-302). Roi d'Épire.

PYTHAGORE DE SAMOS (– 580-495). Philosophe.

RABIRIUS, *C. Rabirius Postumus* (~ – 130-60). Chevalier.

RAMESSÔ, ég. *Ramsès-aâ*, « Ramsès le Grand » (– 1304-1213). Ramsès II, deuxième pharaon de la XIXe dynastie égyptienne. Constructeur du Ramesseum sur la rive gauche de Thèbes.

RAMSÈS HYKOÏS, ég. *Ramsès Hékaouaset*, « Ramsès régent de Thèbes » (– 1186-1154 av. J.-C.). Ramsès III, deuxième pharaon de la XXe dynastie égyptienne.

RAYTAOUS, ég. *Raÿt-Taouy*. Épouse de Monthès (Montou) (v. ce nom) dans la région thébaine. C'est une déesse.

RHÉA-NOUT, ég. *Nout*. La voûte céleste divinisée des Égyptiens, assimilée par les Grecs à Rhéa, épouse de Cronos-Geb, dieu de la terre.

RICCI, Carlo (mort en 1702). Préfet de la Bibliothèque Angélique (1688-1702).

RODON (Ier siècle av. J.-C.). Précepteur de Ptolémée XV César, dit Césarion.

RUFIO, *C. Lulius Rufio* (mort en – 38). Général, homme de confiance de César.

RULLUS, *P. Servilius Rullus* (Ier siècle av. J.-C.). Tribun de la Plèbe en – 63.

SABAKO, ég. *Chabaka* (– 705-690). Pharaon éthiopien de la XXVe dynastie égyptienne.

SACHMIS, ég. *Sekhmet*, « la Puissante ». Déesse lionne vénérée en particulier à Thèbes.

SAPPHÔ DE LESBOS (VIIe-VIe siècle av. J.-C.). Poétesse et musicienne.

SARAPIS, ég. *Ousir-Hap*, « Osiris-Hapy ». Dieu alexandrin guérisseur, créé sous le règne de Ptolémée Sôter, associant Osiris et Apis, le taureau de Memphis, vénéré au Sérapéum.

SATIS, ég. *Satet*, « l'Archère ». Déesse égyptienne de la première cataracte, formant une triade avec Chnoumis (Khnoum) et Anoukis (Anouket), coiffée d'une couronne blanche et de deux cornes de gazelle, souvent associée à Sôthis-Sirius (v. ce nom). Cette déesse est celle dont la flèche confère sa force au courant du Nil.

SCARPUS, *L. Pinarius Scarpus* (– 50-30 apr. J.-C.). Magistrat, proconsul de Cyrénaïque, allié d'Antoine puis d'Octavien.

SCRIBONIA, *Scribonia Caesaris* (– 63-16). Troisième épouse d'Octavien.

SÉLEUCOS VII PHILOMÉTOR, dit Kybiosaktes, « le Poissard » ou « Trancheur de thon » (– 95/90-56). Prince séleucide ; fils d'Antiochos X Eusèbe et de Cléopâtre V

Séléné ; premier époux de Bérénice IV.

SELKIS, ég. *Serqet*. Déesse scorpion, rapprochée d'Isis, sous le nom d'Isis-Selkis.

SERANI DALL' AQUILA, Niccolò (1650-1735). Supérieur général (1699-1704) de l'Ordre des Augustins.

SÉRAPION (Ier siècle av. J.-C.). Ambassadeur d'Alexandrie à Rome.

SÉRAPION (Ier siècle av. J.-C.). Gouverneur de Chypre sous Cléopâtre.

SERVILIA, *Servilia Caepionis* (– 101-43/42). Mère de Brutus, demi-sœur de Caton le Jeune.

SÉSAC, ég. *Chéchanq*. Nom de trois souverains libyens des XXIIe et XXIIIe dynasties égyptiennes.

SÉSOSTRIS, ég. *S-en-Ouseret*, « l'homme de la Puissante ». Nom de plusieurs pharaons égyptiens de la XIIe dynastie égyptienne.

SÉTHOS, ég. *Sethy*, « Celui de Seth ». Nom de deux pharaons des XIXe et XXe dynasties égyptiennes.

SEXTUS POMPÉE, *Sextus Pompeius Magnus Pius* (– 68-35). Fils de Pompée le Grand.

SIDONIOS DE TYR*. Auteur de recettes de pâtisserie.

SIMAITHA. Magicienne de Cos.

SOKNEBTYNIS, ég. *Sobek-neb-tepten*, « Souchos seigneur de Tebtynis ». Forme de Souchos (v. ce nom), crocodile vénéré à Tebtynis, dans le Fayoum, sur la localité actuelle de Tell Oumm el-Baragat.

SOMTOUPOKRATE, ég. *Sem-taouy-pa-khered*, « Somtous-l'Enfant ». Dieu égyptien assimilé à Héraclès.

SÔSIS-CHOU, ég. *Chou*, « l'Air ». Incarnant le principe de l'air divinisé représenté sous la forme d'un lion divin, époux de Tphénis-Tefnout, père de Rhéa-Nout et de Cronos-Geb.

SOSIUS, *C. Sosius* (Ier siècle av. J.-C.). Consul en – 32.

SÔTHIS-SIRIUS, ég. *Sepedet*, « la Pointue ». Nom égyptien de l'étoile Sirius, souvent assimilée à l'âme d'Isis ou à Isis. v. Isis-Sôthis-Sirius

SOUCHOS, ég. *Sobek*, le crocodile. Nom du dieu crocodile vénéré à plusieurs endroits de Haute et de Basse-Égypte.

SOUPHIS. Voir Chéops.

SYLLA, *L. Cornelius Sulla* (– 138-78). Consul, dictateur, chef du parti des *Optimates*.

TAÏMOUTHÈS, ég. *Tay-Imhotep*, « Celle d'Imhotep » (Ier siècle av. J.-C.). Épouse de Psenptaïs, grand prêtre d'Héphaïstos-Ptah.

TARCONDIMOTUS Ier, surnommé *Philantonios* (mort en – 31, en préliminaire de la bataille d'Actium). Roi de Cilicie.

TARQUIN LE SUPERBE (– 534-509). Tyran de Rome.

TAURUS, *T. Statilius Taurus* (– 70-10). Sénateur, consul suffect d'Antoine (– 37), partisan d'Antoine puis d'Octavien.

TÉOS FILS D'HARCHÉBIS*. Contemporain de Cléopâtre, conjurateur de Selkis, astrologue de la reine.

TERTULLA (Ier siècle av. J.-C.). Épouse de Crassus (*M. Licinius Crassus*), maîtresse de César.

THAÈSIS*. Contemporaine de Cléopâtre. Nourrice et préceptrice des enfants de la reine.

THAQLÉ*. Mère de Thaèsis.

THÈBES-VICTORIEUSE, ég. *Ouaset-Nakht*. Déesse thébaine de la guerre, comparable à la déesse Neith de Saïs.

THÉOCRITE DE SYRACUSE (– 315-250). Poète.

THÉODOTE DE CHIOS (Ier siècle av. J.-C.). Philosophe, maître de rhétorique de Ptolémée XIII Philopator II.

THÉOPHANE DE LESBOS ou DE MYTHILÈNE (– 80-30). Historien.

TIBERIUS NÉRON, *Tib. Claudius Nero* (– 85-33). Général et homme politique.

TIGELLIUS HERMOGÉNÈS (mort en – 40). Poète et chanteur d'origine sarde. Proche de César, et mentionné par Cicéron dans des lettres et par Horace dans ses satires.

TIMÉE DE NAUCRATIS*. Directeur de la Bibliothèque d'Alexandrie sous le règne de Cléopâtre.

TIMON L'ATHÉNIEN ou TIMON LE MISANTHROPE (~ – 440). Citoyen d'Athènes devenu misanthrope après un revers de fortune, illustré, entre autres, par Lucien et Shakespeare.

TIRON, *M. Tullius Tiro* (– 103-4). Secrétaire de Cicéron.

TITHOENNÈSIS*. Contemporain de Cléopâtre. Père de Thaèsis.

TITHOÈS, ég. *Djadja*. Nom de la boucle d'Isis divinisée, confondue parfois avec Totoès.

TITIUS, *Marcus Titius*, fils de *L. Titius* (Ier siècle av. J.-C.). Sénateur, partisan d'Antoine puis d'Octavien.

TOSORTHROS, ég. *Djoser Netjerikhet* (– 2691-2625). Pharaon de la IIIe dynastie égyptienne, constructeur de la pyramide à degrés de Saqqâra.

TOTOÈS, ég. *Toutou*. Dieu guerrier, fils de Neith, affectant la forme d'un lion ailé à plusieurs têtes animales et à queue de serpent et se déplaçant sur deux serpents. De ses pattes jaillissent des flèches, des couteaux, des serpents et des scorpions. S'attaquant aux génies malfaisants, il protège le sommeil.

TOUMIS, ég. *Toum*. Dieu créateur des origines, l'Atoum.

TPHÉNIS-TEFNOUT, ég. *Tef-nout*, « Celle-qui-crache-la-voûte-céleste ». Déesse incarnant le principe de l'humidité représentée sous la forme d'une lionne, mère de Rhéa-Nout et de Cronos-Geb.

TURULLIUS, *P. Turullius* ou *D. Turullius* (Ier siècle av. J.-C.). Sénateur, assassin de César.

TYPHON-SETH, ég. *Setekh*. Typhon est le dieu grec des tempêtes représenté sous la forme d'un dragon. Il a été assimilé au dieu Seth des Égyptiens, frère et assassin d'Osiris, époux de Nephthys.

ZEUS-AMMON. Nom du dieu vénéré dans l'oasis de Siouah et visité par Alexandre le Grand pour son oracle. Son nom repose sur un jeu de mots entre le nom d'Amon de Thèbes (v. ce nom) et le grec *ammos* (ἄμμος) « le sable ».

ZEUS-AMON GEREB. Nom du dieu vénéré dans le temple de Thônis-Héracléion, sur l'esplanade duquel se dressent le double de la stèle de Naucratis de Nectanebo Ier, l'immense stèle de Ptolémée Évergète II et trois colosses montrant un roi, une reine et une statue de Nil, Hâpy, évoquant l'abondance du commerce canopique.

ZEUS-AMON. Voir Amon.

ZEUS-CASIOS. Dieu vénéré au mont Casios et à Péluse, sous la forme d'un dieu jeune, la tête enveloppée de la coiffure *némès*, et portant la couronne *hemhem*, associée à la terreur.

ZOROASTRE ou ZARATHOUSTRA. Prophète, fondateur du zoroastrisme.

Lieux cités

ACTIUM. Promontoire d'Acarnanie, à l'embouchure du golfe d'Ambracie en Épire sur la côte occidentale de la Grèce, au nord de la presqu'île grecque de Leucade. Lieu de la victoire d'Octavien et Agrippa sur Antoine et Cléopâtre, le 2 sept. – 31.

ACHAÏE. Région de la Grèce antique située au nord-ouest de la péninsule du Péloponnèse.

AFRIQUE. Nom donné à une région correspondant à la Tunisie et au nord-ouest de la Libye actuelles.

ALEXANDRIE. Capitale de l'Égypte sous les Lagides. Fondée en – 331 par Alexandre le Grand.

AMBRACIE (GOLFE D'). Voir Actium et cartes p. 284 et 287.

ANTAEOPOLIS, ég. *Tjébou*. Ville du géant Antée qui fut vaincu par Héraclès. Aujourd'hui Qaou el-Kébir, sur la rive droite du Nil, en Moyenne-Égypte.

ANTIOCHE ou ANTIOCHE SUR L'ORONTE. Ville de la Syrie historique, aujourd'hui Antakya en Turquie.

ANTIRHODOS. Île du port d'Alexandrie où se dresse un palais royal.

APOLLONIE D'ILLYRIE. Antique cité grecque située aujourd'hui en Albanie.

APOLLINOPOLIS MAGNA. L'actuelle Edfou, en Haute-Égypte. Ville consacrée au dieu Apollon-Horus.

ARSINOÉ-CLÉOPÂTRIS. Port antique situé au sud de l'isthme de Suez.

ARSINOÈPOLIS. Voir Crocodilopolis.

ASIE MINEURE. Région qui, dans l'Antiquité, correspondait à la plus grande partie de la Turquie d'aujourd'hui.

ASCALON. Le plus vieux port de l'Israël antique, ville côtière, au sud de Tel-Aviv.

ATHÈNES. Capitale de l'Attique, en Grèce.

BABYLONE D'ÉGYPTE, ég. *Per-Hâpy-en-On*, « la Demeure d'Hâpy d'Héliopolis ». Le Vieux Caire, au sud du Caire.

BÉRÉNICE ou BÉRÉNICE TROGLODYCTA. Port sur la mer Érythrée, créé par Ptolémée Sôter en l'honneur de sa mère Bérénice Ire.

BRANCHES DU NIL. Canopique, pélusiaque ou sebennytique.

BRINDES, lat. *Brindisium.* Aujourd'hui Brindisi, ville et port en Calabre, au sud de l'Italie.

BUCHEUM. Tombe des taureaux Bouchis à Hermonthis (v. Hermonthis).

BUTTE DE TÉMIS, *Iat-tjaou-mouout*, « Butte des Mâles et des Femelles ». Lieu sacré de Thèbes (Médidnet-Habou) où sont enterrés les membres de l'Ogdoade d'Hermopolis revenus mourir à Thèbes.

BYBLOS. Antique cité située sur la côte Phénicienne, dans la région du Mont-Liban actuel.

CASIOS (MONT). Temple consacré à Zeus-Casios, situé sur le cordon littoral du lac Sirbonis (lac Bardawil).

CLÉOPÂTRIS. Voir Arsinoé-Cléopâtris.

COS. Île grecque de la mer Égée, proche des côtes turques.

CRÈTE. Île de Méditerranée orientale.

CROCODILOPOLIS. Arsinoèpolis, capitale du Fayoum.

CYDNUS. Aujourd'hui le *Berdan Çayı*, « rivière de Berdan », ou *Tarsus Çayı*, « rivière de Tarse ».

CYRÈNE. Cité grecque de Cyrénaïque, située dans l'actuelle Libye.

CHYPRE. Île de la Méditerranée orientale.

ÉPHÈSE. Une des plus anciennes cités grecques d'Asie Mineure en Ionie. Aujourd'hui en Turquie.

ÉRYTHRÉE (MER). Mer Rouge actuelle et aussi l'océan Indien, d'après le *Périple de la mer Érythrée.*

ÉTHIOPIE. Nom de la Nubie et du Soudan actuels.

EUNOSTE (PORT D'). Nom du port ouest d'Alexandrie antique.

HEPTASTADE. Nom de la chaussée réunissant la terre ferme et l'île de Pharos à Alexandrie.

HERMONTHIS, ég. *Iounou Chemâ*, « Héliopolis du Sud ». Aujourd'hui Armant, au sud-ouest de Louqsor. Ancienne capitale du district thébain, une des villes de Monthès (Montou).

HÉTHÉENS. Nom des Hittites, également attesté dans la Septante.

HIKUPHTAH, ég. *Hout-ka-Ptah*, « Château-du-ka-de-Ptah ». Nom du temple de Ptah-Héphaïstos à Memphis ; étymologie du mot *Aiguptos*, « Égypte ».

HIPPONIUM. Aujourd'hui Vibio Valentia en Italie.

HISPANIE. Toutes les régions contrôlées par Rome dans la péninsule Ibérique (Espagne et Portugal aujourd'hui).

INTÉRIEURE (MER). Mer Méditerranée actuelle.

JUDÉE. Au Ier siècle av. J.-C., région s'étendant entre la mer Morte et la mer Méditerranée.

KERAMIA. Une des villes dédiées à Monthès (Montou), aujourd'hui Médamoud, au nord-est de Louqsor.

KYNOPOLIS. « Ville du chien », ancienne *Hardaï*, consacrée à Anubis, en Moyenne-Égypte.

LAHONIS, ég. *Ro-henet*, « la Bouche du Canal ». Illahoun, à l'entrée du Fayoum.

LESBOS. Île grecque de la mer Égée, proche des côtes turques avec pour capitale Mytilène.

LÉTOPOLIS. L'actuelle Aousîm, sur la rive gauche du Nil, en face d'Héliopolis.

LEUCADE. Presqu'île au sud du golfe d'Ambracie et à l'ouest de l'Acarnanie.

LIBYE. Dans l'Antiquité, nom d'une région se situant à l'ouest de la vallée du Nil et embrassant toute la zone saharienne jusqu'au Sahel. De façon plus réduite, la Libye désigne la Marmarique et la Cyrénaïque.

LYCOPOLIS. L'actuelle Assiout en Moyenne-Égypte, sur la rive gauche du Nil.

LYCHNAPTION, « Luminaire ». Bâtiment situé sur la chaussée du Sérapeum de Memphis.

MARÉOTIDE. Région du lac Maréotis, au sud d'Alexandrie.

MARÉOTIS (LAC). Vaste espace marécageux au sud d'Alexandrie et dont la superficie a aujourd'hui considérablement diminué.

MAURÉTANIE. Région qui, dans l'Antiquité, a correspondu à une partie de l'Algérie et du Maroc actuels. Voir Numidie.

MEÏTOUMIS, ég. *Mery-Toum*, « l'Aimé d'Atoum ». L'actuelle Meïdoum, au sud des pyramides de Gîza, où se dresse celle d'Houni achevée par Snéfrou.

MEMNONIA. Nom donné à la rive gauche de Thèbes, où se trouvent les tombeaux et les temples funéraires.

MEMPHIS, ég. *Men-nefer-(Pepi)*, « la Perfection-de-Pépi-est-durable ». Nom de la pyramide de Pépi Ier. Une des capitales de l'Égypte.

MÉROÉ. Capitale du royaume de Méroé, en Nubie soudanaise.

MESSINE. Cité et port au nord-est de la Sicile.

MODÈNE. Cité romaine, aujourd'hui Modena, située dans l'actuelle région d'Émilie-Romagne.

MOÉRIS, ég. *Mi-our*, « le Grand Lac ». Le Fayoum.

MUNDA. Plaine située au sud de l'Espagne actuelle ; lieu de la bataille où César triompha de Pompée le Jeune et de Titus Labienus le 17 mars – 45.

NAUCRATIS. Emporium grec sur la branche Canopique ou Héracléotique du Nil.

NABATÈNE. Royaume arabe se situant à l'est de la vallée du Jourdain, jusqu'à Damas au nord et s'étendant, au sud, jusqu'à la péninsule du Sinaï.

NAULOQUE. Cité portuaire au nord-est de la Sicile, proche de Pélore.

NOME, *nomos*. Division administrative de l'Égypte.

NUMIDIE. Ancien royaume dont la plus grande partie correspondait à l'Afrique du Nord actuelle : nord de l'Algérie d'aujourd'hui et à des parties du Maroc (nord-ouest), de la Tunisie et du nord de la Libye.

ÔNCHTOUS, ég. *Ânkh-Taouy*, « Vie-du-Double-Pays ». Quartier de la nécropole de Memphis.

OPÔNÉ, ég. *Pount*. Nom d'une contrée productrice d'aromates située de part et d'autre du Bab el-Mandeb (Arabie et Corne de l'Afrique).

OUPOKÉ, ég. *Ou-Peker*, « le Lieu-de-l'arbre-Poké ». Lieu saint du nome Thinite à Abydos.

OXYRHYNQUE ou OXYRHYNCHOS, ég. *Per-Medjed*, « Maison de Medjed ». La ville du poisson Oxyrhynque, aujourd'hui El-Bahnassa, en Moyenne-Égypte, sur le Bahr el-Youssef.

PALESTINE. Lande côtière située entre le sud-ouest de la Judée et la Méditerranée.

PARAITONION, *Mersa-Matrouh*. Port égyptien à proximité de l'actuelle frontière égypto-libyenne.

PARTHIE ou PARTHES. L'empire Parthe à l'époque de Cléopâtre est situé au nord-ouest du plateau iranien et contrôle les régions à l'est de la Syrie antique.

PATRAS. Port antique situé dans le golfe de Corinthe, au nord de la péninsule du Péloponnèse.

PÉLUSE. Ville de la Basse-Égypte, située au nord-est du Delta du Nil sur sa branche la plus orientale, l'actuelle Tell el-Farama.

PÉROUSE. Aujourd'hui Perouse, ville italienne capitale de la région d'Ombrie.

PONT ou PONT-EUXIN. La mer Noire et, par extension, nom de la région de la Turquie, au sud de la mer Noire, et d'une autre de la Géorgie.

PHAROS. Île raccordée à Alexandrie par une chaussée nommée l'Heptastade.

PHARITE. Habitant de l'île de Pharos.

PHILAE, *Pa-iou-rek*, « l'Île-de-la-fin ». Île abritant le grand temple d'Isis, au sud de la première cataracte du Nil.

PHILIPPES. Ville fondée par Philippe II en – 356 ; aujourd'hui en Grèce dans le district de Kavala. Lieu de la bataille qui opposa les Césariens, Antoine et Octavien, aux Républicains conduits par Cassius et Brutus en octobre – 42.

PHARSALE. Ville située en Thessalie. Fameuse par la bataille du même nom qui vit la victoire de César sur Pompée à l'été – 48.

PHRAASPA. Citadelle parthe, située à 80 km au sud-est du lac d'Ourmia.

PHRYGIE. Pays d'Asie Mineure (actuelle Turquie), à l'ouest du plateau anatolien.

POSIDEION (CAP). Aujourd'hui, Gabal el-Aqra.

PTOLEMATON. Tombe des Ptolémées à Alexandrie.

Ptorès, ég. *Pa-to-resy*, « le Pays-du-Sud ». Nom donné à l'Égypte méridionale.

REGHIUM. Aujourd'hui Reggio de Calabre, au sud de l'Italie.

RHINOCOLOURE. Aujourd'hui El-Arich, à l'est du lac Bardawil, capitale de la partie égyptienne du Sinaï-nord.

RHAKÔTIS, ég. *Ro-â-qed*, « le Chantier ». Nom égyptien de la ville d'Alexandrie.

RHODES. Île grecque du Dodécanèse en mer Égée.

ROME ou URBS, « la Ville ». Capitale de la République romaine.

SAÏS, ég. *Sa*. Capitale de la XXVIe dynastie égyptienne, aujourd'hui Sa el-Hagar, au nord-ouest du Delta du Nil.

SAMOS. Île grecque de la mer Égée, proche des côtes turques.

SCHÉDIA, gr. « la Barrière ». Port sur le Nil, au débouché du Canal d'Alexandrie du Ménélaïte.

SIDON. Port antique de la côte phénicienne, situé dans le Liban actuel.

SÔMA, le « Corps ». Nom donné à la tombe d'Alexandre le Grand, à Alexandrie.

SPÉOS ARTÉMIDOS. Nom d'un sanctuaire rupestre consacré à la déesse lionne Pakhet, en Moyenne-Égypte.

SYÈNE, ég. *Sounou*. L'actuelle Assouan au nord de la première cataracte.

SYBARIS. Colonie grecque située sur le golfe de Tarente, dans l'actuelle Calabre au sud de l'Italie. Ville devenue le symbole du luxe, de la richesse et des plaisirs, avant sa destruction par l'armée des Crotoniens dirigée par l'athlète Milon, à la fin du VIe siècle av. J.-C.

SYRIE CREUSE, gr. Cœlé-Syrie. L'expression désigne à l'époque hellénistique toute la Syrie, à l'exception de la Phénicie. La Syrie creuse correspond à la Syrie de l'intérieur.

TAORMINE. Cité située sur la côte est de la Sicile.

TAPOSIRIS MAGNA. Temple d'Osiris et d'Isis, à l'extrémité occidentale du lac Maréotis.

TARSE. Capitale de la Cilicie, aujourd'hui Tarsus dans la province de Mersin, en Turquie.

TAENARE. Cap situé à la pointe la plus méridionale du Péloponnèse.

TENTYRIS, ég. *Ta-en-Netjeret*, « Celle de la déesse ». Ville de Haute-Égypte consacrée à Hathor. L'actuelle Dendara, sur la rive gauche du Nil.

TARENTE. Port du sud de l'Italie, aujourd'hui chef-lieu des Pouilles.

THAPSUS. Site en Tunisie de la bataille où César triompha de Metellus Scipio et de Juba Ier de Numidie, le 6 avril – 46.

THÉBAIN (DISTRICT). Également appelé district Pathyrite ou encore Hermontite.

THÉBAÏDE. Région thébaine.

THÈBES, ég. *Ouaset*, « Ville du Sceptre Ouas ». Aujourd'hui Louqsor. Une des capitales de l'Égypte.

THÔNIS-HÉRACLEION, ég. *Ta-Henet*, « le Grau, le Goulet ». Nom du port égyptien situé à l'entrée de la branche héracléotique ou canopique, et nommée Héracleion par les Grecs.

TROIA (CARRIÈRES DE). Nom des actuelles carrières de Tourah où l'on exploitait le calcaire de parement des pyramides.

TOUPHION, ég. *Djerty*. Une des villes dédiées à Monthès (Montou), aujourd'hui la ville de Tôd, au sud de Louqsor.

TYR. Grand port antique de la côte phénicienne, situé au sud du Liban actuel.

ZÉPHYRION (CAP). Situé au nord de Canope, où se trouve le temple d'Aphrodite-Arsinoé-Zéphyritis.

ZEUGMA. Cité située sur l'Euphrate, fondée vers – 300 par Séleucos Ier, à l'est de la Turquie actuelle.

Table des illustrations

Table des matières

CET OUVRAGE A ÉTÉ ACHEVÉ D'IMPRIMER SUR ROTO-PAGE
PAR L'IMPRIMERIE FLOCH À MAYENNE EN OCTOBRE 2024

N° d'impression : 105786
N° d'édition : P32048/01
Imprimé en France